宏观经济学

周清杰　主编

中国财政经济出版社

图书在版编目（CIP）数据

宏观经济学/周清杰主编．—北京：中国财政经济出版社，2011.2
ISBN 978－7－5095－2711－5

Ⅰ.①宏…　Ⅱ.①周…　Ⅲ.①宏观经济学　Ⅳ.①F015

中国版本图书馆 CIP 数据核字（2011）第 001984 号

责任编辑：耿　伟　贾延平　胡　懿　　　　责任校对：杨瑞琦
封面设计：孙俪铭　　　　　　　　　　　版式设计：董生萍

中国财政经济出版社 出版
URL：http：//www.cfeph.cn
E－mail：cfeph@cfeph.cn

社址：北京市海淀区阜成路甲 28 号　邮政编码：100142
发行处电话：88190406　财经书店电话：64033436
北京中兴印刷有限公司印刷　各地新华书店经销
889×1194 毫米　16 开　17.5 印张　435 000 字
2011 年 2 月第 1 版　2012 年 12 月北京第 2 次印刷
定价：36.00 元
ISBN 978－7－5095－2711－5/F·2306
（图书出现印装问题，本社负责调换）
本社质量投诉电话：010－88190744

前　　言

西方经济学是经济管理类本科生的专业必修课程，是学生系统理解经济学的基本原理和规律、掌握经济学的分析方法和工具的基础课程。多年的教学经验告诉我们，"稀缺性"是无处不在的，包括在经济学课程的授课过程中。在课程和课时数量的限制下，如何达到应有的教学目的，是我们在教学中不断探讨和思考的问题。

基于这种考虑，我们着手编写《微观经济学》和《宏观经济学》教材。这套教材主要面对的读者群是经济管理类专业的本科生，同时也适合法律、新闻等文科类专业的本科生。为了较大程度地兼顾本科生的差异性，我们将教材的难度基本定位在初级入门和中级之间。

本套教材希望突出的特色是：

第一，将本土教材和国外教材特点相融合，取长补短，力求编写一本既符合国内学生学习习惯又能激发学生对经济学兴趣的教材。在多年的教学中，我们感受到，国外此类教材的优点是形式活泼，案例丰富，但也普遍存在体系略松散，行文不够简洁的问题，使国内学生在对基本概念和理论的学习理解上，容易"陷入"各种素材中，无法形成对原理性内容的清晰把握。国内的教材，优点是体系严谨，语言精练，但形式普遍略显呆板，理论与实际联系不足，对于初学经济学的学生而言，难以激发学习兴趣。因此，在编写本教材时，我们注重从写作风格、体例等方面将国内外教材的优点相融合。

第二，教材案例本土化。我国的经济学教材和教学，大量引用国外案例、素材的情形非常普遍，这一方面导致这些案例与我国现实有差异，使学生难以将所学知识应用于我国经济实际分析，另一方面使学生对我国市场经济改革的现状、问题等理解不深刻，理论与实践脱节。基于此考虑，专栏部分要求编写老师引入一定比例的中国实际案例、数据和素材，结合相应的经济学原理进行分析。

第三，注重对前沿性经济学发展的介绍。教材除了对经典的微观经济理论进行讲解之外，通过专栏或其他形式对相关领域经济理论的新发展、新趋势等加以介绍，扩展学生的视野，引导其进一步学习经济学最新发展状况。

第四，力求使教材尽可能适合不同程度学生的学习要求。对于非经济类学生，通过阅读该教材正文中的文字部分和专栏，可以对基本经济学原理有全面把握；对于经济类学生，则可以将正文中、脚注中和附录中涉及的数理部分也全部掌握，从而有助于建立经济学的理论框架、清楚变量间的关联，也可为考研深造奠定基础。此外，通过对专栏以及建议阅读资料的学习，学生可以对经济学理论的产生背景、发展趋势和实践应用进行更深入的理解，从而增强理论运用能力和分析能力。

这次教材的编写，融汇了北京工商大学经济学系多位教师对经济学理论及教学的体会、经验和智慧，并且在风格体例上力图有所创新，尝试体现严谨与活泼“混搭”的风格。当然，受时间、精力所限，教材的初次编写尚存在不足和缺憾，诚恳地希望各位专家和读者提出宝贵意见，使我们的教材得以不断完善和充实。

编 者

2011年1月

编 者 的 话

——关于《宏观经济学》

宏观经济学是当代西方经济学的一个重要分支，主要关注总体经济的运行情况，包括失业、通货膨胀、经济增长、经济周期、宏观经济政策等诸多内容。

一、关于2008～2010年的经济危机

2008年以来，源于美国房地产市场的“次贷危机”逐渐演变成系统性金融危机，最终成为全球性经济危机。以私有制为基础，提倡自由放任的现代市场经济再一次面临严峻挑战。联合国在2009年6月发布的《世界金融危机与经济危机及其对发展的影响》报告中称，“世界正遭遇自20世纪30年代以来最严重的经济萧条，这场危机起源于不可持续的经济增长模式及全球经济的系统性缺陷”。

根据世界银行统计，全球发达经济体在本次金融海啸中遭受重创。2008年，发达经济体的经济增长速度几乎处于停滞状态，平均增幅仅为0.5%。2009年，随着危机影响的进一步扩大，这些国家的经济均陷入衰退，当年经济增长率平均下降3.2%。在这场危机中，新兴经济体的发展也受到严重影响。2009年，新兴经济体的平均增幅为2.5%，仅为2008年的40.9%。下表列出了部分发达经济体和新兴经济体中的“金砖四国”的经济增长情况。

世界主要经济体在本次经济危机期间的增长率（2008～2009年）

年份	美国	德国	法国	日本	英国	加拿大	俄罗斯	巴西	印度	中国
2008	0.4	1.2	0.1	-1.2	0.5	0.5	5.6	5.1	6.4	9.6
2009	-2.4	-4.9	-2.5	-5.2	-4.9	-2.5	-7.9	0.2	5.7	9.1

资料来源：世界银行，《世界经济展望2010》。

目前，经济危机的阴霾尚未完全散去，除了中国、印度等少数国家以外，绝大多数国家还在为如何尽快走上经济复苏的道路而困惑。从某种意义上说，社会各界对此次金融海啸的关注相当于为普通公众“恶补”了一堂宏观经济学课，也让宏观经济学成为当今社会科学领域最富有活力的一个学科。危机期间，宏观经济学家就危机产生的原因，该不该推行经济刺激计划等议题展开了激烈的讨论。不仅电视、报纸、网络等主流媒体充斥着各类经济学人的观点，有关经济危机的文献也以惊人的速度增长，成为学术杂志的“宠儿”。在后危机时代，有关宏观经济的研究热情还会持续，很有可能产生一些具有里程碑意义的理论和思想，诞生一批改写经济学说史的经济学家。

毋庸置疑，在我国建设有中国特色社会主义市场经济的进程中，西方的宏观经济理论可以为我们提供一些有益的借鉴。例如，确保经济均衡、可持续增长的理由和措施是什么，国内生产总值的增加与百姓生活质量的提高有何关系，财政政策、货币政策如何稳定经济，通货膨胀对普通百姓的生活有何影响，这些问题都可以在宏观经济学的学习中找到答案。

对于目前正接受高等教育，未来将成为我国社会经济建设主体力量的青年学子来说，扎实的宏观经济学功底是他们走向事业成功的基础。在金融危机即将结束（或正在结束）的今天，宏观经济学正处于惊心动魄的历史变革期，能亲身经历这一激动人心的进程应该是当代经济学人的幸运。

二、关于本教材

在经济类专业的本科教学中，经济学是最重要的课程群。从国内财经类院校的课程设置情况看，马克思主义经济学的“政治经济学”和西方经济学的“微观经济学”、“宏观经济学”是经济学的三门必修课程，它们是学生学习财政学、金融学、计量经济学、国际经济学、产业经济学等相关专业课程的基础。从某种意义上说，“微观经济学”和“宏观经济学”还是经济类专业的学生运用高等数学相关知识来分析实际问题的最佳“场所”。对于准备继续深造的学生来说，这三门课程更是他们学习的重头戏，因为国内知名大学和研究机构在招收经济类专业研究生时都要求被录取者在这三门课程的综合考试中取得优异成绩。另外，海外高校在招收研究生时更看重申请人读大学本科时经济学课程的成绩。因此，欲赴国外留学的学生必须在“微观经济学”和“宏观经济学”两门课上取得非常好的成绩。

为了扩展学生的经济学知识面，提高学生的分析能力，国内一些著名高校的经济学院参照国际经验，采取了先开设经济学原理，再开设中级层次经济学课程的教学思路。大部分财经院校受教学计划的限制，并没有遵循这种分阶段、逐步推进的模式进行经济学教学。我们认为，采用接近中级水平的教材，在授课中注意满足部分优秀学生对知识的渴求，同时补充灵活、有趣的案例，并在考核中兼顾普通学生，注意大众教育的特点，可能是多数高校经济学教学安排中更为可行的选择。事实上，这也是我们编写这本《宏观经济学》的基本出发点。

我们决定编写《宏观经济学》的另一个理由是，我们坚信宏观经济学的教学应结合国情，在教材中融入中国特色，让学生直接运用教材上的理论，分析我国的宏观经济实践，因为我国在社会主义市场经济建设方面取得的成就举世瞩目，也探索、积累了许多宝贵的经验，有许多值得学界总结、青年学子思考的地方。鉴于此，我国的宏观经济学教学不应全盘引进，照抄照搬，而要在消化前沿理论的基础上，结合中国的经济实践进行情景式教学，让宏观经济学成为大学生了解现实经济世界的实用工具。

为达到编写本教材的主要目的，我们在编写中注意尽可能处理好以下关系：基础知识入门的趣味性与数学分析工具的适当引入；经济学理论与我国经济实践的有机结合；与国内主流教材接轨，又兼顾国际版教材的最新趋势；注重知识点的完整性，同时给授课教师留下充分的发挥空间。

在结构安排上，本书没有遵循传统凯恩斯主义的研究思路，而是借鉴国际权威教材的思路，采用了先长期，后短期的分析方法。在介绍了国民经济核算体系以后，本教材开始分析经济增长理论。这样做的理由有三：第一，经济增长理论是近30年来宏观经济学中发展最快的领域；第二，学生在建立经济长期增长的基本理论以后，可以更清楚地理解经济体为什么在短期会围绕一个向上的趋势发生波动；第三，20世纪至今，资本主义市场经济虽然曾经历了两次全球性衰退，但这两次衰退持续的时间与经济正常运行的情形相比，毕竟是短暂的，增长是世界经济运行的长期趋势。当然，当经济危机到来时，如何恢复经济、提高就业率是一个令政府和民众都很头疼的问题。因此，本书也会详细描述短期经济波动的相关内容。

为了帮助学生了解教材主体的理论背景，掌握宏观经济理论发展的历史渊源和相互联系，本书还特意在最后一章介绍了现代西方经济学主要流派的相关知识。之所以这样做，主要是因为宏观经济学是一个迅速发展的领域，至今尚未形成像微观经济学一样的严密体系。流派众多、观点繁杂大大增加了初学者学习、把握现代宏观经济学框架的难度，因此有必要把宏观经济学中的一些主要观点、政策主张向学生说明。

编　者

2011年1月

目　录

第一章

导　　论

本章学习要求

1. 掌握宏观经济学的研究对象与性质，了解其与微观经济学的关系。
2. 了解凯恩斯革命的历史背景，掌握凯恩斯在理论、方法和政策上的主要建树。
3. 掌握宏观经济学研究的基本问题。
4. 了解宏观经济学研究方法的特点。

一个社会的经济现状和变动影响着每一个人的生活和福利。然而，要衡量某一个事件的经济影响却并不容易。例如，2008 年底，中国政府为应对金融危机而实行 4 万亿元的经济刺激计划，你也许会问，这种政策会给我们的生活带来什么影响？就业会增加吗？当国家在 2010 年 4 月对房地产市场进行宏观调控的时候，生活在北京、广州、上海等地的人们对“高高在上”的房价都产生了一种期待，房价真的会大幅度下降吗？如果你是一位经济学家，你还必须弄清楚为什么我国可以实现连续 30 多年的高速增长，而另一些国家却一直徘徊在低增长的困境中。什么因素决定了失业？为什么食品涨价就会导致我国出现通货膨胀？中国可以忍受多高的预算赤字？要弄清这些问题，就必须了解我们周围的整体经济到底是如何运行的。宏观经济学为我们提供了一些分析以上问题的合适工具，也是经济研究人员、政府官员以及企业管理人员认识、分析、解决经济问题的有用帮手。

第一节　什么是宏观经济学

在现代西方经济学的体系中，除了关注消费者、企业等单个经济单位最优化行为的微观经济学以外，还有一个非常重要的组成部分，那就是宏观经济学。学术界通常认为“宏观经济学”（Macroeconomics）这一术语是由挪威经济学家、首届（1969 年）诺贝尔经济学奖得主之一的拉格纳·弗里希（Ragnar A. K. Frisch）在 1933 年提出的。那时正是“大萧条”（Great Depression）最严重的时候，弗里希提出用“宏观经济”（Macro Economy）概念来更清楚地了解复杂的经济世界。

与微观经济学相比，宏观经济学最大的特点在于其研究对象，或者说是它研究经济世界时的独特视角。形象地说，如果说微观经济学研究的是一棵棵“树木”的话，那么宏观经济学研究的就是整个“森林”。一般而言，宏观经济学是研究经济总体情况与趋势的基本理论。如果说微观经济学关注的是个别价格的决定与变化，那么宏观经济学就是把一个社会视为一个经济运行的整体，主要考察该经济体的总量指标，如产品和服务的总产量、价格水平、失业等的决定因素及其变动规律。宏观经济学的最终研究目标是通过对这些问题的研究，提高整个经济社会的资源利用效率。

宏观经济学的重点是围绕长期经济增长（Long – run Growth）和经济周期（Business Cycles）展开的。长期增长是指一个国家长期生产能力的提高和平均生活水平的改善，而经济周期是指经济体由于外部因素（如国际原油市场的大幅度涨价）或内部因素（如市场流动性过剩）所带来的短期经济波动，包括经济过热和经济低迷。

宏观经济学在研究经济总量及其变化时必须要借助一些总量指标，如总产出、总收入、总需求、总投资等。但是，在这门课的学习中要避免犯逻辑上的“合成谬误”（Fallacy of Composition），即个体经济变量的简单加总不能直接等于整体经济变量。例如，对于单个家庭来说，储蓄是其积累财富，缓解未来生活风险的必要手段，但是如果所有的家庭都这样做，则有可能导致社会购买力下降，减少社会对产品的需求，在其他条件不变的情况下，储蓄增加会引起产品和服务的社会需求下降，企业利润下降，生产萎缩，甚至出现经济增长放缓。这一例子表明，微观上可行的经济行为在宏观上并不一定可行。因此，我们不能认为宏观经济学的变量就是微观经济学中相应变量的简单加总。

尽管宏观经济学与微观经济学在研究对象、研究方法上均有所区别，但二者在内在逻辑上却是一致的。因为宏观经济学与微观经济学的根本目标都是要在既定的经济制度下实现社会福利的最大化。整体经济的事件是基于无数居民户和企业的相互作用形成的，因而我们研究宏观经济学的总量时，必须联系微观变量。例如，在考察一个社会的总消费时，必须考虑决定每一个家庭支出的因素是什么，这个家庭为现在的消费支出多少，为未来的消费储蓄多少。从理论上讲，通过某种适当的处理，可以把总量看做许多个别决策的变量的总和或平均状况。如宏观分析中的国民收入就是无数企业生产的产品和服务数量的加总，一般物价水平无非是千万种商品价格的加权平均。实际上，自20世纪80年代以来，宏观经济学和微观经济学的界限已经越来越模糊，微观经济学中运用的供求分析、边际分析、均衡分析等方法，在宏观经济学中也会用到。

综上所述，我们知道宏观经济学要研究的是一个经济社会的总量问题、整体性问题。例如，宏观经济学要回答一个经济社会的资源是否全部被生产部门所利用。如果回答是否定的，那么为什么会有资源闲置现象？如何减少这种现象？再如，决定一个社会一般物价水平的因素有哪些？在价格水平不稳定的情况下会产生什么样的影响？在微观经济学中，政府常常被看做是外生的，与经济分析无关。然而，在宏观经济学中，政府将作为一个重要的经济主体出现在模型中，政府的税收水平、国债规模等都是影响总量指标的重要变量。

第二节 现代宏观经济学的产生

一、“古典”宏观经济学的理论要点

在20世纪30年代的“大萧条”前期，西方经济学领域中居支配地位的是源于两个多

世纪之前的“古典”（classical）思想[①]。1776 年，亚当·斯密出版了西方经济学的奠基之作——《国民财富的性质和原因的研究》（简称《国富论》）。该书描述了著名的“看不见的手”原理，即在竞争条件下，通过市场的力量，利润和效用最大化行为将把无数经济当事人的活动转化为社会的最优状态。在这种状态下，经济社会没有失业，所有的生产性资源都得到充分利用。

“古典”宏观经济学起源于古典经济学，并在新古典经济学中得到进一步发展。“古典”宏观经济学的观点虽然有些凌乱分散，但也有其内在的一致性。它偏爱自由放任，坚信市场经济拥有自我矫正力量，能够自动实现充分就业均衡。虽然“古典”宏观经济学家也认为市场经济会偏离均衡产量和就业水平，但他们往往乐观地相信这种偏离是暂时的、局部的。“古典”宏观经济学的理论隐含着以下一些假定：

第一，所有经济主体（消费者和企业）都是理性的，其目的是实现利益最大化。

第二，所有的市场都是完全竞争的，完全灵活的价格能迅速出清市场。

第三，所有的经济主体在交易之前都具有完全的信息和知识。

第四，交易仅发生在所有的市场确定了均衡价格以后。

第五，经济主体的预期是稳定的。

以上假定确保了“古典”宏观经济学的模型能实现物价稳定、充分就业，企业和消费者分别实现利润最大化和效用最大化。因此，政府以稳定经济为目标的宏观政策就是没有必要的。主流经济学家认为，政府要做的就是提供一个良好的金融环境，即不要发行过多的货币，以保持价格水平的稳定。

下面是“古典”宏观经济学中最著名的两个模型。

（一）*萨伊定律*

“古典”宏观经济观点的最著名表达是萨伊定律（Say’s Law），即“供给自动创造自己的需求”。这一结论包含三个要点：（1）产品生产本身能创造自己的需求。（2）由于自由市场经济具有自我调节作用，国民经济不可能产生普遍的生产过剩，而只能在个别部门出现供求失衡的现象，即使这样也只是暂时的。（3）货币仅仅是流通的媒介，商品的买和卖不可能脱节。

根据萨伊定律，在一个完全自由的市场经济中，供给会创造自己的需求。换言之，每一单位供给的背后都会有同样多的需求。这样，从全社会来看，总供给将等于总需求。因此，不会出现需求不足问题，生产的产品和服务都能销售出去。在长期中，经济的均衡会自动实现充分就业，那些所谓的失业者要么是摩擦性失业，要么是自愿失业。因为所有产品和服务的价格都具有完全的弹性或伸缩性，包括劳动的价格（工资率）和货币的价格（利率）。这些具有完全伸缩性的价格会通过市场调节供求使其均衡，最终使所有市场的供求相等。

萨伊定律认为市场机制可以自动解决供给和需求的平衡问题，因而也就否认了普遍性生产过剩或普遍性生产不足出现的可能性，为市场自动实现充分就业提供了依据。除了马克思、马尔萨斯等少数经济学家外，这种观点在古典学派和新古典经济学早期（1870 年后）的宏观经济理论中居支配地位。

---

① 这里有关“古典”宏观经济学的叫法是源自凯恩斯的分类，实质上包含了古典经济学和新古典经济学中的宏观经济思想。这一称谓与国内经济学说史中的划分方法并不一致。

（二）货币数量论

“古典”宏观经济学家对通货膨胀的分析是以货币数量论为基础的。货币数量论认为，一般价格水平是由货币数量决定的，货币数量越多，价格水平就越高。因此，通货膨胀是由货币供给量的增加造成的。

美国耶鲁大学的教授欧文·费雪（Irving Fisher）在1911年提出了交易数量说（Transaction Approach），用数学语言重复了约翰·穆勒（John S. Mill）的观点，即货币增长与价格上升之间存在对称性。交易方程式表示为：

$$MV = PT \qquad (1-1)$$

式（1-1）中 M 表示货币流通量，V 表示货币的流通速度，或货币转手速度，P 代表价格水平，而 T 是指交换商品的数量。由于货币流通速度被定义为名义产出水平除以货币总量，也就是单位货币在一年中流通的次数，所以 MV 表示的就是名义产出量，与等式右边的 PT 意义是一样的。因而，交易方程式是一个会计恒等式。按此逻辑，会有以下公式成立：

$$\frac{\Delta M}{M} + \frac{\Delta V}{V} = \frac{\Delta P}{P} + \frac{\Delta T}{T} \qquad (1-2)$$

“古典”宏观经济学家认为，V 是由一些“如公众的支付习惯、使用信用的范围的大小、交通和通讯的方便与否等制度上的因素”决定的，这些因素在短期内又是很难变化的。所以，可以把 V 看做一个常数。交换商品的数量 T 取决于资源禀赋和技术，在充分就业的条件下也是一个定值。所以式（1-2）就可以简化为：

$$\frac{\Delta M}{M} = \frac{\Delta P}{P} \qquad (1-3)$$

从式（1-3）可以得出，一个社会的价格水平变化幅度取决于流通中货币量的变动。换言之，货币供给量的增加将导致社会出现通货膨胀，货币供给量的下滑则会诱发通货紧缩。

英国剑桥大学的经济学家提出了现金余额假说（Cash - balances Approach），用收入来解释货币与价格之间的关系，并用人们愿意持有的货币余额来取代式（1-1）中的货币流通速度 V。剑桥学派的观点可以表述为：

$$M = kPy \qquad (1-4)$$

在式（1-4）中，y 代表实际收入，k 是货币余额与收入的比率，现金余额的需求与货币流通速度成反比。式（1-4）也表明了货币是如何影响价格和收入的。式（1-2）中货币流通速度的上升与式（1-4）里货币需求的下降具有相同的效果。

二、现代宏观经济学产生的历史背景

20世纪的前30年，资本主义市场经济虽几经波折，但经济降幅较小，并未引起全球性衰退。可以说，大部分资本主义国家的经济在这一时期是相当繁荣的。

然而，当时间推移到1929年，经济形势发生了逆转。西方几乎所有的工业国的生产、就业和价格体系都面临崩溃的风险，出现了险些中断资本主义市场经济进程的“大萧条”。表1-1给出了1929~1932年期间各主要资本主义市场经济国家工业生产和国内生产总值的下降情况。

表 1－1 “大萧条”期间主要工业国的工业生产与国内生产总值的变动率

国 家	工业生产（%）	国内生产总值（%）
奥地利	－34.3	－22.5
比利时	－27.1	－7.1
丹 麦	－5.6	4.0
芬 兰	－20.0	－5.9
法 国	－25.6	－11.0
德 国	－40.8	－15.7
意大利	－22.7	－6.1
荷 兰	－9.8	－8.2
挪 威	－7.9	－0.9
西班牙	－11.6	－8.0
瑞 典	－11.8	－8.9
英 国	－11.4	－5.8
美 国	－44.7	－28.0
捷克斯洛伐克	－26.5	－18.2
匈牙利	－19.2	－11.5
波 兰	－37.0	—
罗马尼亚	－11.8	—

资料来源：转引自布赖恩·斯诺登、霍华德·文、彼得·温纳齐克：《现代宏观经济学指南》，商务印书馆 1998 年版，第 10 页。

从表 1－1 可以看出，主要工业国中国家工业生产和国内生产总值下降程度最大的国家是美国，其工业生产下降了 44.7%，国内生产总值下降了 28%。除了美国之外，衰退最严重的国家包括德国、奥地利、法国、意大利、捷克斯洛伐克和波兰。几个斯堪的纳维亚国家、英国、罗马尼亚和荷兰所受影响相对较小。产出水平的下降使这些国家出现了类似的经济后果，即失业率上升，商品价格急剧下降。

“大萧条”期间，贫困和饥饿充斥着整个资本主义世界，人们对经济发展普遍感到绝望。显然，这些资本主义国家此时经历的经济萧条与“古典”宏观经济学中所描述的市场经济美好图画是互相矛盾的。后者相信市场是万能的，市场机制是能够自我修正的，失业、通货膨胀等经济问题都是暂时的、局部的，富有弹性的价格机制会自动解决这些问题。这场灾难几乎把流行了 100 多年的传统经济理论推向了崩溃的边缘。如何解释“大萧条”，这些市场经济国家如何摆脱萧条成了当时所有的经济学家必须要面对和思考的问题。

“时势造英雄”。1936 年，英国经济学家约翰·梅纳德·凯恩斯（John Maynard Keynes）出版了现代宏观经济学的开山之作——《就业、利息和货币通论》（The General Theory of Employment，Interest，and Money，简称《通论》）。在这本书中，凯恩斯向传统经济学提出了严峻挑战，用全新的视角构建了现代宏观经济学体系。可以说，是“大萧条”催生了现代宏观经济学，防止“大萧条”的再次发生顺理成章成为宏观经济学的中心任务。

专栏 在曲折中前行的宏观经济学

20 世纪 30 年代以前，“古典”宏观经济学家相信自由市场经济是人类有史以来最好的经济制度，个人和社会将在自由竞争的经济中各自实现自己的最优目标。

20 世纪 30 年代西方主要市场经济国家遭遇的“大萧条”，让“古典”宏观经济学的观点受到了前所未有的挑战，因为它既不能对现实经济给予合理解释，也不能对缓解“大萧条”提出可行的对策。“古典”宏观经济学家对此作出的解释是，宏观的不稳定是暂时的，只要没有政府（不正当）的干预，“繁荣近在咫尺”（美国总统赫伯特·胡佛在 1931 年春天面对经济的短暂复苏曾乐观地作出了这一判断）。然而，经济形势的发展让当时的主流经济学家们大跌眼镜，美国的经济在 1931 年下滑得更厉害。于是，在以凯恩斯为代表的国家干预主义者的质疑声中，“古典”宏观经济学逐渐走下了西方主流经济学的神坛。

20 世纪 70 年代第一次“石油危机”后，以弗里德曼为首的现代货币学派，以卢卡斯为代表的新古典宏观经济学再一次举起了自由主义的大旗，向凯恩斯的国家干预主义发起了反攻。他们用更先进的分析方法和理论工具进一步论证了自由市场经济的优越性，批判了国家干预主义的宏观政策主张，再度成为西方宏观经济理论的一个主流思想。

然而，2008 年爆发的全球性经济危机再一次成为历史的转折点。包括美国在内的发达经济体都在危机后改弦易张，转向凯恩斯主义。例如，2008 年底，尽管在经济学界遇到一些阻力，美国政府还是决定用经济刺激政策来拯救经济。2008 年诺贝尔经济学奖获得者克罗格曼也相信，“当市场无法实现效率时，政府（恰当的）干预可以增进社会的福利”。

第三节 凯恩斯革命

凯恩斯是当代宏观经济理论当之无愧的奠基人。他精通新古典经济学，集经济学家、数学家、政治家、投资家等多重身份于一身（见专栏），其扎实的理论功底和敏锐的时事眼光让他有机会超越主流经济学，完美地把理论创新与宏观经济政策实践结合在一起，从而开创了一个全新的理论体系。1970 年诺贝尔经济学奖获得者——著名经济学家保罗·萨缪尔森在 1946 年评价凯恩斯的《通论》时写道，“从写作看，这是一部相当糟糕且结构混乱的著作……（然而，）不时闪现的真知灼见和洞察力点缀在冗长乏味的代数计算中……我们发现，他的分析易于理解且非常新颖。总而言之，这是一部天才之作”。

经济危机伊始，凯恩斯曾在一本名叫《劝说集》的著作中宣称，“……目前我们却陷入了无边无际的泥淖中，在一个微妙、复杂的机器的控制下，被搅得一塌糊涂，这个机器的运转规律，我们却并不了解”。与当时处于主流地位的新古典经济学家不同，凯恩斯认为，20 世纪 30 年代发生在资本主义国家的“大萧条”，反映了作为调节工具的市场机制在运行中存在着一些基本缺陷，这些缺陷最终导致社会出现低于充分就业的低水平均衡。在此背景下，因有效需求不足所导致的周期性失业（Cyclical Unemployment）或称非自愿失业（Involuntary Unemployment）就成为资本主义社会的常态，而充分就业只是一个特例。同时他又强调，这并不意味着资本主义患了不治之症，它只是不稳定而已。

然而，需要指出的是，凯恩斯提出的理论，目的只是修改资本主义体系内部的运行规则，以保护并加强它，而不是推翻它。他用一个政治家所特有的敏感捕捉到政府干预对经济的影响力。他总结了当时各个资本主义国家医治经济大萧条的成功做法，特别是一些非正统学派的经济政策主张，希望能有一套全新的理论把充分就业变为经济社会的正常状态，而不是一种例外。

专栏　凯恩斯小传

现代宏观经济学的开创者约翰·梅纳德·凯恩斯（1883～1946），师从新古典经济学的集大成者，著名经济学家马歇尔（Alfred Marshall），并得到庇古（Arthur C. Pigou）的精心指点。他曾在剑桥大学皇家学院执教，长期担任英国皇家经济学会《经济杂志》的编辑。同时，他又是一名活跃的政治家，曾任英国财政部官员，作为英国第二号人物参加巴黎和会。1944 年，凯恩斯率团参加在布雷顿森林举行的国际货币会议，为创立国际货币基金组织和国际复兴和开发银行两个机构作出贡献，并于 1946 年出任世界银行副行长。

凯恩斯终身爱好古典文学和艺术，擅长股票、债券和期货等金融投资，个人资产颇丰，1945 年底，其净资产达 41 万英镑，也为其所在的皇家学院赚得盆满钵满。

凯恩斯出身名门望族，其父尼维尔·凯恩斯是剑桥大学教授，是一位知名的经济学家和哲学家，代表作是《形式逻辑》和《政治经济学的范围和方法》，其母尼维尔·凯恩斯夫人在剑桥做过治安推事、市参议员和市长，其弟杰弗里为著名外科医生和藏书家，娶达尔文的孙女为妻，其妹玛格丽特曾留学法国，丈夫希尔为 1922 年诺贝尔医学和生理学奖获得者。

凯恩斯的主要著作有：《印度的通货与金融》（1913），《合约的经济后果》（1919），《概率论》（1921），《货币改革论》（1923），《货币论》（1930），《就业、利息和货币通论》（1936）。

1925 年，凯恩斯与离异后的俄罗斯芭蕾舞明星莉迪娅·洛波科娃结婚，一生无子女。1946 年 4 月 21 日，凯恩斯因心脏病突发在英国去世，享年 63 岁。

凯恩斯本人在《通论》出版之前就认为这本书中提出的经济理论将是革命性的，他在 1935 年初写给萧伯纳（George Bernard Shaw）的信中说，“我相信自己正在撰写一本颇具革命性的经济理论的书，我不敢说这本书会立即改变实际对经济问题的看法，但是在未来十年间，它对经济理论必然会产生革命性的影响……在现阶段里，我不能期望你或任何人相信这一点，但我自己对这一点是深信不疑的”。

在经济学发展的历史上，凯恩斯的《通论》一般被放在与《国富论》同等重要的位置上。凯恩斯对经济学的变革也被称为“凯恩斯革命”，其贡献主要体现在理论、方法和政策三个方面。

在理论上，凯恩斯反对萨伊定律，抛弃了“供给会自动创造需求”的观点。他坚持认为，资本主义市场经济体系存在特有的缺陷，即总需求不充足，失业现象就是这种状态的反映。他相信高失业率和生产资源闲置有可能长期并存，并提出了所谓的“凯恩斯定律”，即需求会自己创造自己的供给，供给是需求的函数，一个社会的总产出和就业量取决于总的有效需求。

在方法上，凯恩斯放弃了新古典经济学的个量分析方法，开创了宏观经济分析方法，即总量分析。他关心经济中的总量（总产出、总消费、总投资、总就业），特别是总支出所产生的收入效应，并强调，决定经济活动水平的主要因素是投资部分。只有当需求——特别是投资需求增加时，产出才会增加，失业率才会下降。为了把就业、收入理论和利息、货币、消费、储蓄与投资理论纳入宏观理论框架内，凯恩斯还放弃了传统经济学的“二分法”，将实物经济和货币经济结合为一体。他认为，经济学应分为两类，一个是研究如何将特定数量的资源进行各种用途的配置及报酬决定的经济学，另一个是适用于整个社会的总产出和就业量的经济学。

在政策上，凯恩斯反对“自由放任”，强调国家干预经济。凯恩斯认为，政府的财政政策能够影响产出，从而降低失业并缩短经济衰退期。他主张国家干预经济，奖励出口的做法，似乎又回到了重商主义的思想上来。具体而言，他提出了以下三个重要的政策主张：(1) 政府预算应“逆经济风向行事”。如果存在大规模失业，则预算应增加赤字，而不是像传统经济学强调的为平衡预算要降低赤字。(2) 降低实际工资或货币工资并不必然创造更多就业，而可能招致相反效果。(3) 货币政策如不借助相应的财政措施，则不可能终止大规模的失业。

凯恩斯提出的这些观点最初引起了无数的反对和争议，但自第二次世界大战之后，凯恩斯主义在宏观经济研究和政府政策制定领域占据主导地位。20 世纪 60 年代，凯恩斯的经济思想已经渗入宏观经济分析的每一个环节。到了 21 世纪，尽管众多反对派仍在对凯恩斯的宏观经济理论提出批评和质疑，但是各国政府在经济活动中都发挥着不可或缺的作用，包括经济体系相对自由的盎格鲁—撒克逊体系国家。可以说，凯恩斯的经济思想对宏观经济实践的影响不可低估，当代宏观经济学家无论是主张政府干预，还是主张自由放任，其理论研究都不可能不受到凯恩斯思想的影响。

在本书的最后一章中，我们会看到，当代宏观经济学的发展就是沿着诠释凯恩斯主义—反对凯恩斯主义—发展凯恩斯主义的路径展开的。

专栏　宏观经济学家达成了哪些共识

宏观经济学一直是一个充满争议的领域。这里犹如一个战场，不同的旗帜下聚集着各自的经济学家队伍。人们普遍感到了经济学家之间的不一致：n 个经济学家很可能至少出现 n+1 种意见（凯恩斯就被认为是同时持有两种截然对立意见的人）。有人嘲笑说，即使历史上出现过的经济学家全都聚在一起，依然不会得到一个能够简明反映现状的结论。经济学家经常受到的指责是，他们的假定要么太多，要么太少。

实际上，在宏观经济学形成的 70 多年里，经济学家之间虽然争吵不断，但也达成了一些共识。下面是不同阶段宏观经济政策对五大关键问题的回答的演变情况，从中可以看出现代宏观经济学已经形成的共识和仍然存在的分歧。

续

关于宏观经济政策的五大问题				
	“古典”宏观经济学	凯恩斯主义经济学	货币主义	现代观点
扩张性货币政策有助于治理衰退吗	不能	不太有效	有效	有效，但特殊情况除外
治理衰退时财政政策有效吗	无效	有效	无效	有效
在较长时期中，财政政策和货币政策有助于减少失业吗	不能	能	不能	不能
应该相机选择财政政策吗	不应该	应该	不应该	不应该
应该相机选择货币政策吗	不应该	应该	不应该	仍在争论之中

资料来源：布赖恩·斯诺登、霍华德·文、彼得·温纳齐克《现代宏观经济学指南》，商务印书馆 1998 年版；保罗·克鲁格曼、罗宾·韦尔斯：《宏观经济学》，中国人民大学出版 2009 年版。

第四节 宏观经济学关注的主要问题

如果以时间框架为依据，宏观经济学的研究大致可以分为长期、中期和短期三个模型。长期模型主要研究经济社会生产能力的增长，这是增长理论的探索范围。在中期模型中，生产能力在很大程度上会被看做固定不变，因此生产能力的利用水平决定产量，价格取决于总供给与总需求，大规模的通货膨胀是总需求变动的结果。在短期模型中，需求变动决定现有生产能力的利用率高低，也就决定了产出水平和就业水平。

从宏观经济学研究涉及的基本内容看，宏观经济学家在解释整体经济如何运行的时候，主要关注长时期内一国的经济增长、短期的经济波动、充分就业、通货膨胀以及开放经济条件下的宏观经济学问题。

一、经济增长

经济发展的最终目标是提高人们的福利水平，这也是各国政府制定相关经济政策的基本出发点。经济增长是经济发展的主要表现。更多的劳动供给，更多的机器设备，更好的技术以及更合理的制度都可以提高社会的经济产出，实现经济增长。

经济总量水平的不断增加提高了人们的生活水平。人们可以比以前享受到更多的食品和服装，享受到更好的医疗服务和教育，更加方便、舒适地生活。尽管不是所有人都能绝对平均地分享经济增长带来的好处，但总的来说，人们的平均生活水平在增长中不断提高。

图 1－1 显示，1978 年至 2009 年间，经济体制改革、对外开放、技术进步、劳动供给增加等一系列利好因素让我国经济一直保持着快速增长势头。在此期间，我国国内生产总值的年均增幅达 9.8%，堪称人类经济发展史的奇迹。

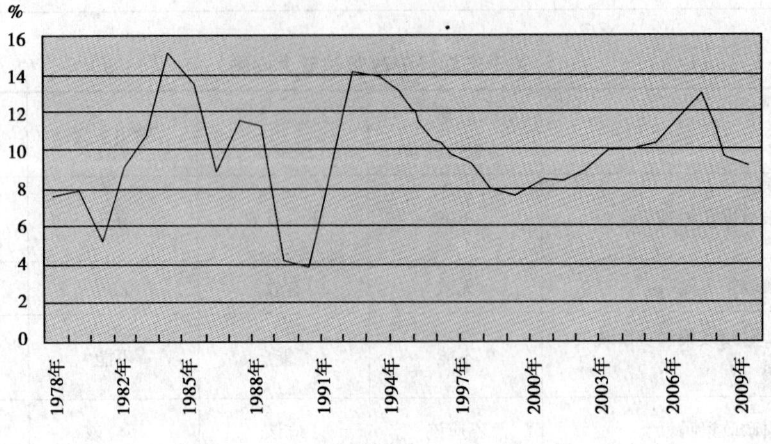

图 1－1 1978～2009 年期间中国经济增长率

数据来源：国家统计局官方网站数据库：www. stats. gov. cn。

值得注意的是，各个国家的经济增长情况是各不相同的。表 1－2 给出了 1913 年至 1998 年期间 10 个国家的人均实际收入增长率情况。

表 1－2 部分国家人均实际收入增长率（1913～1998 年）

国　家	年均增长率（%）	国　家	年均增长率（%）
阿根廷	0.7	印　度	1.1
巴　西	2.3	日　本	3.4
中　国	2.4	西班牙	2.0
法　国	2.1	英　国	1.6
加　纳	0.1	美　国	1.7

资料来源：多恩布什、费希尔、斯塔兹：《宏观经济学》（英文第 8 版），第 12 页。

很明显，这些国家的经济增长速度是极不相同的，年均增长率最高的日本是年均增长率最低的加纳的 34 倍。为什么有的国家人均实际收入增加如此之快，有的国家却几乎停滞不前？比如，当巴西人均收入增长超过 5 倍时，加纳 1980 年的收入却仅仅比 1913 年高 20%。从长期来看，不同国家增长率哪怕只有微小的差异，也会在日积月累中造成国别之间巨大的贫富差距。

世界各国的实践表明，每个国家实现其经济增长的具体途径并不相同，那么，经济增长的决定因素究竟有哪些？劳动的增加、资本的积累、技术的进步及制度的改进在经济增长中的作用到底有多大？有没有规律性的经济增长模式？国家可以采取什么政策提高经济增长率？发达市场经济国家的经济增长道路对其他落后国家意味着什么？这些问题是宏观经济学家在探讨整体经济长期发展时必须回答的。

二、经济周期

经济增长理论揭示的是总产出变化的长期趋势，但历史和现实都已表明，任何国家的经济发展都不可能是一帆风顺的。在短期内，有时候经济会出现非理性繁荣，有时候则会陷入不景气状态。可以说，所有的国家都必须面对本国经济在不同时期的冷热交替，即经济波动。当经济持续两个季度出现下滑时，预示着衰退（Recession）来临，失业率将不断攀升，物价水平下降；当经济持续两个季度上升时，经济就处于扩张（Expansion）之中，此时，一般会伴有就业率的增加和通货膨胀率的上升。

图 1－2 是一个假想的国家在不同时期的总产出变化趋势图。图中这条上下波动的曲线代表了实际经济发展时热时冷的交替，直线则表示长期经济增长的基本趋势。

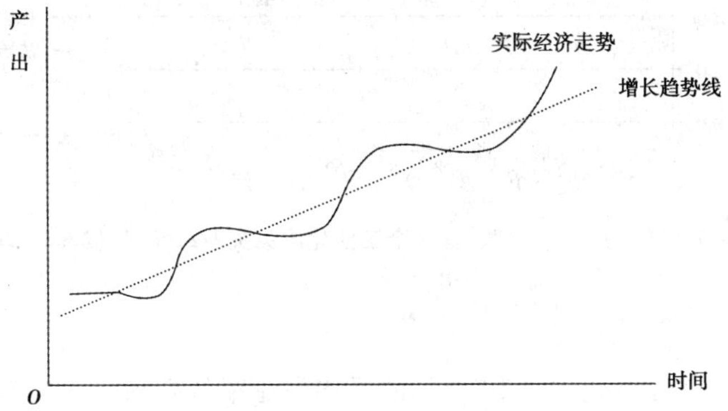

图 1－2 某国总产出变化趋势图

历史表明，各国的经济波动还呈现出一定的周期性。为说明整体经济的这种变动，宏观经济学家建立了经济周期理论，以研究一个经济社会的总产出在短期为什么会时好时坏，并会呈现出某些规律性的特征。

为解释经济波动和经济周期，经济学家开展了深入的研究，并得到了一些理论发现。凯恩斯的宏观经济理论认为众多资本主义国家之所以会出现濒临崩溃的“大萧条”，主要是由于总需求方面出现了问题。要走出萧条，就必须“对症下药”，实施有效的需求管理政策。在凯恩斯经济理论的启发下，当代的宏观经济学家们还在继续对经济波动和经济周期理论进行探索。

货币主义（Monetarism）把货币增长率看做经济波动的推动力。货币增长加快引起扩张，反之则引发衰退。因此，央行控制好货币发行速度是稳定经济的唯一手段。实际经济周期（Real Business Cycle）理论是另一个试图解释经济周期的理论。该理论由 2004 年诺贝尔经济学奖获得者基德兰德（F. Kyland）和普雷斯科特（E. Prescott）在 20 世纪 80 年代共同创立。他们以 20 世纪中期伟大的经济学家熊彼特（J. Schumpeter）的学说为基础，把新技术的随机冲击看作经济周期性波动的根源。他们认为，经济波动是经济主体对新技术冲击的理性反应，政府无需干预。

三、失业

当经济衰退时，会有一部分劳动者愿意工作却无法找到工作，出现周期性失业。经济持续低迷时期，社会不得不面对长期持续的高失业率，有时甚至会长达 10 年。这种持续而痛苦的失业现象改变了千百万人的生活和命运，也给社会带来了很多不稳定因素。因为失业让劳动者失去了收入，直接影响到他们的生活水平，长期失业还会危及劳动者的职业前途。由于在不同的人群有着不一样的分布规律，在某些不容易就业的人群（如刚毕业的学生、新移民、技能相对单一的劳动者）中，失业会成为非常严重的一个问题。

图1－3描述的是5个工业化国家在进入新世纪以后的10年间的失业状况。

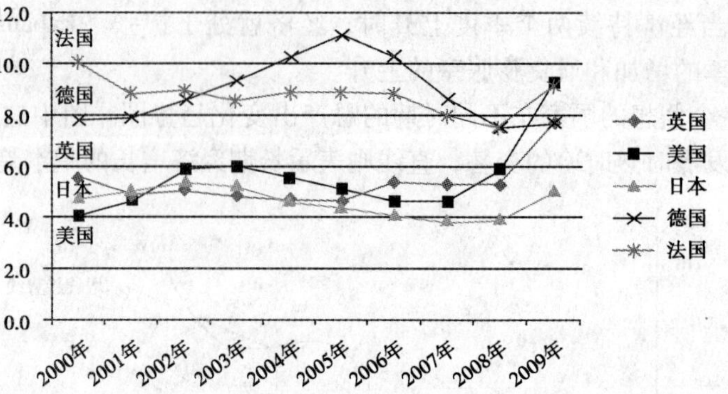

图1－3　英、美、日、德、法5个工业化国家失业率情况（2000～2009）

资料来源：经济合作与发展组织官方网站，www. oecd. org。

数据显示，这5个工业化国家10年间的平均失业率从高到低依次为德国8.9%、法国8.7%、美国5.5%、英国5.3%、日本4.7%。从图中可以看出，德国和法国在这10年间的失业率远高于其他3个国家。

要实现充分就业，就必须了解失业产生的原因、机制、影响及相应的解决方案。宏观经济学家花费了大量的精力研究这些问题，但是目前仍然没有达成共识。例如，对于政府是否应该以及能否运用财政政策和货币政策进行干预，为什么不同国家的失业率会出现明显的差异，最低工资法对失业率的影响等问题，经济学家还在争论不休。

四、通货膨胀和通货紧缩

物价不稳定是宏观经济学的一个重要问题。在物价水平持续上涨的通货膨胀（Inflation）时期，那些依靠固定收入来维持生活的人，将无法支付越来越高的生活费用。更为严重的是，在市场经济中，价格迅速上升会扭曲其作为衡量经济价值尺度的意义，使之无法指导经济行为，导致市场机制配置资源的功能失去了最基本的工具。世界各国的历史和现实都表明，通货膨胀是经济活动中一个十分敏感的社会问题，政府必须给予充分重视。

表1－3列出了1971～1981年间美国和日本的通货膨胀率。从表中不难看出，在这11年中，美国有4个年份的通货膨胀率超过10%，而日本则有3个年份的通货膨胀率超过10%，其中1974年高达23.1%。值得注意的是，这两个国家在1974年前后都出现了严重的通货膨胀问题。

表1－3　1971～1981年美国和日本两国的通货膨胀率（%）对比

年份	1971	1972	1973	1974	1975	1976	1977	1978	1979	1980	1981
美国	4.3	3.3	6.2	11.0	9.1	5.7	6.5	7.6	11.3	13.5	10.3
日本	6.4	4.9	11.7	23.1	11.8	9.4	8.2	4.1	3.8	7.8	4.9

资料来源：转引自布赖恩·斯诺登，霍华德·文，彼得·温纳齐克：《现代宏观经济学指南》，商务印书馆1998年版，第18页。

宏观经济学家必须回答到底是什么因素带来了通货膨胀，它的传导机制是什么，政府有没有合适的手段去预防它，对于已经发生的通货膨胀，政府或其他组织能不能采取适当的措施去控制它，政府反通货膨胀的措施有哪些副作用，比较温和的价格上涨是否有利于刺激经济，不同国家通货膨胀率之间为什么会存在巨大差异，等等。

当物价水平持续下降时，经济体就会遭遇通货紧缩（Deflation）。从各国的发展史看，通货紧缩较为少见。2009 年，全球经济陷入衰退，物价指数不断下降，出现通货紧缩。当通货紧缩到来时，经济主体手中持有的现金会因为物价水平的持续下滑而升值，这会让投资变得缺乏吸引力，从而加剧经济下滑的幅度，甚至出现通货紧缩和衰退相互推进的恶性循环。

图 1 –4 是 1999 年 1 月至 2009 年 12 月期间我国月度物价水平的变动情况。

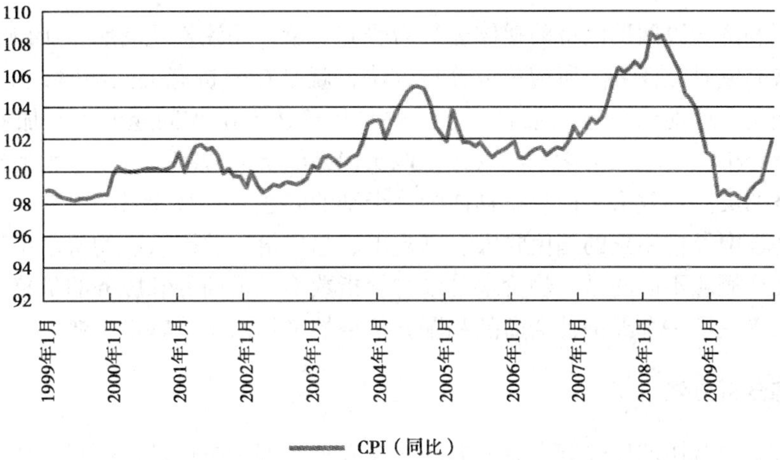

图 1 –4　1999 年至 2009 年我国月度物价水平变动情况

资料来源：国家统计局官方网站数据库：www. stats. gov. cn。

从图 1 –4 可以看出，近 10 年来我国已经出现了 3 次通货紧缩现象，分别在 1999 年 1 月至 2000 年 1 月，2001 年 11 月至 2002 年 12 月，以及 2009 年 2 月至 11 月。前两次与 1997 年爆发的东南亚金融危机有关，后一次则是受 2008 年美国金融海啸的影响所致。

五、开放条件下的宏观经济

交通、通讯技术的革新，国际贸易和资本流动规模的不断扩大，跨国公司对全球经济整合力度的加强，以及众多国家开放政策的推行，都极大地推动了各个国家之间的经济往来。随着全球经济一体化步伐的加快，各个国家之间的联系越来越紧密，任何一个国家都无法脱离其他国家而取得发展。因而，一国在经济发展中所遇到的宏观经济问题必须要放到开放的背景中去分析。

进入 21 世纪以后，中国已经成为“世界工厂”，为全球提供了无数的服装、玩具、电子产品，同时也成为全球铁矿石、原油等原材料的主要需求者。随着中国金融市场逐步开放，外国政府和经济主体将对中国的宏观经济产生越来越大的影响，中国财政政策、货币政策的有效性必须考虑国际贸易和资本流动的影响，例如，美联储提高利率对中国的外商直接投资有何影响，人民币对美元的升值会对中国的出口产生哪些影响，外资银行进入中国后货币政策的传导机制会有哪些改变，等等。可以说，21 世纪的宏观经济学必然是以经济视角的国际化为其主要方向的。

第五节　宏观经济学研究方法的特点

宏观经济学是一门内容庞杂的学科，了解该学科研究方法的特点是十分必要的。与微观经济学相比，宏观经济学在研究方法上有其特殊性。

一、总量分析方法

由于宏观经济学以国民经济的整体运行为研究对象，关注宏观问题，所以它必须借助总量分析方法来完成研究任务。所谓总量分析方法，就是在分析有关问题时，把一些具体的、分散的经济变量合理地综合与抽象成一些反映总体经济情况和问题的、更加概括的经济变量。通过总量分析，宏观经济学家可以方便地认识到经济的原貌，着重于大的经济趋势和动向、整体经济的反应和效果，而忽略具体的、个别的问题或经济变量。

宏观经济学中经常用到的国民收入、总支出、总供给、总需求、物价水平等都是总量指标。与其他几个概念不同的是，物价水平或物价指数不是把商品和服务的价格相加，而是一个平均数，它反映了一个经济社会商品和服务价格的平均水平或基本走势。

二、动态分析方法

微观经济学中常用的比较静态分析方法，在宏观经济学中也经常用到，如在凯恩斯的国民收入决定论中。然而，宏观经济学中还广泛运用了在微观经济学中不常用到的动态分析法，即对经济变动的过程进行分析，其中包括分析有关变量在一定时间过程中的变动，这些经济变量在变动过程中的相互影响和相互制约，以及这些变量在某一时点的速率等。因此，动态分析法侧重于把研究对象的发展变化看做一个连续的过程（其实，微观经济学中的“蛛网定理”运用的也是这种方法)，各个变量在时间维度的变动规律将成为模型研究的重点。

现代宏观经济理论中的经济增长理论、经济周期理论等，采用的都是动态分析法。这些理论模型都要借助对经济指标动态变化的具体考察，来反映经济的运行过程。

三、规范分析方法

在微观经济学的学习中我们已经知道，实证分析方法更接近于自然科学的研究范式，深受那些极力把经济学作为一门“科学”的经济学家的推崇；规范分析方法则更接近标准的社会科学研究范式，反映了经济学从属于社会科学的规定性特征。现代经济学的一个发展趋势是推动经济学的“科学化”进程，尽可能用于事实一致的实证分析方法观察、衡量各种经济变量，用抽象的经济模型刻画经济因素之间的因果关系，并对经济事件进行客观预测。然而，作为一门研究经济主体行为规律的学科，经济学家很难完全摆脱自身价值取向对研究结果的影响。无论研究者自己是否意识到，其自身的家庭背景、教育经历、价值偏好等因素都会对其研究思路、模型假定、结论取舍产生或大或小的影响。

1987年诺贝尔经济学奖获得者、经济增长理论的奠基人——美国经济学家索洛曾说，“社会科学家和其他人一样，也具有阶级利益、意识形态的倾向以及一切种类的价值判断。……不论社会科学家的意愿如何，不论他是否察觉到这一切，甚至他力图避免它们，他对研究主题的选择，他提出的问题，他没有提出的问题，他的分析框架，他使用的语言，很可能在某种程度上反映了他的利益、意识形态和价值判断”。现代宏观经济学的开创者凯恩斯更坦诚，承认自己是“站在有教养的资产阶级一边的”。

与微观经济学相比，在宏观经济学中会更经常遇到规范分析问题。在宏观经济政策的分析中，某项政策是否应该实施这一问题主要涉及分析者的价值判断，属于规范分析的范畴，而旨在描述这项政策的经济影响的客观分析则属于实证分析。实际上，宏观经济学家之间的争论主要集中在规范分析层面上。例如，不管是保守的经济学家还是激进的经济学家，他们对减税会增加富人收入这一观点大都持肯定意见（实证分析），但会对国家是否应该减税产生争论（规范分析）。有些经济学家认为富人是市场经济中的“优胜者”——他们是社会财富创造的主力军（因而也获得了较多的财富），所以减税有助于提高这些人提供劳动的积极性，有利于增加社会财富，而另一些经济学家则可能认为减税等于给予富人税收优惠，会加大贫富差距，引起社会不公平。

专栏　宏观经济学家是如何开始经济学研究的

宏观经济学家开始研究经济学出于许多不同原因。一些人对经济学感兴趣，是因为20世纪30年代的大萧条，一些人则纯属偶然，但无论如何，他们都喜欢经济学。下面是3位诺贝尔经济学奖获得者对“你是如何开始经济学研究的”问题的回答：

弗兰克·莫迪利阿尼（Franco Modigliani）：（笑）这是一个很好的问题。我要说，是机遇。在我的大学时代刚开始时，我憧憬着成为一名医生，因为我父亲是医生……在最后一分钟，我意识到，我不是干那行的材料：我不能看见血，所以我进了法学院，当时法学专业在意大利是很笼统的。

后来有一个大学生的全国竞赛，要写一篇价格管制效果的文章。我决定参加……我写了一篇论文，得了头等奖。评委说我应该学经济学，我就开始学了经济学。

詹姆斯·托宾（James Tobin）：我进入这一行是由于两个原因。第一个原因是作为大萧条时期的孩子，我对这个世界极度担忧。许多问题看起来从根本上是经济问题。如果你想拯救世界，那么看来经济学就是要学习的最关键的东西，我就是这样想的。第二个原因是，一块饼拿在手里就不能不吃掉，因为经济学是非常有趣的科目。

小罗伯特·E. 卢卡斯（Robert E. Lucas，Jr.）：我总是喜欢思索社会问题，也许这是由我的家庭决定的。我们总是争论政治和社会问题。我曾研究历史……但是终于醒悟经济力量是历史发展的中心力量，于是开始尝试研究经济学。我发现英文书深奥难懂，给我很大打击……比如凯恩斯的《通论》。我还是读不懂凯恩斯。（笑）我认识到，一个业余爱好者是学不会经济学的。于是我走进经济学专业的道路，在芝加哥大学拿到了博士。

（选编自罗伯特·霍尔，约翰·泰勒《宏观经济学》（第五版），第15～16页，中国人民大学出版社）

本章主要术语

宏观经济学 “合成谬误” 萨伊定律 货币数量论 凯恩斯革命 总量分析方法 动态分析方法

本章小结

1. 宏观经济学是西方经济学的重要组成部分，致力于研究经济总体情况与趋势。

2. 宏观经济学把一个社会视为一个经济运行的整体，主要考察该经济体的总量指标，如产品和服务的总产量、价格水平、社会总收入等的决定因素及其变动规律。

3. 尽管宏观经济学与微观经济学在研究对象、研究方法上均有所区别，但二者在内在逻辑上是一致的。

4. 现代宏观经济学的产生是西方经济学界面对 1929 ~ 1933 年发生的资本主义大萧条作出的回应。

5. 凯恩斯革命主要体现在：方法上提倡总量分析，理论上坚信“需求创造自己的供给”，以及政策上主张国家干预主义。

6. 宏观经济学主要研究经济增长、经济波动与经济周期、充分就业、通货膨胀问题，以及开放经济条件下的宏观经济问题。

7. 宏观经济学研究方法的特点主要在于总量分析法和动态分析法。

习 题

1. 宏观经济学的性质和研究对象是什么？

2. 如何看待宏观经济学与微观经济学的关系？

3. 凯恩斯经济思想的“革命性”主要体现在哪些方面？

4. 宏观经济学关注的主要问题有哪些？

5. 宏观经济学的分析方法有何特点？

6. 凯恩斯的《通论》是典型的萧条经济学，为什么他把这本著作称作有关市场经济整体运行规律的“通论”？

建议阅读材料

1. 威廉·布雷特、罗杰·L. 兰塞姆：《经济学家的学术思想》，中国人民大学出版社、北京大学出版社 2004 年版，第 71 ~ 86 页。

2. 胡代光：《西方经济学说的演变及其影响》，北京大学出版社 1998 年版，第 70 ~ 108 页。

3. 小罗伯特·B. 埃克伦德、罗伯特·F. 赫伯特：《经济理论和方法史》，中国人民大学出版社 2001 年中文版，第 389 ~ 406 页。

4. E. K. 亨特：《经济思想史——一种批判性视角》，上海财经大学出版社 2007 年中文版，第 337 ~ 359 页。

5. 保罗·克鲁格曼、罗宾·韦尔斯：《宏观经济学》，中国人民大学出版社 2009 年中文版，第 517 ~ 522 页。

第二章

国民经济核算体系

本章学习要求

1. 了解收入支出循环流程，掌握国民经济核算体系的基本原理。
2. 准确把握 GDP 的内涵，掌握 GDP 核算中的支出法和收入法两种方法。
3. 掌握 GDP 与 GNP、NDP、NI、PI 及 DPI 等总量指标之间的关系。
4. 掌握两部门、三部门经济中的储蓄—投资恒等式，了解四部门经济中的储蓄—投资恒等式。
5. 掌握名义 GDP 与实际 GDP 的概念及相互关系，掌握 GDP 折算指数的经济意义。

宏观经济学在研究整体经济到底如何运行时，必须运用一些指标对经济体系的绩效进行测度。宏观经济学家建立了一套较为科学的体系，即国民收入账户（System of National Accounts，简称 SNA）或国民经济核算体系。这种核算体系为宏观理论模型的研究提供了有关国民收入、价格总水平的正规的经济信息。除了考察产量外，国民收入核算体系还为我们提供了度量经济社会物价总水平的方法，这是经济工作者讨论通货膨胀的基础。

国民经济核算体系或国民收入账户提供的各种数据，让人们了解一国的经济全貌，为政府机构、企业及居民户提供了决策依据，引导决策人实现自己的目标。这些指标也使经济学家能更准确地把握宏观经济学的核心问题，包括经济增长、经济周期、经济行为与失业之间的关系，以及通货膨胀的测度与决定因素，等等。国民经济核算体系已经成为世界各国进行经济分析和政策制定的有用工具，有学者甚至将其称为 20 世纪最伟大的发明之一。

第一节　宏观经济循环图

本节将运用宏观经济循环模型来说明国民经济核算体系的基本原理，以帮助大家了解这种看似神秘的方法背后最直接的逻辑是什么。为简化宏观经济的运行，我们把经济体系分成 4 个部分：居民户、企业、政府，以及国外经济主体。这 4 个主体分别通过商品和服务市场、要素市场、金融市场建立联系。

图 2－1 描述的就是一个经济体系中 4 个主体通过 3 大市场建立联系的主要经济行为，图中箭头表示资金流动方向。

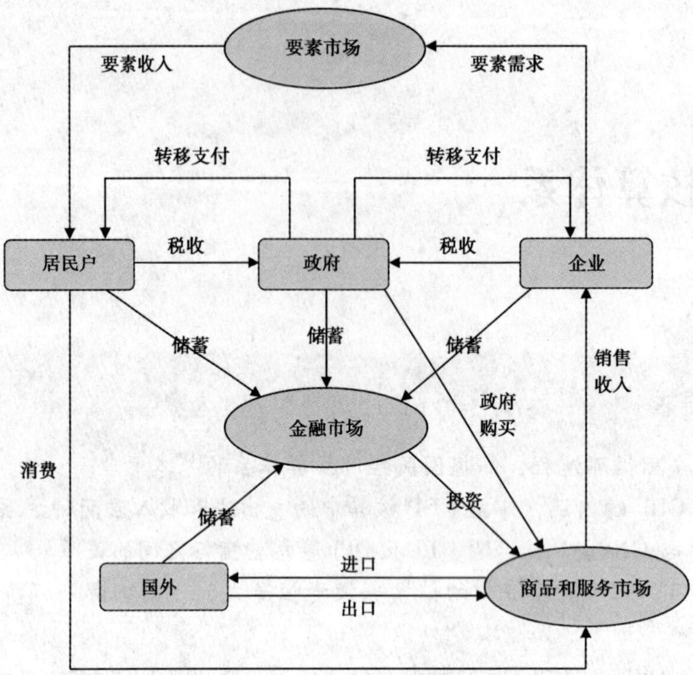

图 2-1 宏观经济循环图：以资金流动为例

在图 2-1 中我们可以看到，居民户向要素市场提供要素（如劳动、土地、企业家才能等）获得工资、租金、利润、利息等收入，然后购买生活所需的商品和服务；企业向市场提供商品和服务，然后向要素所有者支付要素报酬；政府通过向企业和居民户征税来形成财政收入，为社会提供相应服务，购买政府机构运行所需的商品，进行公共投资，并向部分企业和居民户提供转移支付；国外经济主体通过商品的进出口与国内经济建立联系。以上 4 个主体收入的结余部分形成储蓄，并经金融市场转化成投资。

以上模型虽然看起来简单，却与宏观经济运行的本质相吻合。这种经济循环图能为宏观经济学家测度经济社会的产量和收入提供一个清晰而便捷的思路。

第二节 国内生产总值（GDP）

国内生产总值是国民经济核算体系中最重要的一个总量指标，它衡量的是经济体的总产出水平。政府据此可以判断经济是扩张的还是紧缩的，并进一步作出是应该给经济“浇油”，即执行扩张性的经济政策，还是收缩经济，给其“泼水”降温的决策。国内生产总值为经济学家预测经济是否会面临通货膨胀或者严重衰退提供了一个便利的测度指标。国内生产总值衡量的是经济中的货币流量，它既可以是从企业流向居民户的收入，也可以是从居民户流向企业的支出。

一、最终产品与中间产品

一个企业在既定时期给社会创造的价值，并不是指该企业生产出来的产品的总价值，而是指净增值。例如，如果该企业在某一年度生产的产品总价值为1000万元，而其投入品（包括原材料、燃料、劳动、机器磨损等）价值为750万元，那么该企业本年度的产出就应该是250万元，而不是1000万元。这样计算出来的产出能够更准确地衡量企业给社会作出的经济贡献。对于一个社会而言，在计算其总产出或国内生产总值时同样是依据这一思路。

设想这样一个经济体，向消费者——居民户提供的只有一种产品即面包，面包进入居民户中需要经过农业生产者、食品制造商、零售商3个环节。面包的价值形成链条如表2-1所示：

表2-1　　某经济社会的产品（面包）生产链：收入与支出账户　　单位：万元

农业生产者			食品制造商			零售商		
	支出	收入		支出	收入		支出	收入
原料成本	0	300	原料成本	300	750	原料成本	750	1000
工资	200		工资	250		工资	100	
利息	50		利息	100		利息	80	
利润	50		利润	100		利润	70	

注：为简化分析，假设农业生产环节没有原材料投入，且未使用土地。

从表2-1中可以看出，在这样一个经济体中，为使消费者能买到面包，农业生产者、食品制造商和零售商都在作着自己的贡献。实现的1000万元的面包价值等于各个环节中的价值增值（Value Added）之和（各环节的价值增值分别等于销售收入减去从其他企业购入的原料成本）。具体而言，这1000万元的面包价值可以分解为：农业生产者创造的300万元，食品制造商创造的450万元，零售商创造的250万元。

为了避免重复计算，西方经济学家提出了最终产品和中间产品的概念。所谓最终产品（Final Goods）是指在一定时期生产的、由其最终使用者购买的产品和服务。在此需要特别说明的是，西方经济学家一般把企业生产中所使用的耐用资本品如机器、设备、大型工具等看做最终产品，因为这些资本品的最终使用者就是企业。在上例中，最终产品只有一种，即消费者购买的面包。与之相对应，中间产品（Intermediate Goods）是指为了生产最终产品而作为中间投入品的原材料、燃料、半成品等。上例中，食品制造商从农业生产者手中购买的粮食，零售商从食品制造商手中购买的面粉都属于中间产品。

二、国内生产总值

宏观经济学家一般把国内生产总值（Gross Domestic Product，GDP）定义为在既定时期内（季度或年度），一个经济社会所生产的所有最终产品和服务的市场价值。它包括企业当期生产的新产品的价值，像面包、电视机、房子等，与服务的价值，像经济学家演讲、旅行、文艺演出等。这些产品和服务的市场价值加在一起就是该经济体的国内生产总值。

在理解GDP时，应该注意把握以下几点：

第一，GDP衡量的是社会的最终产品和服务的价值，中间产品的价值不能计入GDP，否则就会造成重复计算，影响GDP的准确性。这样一种处理方法并不太难，例如在上面的例子中，只需要直接将面包的价值计入GDP中，而避免计入生产面包所使用的粮食和面粉的价值。事实上，所有中间产品的价值都会在各种最终产品的价值中得以体现。

第二，GDP是一个市场价值的概念。换言之，GDP的计量单位是货币单位。产品的市场价值就是用这些最终产品的产量乘以单位价格获得的。这种处理方式一方面可以将不同度量单位的实物形态用相同的价值形式统一起来，使经济学家能很方便地测度一国的整体经济水平，而不用再为如何把面包的产量与经济学家的演讲进行加总而犯难；另一方面，基于市场价值的GDP概念本身就表明，该总量指标衡量的仅仅是市场活动导致的价值。家务劳动、自给自足的生产因为没有经过市场，无法计算其市场价值而被排除在GDP范围之外，而对于地下经济、犯罪活动所产生的经济活动而言，虽然它们有市场价值，但由于缺乏准确的统计信息而没有被统计在GDP中。

专栏　地下经济、犯罪活动与GDP

国内生产总值就是要衡量一个经济社会所进行的所有经济活动的总价值。但是，有些生产性经济活动官方根本无法衡量，因而也就被排除在GDP之外。这类经济活动主要包括：

（1）犯罪活动。有些犯罪活动也属于经济活动，同样有产值。例如，毒品的生产与交易、产品走私活动、假钞的生产与流通、卖淫嫖娼活动，等等。可以说世界各国都存在这样的犯罪活动，有相当一部分人以此谋生。经济学是实证科学，在测度经济体的整体水平时只按最终产品与服务的价值计算，并不考虑这些产品和服务是否合法，是否符合伦理规范。然而，这些犯罪的经济活动显然无法在GDP中反映，成为GDP统计中很大的一个遗漏项目。据经济学家估计，在美国这些非法经济活动所创造的产值约占GDP的1%～2%。在意大利、哥伦比亚，这一比例还要更高。

（2）地下经济。地下经济是所有合法但未向政府有关部门申报的经济活动。地下经济存在的目的是逃避政府的安全管制、最低工资法、社会保险的支付、各种税收或其他对自己不利的法律法规。据测算，地下经济创造的产值大约相当于美国GDP的5%～15%。

第三，GDP是一定时期内所生产的最终产品价值，与实际销量无关。如果某企业年生产100万元的产品，而产销率只有90%，即只销售了90万元，那么在核算其产出时应该将100万元计入GDP。没有卖出去的10万元的产品被认为是存货投资，即企业自己买下当期未售出产品。相反，如果当期企业销售额为120万元，那么在核算其产出时仍应该将100万元计入GDP。此时，该企业存货减少的20万元产品是"旧"产品，其价值已在生产当期的GDP中体现，所以不能再计入本期的产出中。这里还要提醒的是，当年发生的旧货交易金额，不能计入当期的GDP中，但如果旧货交易产生了经纪人费用或佣金，则这些费用应计入当期的GDP中。

第四，GDP是流量概念而非存量概念。流量是一定时期发生的变量，属于动态概念；存量是一定时点上存在的变量，是一个静态概念。

专栏 流量与存量

在宏观经济学中，经常会遇到流量和存量两个概念。“流量”是指在某一段时期内的经济活动的变动总量，往往表现为单位时间内发生的经济变动量的总值。比如，某季度的总产量、工资总量。某一年内一国的国内生产总值就是该国在这一年内所生产的所有最终产品和服务的总和，它是流量。“存量”是指特定时点上一国的经济总量。例如，在对经济活动进行历史性分析和比较中涉及的年度总量值，某一特定时点的货币总量。在主要的宏观经济总量中，收入、支出、消费、投资、储蓄等都是流量，而劳动力、社会固定资产等都是存量。

流量和存量之间有着密切的关系。流量的累积会形成存量，而存量的变动就是流量。例如，历年中对厂房和机器设备的投资，在扣除折旧之后，就构成资本的存量，而某一时期内资本存量的变动就是作为流量的投资。再比如，每一个时期的储蓄是流量，但是各期的储蓄沉淀下来就变成了存量——财富。

第五，GDP 是个地域概念，它衡量的是一国或一个地区地域范围内生产的最终产品和服务的市场价值。与之相对应的概念是国民生产总值（Gross National Product，GNP）。GNP 统计中采用的是居民标准，即它考察的是某国居民所生产的最终产品和服务的市场价值。例如，摩托罗拉（中国）有限公司的产出应该计入中国的 GDP 中，而不能计入美国的 GDP 中。不过，该产出值应计入美国的 GNP 中，却不能计入中国的 GNP 中。所以，如果某国的 GDP 超过了 GNP，则说明外国居民从该国获得的收入超过了该国居民从外国获得的收入，而当 GNP 大于 GDP 时，说明情况正好相反。

由于国外净收入数据不足，导致 GNP 较难衡量，因此，目前世界各国主要采用 GDP 来反映经济体的产出水平。

第三节 国内生产总值的计算方法

在图 2－1 我们已经用一个简单模型描述了 GDP 的核算原理。对该收入支出循环流程模型的分析表明，经济社会的总收入、总支出与总产出 3 个变量的数值是相等的。这是因为：首先，既定时期一国或地区的总产出（即最终产品和服务的市场价值），必然等于这些产品和服务的购买者的支付额。对于已经实现的销售而言，无论购买者是谁，其中的道理是不言自明的。对于本期已经生产出来但是尚未售出的产品而言，因为我们把这一部分价值定义为企业在存货上的投资支出（即存货投资），所以社会的总产出必然等于总支出。其次，按照西方经济学的要素价值论，最终产品和服务的价值是由各种生产要素（劳动、土地、资本、企业家才能）共同创造的。换言之，在这些产品和服务的售价中，各种要素会获得其相应的报酬，即劳动者获得工资，土地所有者获得地租，资本家获得利息，企业家获得正常利润。在不完全竞争市场中，企业销售收入扣除这些要素收入和原材料、半成品等投入品成本后的余额，被经济学家定义为经济利润。如果一直向前追溯，生产中投入的原材料、半成品等投入品的价值最终也可以分为以上几项。所以，从理论上讲，总产出等于要素所有者所获得的要素报酬之和，即总产出等于总收入。基于以上两点，可以得出恒等式：总产出 = 总支出 = 总收入。

根据以上分析，可以得出 GDP 的 3 种计算方法，即支出法、收入法和生产法。下面结合表 2－1 中提供的案例和美国的统计资料对这 3 种方法进行简要说明。

一、支出法

所谓支出法，是指通过核算全社会在一定时期内用于购买最终产品和服务的支出总和来求出 GDP。最终产品和服务的支出总和或总支出就是这些产品和服务的销售价格，在表 2－1中就是面包的销售价格 1000 万元。实际经济生活中的情况要比这一例子复杂得多。为了使支出法具备可操作性，必须区分最终产品和服务的购买者，或最后使用者。一般而言，社会最终产品和服务的购买者有 4 大类：国内的居民户、企业、政府以及国外的经济主体（包括国外的个人、企业、政府机构等）。因此，用支出法核算 GDP，就是核算经济社会在一定时期内居民户消费、国内私人总投资、政府购买以及净出口这几方面支出的总和。

（一）居民户的消费支出

居民户的消费支出（Personal Consumption Expenditures，用 C 来表示）包括居民对耐用消费品（如电脑、电视机、洗衣机、空调、小汽车等）、非耐用消费品（如食物、饮料、洗涤用品、衣服等）和服务（如医疗、教育、保险、旅游等）的支出。美国是一个高消费国家，居民户的消费支出在 GDP 中的比例在 20 世纪 60 年代中期时不到 62%，而 21 世纪初已经增加到 70% 多。相比较而言，中国居民的消费对 GDP 的贡献率就要低得多了（关于这一点，可参考课后习题）。需要注意的是，在 SNA 体系中，居民户建造住宅和购买新住宅的支出不包括在消费支出中。

（二）国内私人总投资

国内私人总投资（Gross Private Domestic Investment，用 I 来表示）是指国内企业用于购买资本设备（包括厂房、机器设备、大型工具）的支出和居民用于建造、购买新住宅的支出，它还包括存货的变动。

投资是一个流量概念，它反映的是一定时期内资本存量的变动额。由于存在资本折旧，在此需要区分总投资和净投资两个概念。假定某经济社会在 2009 年初的资本存量为 10000 亿元，由于资本品在一定时期会不断磨损，一年内资本品要消耗或折旧 300 亿元，那么该经济社会在 2009 年完成的投资额即 1000 亿元中，其中的 300 亿元必须用来补偿资本品的折旧，以维持原有的资本存量。因此，到 2009 年末，该经济社会的资本存量将变为 10700 亿元。在这里，总投资（1000 亿元）= 重置投资（指为补偿折旧重新购置资本品投资的 300 亿元）+ 净投资（资本存量净增加的投资 700 亿元）。注意，用支出法计算 GDP 时的投资，指的是总投资。

从国内私人总投资的投资对象看，可以将其分为固定资产投资和存货投资。固定资产投资是指新厂房、新机器设备、新商业用房以及新居民住宅的增加。因为居民住宅与企业的资本品类似，可以长期使用，所以经济学家把对居民住宅的投资也叫做固定资产投资。存货投资是指企业掌握的存货价值的变动额。存货投资既可能是正值，也可能是负值，具体结果要看企业对市场行情预测的准确程度和据此作出的产量决策。如果市场行情比企业预测的要好，则存货减少，反之，存货增加。

（三）政府购买

政府购买（Government Consumption Expenditures，用 G 来表示）是指各级政府购买产品和服务的支出，包括政府提供国防、法律与秩序、教育、公共设施等的费用，以及政府向公务人员支付的薪酬。政府购买只是政府支出的一部分，政府支出中还有一部分是转移支付，如对失业人员、残障人士、灾民发放的救济金，以及政府对某些企业发放的财政补贴等。这种支付只是简单地把收入从一部分人或组织手中转移到另一部分人或组织手中，并没有相应的产品和服务交易发生，因而不计入总支出中。

由于西方各国都有一些政府投资项目，所有政府的投资活动也构成了社会总支出的一部分。在表 2－2 中可以看到，美国国民经济核算体系中的政府购买和政府投资是放在同一个栏目中统计的。不过，为描述方便，本书一般将政府投资直接归到政府购买中，不再单列。

（四）产品和服务的净出口

产品和服务的净出口（Net Exports of Goods and Services，用 NX 来表示）是指出口额与进口额的差。一个国家或地区向国外销售产品和服务得到的收入与其从国外购买产品和服务的支出的差额就是该经济社会的净出口。从另一个角度看，净出口代表了国外各经济主体对本国产品和服务的净需求，其值的大小相当于外国人对本国产品和服务的净支出额，或外汇的净流入额。净出口既可能是正值，也可能是负值，关键要看进口额与出口额的相对大小。

把上面的消费、投资、政府购买和净出口 4 个项目相加，就可以得出用支出法计算国内生产总值的总公式：

$$GDP = C + I + G + NX \tag{2-1}$$

其中 $NX = EX - IM$，EX 代表出口（Exports），IM 代表进口（Imports）。

专栏　美国的 GDP

为帮助大家理解西方国民经济核算体系中用支出法核算国内生产总值的基本原理，下面用一个案例具体说明。表 2－2 是根据美国商务部经济分析局数据库提供的数据列出的。从表中可以看出，2007～2009 年期间，个人消费支出是美国 GDP 中最重要的一种需求，在 GDP 中所占比重稳定在 70% 左右。其他 3 种支出所占比重较小，其中私人国内总投资占总需求的 14%，政府购买支出（包括政府投资）占总需求的近 20%，产品和服务的净出口对 GDP 的贡献率为负。

表 2－2　2007～2009 年美国 GDP 及构成（现价，单位：10 亿美元）

项　目	2007 年	2008 年	2009 年
国内生产总值	14077.6	14441.4	14256.3
个人消费支出	9826.4	10129.9	10089.1
商品	3365.0	3403.2	3255.2
服务	2204.5	2308	2220.2
私人国内总投资	2288.5	2136.1	1628.8
固定资产投资	2269.1	2170.8	1749.7
私人存货变化	19.4	－34.8	－120.9
产品和服务净出口	－713.8	－707.8	－392.4
出口	1655.9	1831.1	1564.2
进口	2369.7	2538.9	1956.6
政府购买支出和政府投资	2676.5	2883.2	2930.7

资料来源：美国商务部经济分析局，网站地址：www.bea.gov。

在此需要指出的是，用支出法核算 GDP 时有一些支出是不能计入的。第一种情形是二手商品的购买，因为这些商品在其生产之初已经被计算到当期的 GDP 中了。例如，一台 2008 年生产的个人电脑如果 2009 年在旧货市场上交易，那么这台电脑的交易额不应该是 2009 年 GDP 的一部分，因为这台电脑的价值是 2008 年 GDP 的一部分（如果在旧货交易中支付给经纪人一笔佣金，则应是 2009 年 GDP 的一部分）。第二种情形是对股票、债券、古董、邮票等的购买支出。尽管日常生活甚至是比较专业的金融学中都把这种购买行为称作投资或金融投资，但这些支出并不属于宏观经济学所定义的投资。在宏观经济学中，投资是指机器、设备、厂房等资本品的购买或居民用于新住宅的支出，会带来生产能力的扩大。

专栏 拉动经济增长的"三驾马车"

用支出法计算 GDP 为我们考察一国经济产出的流向提供了参考。国内媒体往往将居民消费支出与政府购买合并在一起统称为最终消费，将国内私人总投资和政府投资合称为投资。这样，从总需求的角度讲，经济增长的主要拉动力就是"（最终）消费、投资、净出口"，于是就有了所谓的拉动经济增长的"三驾马车"一说。如果从需求的主体分，还可以把前两项统称为内需，后一项叫做外需。

应该说，这种区分方法有一定的价值。20 世纪 90 年代末的东南亚金融危机对我国的外需产生了极大的冲击。为确保我国经济较快平稳增长，我国政府采取了扩大内需的政策。从大学扩招、"黄金周"、消费信贷增加消费的措施，到西部大开发、南水北调、西气东输等重大工程的启动，目的就在于尽可能地扩大消费和增加投资。2008 年爆发的全球经济危机再一次使我国的外需遭受重创。据统计，2009 年我国进出口总额 22073 亿美元，比 2008 年下降 13.9%。其中，出口 12017 亿美元，下降 16%，进口 10056 亿美元，下降 11.2%。面对国际局势，我国政府适时启动了 4 万亿的经济刺激政策，采取加大基础设施投资，实施新能源发展战略，加快收入体制改革、社会保障改革和医疗体制改革等措施，提升国内需求对经济的拉动作用。

二、收入法

用收入法核算 GDP，就是要用要素收入即企业的生产成本核算国内生产总值，换言之，就是把全社会要素所有者的工资总额、利息总额、地租总额、利润总额加起来求出 GDP。按此方法，在表 2－1 提供的模型中，因为没有地租，所以该经济社会的国内生产总值 GDP 的计算公式为：GDP＝（200＋250＋100）＋（50＋100＋80）＋（50＋100＋70）＝550＋230＋220＝1000 万元，与前面用支出法算出的结果完全相同。

然而，在现实社会中，由于政府的存在、企业利润分配惯例等因素的存在，情况就会变得复杂些。最终产品和服务的市场价值除了生产要素报酬构成的成本外，还有间接税、公司未分配利润、折旧等内容。因此，运用收入法核算的 GDP 应包括以下项目：

（一）雇员报酬、利息和租金等生产要素的报酬

雇员报酬包括所有对雇员工作的酬金、津贴和福利费，也包括雇员必须缴纳的所得税和社会保险税。由于在这里考察的是企业成本，此处的利息是指人们给企业提供货币资金所获得的利息收入。政府公债利息及消费信贷利息很明显应被排除在计算范围之外。租金包括出租土地、房屋等的租赁收入及专利、版权收入。

（二）非公司制企业的企业主收入

在业主制和合伙制企业中（如便利店、诊所、律师事务所），企业主使用自己的资金，自我雇用，其工资、利息、租金、利润常常混杂在一起。要将这些要素报酬准确分开是非常困难的，因此，国民收入统计学家在计算 GDP 时就把这种所有者兼经营者、劳动者甚至更多身份的各种收入合并为企业主收入一项。

（三）公司制企业的税前利润

对于公司制企业（包括有限责任公司和股份有限公司）而言，公司的利润（税前利润）是收入法核算 GDP 时的重要内容，它主要包括公司所得税、社会保险税、股东红利以及公司未分配利润等。

（四）企业转移支付及企业间接税

以上求出的要素收入（实际上是下一节中将要讲到的国民收入 NI）对于企业而言就是要素成本，然而，要素成本并不等于产品的市场价格。企业转移支付和企业间接税是形成二者差别的主要原因之一，因为这些款项虽然不是生产要素创造的收入，但要通过产品价格转嫁给购买者，所以也应视为产品成本。企业转移支付包括企业对个人或非营利组织的社会慈善捐款和消费者呆账，企业间接税包括货物税或销售税、周转税等。

（五）资本折旧

资本折旧虽然被计入产品的价格中，但是这部分成本只是为了维持期初的资本存量规模不变，并非本期的要素成本。因而，资本折旧作为资本存量在计算期的损耗是没有被统计在以上计算的产出中的（事实上，不包含折旧的产出实际就是下一节要讲到的另一个重要概念——国内生产净值）。所以，在以上计算的基础上再加上本期发生的资本折旧，才能得到国内生产总值。另外，在支出法计算的国内生产总值中，资本折旧是包括在总投资中的，因此，在用收入法核算国内生产总值时，折旧也应计入国内生产总值中。

这样，运用要素收入法计算国内生产总值的公式就是：

GDP = 雇员报酬 + 利息 + 租金 + 利润 + 间接税和企业转移支付 + 折旧　　(2 - 2)

专栏　美国的国民收入构成

表 2 - 3 向我们展示了美国 2009 年的国民收入中，各种要素收入的金额以及它们在总收入中所占的比重。从表中可以看出，从要素收入的角度看，雇员报酬是美国狭义国民收入（NI）的主要构成部分，占 60% 以上，而个人租金收入最少，仅占 2.2%。

表 2 - 3　　2009 年美国国民收入构成表

项　　目	金额（10 亿美元）	比例（%）
国民收入	12280.0	100
其中：雇员报酬	7783.5	63.4
业主收入	1041.0	8.5
个人租金收入	268.1	2.2
公司利润	1308.9	10.7
净利息	788.2	6.4

注：此处的国民收入为狭义国民收入。另外，原表中其他不重要项目此处未列出，故表中 5 项收入之和小于国民收入。

（资料来源：美国商务部经济分析局，网站地址：www.bea.gov）

三、生产法

生产法，又称部门法或增值法。最终产品和服务的价值等于全部生产过程中各环节价值增值额的总和，因此可以通过核算各行各业在一定时期中生产的价值增值来计算 GDP。其中，每个环节的价值增值等于企业销售收入与原料成本之间的差额。在表 2-1 提供的例子中，农业生产部门创造的增加值 = 300 - 0 = 300 万元，食品制造商创造的增加值 = 750 - 300 = 450 万元，零售商创造的增加值 = 1000 - 750 = 250 万元。三个环节创造的总增加值 = 300 + 450 + 250 = 1000万元，即该经济社会当期的国内生产总值为 1000 万元。生产法计算的结果与以上两种方法的结果是一样的。下面的专栏中显示了我国 2009 年三大产业实现的增加值。

专栏　中国 2009 年 GDP 数据的修正

根据国家统计局《关于我国 GDP 核算和数据发布制度的改革》（国统字［2003］70号）的规定，年度国内生产总值核算包括初步核算、初步核实和最终核实三个阶段。国家统计局根据 2009 年统计年报资料、部分行业财务资料和抽样调查资料，对 2009 年国内生产总值进行了初步核实，主要结果如下：

经初步核实，2009 年国内生产总值现价总量为 340507 亿元，比初步核算数增加5154亿元，按不变价格计算的增长速度为 9.1%，比初步核算数提高了 0.4 个百分点。其中，第一产业增加值为 35226 亿元，比初步核算数减少 251 亿元，增长速度为 4.2%，与初步核算速度相同。第二产业增加值为 157639 亿元，比初步核算数增加 681 亿元，增长速度为 9.9%，比初步核算数提高 0.4 个百分点。第三产业增加值为 147642 亿元，比初步核算数增加4724 亿元，增长速度为 9.3%，比初步核算数提高 0.4 个百分点。按初步核实数计算的三次产业结构，第一产业占 10.3%，第二产业占 46.3%，第三产业占 43.4%。

（资料来源：国家统计局）

从理论上讲，以上用三种计算方法分别计算出来的 GDP 应该是相等的，但是不同的核算方法会存在这样那样的统计误差，因此需要经过调整后才能得到一个更准确的数值。例如，2001 年，我国公布的名义国民生产总值是 95933.3 亿元，而用支出法计算的当年名义国内生产总值却是 98618.1 亿元，二者相差 2685 亿元。

在我国的统计工作中，GDP 实际数值的确定需要经过初步核算、初步核实和最终核实三个阶段。2009 年我国的国内生产总值初步核算值为 335353 亿元，而初步核实值为 340507 亿元，相差 5000 多亿元（见专栏）。

第四节　国民收入中的其他几个指标

在国民经济核算体系中，除了国内生产总值以外，还有几个与之相关联的指标，如国民生产总值、国内生产净值、国民收入、个人收入及个人可支配收入。这几个总量概念是经济学家和出版物经常提到的指标，掌握这些指标有助于我们更好地理解经济学家的思想和相关政策的真正意图。另外，这些指标用更准确的数值为我们刻画了经济社会的特征，例如，个人可支配收入向我们提供了影响居民户消费水平的最主要影响因素。为了说明这些总量指标的关系，下面我们从国内生产总值开始，逐步推导出以上几个总量指标。

一、国民生产总值

如前所述，国民生产总值统计中采用的是居民标准，即它考察的是某国居民所生产的最终产品和服务的市场价值。因而，GNP反映出来的总产出与GDP是不一样的。为了得到国民生产总值（GNP），我们需要在国内生产总值的基础上进行若干调整：首先要在GDP的基础上加上后者不曾包括的本国居民从其他国家得到的要素收入（工资、利息、租金和利润），然后减去GDP中已经计算，但不属于GNP核算范围的本国向其他国家的要素支付，即：$GNP = GDP +$ 来自国外的要素收入 $-$ 向国外的要素支付，因此：

$GNP = GDP +$ 来自国外的要素净支付 (2-3)

在美国，来自国外的要素收入和向国外的要素支付在数额上是近似的，二者都约占GDP的3%左右，所以美国的GDP与GNP是相当接近的。

专栏 GDP与GNP的区别

GNP反映的是一国常住者留在本国的总收入，与国籍没有直接关系。由于GNP的名称与其反映的内容不是很相符，所以联合国在1993年版的《国民核算体系》中已经将其改为国民总收入（Gross National Income，GNI），指一个国家或地区所有常住单位在一定时期内收入初次分配的最终结果，等于所有常住单位的初次分配收入之和。

GDP与GNP的区别主要体现在两者核算的内涵有所不同。GDP是个生产概念，它从生产角度衡量一个国家或地区的经济总量，只要是本国领土范围内生产活动创造的增加值，无论是由内资企业还是外商投资企业创造的，均应计入本国的GDP。GNP是个收入概念，它从收入分配的角度衡量一个国家或地区的经济总量，或者说是一个总收入。这个总收入的基础是GDP，GDP既是一个总生产成果，又是总收入的起点。由于本国常住者在国外进行投资或创办企业获得了一部分生产要素收入（资本和劳务收入），如果资本收益再投资了，或利润和劳务收入直接汇回国内了，就要加到本国的GDP上，形成GNP，否则就不能加到本国GDP上，不计为GNP。反之，如果外商投资企业和个人从本国（我国）获得了资本和劳务收入，且将收益再投资或将利润和劳务收入汇回去了，则在计算GNP时要从我国的GDP中扣除，否则就不需要扣减。这种计算方法是国际上通行的。

（资料来源：金红，“GDP与GNP的同与异”，国家统计局官方网站，http://www.stats.gov.cn/tjfx/grgd/t20100827_402668042.htm）

二、国民生产净值

国民生产净值（Net National Product，NNP）是国民生产总值扣除了资本折旧以后剩下的部分，它是另一个重要的总量指标。因为国内生产总值GDP中包含了资本折旧，所以由GDP计算出来的GNP不能准确反映社会净增的价值。只有在GNP中扣除这一时期工厂厂房、设备等资本品和居民住宅的损耗以后，才能得出国民生产净值，它代表了全社会既定时期经济活动的净结果。

$NNP = GNP -$ 资本折旧 (2-4)

尽管从理论上说 NNP 比 GNP 更富有经济意义，然而在实际工作中，许多经济学家和政府部门还是更愿意使用 GNP，而不是 NNP。这是为什么呢？原来，对机器设备等资本品的使用期限进行准确估计是非常困难的，因为资本品的损耗除了有形磨损以外，还有因技术进步而带来的无形磨损，如生产同样的资本品效率更高了，或者有了更好的替代品等。在这种背景下，每个时期资本品的损耗或折旧的认定就会有很大的随机性，从而导致经济学家对国内生产净值的可靠性产生了不信任。

三、国民收入

狭义的国民收入（National Income，NI）是指经济社会的所有要素所有者在本期因向市场提供要素而获得的报酬总和。为了得到国民收入，我们需要对生产和收入核算中的一些统计差异进行调整。例如，要先将国内生产净值中的某些组成部分（如企业间接税和企业转移支付）剔除掉，因为尽管它们是产品价格的组成部分，却并没有形成要素所有者的收入。另外，还要在 NNP 上增加政府给企业的补贴，因为政府补贴虽然未进入产品价格中，却形成了居民的收入。所以，国民收入衡量经济中的所有人在既定时期的收入，它的计算公式可以表示为：

$$NI = NNP - (\text{企业间接税} + \text{企业转移支付}) + \text{政府给企业的补贴} \tag{2-5}$$

四、个人收入

以上推出的国民收入并不等于该社会的个人收入（Personal Income，PI）。个人收入是指要素所有者在本期内应该拿到的收入。为求出个人收入，需要对 NI 作如下调整：首先，从 NI 中减去企业赚到但并没有支付给个人的量，包括公司所得税、公司未分配利润；其次，从 NI 中扣除个人向政府缴纳的社会保险税；再次，加上人们从政府那里得到的各种转移支付，如失业救济金等。个人收入的计算公式为：

$$PI = NI - (\text{公司所得税} + \text{公司未分配利润}) + \text{政府给个人的转移支付} \tag{2-6}$$

五、个人可支配收入

在实际生活中，个人收入中总有一部分是要素所有者无法支配或控制的，例如，个人在获得要素收入时必须依法缴纳的所得税。因此，对于宏观经济学家来说，更有意义的是居民户的个人可支配收入（Disposable Personal Income，DPI）。个人可支配收入是指从个人收入中扣除个人所得税（还包括个人对政府的非税支付）之后的收入。个人可支配收入是个人可以用来消费（C）和储蓄（S）的收入。

$$DPI = PI - \text{个人所得税} = C + S \tag{2-7}$$

专栏　从国内生产总值到可支配收入：美国的数据考察

从国内生产总值到可支配收入的推导过程虽然简单，却反映了国民经济统计工作的基本原理。在实际操作中还有一些具体的调整项目，例如，在求个人收入时的利息调整，即要把个人获得的公债利息收入及个人支付的消费信贷利息反映在个人收入中。在此，我们以美国 2009 年的经济数据为例，对国民收入核算体系中的主要总量指标之间的关系和推导步骤进行简单的验证（见表 2－4）。

续

表 2-4 2009 年美国的国内生产总值和个人可支配收入（10 亿美元）

总量经济指标及推导	调整项	金 额
国内生产总值		14256.3
加 来自国外的要素支付	589.4	
减 向国外的要素支付	484.5	
等于 国民生产总值		14361.2
减 资本消耗扣除（折旧）	1864	
等于 国民生产净值		12497.2
减 统计差异	217.3	
等于 国民收入		12280
减 公司未分配利润等	4158.3	
加 个人的转移支付所得等	3897.4	
等于 个人收入		12019
减 个人所得税和向政府的非税支付	1101.7	
等于 个人可支配收入		10917.3

注：原表未列出个人可支配收入。

资料来源：美国商务部经济分析局，网站地址：www.bea.gov。

第五节 国民收入核算中的几个重要恒等式

在这一节里，我们将总结几个重要的国民收入关系式，以概括上一节的论述，这些式子在以后的章节中将会有广泛的应用。

为了方便以后各章的分析，在此介绍一下本书宏观经济学部分的写作惯例。本书中的大部分章节，如果没有特别说明，一般不考虑资本折旧，即不考虑国内生产总值 GDP 与国内生产净值 NDP 的区别，以及总投资和净投资的区别。我们也不考虑间接税和企业转移支付。事实上，在以后的论述中，就像收入与产量可以互用一样，国民收入（即广义国民收入）与国内生产总值也是可以互换的。这样做只是为了便于分析，不会影响经济理论和模型分析的合理性。

一、两部门经济：一个简单模型

两部门经济是指既没有政府（即不考虑税收和转移支付），也没有对外贸易往来，只有消费者（居民）和企业两种经济主体的经济体系。这里最重要的一个恒等式就是该经济体生产的最终产品和服务的总价值等于居民和企业为获得这些产品和服务所支付的总价值。如果把售出的产量根据需求的组成部分分解成消费支出和投资支出，那么总产出等于总支出（Aggregate Expenditure，AE）可以表示为：

$$Y = AE = C + I \qquad (2-8)$$

因为我们把没有售出的产品看做企业的存货投资，所以所有的产量不是被消费掉了，就是被投资了。

如果换一个角度看，国内生产总值等于总收入，即等于雇员报酬、利息、租金与利润的总和，而居民的总收入无非两个用途，一部分用于消费，另一部分作为储蓄（Savings，S）。于是，从供给的角度看，国民收入构成可以表示为：

$$GDP = Y = 雇员报酬 + 利息 + 租金 + 利润 = 消费 + 储蓄 \tag{2-9}$$

也就是：$Y = C + S$。由于 $C + I = AE = Y = C + S$，所以 $I = S$。这就是储蓄—投资恒等式。

这里需要注意的是，储蓄—投资恒等式是根据储蓄和投资的定义得出的。根据定义，国内生产总值等于消费加投资，国民总收入等于消费加储蓄，而国内生产总值又等于总收入。于是，可以得出投资恒等于储蓄的结论。

只要遵循这些定义，储蓄和投资就一定相等，而不管经济是处于充分就业，还是萧条。此处推出的两部门经济中总供给和总需求的恒等关系，是从国民收入会计角度来看的。这种由定义而来的恒等关系决不意味着人们的意愿（或者说事前计划的）储蓄总会等于企业想要有的（或者说事前计划的）投资。事实上，计划储蓄与计划投资分别是由不同的经济主体实施的，因此两者在更多的时候并不相等。如果计划储蓄大于计划投资，则经济趋于收缩，反之，经济趋于扩张。在以后的章节中，在分析宏观经济的均衡时，我们所说的投资和储蓄相等，是指计划投资等于计划储蓄，或者事前投资等于事前储蓄。

专栏　经济学中的事前（Ex - ante）与事后（Ex - post）

理解储蓄—投资恒等式时要注意区分经济学中的事前（Ex - ante）和事后（Ex - post）。以需求为例，事前的需求是指计划的（Planned）需求或意愿的（Wanted）需求，衡量的是与某商品的不同价格相对应，消费者计划或打算买进的商品量。因此，事前的需求指的是需求表中的各个需求量，这些需求量往往会大于或小于在相应价格下企业的事前供给量。事后的需求是指业已发生的、可以观察到的需求量，按照新古典经济学的观点，这一需求量一定是均衡条件下的需求量，即供求相等时的均衡数量，因为在市场发现均衡价格之前，并没有错误的交易发生。换言之，事后的需求恒等于事后的供给。

在宏观经济学中，国民收入核算体系是由一系列定义性恒等式构成的。因此，通过这些国民收入的会计恒等式推出储蓄恒等于投资是顺理成章的事（类似于事后的投资等于事后的储蓄）。然而，宏观经济学家认为，事前的或意愿的储蓄和意愿的投资是由各不相同的因素决定的，并由不同的经济主体完成，因此，二者往往是不相等的。意愿储蓄和意愿投资的不一致，形成了总需求和总供给的不均衡：当意愿投资小于意愿储蓄时，宏观经济会趋于收缩；反之，如果意愿投资大于意愿储蓄，则经济会趋于扩张（更多地介绍参见国民收入决定理论中的相关内容）。

二、三部门经济模型

三部门经济是指在居民户和企业以外加上政府部门的经济活动。政府的经济活动包括两个方面的内容，一是政府向居民户和企业征税，获得政府收入，另一个活动就是政府支出，即政府对产品和服务的购买，以及政府的转移支付。

在三部门经济中，国内生产总值从支出的角度看，等于居民消费支出、国内私人总投资和政府购买的总和，用公式表示为：

$$Y = AE = C + I + G \quad (2-10)$$

由于因政府的转移支付而形成的需求已经被考虑在消费和投资中，上式中并没有出现转移支付。

从收入的角度看，国内生产总值等于要素收入工资、利息、租金与利润的总和。此时总收入的用途，除了消费和储蓄以外，还有一项，即居民户向政府缴纳的税收。但是，由于居民户还会得到政府的转移支付收入，所以税金减去转移支付得到的才是政府的净收入，也就是国民收入中归于政府的部分。假定用 T_0 表示全部税金收入，T_r 表示政府转移支付，T 表示政府的净收入，则 $T = T_0 - T_r$，这样，从收入来看，国民收入的构成就是：

$$GDP = Y = C + S + T \quad (2-11)$$

因为 $C + I + G = GDP = Y = C + S + T$，所以等式两边消去共同项——消费 C，就得到：

$$I + G = S + T, \text{或} I = S + (T - G) \quad (2-12)$$

这里（$T - G$）可以看做政府储蓄。公式 $I = S +$（$T - G$）的含义是该经济社会的国民储蓄（私人储蓄与政府储蓄的总和）恒等于投资。

三、四部门经济

三部门经济中加进一个国外部门就构成了四部门经济。在四部门经济中，从支出的角度讲，国民收入等于消费、投资、政府购买和净出口的总和，用公式表示就是：

$$Y = C + I + G + NX \quad (2-13)$$

如果把 K_r 定义为本国居民对外国人的转移支付（如对国外的慈善捐款），那么，从收入的角度看，国民收入构成的公式可以写成：

$$GDP = Y = C + S + T + K_r \quad (2-14)$$

于是，四部门经济中国民收入构成的基本公式就是：

$$C + I + G + NX = Y = C + S + T + K_r \quad (2-15)$$

公式两边消去 C，则得到：

$$I + G + NX = S + T + K_r \quad (2-16)$$

或者 $I = S + (T - G) + (K_r - NX)$ (2-17)

如果把最后一项（$K_r - NX$）看做外国人相对于本国产生的储蓄（相当于本国收入的净流出量），上面的公式大体上可以看做四部门经济中的总储蓄恒等于投资。

专栏 对 GDP 的简要评价

尽管目前绝大多数市场经济国家都已经采用了国民收入核算体系，但这决不意味着这种体系就是完美无缺的。GDP 指标也有其固有的缺点和不足，主要包括：

第一，GDP 漏掉了对家务劳动、自给自足生产活动的统计。忽略这些非市场化活动对经济社会的产出所作的贡献，不可避免地会影响 GDP 本意中要反映的经济意义。

续

第二，GDP并没有衡量经济活动给自然环境带来的负面影响。破坏大气环境的工业生产，以及砍伐那些难以再生的红杉林等经济活动，都会计入GDP中。

第三，GDP指标很难反映产品和服务质量的改进。例如，随着技术的突飞猛进，计算机的质量明显提高，与此同时，其价格却大幅度下降，并且计算机在越来越多的领域得到应用，极大提高了这些领域的生产效率。GDP或GNP指标没有办法反映这种质量上的改进。

第四，GDP并不反映一国的收入分配情况。如果一个国家的GDP很高，贫富差距却很大，换言之，少数人拥有社会的大部分财富和收入，那么高GDP并不意味着这个国家居民的经济福利水平就一定高。

第五，GDP带有某种过分的物质主义色彩，因犯罪增加的警务费用的增加导致总产出的增加，这种增加只能反映生活质量被破坏，对国民而言并不是件好事。

因此，尽管GDP已被各国普遍采用，但最多只是经济福利的一个不完美的指标。我们在提出政策建议时不应该只考虑它们对GDP的影响，同样，我们也不应该把GDP作为衡量一国或地区经济成就的唯一指标。

20世纪末以来，西方经济学家试图用“扩充的国民收入账户”（Augmented National Accounts）来弥补SNA体系的缺陷。新账户试图扩展传统账户的边界，使它能涵盖一些重要的非市场行为，并修正传统账户忽略或遗漏的有害经济活动，如：增加合法的地下经济活动带来的产出，扣除经济活动给环境造成的破坏。我国政府提出的“科学发展观”理念扭转了过去长期流行的唯GDP论，把建造“资源节约型、环境友好型”社会作为政府努力的目标。

第六节　价格水平与GDP

宏观经济学家在计算经济社会的总产出时，用最终产品和服务的价值形式解决了不同产品和服务在物质形态上的不可相加性。例如，经济社会总产出中的100吨面包、2000套西服、100场音乐会是无法直接加总的，然而，如果从价值形态来衡量，即将100吨面包的价值10万元加上2000套西服的价值30万元，加上100场音乐会的价值100万元，这三者的总产出就等于140万元。不过，这种处理有时候也会带来一些麻烦，因为市场价值会因价格的变化而使GDP产生一些扭曲。为剔除价格因素对GDP的影响，在此需要区分名义GDP和实际GDP。

一、名义GDP与实际GDP

名义GDP（Nominal GDP）就是用最终产品和服务的当期市场价格计算的GDP，而实际GDP（Real GDP）是用基期的不变价格计算出来的GDP，它用来测度一个经济社会在不同时期物质形态产出水平的变化。例如，目前美国实际GDP的计算是以2005年的价格作为基期价格的。也就是说，在计算实际GDP时，某一经济社会生产的最终产品和服务的价值，等于这些产品和服务的产量与它们各自在2005年的市场价格的乘积。

表2-5给出了一个简单模型来具体说明名义GDP与实际GDP的计算方法以及相互的关系。假定某经济社会只有两种最终产品和服务——啤酒与保龄球游戏，它们在基期（2005年）的市场价格分别为每瓶1.5元和每次10元，产量分别为4瓶和2次，那么2005年的名义GDP和实际GDP是一样的，都等于26.0元。假如到了2009年，啤酒的市场价格为每瓶2.5元，产量为6瓶，保龄球游戏的市场价格为12.0元，产量为4次。那么，根据定义，该经济社会在2009年的名义GDP为63.0元，实际GDP仅为49.0元。

表2-5　名义GDP与实际GDP的区别：一个例证

	2005年的名义GDP	2009年的名义GDP	2009年的实际GDP①
啤酒	4×1.5=6.0元	6×2.5=15.0元	6×1.5=9.0元
保龄球	2×10=20元	4×12.0=48.0元	4×10.0=40.0元
合　计	6.0+20.0=26.0元	15.0+48.0=63.0元	9.0+40.0=49.0元

从表2-5可以看出，如果不剔除价格因素变动的影响，2009年名义GDP比1996年增加了142%，但是如果用2005年不变价格计算，2009年的实际GDP只比1996年增加了88%。名义GDP和实际GDP的差异反映了2009年的价格水平相对于基期2005年的变化。

二、价格指数

为了更准确地揭示经济变量之间的关系，宏观经济学在核算国内生产总值、工资等指标时都要剔除价格因素所带来的扭曲。衡量商品和服务的平均价格水平的价格指数有消费者价格指数（Consumer Prices Index，CPI）、生产者价格指数（Producer Prices Index，PPI）和GDP折算指数（GDP Deflator）。

消费者价格指数（在我国该指标被称为居民消费价格指数）衡量的是居民购买的商品与服务的平均价格水平。消费者价格指数是最经常用到的一个价格指数，是政府部门和社会测度通货膨胀率的主要依据。通货膨胀率的计算公式如下：

$$通货膨胀率=\frac{CPI_2-CPI_1}{CPI_1}\times 100\% \tag{2-18}$$

表2-6是1995年至2004年世界几个主要国家的消费者价格指数。

表2-6　1995~2004年世界部分国家的消费者价格指数（CPI）

年份 / 国家	1995	1996	1997	1998	1999	2000	2001	2002	2003	2004
美国	88.5	91.1	93.2	94.7	96.7	100.0	102.8	104.5	106.8	109.7
英国	87.6	89.7	92.5	95.7	97.2	100.0	101.8	103.5	106.5	109.7

① 该数据以2005年为基期。

续表

年份 国家	1995	1996	1997	1998	1999	2000	2001	2002	2003	2004
法国	94.2	96.0	97.2	97.8	98.3	100.0	101.6	103.6	105.8	108.0
日本	98.5	98.6	100.4	101.0	100.7	100.0	99.3	98.4	98.1	98.1
加拿大	91.8	93.2	94.7	95.7	97.3	100.0	102.5	104.8	107.7	109.7
澳大利亚	90.9	93.3	93.5	94.3	95.7	100.0	104.4	107.5	110.5	113.1
俄罗斯	20.6	30.4	34.9	44.6	82.8	100.0	121.5	140.7	159.9	177.3
中国	91.5	99.1	101.8	101.0	99.6	100.0	100.7	99.9	101.1	105.0

注：表中数据以2000年为基期。

资料来源：经济合作与发展组织（OECD）官方网站：www.oecd.org。

专栏　物价指数与经济指标的校正

为了减少物价上涨对居民的影响，许多国家采取了指数化（Indexation）的处理方式。例如，在美国的企业和工会的长期合同中，一般会有生活费用调整款项（即COLAs条款），这样工会会员的工资水平会随着消费者物价指数的上升而自动增加。另外，社会保障、所得税也可以按照通货膨胀水平进行调整。

在考察利率时，也要根据消费者物价指数进行调整。实际利率（Real Interest Rate）就是根据通货膨胀水平对名义利率（Nominal Interest Rate）进行调整后得到的指标。一般来说，实际利率的计算可以用名义利率减去通货膨胀率近似求得。

生产者价格指数衡量的是企业所面对的商品与服务的平均价格水平，包括企业购进原材料、半成品和生产性服务的价格，以及企业出售的商品和服务的价格。一般而言，生产者价格指数比消费者价格指数更为敏感，可以将其视为通货膨胀率变化的一个预警指标。

另一个重要的价格指数是GDP折算指数，等于某年份名义GDP与实际GDP的比率乘以100。准确地讲，该指数并不是一个价格指数，它衡量的是GDP中所包括的最终产品和服务在计算期的价格相对于基期的变动情况。在表2－5中，GDP折算指数等于$\frac{63.0}{49.0}\times 100=128.5$。

专栏　美国GDP的历史数据

根据相关统计资料，我们绘出了1929～2009年间美国的名义GDP曲线，同时还绘出了以2005年为基期得出的实际GDP曲线（见图2－2）。

续

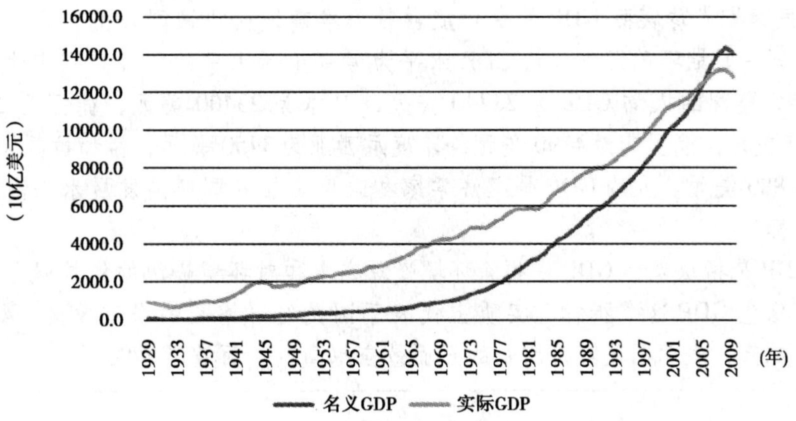

图 2-2　美国的名义 GDP 与实际 GDP（1929～2009 年）

资料来源：美国商务部经济分析局，网站地址：www.bea.gov。

从图 2-2 中可以看出，除了基期 2005 年以外，各年的名义 GDP 与实际 GDP 并不相等。在 2005 年以前，各年的名义 GDP 小于实际 GDP（如 1990 年的名义 GDP 和实际 GDP 分别是 58005 亿美元和 80339 亿美元），而在 2005 年以后的几年中，名义 GDP 却大于实际 GDP（如 2009 年的名义 GDP 和实际 GDP 分别是 141190 亿美元和 128806 亿美元）。这表明，美国经济的物价水平是在不断变化的，2005 年的物价水平高于以前的年份，而低于以后的年份。因为实际 GDP 是用不变价格计算出来的，所以各年的实际 GDP 更具有可比性。图 2-2 中的实际 GDP 描述的趋势更准确地反映了美国在这 80 年间国民经济总产出的变化情况。

以某一年的价格作为不变价格计算核算期的国内生产总值，更多地是为纵向分析一国产出变化趋势服务。由于每年实际国内生产总值的大小与统计时选择哪一年作基期密切相关，不同的基期标准会有不同的实际 GDP 值。如果基期价格水平相对较高，那么价格水平低于基期的各个时期的实际 GDP 会比名义 GDP 大。如果基期价格水平相对较低，那么价格水平相对较高的年份的实际 GDP 就会小于其名义 GDP。

在以后各章的分析中，如未特别注明，产出一般是指实际 GDP。

专栏　人均 GDP、绿色 GDP

虽然 GDP 的数值大小可以告诉我们一个经济社会产出的总水平，但是要想知道这些经济产量的增加如何反映国民生活水平的增加，就必须借助于人均 GDP（Per capita GDP）的概念。一国的人均 GDP 等于该国在某一时期的 GDP 除以该时期的全国人口数。

续

一国不同时期人均实际 GDP 的变化能够较为准确地反映该国人民生活水平的变化趋势。同样，同一时期不同国家人均 GDP 水平为考察生活水平的国际差别提供了依据。例如，1997 年，美国的人均 GDP 为 28740 美元，日本为 23400 美元，德国为 21300 美元，巴西为 6240 美元，俄罗斯为 4190 美元，印度尼西亚为 3450 美元，孟加拉国为 1050 美元，尼日利亚为 880 美元。人均 GDP 是经济学家和政府衡量各国经济发展水平高低时采用的重要经济指标。

绿色 GDP 是指从现行 GDP 中扣除环境资源成本和对环境资源的保护服务费用以后得出的 GDP。绿色 GDP 这个指标，实质上代表了国民经济增长的净正效应。绿色 GDP 占 GDP 的比重越高，表明国民经济增长的正面效应越高，负面效应越低。

第七节 失 业 率

失业率是政府制定经济政策时关注的一个重点指标。正如上一章所指出的那样，高失业率不仅反映出宏观经济运行出了问题，还可能带来严重的社会问题。

一、潜在 GDP

潜在 GDP（Potential GDP）是指在既定生产技术条件下，一个经济社会可供利用的生产资源可以达到的最大产量。在技术不变的前提下，只要一个社会的劳动、土地和资本等生产资源固定不变，那么潜在 GDP 将是一个固定的值。一旦产出达到这一数值，就意味着该经济社会的所有生产性资源都已得到充分利用，没有资源闲置情况，或者说已经实现了充分就业。当这些生产性资源没有被充分利用时，该经济体就没有实现充分就业。换言之，当该社会的产量低于潜在 GDP 时，会出现失业。

从发达国家的经验看，失业率是描述劳动力市场状况的一个良好指标，直接反映了宏观经济运行的情况。西方国家把失业率与通货膨胀率的和称为痛苦指数（Misery Index），用以刻画社会公众对宏观经济的感受。与通货膨胀相比，失业给特定社会群体带来的痛苦要更大一些，所以政府对失业的关注度要更高一些。

二、失业率的计算

一个社会的劳动力是指正在工作和近期在积极寻找工作的成年人。一般而言，劳动力考察的年龄范围在 16 岁以上，退休年龄（60 岁或 65 岁）以下。需要注意的是，在统计劳动人口时，并不包括已经对找工作丧失信心，从而不再寻找工作的失意工人（Discouraged Worker）。

失业者是指在一定的时期内（如美国是连续 4 周）试图寻找工作，但还没有找到工作的人。失业率就是失业人口占劳动力的比例，公式如下：

$$失业率 = \frac{失业人口}{劳动力} \times 100\% \qquad (2-19)$$

经济不景气会导致失业率升高。例如，2009 年，处于经济危机中的美国失业人口已经达到了 1426.5 多万人，比 2008 年增加了 500 多万人，失业率也从 2008 年的 5.8% 上升至 9.3%。

在失业者中，不同人群的失业率也会有较大的差异。例如，在 2009 年的经济危机中，美国不同人群的失业率呈现的规律是：从性别看，美国男性的失业率高于女性；从种族看，非裔美国人的失业率最高，亚裔美国人的失业率最低，其他人种的失业率则位于两者之间；从年龄看，缺乏工作经验的年轻人的失业率高于有经验的中年人。

本章主要术语

国内生产总值（GDP） 国民生产总值（GNP） 价值增值 最终产品 中间产品 存量 流量 重置投资 净投资 固定资产投资 存货投资 名义 GDP 实际 GDP GDP 折算指数 国民收入 个人收入 个人可支配收入

本章小结

对经济活动水平进行核算是宏观经济学研究的一个前提条件。国民经济核算体系（SNA）是西方经济学中测算经济总体情况的基本框架。

国内生产总值（GDP）是在既定时期内，一个经济社会生产的所有最终产品和服务的市场价值。

GDP 的计算方法主要有三种：（1）支出法，即把一个经济社会中的四种类型的支出：消费、国内私人总投资、政府对产品和服务的购买、净出口进行加总。（2）收入法，就是把一个经济社会中要素所有者的收入（工资、利息、租金、利润）进行加总。（3）生产法，就是把一个经济社会中所有的最终产品和服务的价值加总，或者相当于把社会各个部门的价值增值加总。

除了国内生产总值 GDP 以外，国民经济核算体系中还有国民生产总值、国内生产净值、国民收入、个人收入以及个人可支配收入等几个重要指标。通过对 GDP 的相应调整，可以得到这些指标。

无论是只有居民户和企业的两部门经济，还是包括了政府和外国经济主体的三部门经济与四部门经济，投资恒等于储蓄。

由于价格变动因素对 GDP 的计算会产生影响，所以剔除了价格变化的实际 GDP 比名义 GDP 能更准确地反映一个经济社会的真实产出水平。

虽然 GDP 是衡量国民经济活动水平的一个十分重要的指标，但是它并不能准确反映一个国家整体的福利水平。

习 题

一、判断题

1. 总投资增加，资本存量就增加。
2. 运用收入法计算 GDP 时，公债利息不应计入利息收入中。
3. 储蓄—投资恒等式意味着人们事前计划的储蓄等于企业事前计划的投资。
4. 2003 年某国的名义 GDP 大于实际 GDP，这意味着在 2003 年该国的一般价格水平与基期相比上升了。

5. 一国国内生产总值高于另一国的国内生产总值，并不一定意味着前者的福利水平高于后者。

6. 储蓄—投资恒等式意味着居民户计划的储蓄总等于企业计划的投资。

二、单选题

1. 用收入法核算 GDP 时，(　　)不应计入 GDP 中。

A. 工资　B. 投资　C. 地租　D. 业主收入

2. 下列项目中，(　　)不是要素收入。

A. 股息　B. 雇员津贴　C. 消费信贷利息　D. 专利收入

3. 经济学上的投资是(　　)。

A. 企业意外存货增加　B. 居民户建造住宅

C. 企业购买一台机床　D. 以上都是

4. 如果一国在某一时期来自国外的要素收入小于向国外的要素支付，则(　　)。

A. GDP > GNP　B. GDP < GNP　C. GNP = NI　D. GNP = GDP

5. 社会保险税增加，将会对(　　)产生影响。

A. GDP　B. GNP　C. NI　D. PI

三、计算题

1. 根据以下数据试用支付法和收入法计算 1996 年 A 国的国内生产总值（单位：亿美元），并比较两种方法的计算结果。

（1）耐用品 6350，非耐用品 15350，服务 30380；

（2）住宅投资 3090，企业投资 7810，存货变动 260；

（3）政府对产品和服务的购买 14070；

（4）出口 8710，进口 9660；

（5）工资或其他雇员补贴 44270，净利息 4250，个人的租金收入 1460；

（6）企业间接税，调整和统计误差共 5530；

（7）非公司制企业的业主收入 5200；

（8）股息 3050，未分配利润 2020，公司所得税 2290。

2. 根据下表中给出的 A 国经济的相关数据，计算给出年份的实际 GDP，并判断 1965～1975 年、1975～1985 年期间美国实际 GDP 分别增长了多少。

年　份	1965	1970	1975	1980	1985	1990
名义 GDP（亿美元）	7000	10000	16000	27000	40000	55000
GDP 折算指数	100	115	160	250	320	415

3. 下表是用支出法计算的中国 2001 年的 GDP 及总支出构成情况，请计算表中空缺部分，并与美国的情况进行比较（见正文中的表 2－2），说明中美两国总支出构成的特点。

项　　目	金额（现价，亿元）	比例（%）
居民消费支出	（　　）	46.6
资本形成总额	37460.8	（　　）
其中：固定资本形成总额	36813.3	
存货增加	（　　）	
政府对产品和服务的购买	13029.3	（　　）
产品和服务的净出口	（　　）	2.2
国内生产总值	98618.1	100.0

资料来源：国家统计局（2003）：《2002 中国统计年鉴》，北京，中国统计出版社。

4. 假设某经济社会有 A、B、C 3 个企业，A 企业年产出为 8800 万元，卖给企业 B、C 及居民户。其中 B 购买 3000 万元，C 购买 1500 万元，其余部分由居民户购买。B 企业年产出为 4800 万元，卖给 C 企业和居民户，其中居民户购买 1800 万元。C 企业生产 6000 万元，卖给 A 企业 2000 万元，其余卖给居民户。

（1）假定投入在生产中全部用光，计算各部门的价值增加值。

（2）计算 GDP，比较支出法与增值法的计算结果。

5. 假设某经济社会在 2009 年度的国内生产总值是 5000 万元，个人可支配收入是 3000 万元，居民消费是 2800 万元，政府净收入 1700 万元，政府对产品和服务的购买为 1800 万元，净出口为 -200 万元，试计算：

（1）居民储蓄。

（2）本国居民对外国人的转移支付 K_r。

（3）私人国内总投资。

6. 假定一国的国民收入统计资料如下表所示：

项　　目	金额（万元）
国内生产总值	5200
净投资	800
重置投资	400
储蓄	1400
政府对产品和服务购买	900
政府预算盈余	80

假定本国居民不存在对外国人的转移支付，即 $K_r=0$，试计算以下指标：

（1）国内生产净值。

（2）政府净收入。

（3）个人可支配收入。

（4）居民户消费。

（5）产品和服务的净出口额。

四、简答题

1. 下列项目是否计入GDP，为什么？

（1）去年积压的服装今年售出　　（2）今年生产但未卖出的饮料

（3）失业者领取的救助金　　（4）居民购买的股票

2. 如何理解国内生产总值GDP与经济福利之间的关系？

建议阅读材料

1. 保罗·克鲁格曼、罗宾·韦尔斯：《宏观经济学》，中国人民大学出版社2009年中文版，第196~228页。

2. 保罗·萨缪尔森、威廉·诺德豪斯：《经济学》（第18版），人民邮电出版社2007年版，第314~331页。

3. 高鸿业：《西方经济学（宏观部分）》，中国人民大学出版社2007年版，第423~440页。

4. 斯蒂芬·D. 威廉森：《宏观经济学》，中国人民大学出版社2010年版，第30~49页。

5. Robert H. Frank，Ben S. Bernanke：《宏观经济学原理》，清华大学出版社2004年版，第107~132页。

第三章

经 济 增 长

本章学习要求

1. 理解经济学中“经济增长”与“经济发展”的关系。
2. 掌握经济增长的核算，了解经济增长的研究方法。
3. 了解经济增长的源泉以及经济增长因素分析。
4. 掌握索洛新古典经济增长模型的推导和含义。
5. 了解资本积累的黄金律和最优经济增长途径问题。
6. 掌握新增长理论的主要思想。
7. 了解经济增长理论中的主要分歧。

正如前文所言，宏观经济学中的一个基本模型是研究长时期内一个经济社会的产出是如何增加的，经济增长模型就是要回答这一问题。经济增长是当代宏观经济学的前沿领域，吸引了一大批优秀学者的注意。诺贝尔经济学奖获得者美国经济学家卢卡斯（R. Lucas）曾坦言，“（增长问题）对人类福利的影响简直令人吃惊：（经济学家）一旦开始考虑这些问题，就很难再考虑其他任何问题了”。

宏观经济学家要用经济增长模型分析是什么原因引起了经济增长，各个国家之间为什么会存在贫富差别，为什么经济增长率的微小差异会在长期带来不同国家之间的巨大差距，什么样的增长率才是合适的，政府是否可以采取适当的措施推动经济增长，人类追求经济增长时所付出的代价是否高昂，经济增长是否有极限。

在本章，我们将围绕增长理论中的主要问题展开分析，了解影响经济增长的因素，学习新古典经济增长模型和新增长模型，并探讨宏观经济学界有关经济增长理论的主要争论。

第一节 概 论

一、经济增长与经济发展

现代西方经济学在考察国民经济长期变动时，常常涉及两个既紧密联系又相互区别的概念，即经济增长与经济发展。

（一）经济增长

经济增长（Economic Growth），被宏观经济学家定义为 GDP 或产量的增加，这里的产量既可以是总产量，也可以是人均产量。

经济增长的速度可以用国内生产总值的增长率来表示。如果用 Y_t 表示 t 时期的总产量，Y_{t-1} 表示 $t-1$ 时期的总产量，那么总产量的增长率 G_t 可表示为：

$$G_t=\frac{\Delta Y}{Y_{t-1}}=\frac{Y_t-Y_{t-1}}{Y_{t-1}}\times 100\% \tag{3-1}$$

从第一章图 1－1 中可以看出，我国自改革开放以来保持了年均 9.8% 的高速增长。现有资料表明，从长期趋势来看，近代各国的经济均呈现出不断增长的趋势，实现了产出水平的增加。下面是几个国家实现国民生产总值翻一番所用的时间：第一个实现工业革命的英国历时 58 年（1780～1838 年）；美国耗时 47 年（1839～1886 年）；日本用了 34 年（1885～1919 年）；改革开放以后中国仅用了 10 年（1977～1987 年）。

专栏　经济增长中的“70 法则”

在经济增长理论中，有一个非常有名的“70 法则”。这一法则是讲，当一国经济按指数增长时，总产出翻一番（即变为原来的两倍）所需要的时间大约等于 70 除以年增长率。这一规律是卢卡斯（1988）在《经济发展机理》一文中发现的。

为了说明这一规律，在此假定 Y_t 代表某国 t 时期的 GDP，$g\%$ 为 GDP 的年度增长率（这里要求 $g>0$），则 GDP 的增长公式为：$Y_t=Y_0e^{gt}$。

通过一定的数学处理，可以近似求出一国经济翻一番所需要的时间，即当 $Y_t/Y_0=2$ 时，$t=70/g$。按照这一公式，该国国内生产总值的年增长率为 5%，那么该国经济翻一番所需要的时间为 14 年。同理，还可以推出该国经济要实现翻两番（即 $Y_t/Y_0=2^2=4$）大概所需的时间，此时，$t=2\times70/(g\times100)=28$ 年。

如果用 y_t 表示 t 时期的人均产量，y_{t-1} 表示 $t-1$ 时期的人均产量，则人均产量的增长率 g_t 为：

$$g_t=\frac{\Delta y}{y_{t-1}}=\frac{y_t-y_{t-1}}{y_{t-1}}\times 100\% \tag{3-2}$$

人均 GDP 的增长率更好地反映了一个国家经济水平的变动情况和人民生活水平的变化趋势。西方市场经济国家在其现代化的过程中国民收入长期增长，不仅体现在总量水平上，也体现在人均水平的增长上。

表 3－1 给出了部分国家 2004 年到 2008 年的国内生产总值增长率。在 2008 年之前，中国、印度、新加坡和韩国等国家增长率最大，并持续高于世界平均水平。到 2008 年，各国增长速度均有所降低，其中中国和印度仍然保持较快增长速度，韩国、新加坡的增长速度则出现较大幅度的降低，欧洲国家经济增长持续低迷，美国、加拿大和日本等发达国家经济增长出现回落，均低于世界平均水平。

表 3-1 **2004~2008 年部分国家 GDP 增长率** （单位：美元）

国家和地区	2008 年 GDP（亿美元）	国内生产总值增长率（%）				
		2004	2005	2006	2007	2008
世 界	606898	3.96	3.37	3.93	3.83	2.06
中 国	44016	10.11	10.40	11.61	13.01	9.05
印 度	12097	7.90	9.21	9.82	9.30	7.29
日 本	49238	2.74	1.93	2.04	2.39	-0.64
韩 国	9470	4.62	3.96	5.18	5.11	2.22
新加坡	1819	9.30	7.31	8.35	7.77	1.15
加拿大	15110	3.12	2.88	3.11	2.71	0.46
墨西哥	10881	4.00	3.21	5.13	3.33	1.35
美 国	142646	3.64	2.94	2.78	2.03	1.11
法 国	28657	2.22	1.92	2.36	2.11	0.72
德 国	36675	1.18	0.75	2.98	2.51	1.29
意大利	23139	1.53	0.66	2.04	1.56	-1.04
荷 兰	8689	2.24	2.05	3.38	3.46	2.01
英 国	26741	2.76	2.06	2.84	3.02	0.71
澳大利亚	10107	3.85	2.77	2.84	4.02	2.06
新西兰	1285	4.54	2.81	1.94	3.18	0.27

资料来源：国家统计局：《2009 年中国统计年鉴》，中国统计出版社 2010 年版。

（二）经济发展

在宏观经济学中，经济增长更多的是一个“量”的概念，代表国民财富的增加，而经济发展（Economic Development）则是一个比较复杂的“质”的概念。经济发展不仅包括经济增长，而且包括国民的生活质量（如预期寿命、受教育程度、居住条件、医疗水平、社会保障等），以及整个社会经济结构和制度结构的总体进步。发展中国家（Developing Countries）或欠发达国家（Less Developed Countries）除了表现为人均收入低外，还表现为健康水平普遍较差，预期寿命较短，文化水平低，并且忍受着营养不良的折磨（见表 3-2）。

表 3-2 **经济发展指标的对比**

指 标	所有发展中国家	最不发达国家	工业化国家
人均 GDP（美元）	3530	1170	25860
预期寿命（年）	64.5	51.7	78.0
儿童死亡率（‰）	61	100	6
五岁以下幼儿死亡率（‰）	89	159	6
医生数量（每 10 万人）	78	30	252
艾滋病发病率（%，15~49 岁人群）	1.3	4.3	0.3
营养不良人群（%）	18	38	可忽略
小学入学率（%，同龄群体）	85.7	60.4	99.9
中学入学率（%，同龄群体）	60.4	31.2	96.2
成年人识字率（%）	72.9	51.7	98.6

资料来源：转引自 Robert H. Frank and Ben S. Bernanke：《宏观经济学》，清华大学出版社 2004 年版，第 127 页。

因此，经济发展是反映一个经济社会总体发展水平的综合性概念。一般而言，经济发展理论由经济学专门分支——“发展经济学”进行专门研究，经济增长理论则由宏观经济学来研究。

二、研究经济增长的方法

根据定义，经济增长问题实际上是社会潜在生产能力的长期变化趋势问题，这种趋势可以用一条长期产出增长的趋势线来表示，如图1-2所示。向上倾斜的产出增长趋势线表示潜在生产水平不断增加的过程。

图2-2中美国的历史数据描绘的实际GDP的增长线，揭示了经济中客观存在一条平滑的潜在GDP增长趋势线。

经济增长问题的本质是要说明什么因素决定了长时期内产量的增长率，或者说，产出增长的长期趋势是受什么因素影响的，并按照什么规律变化。

宏观经济学在研究经济增长问题时有两种互相补充的分析方法：一种是经济增长的核算（Growth Accounting），把不同因素对产量增长的贡献程度数量化；另一种是经济增长模型，它把增长过程中要素供给、技术进步、生产率增长、储蓄和投资之间的互动关系模型化。这两种方法构成了宏观经济学中分析经济增长问题的基本框架和方法，本章将分别予以介绍。

第二节　经济增长的决定因素

一、经济增长的源泉

宏观经济学家认为，在自然资源（包括土地、矿产、海洋资源等）不变的前提下①，长期经济增长有3个主要的决定因素——资本积累、人口增长和技术进步，它们是一个国家产出得以不断增加的驱动力。借助宏观生产函数亦可以描述这种逻辑关系：

$$Y_t = A_t f(K_t, N_t) \tag{3-3}$$

式中，Y_t、K_t 和 N_t 依次为 t 时期的总产出、投入的资本量和劳动量，A_t 代表 t 时期的技术水平。

从广义上讲，资本应被看做物质资本（Physical Capital，也称有形资本）和人力资本（Human Capital）的总和。物质资本主要指机器设备、建筑，而人力资本则是指体现在个人身上的获取收入的潜在能力的价值，它主要指通过后天教育训练而获得的技能。在知识经济时代，人力资本成为经济增长越来越重要的源泉。因此，人力资本可以作为一种单独的投入写进生产函数，即：

$$Y_t = A_t f(K_t, N_t, H_t) \tag{3-4}$$

式（3-4）中，H_t 为人力资本。

---

① 然而，在某些情况下，自然资源也是可变的。例如，1970~1990年间，挪威人均GDP从相当于美国人均GDP的61%上升到77%，主要是由于其发现与开发了丰富的石油资源。

经验数据表明，人力资本与产出之间存在正向关系，人力资本的不断积聚会对经济增长产生永久性贡献。不过，人力资本难以测度，一般可以用受教育的年限作为指标来衡量。这样，我们可以把人力资本函数写成：

$$H_t = L_t G(E) \tag{3-5}$$

其中，L_t 为劳动者不经过教育培训就具备的原生性劳动（Raw Labor），E 为劳动者接受教育培训的年限，$G(E)$ 代表了受教育培训年限对人力资本函数影响的大小。我们有理由假定，劳动者受教育培训年限越长，$G(E)$ 越大，且 E 等于零时，$G(E)$ 等于 1。

由于长期经济增长是一个非常复杂的经济和社会现象，能影响经济增长的因素很多，因此，正确地认识和估计这些因素对经济增长的贡献，对理解和认识现实的经济增长和制定促进经济增长的政策都至关重要。很多经济学家都进行了这方面的研究，下面将分别介绍其中3个经济学家的基本观点。

二、索洛对经济增长因素的分析

现代经济增长理论的奠基人——美国经济学家罗伯特·索洛（Robert M. Solow），在20世纪50年代根据美国1909～1949年间的数据对经济增长的源泉和因素进行了经验估算。他得出的结论是：在这一时期，每工作小时的产品增长中，超过80%的部分是由技术进步引起的。

索洛采用了下面的方程来分析影响经济增长的各种因素的贡献。

$$\Delta Y/Y = [(1-\alpha) \times \Delta N/N] + (\alpha \times \Delta K/K) + \Delta A/A \tag{3-6}$$

即：产出增长 =（劳动份额 × 劳动增长）+（资本份额 × 资本增长）+ 技术进步

式（3－6）中（$1-\alpha$）和 α 分别代表产品中劳动收入和资本收入在总收入中的份额，Y 代表产出量，N 代表就业的劳动力，K 代表所使用的资本量，A 代表技术水平。劳动和资本的贡献等于它们各自的增长率以该投入在收入中所占的份额。

索洛认为，产量增长的源泉就在于资本和劳动力的增长，以及技术进步。根据他的计算，在1909～1949年期间，美国总产出的年平均增长率为2.9%，其中0.32个百分点归于资本积累的贡献，1.09个百分点归于劳动力投入增长的贡献，剩余的1.49个百分点归于技术进步的贡献。此外，在人均产量增长的1.81%中，有1.49个百分点来自于技术进步。

索洛衡量和计算技术进步所作贡献的方法，实际上是把资本、劳动之外的因素对经济增长的贡献，称为“索洛剩余”（即 $\Delta A/A$），并把这一部分看做技术进步带来的。索洛的贡献在于改变了以往把资本积累看做经济增长最主要源泉的思想，用技术进步来解释经济增长和国别之间的贫富差异。

按照索洛的方法，我们可以得到一个描述投入要素增长率、产出增长率与技术进步增长率之间关系的方程，称其为增长率的分解式，即：

$$G = G_A + \alpha G_L + \beta G_K \tag{3-7}$$

式（3－7）中，G 为产出的增长率，G_A 为技术进步增长率，G_L 和 G_K 分别为劳动和资本的增长率。α 和 β 分别是劳动和资本的收入份额。

从增长率分解式可知，产出的增加可以由三种力量（或因素）来解释，即劳动投入增加、资本积累和技术进步。

专栏 经济增长的倡导者：索洛

罗伯特·M. 索洛，1924 年出生于美国纽约市的布鲁克林区，1945 年起，到哈佛大学学习经济学，瓦里西·里昂惕夫（Wassily W. Leontief）是其老师。1951 年，索洛获得哲学博士（PH. D）学位，1958 年以后，在麻省理工学院担任经济学教授。索洛在学术上的主要贡献是在新古典经济增长理论和经验研究方面进行了开创性研究。根据诺贝尔评奖委员会的评价，"这些研究激起了政府发展教育、研究和开发的更大兴趣。任何一国任何一个长期报告……都应用了索洛式分析"。此外，索洛还对失业、通货膨胀、可耗尽资源经济理论、存量与流量的系统分析等方面作出了贡献。

作为一个严谨的学者，索洛批评经济学家为了获得更高的社会声誉而夸大自己的知识。他认为，这是一种非常不好的倾向，这些经济学家"要将他们的科学拔高到超越科学本身极限的程度，总想将问题回答得比自己有限的理解复杂问题的能力更为精巧，而没有人喜欢说'我不知道'"。

尽管索洛知道向公众解释经济学是非常困难的，因为"你的读者的注意力的全长，也许比你一个完整的句子还要短"，但是他还是在辛勤工作着。世界也越来越注意倾听麻省理工学院这位经济增长倡导者的声音。

——选自萨缪尔森，诺德豪斯《经济学》（第 16 版），423 页，华夏出版社。

三、丹尼森对经济增长因素的分析

美国经济学家丹尼森（Edward Denison）把经济增长因素分为两大类：要素投入量和要素生产率。关于要素投入量，丹尼森把经济增长看成劳动、资本和土地投入的结果，其中土地可以看成是不变的，其余两个则是可变的。关于要素生产率，丹尼森则把它看成产量与投入量之比，即单位投入量的产出量。要素生产率主要取决于资源配置状况、规模经济和知识进展。具体而言，丹尼森把影响经济增长的因素归结为 6 个：劳动、资本存量的规模、资源配置状况、规模经济、知识进展、影响单位投入产出量的其他因素。

丹尼森进行经济增长因素分析的目的，就是通过具体数量的测定，把产量增长率按照各个增长因素所作的贡献，分配到各个增长因素上去，再把分配的结果用来比较长期经济增长中各个因素的相对重要性。

在《1925～1982 年美国经济增长趋势》一书中，丹尼森根据美国国民收入的历史统计数字，对上述各个增长因素进行了考察和分析，其结果参见表 3－3。

表 3－3 美国国民收入增长的源泉（1929～1982 年）

增长因素	增长率（%）	贡献率（%）
总要素投入	1.90	65.07
劳动：1.34		(45.89)
资本：0.56		(19.18)
单位投入的产量	1.02	34.93
知识：0.66		(22.60)

续表

增长因素	增长率（%）	贡献率（%）
资源配置：0.23		(7.08)
规模经济：0.26		(8.90)
其他：-0.13		(-4.45)
国民收入	2.92	100

资料来源：Edward Denison, Trends in American Economic Growth, 1929～1982, Washington, D. C. The Brookings Institution, 1985.

根据1929～1982年间的数据，丹尼森计算出2.92%的实际产量年增长率中的1.90个百分点应归功于总要素投入的增加，贡献率达65%以上；1.02个百分点应该归功于技术进步，贡献率超过1/3。

从表3-3中可以看出，劳动力增加对经济增长的贡献要大于资本积累对经济增长的贡献。在每单位要素投入产量增加（或技术进步）的源泉中，知识的进展解释了技术进步对经济增长约2/3的贡献。换言之，知识进展是技术进步的主要形式。

丹尼森认为，知识进展是经济发达国家最重要的经济增长因素。知识进展包括技术知识、管理知识的进步和由于采用新的知识而产生的结构和设备的更有效的设计，还包括从国内的和国外的有组织的研究、个别研究人员和发明家，或者简单的观察和经验中得来的知识。他认为，技术进步对经济增长的贡献是明显的，管理知识和技术知识的进展都可以带来技术进步，不能厚此薄彼。

此外，资源配置对要素生产率增加的贡献也不容忽视。例如，人们从收入低的地区迁移到收入高的地区，从低薪水的工作“跳槽”到更好的工作，都会导致产量的增加或收入的增长。因此，发展中国家向发达国家的大量技术移民提高了后者的经济增长率，发展中国家本身从农村劳动力转到城市就业也会起到同样的作用。以上分析可以直接运用于近十几年来中国向加拿大国家的海外技术移民以及国内大量出现的农民工流动对劳动力流入地经济增长的推动作用。

四、诺思关于制度与经济增长因素关系的分析

诺贝尔经济学奖获得者、美国经济学家道格拉斯·诺思（Douglas North）利用国民收入核算、经济增长要素分析方法和计量经济学方法研究了美国在1790～1860年间的经济增长，并在1961年出版的《1790～1860年美国经济增长》一书中提出了制度对经济增长的重要性问题。他认为，新古典经济学对经济增长的解释，只考虑了无摩擦的市场，强调经济主体对激励所作的反应，而忽略了制度或组织，因此是有缺陷的。诺思的研究发现，历史上经济增长的决定因素是制度，尤其是有效的产权制度，而不是工业革命、资本积累等技术性因素。

对个人或集团产生激励作用的产权制度能够解释为什么企业家敢于冒险进行创新，为什么企业家有信心进行资本积累和投资。诺思认为，合理的产权制度是经济增长的主要原因和必要前提。但是，在技术和现有组织形式的制约下，产权的界定、裁决和实施成本可能十分高昂，国家作为一种低成本地提供产权保护与强制力的制度安排就会应运而生，从而推动经济增长。在这一过程中，人们的机会主义行为如搭便车、突破道德底线、偷懒等会妨碍创新和经济增长，所以抑制机会主义行为就显得非常重要。机会主义行为属于一种人性的内容，

因此，适当的意识形态作为一种非正式制度有助于克服人们机会主义倾向，推动经济增长。

诺斯的分析有助于我们理解乔尔·莫克尔（Joel Mokyr）在1990年提出的“技术发展史上最大之谜”，即为什么我国在14世纪以后会丧失在技术上的领先地位。曾经是实际上技术最先进国家的中国，诞生了造纸术、活字印刷、指南针、火药、钟表、造船、纺车、铸铁等一批举世闻名的技术，但由于明朝后期以后的封建统治者更喜欢稳定和可控制的形势，缺少鼓励发明和支持企业家创新的制度安排，技术发明活动受到抑制，中国的技术领先地位逐渐被其他国家所替代。

第三节　新古典经济增长模型

尽管古典经济学中已经有一些对经济增长的分析，但这些分析往往是分散的，不系统的。现代经济增长理论源于哈罗德—多马模型，该模型考察了一个国家的生产在长期按照一个固定不变的增长率年复一年地增长时所需具备的条件。这一模型的提出，标志着一个系统化的、完整的现代经济增长理论的出现。

然而，西方不少学者认为哈罗德经济增长模型所依据的假设条件（如资本与劳动不可替代）是不现实的，得出的结论过于悲观，而且也不符合战后资本主义国家经济发展的事实。第二次世界大战后西方各国的国民收入虽然经常处于波动之中，却没有出现过哈罗德经济增长模型所指出的那种大起大落的状态。为了改变这一情况，西方的一些经济学家在20世纪50年代掀起了经济增长理论的第二次浪潮，提出了与哈罗德—多马模型不同的经济增长模型。在这些模型中，以美国经济学家索洛和斯旺（T. W. Swan）提出的新古典经济增长理论最为有名，索洛教授本人也因为这一贡献而被授予诺贝尔经济学奖（1987年）。

一、新古典增长模型的基本方程

（一）模型描述

索洛的新古典经济增长理论的基本前提假定包括：（1）社会储蓄函数为 $S=sY$，其中，s 是作为参数的储蓄率；（2）宏观生产函数只有两种投入品，即资本和劳动，暂时不考虑技术进步，即 $\Delta A/A=0$；（3）劳动力按一个不变的比率 n 增长，即 $\Delta N/N=n$；（4）生产的规模报酬不变；（5）经济体系只有一种产品。另外，市场是完全竞争的，产品不具有外部性，资本和劳动按照边际原则获得报酬。

根据以上假定，索洛模型中的生产函数可以表示为①：

$$Y=F(K,\ N) \tag{3-8}$$

该生产函数具有规模报酬不变的性质，因此，当资本存量和劳动投入同时增加 λ 倍时，产出也增加 λ 倍，即：$\lambda Y=F(\lambda K,\ \lambda N)$。在此不妨令 $\lambda=1/N$，则上式等于 $Y/N=F(K/N,\ 1)$。这意味着，在规模报酬不变的假设条件下，劳动投入量并不影响人均产出（Y/N）与人均资本量（K/N）之间的关系。

为方便起见，在此令 $y=Y/N$，$k=K/N$，并定义 $f(k)=F(K/N,\ 1)$，这样就可以将

① 为便于分析，在此假定该经济体不存在技术进步。

式（3－8）的二元函数简化成一元函数，得到索洛模型中人均形式的生产函数（也称密集型生产函数）①：

$$y=f(k) \tag{3-9}$$

式（3－9）中，y 为人均产量，k 为人均资本。图 3－1 表示了该生产函数的图形。

从图 3－1 可以看出，随着人均拥有资本量的上升，即 k 值的增加，人均产量也增加，但由于报酬递减规律，人均产量增加的速度是递减的。

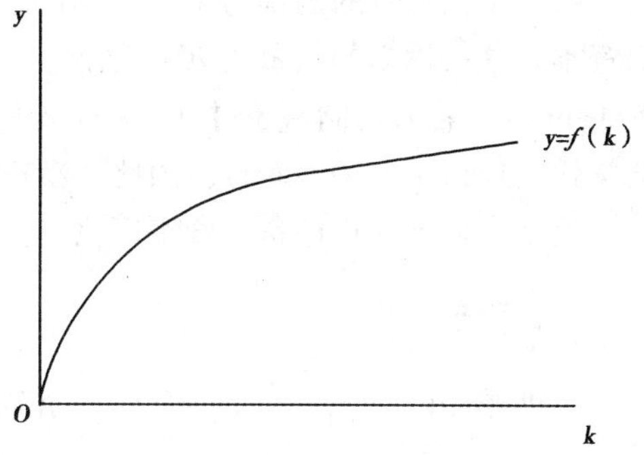

图 3－1 人均生产函数曲线

（二）稳态

当人均产出和人均资本不变时，索洛把这种状态定义为稳定状态（Steady State），简称稳态。此时，人均产出为 y^*，人均资本为 k^*，它们就是向新人口提供资本和重置损耗机器所必需的投资（又称持平投资，Break－even Investment）与储蓄相等时的值②。如果储蓄大于持平投资，则人均资本增加，人均产出也随之增加；相反，人均资本和人均产出下降。

按照定义，保持人均资本不变的持平投资取决于人口增长率与折旧率的大小。因为模型假定人口增长率保持不变，始终等于 n，所以为新工人提供的资本 nk 必然构成持平投资的一部分。在此假定该经济体的折旧率为 δ $(0<\delta<1)$，每年要有 δk 的资本用于补充当年报废的资本，以保持资本存量不变。综上可知，保持人均资本水平不变的持平投资应该是 $(n+\delta)k$。

现在来考察储蓄和资本增长之间的关系。假定没有政府部门，并且为封闭经济，社会的平均储蓄率 s 由外生给定，$0<s<1$，那么，人均资本的净变化就等于人均储蓄超过持平投资的部分，即人均资本存量的变化＝人均储蓄－持平投资。因此，Δk 的表达式为：

$$\Delta k=sy-(n+\delta)k \tag{3-10}$$

式（3－10）就是新古典增长理论中的基本方程。该方程可以用图 3－2 表示：

图 3－2 中的 $sf(k)$ 线为人均储蓄曲线。因为储蓄率 s 介于 0 和 1 之间，所以人均储蓄曲线与人均生产函数曲线形状类似，但位于后者的下方。这时人们将其收入的一个固定百分比储蓄起来，即 s 不变，始终是产出的一个固定比例，sy 表示在各个产出水平下的储蓄水平。在这一坐标系下，通过原点，且斜率为 $(n+\delta)$ 的直线表示持平投资线。图中 E 点为人均储蓄线与持平投资线的交点，此时，人均资本保持不变，即为稳态。注意，图中 $k=k^*$ 处人均储蓄线与人均生产线的距离表

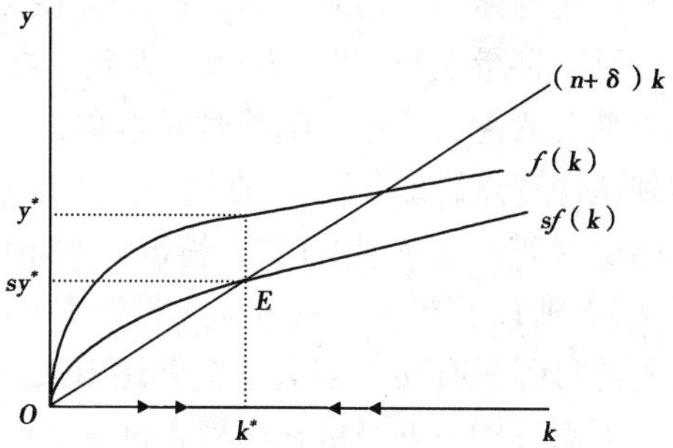

图 3－2 稳态产出与投资

① 假设全部人口都参与生产，即工人数等于总人口数。

② 在此也可以把储蓄直接换成实际投资，因为在凯恩斯的宏观经济理论中，经济实现均衡的条件是投资等于储蓄。相关分析参见下一章的内容。

示稳态时的人均消费（$y^* - sy^*$）。

我们还可以以另一种方式解释新古典增长模型中维持人均资本水平不变的持平投资量。一个经济社会中的人均资本变动额等于人均储蓄 sy 减去（$n+\delta$）k 项。因此，必需的投资（$n+\delta$）k 项可以这样来理解：劳动力的增长率为 n，一定量的人均储蓄必须用于装备新工人，每个工人占有的资本为 k，这一用途的储蓄为 nk。另外，一定量的储蓄必须用于替换折旧资本，这一用途的储蓄为 δk。总计为（$n+\delta$）k 的持平投资被称为资本的广化（Capital Widening）。若人均储蓄超过（$n+\delta$）k 则会导致人均资本 k 的上升，即 $\Delta k>0$，这称为资本的深化（Capital Deepening）。因此，新古典增长模型的基本方程还可以表述为：

资本深化 = 人均储蓄 - 资本广化

二、稳态分析

根据稳态的定义，在 $\Delta k=0$ 时，下式成立：

$$sy^* = sf(k^*) = (n+\delta)k^* \tag{3-11}$$

需要注意的是，稳态是针对人均水平上保持稳定来说的，虽然稳态意味着 y 和 k 的值固定，但总产量和资本存量都在增长。因为在稳态中，总产量和总的资本存量都在增长，只不过与人口的增长率恰好相等，即均为 n。理解这一点，只须注意在模型中隐含的一个假定，即劳动人口以速度 n 增长。因为 $k=K/N$ 固定，所以总资本存量 K 必须与劳动力按同比率 n 增长。又因为 $y=Y/N$，且在稳态时 y 亦固定，所以总产量 Y 也必须按比率 n 增长。总之，在新古典增长理论框架内，稳态意味着：$\frac{\Delta Y}{Y}=\frac{\Delta N}{N}=\frac{\Delta K}{K}=n$

根据以上的分析，在稳态时，有 $sy=(n+\delta)k$，即图 3-2 中（$n+\delta$）k 线和 sy 曲线的交点 E。此时人均资本为 k^*，人均产量为 y^*，人均储蓄恰好等于资本广化的需要，即 $sy^*=(n+\delta)k^*$，或者说，人均储蓄恰好足够为不断增长的人口提供资本（设备）和替换折旧资本而不会引起人均资本的变化。

从图 3-2 可以看出，在 E 点的左边，sy 曲线在（$n+\delta$）k 线的上方，这表明储蓄高于资本广化的需要。结果，当经济运行在 E 点左侧时，就存在着资本深化。资本深化意味着人均资本存量上升，即 $\Delta k>0$。因此，在 E 点的左边，经济中的人均资本 k 有上升的趋势，如横轴上的箭头所示。随着时间推移，k 向 k^* 逼近，最终用于资本广化所需的资本数量增加到这样一点，即 k^* 点，在这一点上，所有的储蓄都仅用于保持人均资本 k 不变，经济达到稳定状态。在 E 点右方，情况正好相反，人均储蓄不能满足资本广化的需要，这时有 $\Delta k<0$。所以，在 E 点右方，人均资本 k 有下降的趋势，如图 3-2 中横轴上的箭头所示。以上调整过程只有在 E 点处才会停顿下来。

下面考虑一下经济在向稳态过渡的时期里，经济增长的情况。当经济处于资本深化的阶段时，y 和 k 会逐步上升。就是说 Y/N 和 K/N 向其稳态值接近。如果 Y/N 上升，则 Y 就会增长得比 N 快。因而，$\Delta Y/Y>\Delta N/N=n$。这表明，在资本深化阶段，产量增长率高于其稳态值。随着资本存量的深化，即 k 接近于 k^*，增长率就会降低。同样道理，如果资本富裕国家的人均资本下降时（即 k 大于 k^* 且向 k^* 逼近时），产量的增长率就会降低到 n 以下。

以上论述表明，当经济偏离稳定状态时，无论人均资本过多还是过少，都存在着某种力量使其恢复到长期的均衡状态。这表明，新古典经济增长理论展示了一个稳定的动态增长过程，比哈罗德—多马模型更符合西方经济学家的价值观。

三、储蓄率的增加

第二次世界大战之后，日本和德国的经济取得了举世瞩目的增长，1948 年到 1972 年间，日本每年人均产出增长率为 8.2%，德国的人均产出年增长率为 5.7%，而同一时期美国的人均产出年增长率仅为 2.2%。解释这一现象的一个理由是，日本和德国的产出中储蓄和投资的比例都高于美国①。索洛模型表明，尽管储蓄率是稳态资本存量的关键决定因素，然而，储蓄率并不影响人均资本的长期增长率，或者说，经济的长期增长率独立于储蓄率，解释如下：

首先，根据索洛模型，如果一国储蓄率高，那么，该经济社会就将有大量的资本存量和高产出水平；如果储蓄率低，则经济就只会有少量的资本存量和较低的产出水平。图 3－3 显示了不同储蓄率背景下的资本存量和产出水平。

在图 3－3 中，经济最初是位于 E 点的稳态均衡。现在假定人们想增加储蓄，使储蓄曲线上移至 $s'f(k)$ 的位置。这时新的稳态为 E'，比较 E 点和 E'点，可以知道，储蓄率的提高增加了投资和稳态的人均资本，进而增加了人均产量，让该经济体变得更加富裕。所以，从短期看，更高的储蓄率也导致了总产量和人均产量增长率的增加，这可以从人均资本从初始稳态的 k 上升到新的稳态中的 k'这一事实中看出。因为增加人均资本的唯一途径是资本存量比劳动力更快地增长，所以又引起产量的更快增长。

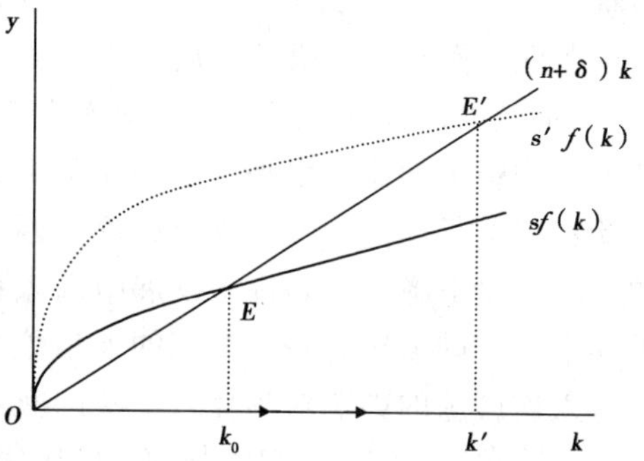

图 3－3　储蓄率增加的影响

其次，由于 E 点和 E'点都是稳态，按照前面关于稳态的分析，稳态中的总产量的增长率是由外生的人口增长率决定的，所以增长率独立于储蓄率。从长期看，随着资本积累，增长率逐渐降低，最终又回落到人口增长的水平。

图 3－4 是人均产出和增长率随时间变化的轨迹，是对以上分析的进一步说明。

在图 3－4 中，(a) 显示了人均产量的时间路径。储蓄率的上升导致人均资本上升，从而增加人均产量，直至达到新的、更高水平的稳态为止。(b) 则显示了总产量增长率的时间路径。储蓄率的增加导致资本积累，从而带动了总产量的暂时性的较高增长，但随着资本积累，总产量的增长最终会回落到与人口增长率同步的水平上。

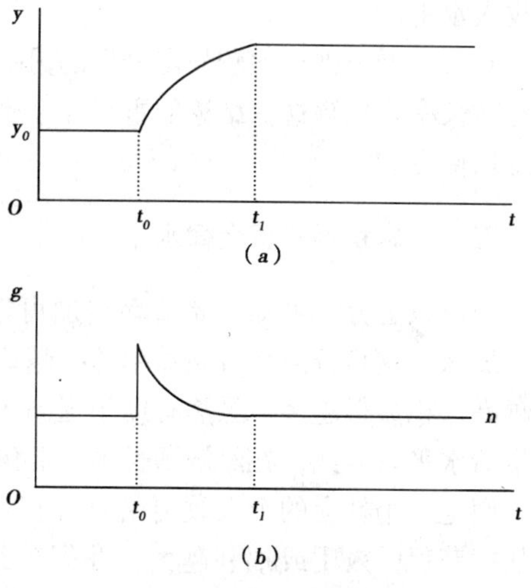

图 3－4　人均产量和总产量增长率的变化轨迹

综上所述，新古典增长理论得到结论：储蓄

① 日本和德国高速持续增长的经济奇迹还有一个原因，战争破坏了两个国家的资本存量。按照索洛模型，在较低的资本存量上，经济将要经历一个高增长的时期，一直到恢复其战前的稳态为止。

率的增加不能影响稳态增长率，但确实能提高收入的稳态水平。

四、人口增长

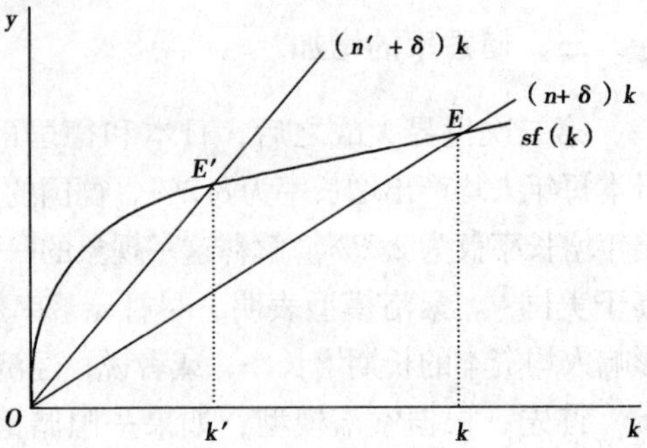

图 3－5　人口对产量增长的影响

索洛的经济增长模型还证明了这样一个逻辑，即在其他条件不变的前提下，一国的人口增长率会影响人均资本和人均产出水平。因为新古典增长理论假定劳动按一个不变的比率 n 增长，但如果把 n 作为内生变量，就可以说明人口增长（如由于计划生育政策或移民政策更加宽松导致人口增加）对产量增长的影响。具体情况如图 3－5所示，图中 E 点表示经济最初处于稳态均衡状态。

在现在假定人口增长率从 n 增加到 n'，则图中的（$n+\delta$）k 线便会按逆时针方向旋转到（$n'+\delta$）k，这时，新的稳态均衡为 E'点。比较 E'点与 E 点可知，人口增长率的增加降低了人均资本的稳态水平（从原来的 k 减少到 k'），进而降低了人均产量的稳态水平。这是新古典增长理论的又一重要结论。西方经济学家进一步指出，人口增长率上升所产生的人均产量下降，正是许多发展中国家面临的问题。两个有着相同储蓄率的国家仅仅由于其中一个国家比另一个国家的人口增长率高，就可以有不同的人均收入水平。人口增长对人均产量的影响对为什么一些国家富有而另一些国家贫困提供了另一种解释。

根据索洛模型，人口增长率高的国家稳定状态的人均资本存量低，从而收入也低。换言之，高人口增长率总是会使一国状态恶化，因为当工人数量增长迅速时很难维持高水平的人均资本。罗伯特·萨默斯（Robert Summers，1991）等人对 84 个国家数据的研究表明，索洛模型的预言基本是正确的。如果是这样的话，中国实行的计划生育政策将会提高本国的人均收入水平。

对人口增长进行比较静态分析的另一个重要结论是，人口增长率的上升增加了总产量的稳态增长率。理解这一结论的重点在于懂得稳态的真正含义，并且注意到 E'点和 E 点都是稳态均衡点。

五、资本积累的黄金律水平

通过以上分析可知，储蓄率增加可以提高稳态的人均资本水平，从而提高人均产出水平。那么，这是否意味着储蓄率越高越好呢？显然，回答是否定的，因为产出一定时，储蓄率越高，积累得越多，虽然有助于提高未来的产出，却直接减少了当期的消费，影响到人们的生活水平。因此，在经济增长中需要解决消费和积累的关系问题。

假定一个社会的个人效用函数（福利函数）是消费水平的增函数，消费水平越高，个人从中获得的效用或福利越大，并假定社会的决策者以社会成员的福利最大化为目标。那么，仁慈的决策者必须选择人均消费水平最高的稳态。美国经济学家费尔普斯（Edmund S. Phelps，1961）发现了满足人均消费量最大化的人均资本量水平。下面利用新古典经济增长理论的框架进行简要分析。

由于人均消费等于人均收入减去人均储蓄，所以稳态消费 c^* 等于稳态收入 $f(k^*)$ 减去储蓄或稳态投资（$n+\delta$）k^*（见图3－6）。

在图3－6中，人均收入曲线f（k）的垂直高度为与不同资本存量相对应的人均产出，人均消费量在图形上可以表示为人均收入曲线与持平投资线或资本广化线（$n+\delta$）k之间的距离①，而持平投资线与横轴的距离则为人均投资量。

在此假定，经济社会可以找到实现福利最大化的储蓄率s_g，那么图中的人均储蓄线就变成了最佳储蓄线$s_g y^*$。这样，当经济体处于稳态时，人均储蓄也达到最大值，此时人均资本即为黄金律水平（Golden－rule Level），社会成员恰好实现福利最大化。

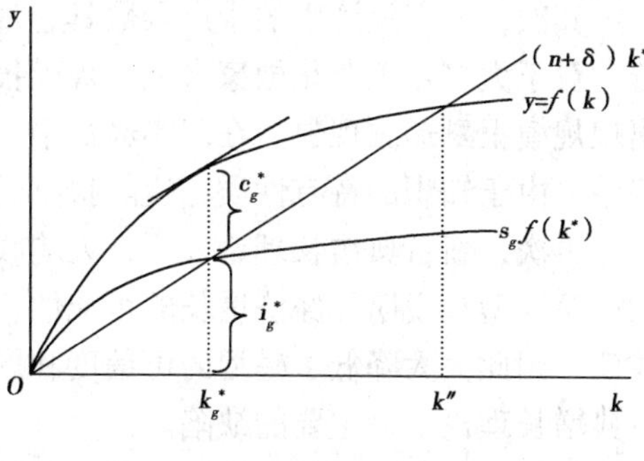

图3－6 经济增长的黄金律水平

从图3－6中还可以看出，如果稳态时人均资本水平较高，这时虽然人均产出较高，但人均储蓄的需要量很大，因而人均消费不高。相反，如果稳态时人均资本水平较低，这时因人均产出低，所以人均消费量也会较小。人均消费水平最高时的资本黄金律水平，正好确保人均产出（人均收入）线与持平投资线距离最远。从数学意义上说，在这一点，人均产出线的点切线斜率等于持平投资线的斜率。换言之，人均产出线的切线与持平投资线平行。如果用代数公式表示，则为：

$$f'(k_g{}^*)=n+\delta \qquad (3-12)$$

式（3－12）意味着，如果一个经济的发展目标是使人均消费最大，那么在技术和劳动增长率固定不变时，人均资本的边际产品应等于人口增长率与折旧率之和。

六、对新古典增长理论的评价

以索洛的经济增长模型为基础的新古典增长理论，是凯恩斯主义宏观经济思想在新古典经济学的框架（如完全竞争市场假定）下的动态化和长期化。该模型极大推进了西方经济学中增长理论的发展。从20世纪60年代到80年代中期，该模型一直在经济增长理论的研究中占据主导地位，成为增长理论研究的基准模型。该模型采取的资本与劳动可替代假设迎合了经济学发展的潮流，其简单结构也便于经济学家利用它作计量分析。因此，在这期间，许多相关研究要么是用数据分析来验证新古典增长理论的结论和推论，要么是放宽新古典增长模型的某个假定，对之进行拓展分析。这一理论一度直接或间接地对许多国家发展道路的选择产生了深刻的影响。

然而，随着时间的推移人们发现，新古典增长模型无论在理论方面还是在解释现实问题时，都暴露出一些不足。

首先，在新古典增长理论中，完全竞争市场假定与市场经验相背离。在完全竞争的市场中，资本和劳动的报酬完全取决于它们的边际生产力，企业仅能获得正常利润。根据工业化国家的历史经验，没有哪一个国家的市场符合完全竞争市场的假定，绝大多数的市场属于垄断市场、寡头市场和垄断竞争市场。在这些不完全竞争市场，企业因为某种原因（如创新）

① 为简化分析，在此假定下面的分析都是在稳态增长的背景下进行的。

获得的市场控制力（Market Power）可以让其得到一定的经济利润。

其次，假定经济中的生产函数具有规模报酬不变的性质以及边际报酬递减假定与事实不符。对于大多数工业化国家来说，规模报酬递增是常见的事实，而一些发展中国家则有可能出现规模报酬递减现象。在现实经济中，要素的边际报酬经常出现非递减现象。而在知识经济中，由于知识的特有性质，边际报酬递增已经成为新经济中的常见现象。

再次，新古典增长理论表明，人均收入的增长率是外生决定的，因而稳态增长率是外生的。该模型只说明了经济增长的可能性，并没有对如何提高人均收入增长率提出相应的政策建议，因此大大降低了模型的可信度和影响力。许多西方学者都认为，增长率的外生化是新古典增长理论上最主要的缺陷。

另外，新古典增长理论的一个重要结论是，所有的国家无论初始的人均产出有多大的差异，只要它们有相同技术和人口增长率（此二者是稳态时人均产出的决定因素），其增长最终会逐渐趋同，趋近于一个相同的稳态增长率①。然而，现实并没有向我们提供这样一个结果。根据世界银行统计的数据，在1963年至2004年长达40多年的时间里，各国之间存在着经济增长率上的较大差异，世界并未趋同。因为在这些国家，影响经济增长的其他因素，如基础设施、教育、产权制度等并不一致，所以趋同很难发生。

正是由于新古典增长理论存在以上不足，它才为新增长理论的发展提供了突破口。即使如此，新古典增长理论的理论贡献依然是不可低估的。

第四节　新增长理论

20世纪80年代中期以后，在西方经济学界沉寂了十几年（1970~1986年）的经济增长理论研究浪潮再一次兴起。这一场增长理论是由1995年诺贝尔经济学奖获得者、美国芝加哥大学经济学教授罗伯特·卢卡斯和美国加州大学伯克利分校的经济学教授保罗·罗默（Paul Romer）等人共同开创的。所谓“新增长理论”，是指用规模收益递增和内生技术进步来说明一国长期经济增长和各国经济增长率差异而展开的研究成果的总称。该理论试图克服新古典增长模型的缺陷，使经济增长率内生化。正因为此，新增长理论常常被称为内生经济增长理论。

内生增长模型的研究主要分以下几种思路：（1）干中学（Learning-by-doing）和技术扩散模型，主要是在阿罗（Arrow，1961）研究成果的基础上，对贸易与经济增长理论的研究（Young，1991）；（2）生产要素外溢模型，主要成果是保罗·罗默的一系列研究（Romer，1986，1990）；（3）人力资本积累理论，这一理论得益于罗伯特·卢卡斯的研究工作（Lucas，1988）；（4）垄断竞争与R&D（研究与开发）理论，如基尼·格罗斯曼和艾尔赫南·赫尔普曼（Grossman & Helpman，1991）提出的横向创新模型（Horizontal Innovation），菲利普·阿吉翁和彼得·霍依特（Aghion & Howitt，1992）提出的纵向创新模型（Vertical Innovation）。受篇幅所限，并考虑到有关内容在技术上的复杂性，本书仅对前3种思路中的几个基本模型作简要介绍。

---

① 当然，相近的增长率并不排斥不同的收入稳态水平。

一、AK模型

AK 模型是新增长理论中最简单的一个模型。假定总量生产函数为以下线性形式：

$$Y = AK \tag{3-13}$$

式（3-13）中，Y 为产出，K 为资本存量，A 为反映技术水平的正的常数，衡量一单位资本所生产的产出量。在此需要注意的是，该生产函数改变了新古典理论中的边际报酬递减规律。无论资本量是多大，资本的边际报酬不变，永远等于 A。

假定储蓄率是参数 s，那么资本存量的增加就等于投资（sY）减去折旧（δK），于是有：$\Delta K = sY - \delta K = sAK - \delta K$，或者，$\Delta K/K = sA - \delta$。

由式（3-13）可知，产量与资本成比例，于是求得产量增长率为：

$$\Delta Y/Y = sA - \delta \tag{3-14}$$

式（3-14）表明，只要 sA 大于折旧率 δ，产量的增长率将为正数。因此，即使经济中不存在任何技术进步，资本积累也足以保证经济沿着一条平衡增长的路径增长。

因为AK模型放弃了资本边际报酬递减假定，所以得出了与新古典增长理论完全不同的结论。

二、阿罗的干中学模型

1972年诺贝尔经济学奖获得者、美国经济学家阿罗（Kenneth J. Arrow，1962）提出了干中学模型。

干中学模型借鉴了飞机制造工程师怀特（T. White）的研究成果，即在美国空军采用新的飞机设计方案后，每多生产一架飞机机身所需要的时间与已经生产的该机型飞机数量的立方根成反比。

阿罗认为，以上出现的生产力提高是在生产过程没有明显革新的情况下发生的。因此，技术进步是传统产品生产的副产品，是企业在生产中积累经验的结果（即干中学），无须进行专门的投资。当一个企业在干中学中提高自身生产率时，还会产生技术的溢出效应（Spillover Effect），将最终提高全社会所有其他企业的生产率。这样，即使单个企业的生产函数是规模报酬不变的，整个社会的生产函数也可以是规模报酬递增的。

在阿罗模型中，技术进步是经济系统的内生变量。由于存在技术溢出，不存在政府干预时的经济均衡状态是一种社会次优状态，均衡的经济增长率将低于社会最优经济增长率。在此背景下，政府可以采取适当的政策提高经济增长率，使经济向着社会福利最大化逼近。

然而，在阿罗模型中，由于技术的溢出效应不够强，内生的技术进步不足以推动经济持续增长，经济增长率取决于人口增长率。如果后者为零，则经济无法实现增长，为了保证经济增长能够实现，必须要求人口以一个外生比率增长。

三、罗默的知识溢出模型

美国经济学家保罗·罗默（P. Romer，1986）承袭了阿罗的干中学模型，并将阿罗的研究结果向前推进了一步。他的研究致力于为技术因子（A）的变化提供一个清晰的理论框架。

在罗默的知识溢出模型中，内生的技术进步是经济增长的唯一源泉。他把代表技术的知识分为专业化知识和一般知识，并认为专业化知识具有让拥有者获得垄断利润的“内在经济效应”；一般知识则具有“溢出效应”，让全社会从中受益。罗默认为代表技术的知识像其他商品一样是由资本生产出来的，是企业有意识投资的产物，所以是经济体系的内生变量。企业之所以投资于知识的生产，其目的是为了追求新技术带来的高额利润。像物质资本投资一样，私人企业进行知识投资也将导致知识的边际收益递减。

为了说明即使在人口增长率为零时，知识积累也足以保证经济实现长期增长，罗默假设知识的溢出效应足够大，足以抵消固定生产要素存在引起的知识资本边际产品递减的趋势，从而使知识投资的社会收益率保持不变或呈递增趋势。他还假定当其他的投入要素给定时，消费品的生产是知识存量的函数。因此，知识积累过程不会中断，经济能够实现长期增长。

罗默为政府促进经济增长开出的“药方”是：应向生产知识的组织提供补贴，以激励企业把更多社会资源用于生产知识，从而提高整个社会的经济增长率和社会福利水平。

四、卢卡斯的人力资本积累模型

卢卡斯（1988）建立了另一个重要的内生经济增长模型。卢卡斯的人力资本溢出模型实际上是将阿罗模型与宇泽弘文（1965）提出的另一个经济增长模型结合起来，用人力资本的溢出效应解释技术进步，说明经济增长是人力资本不断积累的结果。

宇泽模型是从不同于阿罗模型的角度将新古典经济增长模型中的外生技术进步内生化。宇泽弘文的做法是假定经济中存在从事人力资本积累的部门——教育部门。教育部门以线性技术生产人力资本。人力资本的不断积累保证经济能够实现持续增长。人力资本在宇泽模型中的作用与外生技术进步在新古典经济增长模型中的作用一样，二者都导致有效劳动量的增加，从而使物质资本积累不再呈现规模收益递减趋势，而经济将以不变的比率持续增长。

为了不把增长唯一地归因于外生的“技术进步”，卢卡斯引入了人力资本的“外部效应”，即个人提高自己的人力资本有助于提高所有生产要素的生产率，但个人并不能因此获益。

在卢卡斯的人力资本模型中，经济不需要依赖于外生力量来维持经济增长，人力资本的积累是经济增长的源泉。但是，人力资本的外部效应导致在没有政府干预条件下，经济增长处于一个社会次优水平，人力资本投资低于社会所需要的水平。

五、巴罗的公共产品模型

美国经济学家罗伯特·巴罗（Robert J. Barro）在其1990年提出的经济增长模型中强调了政府服务对于经济增长的作用。

巴罗认为，政府提供的服务（如基础设施建设）带来了私人企业生产率和社会生产率的提高，推动了技术进步，使生产表现出规模收益递增，经济得以实现内生性增长。

巴罗假定，政府提供公共产品，政府活动具有外部溢出效应。政府投资提供公共产品是整个经济的一个组成部分，相对于私人经济而言是外部经济。无论提供的是公共产品（有非排他性和非竞争性），还是具有部分竞争性和非排他性的产品，政府都可以采取适当的税收制度，使分散竞争经济的均衡增长率等于社会最优增长率，提高社会福利水平。

到目前为止，新增长理论还处于迅速发展之中。尽管我们现在还难以找到一个公认的标准模型，但是该理论的共同观点是，一个国家的长期经济增长不是由外生因素决定的，而是经济体系的内生因素作用的结果，经济可以在这些内生因素的作用下实现持续的长期增长。

新增长理论改变了人们关于增长途径的思维方式，从知识和人力资本积累上寻找经济增长的源泉，并致力于研究私人市场力量、公共政策和不同的组织机构寻求技术进步的不同模式，探讨实现知识和人力资本积累的各种机制。该理论的一些研究成果（例如，对加强研究与开发投入的补贴，知识产权的重要性，如何设计公共政策促进知识的创造和积累，等等），已经引起理论界和实践部门的极大反响，大大促进了各国经济增长政策的制定水平。

第五节　推动增长的经济政策

如果一国希望加快自身经济增长的步伐，政策制定者可以采取哪些措施来实现这一目标呢？要回答这一问题，必须从各个学派对经济增长的决定因素入手进行分析。

一般说来，资本、劳动、自然资源等投入要素的增加会导致产出的增加。如果生产率提高，同样的要素投入也可以增加产出。生产率的提高来自于技术创新和企业家精神，而合理的制度则会在基本层面上促进技术创新和企业家精神的发挥、生产要素的投入，以实现经济增长。因此，政府可以制定有效的政策，推动经济增长。

一、提高人力资本的政策

一般说来，政府推动和改善经济增长的最好政策就是推动和促进教育的发展，加大人力资本的培训工作，因为经过良好教育并拥有熟练技能的劳动者要比那些未经培训的劳动者具有更高的生产率。劳动者的高素质不仅体现在对先进技术的掌握上，而且还体现在学习能力、合作精神和纪律性上。

高素质的人力资本有明显的溢出效应，会对社会的生产率起到推动作用。另外，高素质的人力资本会有较高的收入，从而会交纳更多的所得税（这些资金被政府用于向公众提供服务和救助贫困者）。以上两个因素的客观存在表明，人力资本的个人收益要低于社会收益，所以在政府不干预的情况下，这些人力资本的供给不会达到最优的水平。

鉴于人力资本的特点及其对经济增长的重要性，大部分国家的政府都致力于通过提供教育和进行培训的方法来提高本国公民的人力资本。在美国，中学以下的教育由政府作为公共教育进行普及，对于技校、学院和大学这些高级院校，政府也提供了广泛的支持。不仅如此，美国政府还对年轻工人的工作培训以及技能落后工人的再培训给予一定的资助。在我国，国家一直把全民的素质教育作为国家社会经济发展的一件大事，致力于九年制义务教育的推行，并为大学生、研究生、高职生等层次的人才培养提供资金、政策方面的支持。另外，我国政府还在吸引外籍专家及归国留学人员到国内服务、进行创业方面给予了大量的扶持。可以预见，我国人力资本素质的不断提高会对经济的持续增长产生积极的推动作用。

二、支持研究与开发（R&D）的政策

正如我们在技术生产函数中可以看到的那样，生产率提高的一个重要来源就是对技术研究和创新开发的投资。

教育和技术的研究与开发都具有溢出效应，它们都可以带来超过其研发者私人收益之外的社会收益。如果通过自发的机制，个人和企业在教育和研究上选择的支出水平，将低于社会最优水平，政府就可以考虑通过拨款或提供补贴来刺激这些活动。在美国，对研究和实验

的税收抵免为研究和开发支出提供了税收方面的激励。

值得注意的是，基础科学对以它为基础的各个应用性科学的发展有着巨大的推动作用，但基础科学的知识获取几乎是免费的，有着更大的正外部性。换言之，基础科学的受益者是整个社会而不是单独的企业或研究机构，政府有必要对基础科学的研究提供一定的支持。事实上，美国政府正是通过国家科学基金会这一机构来实施这项政策的。我国也建立了国家自然科学基金和国家社会科学基金，通过这两个机构来支持基础科学项目的研究。

三、鼓励储蓄与投资的政策

高储蓄率有助于积累有形资本，而资本的增加则会促进经济增长。经验和研究已经证明，每一个额外百分点的有形资本增长将大约增加0.3个百分点的产出增长。因此，希望实现经济增长的国家可以采取适当的政策，鼓励储蓄和投资。例如，美国国会曾多次制定关于投资行为的税收优惠政策，以降低对新资本品进行投资的企业所缴纳的税额。1962年美国实行了第一个投资税抵免政策，使美国的投资额从1962年的3060亿美元增加到1966年的4010亿美元，增长了大约30%。美国对个人退休金账户实行免税政策，鼓励人们进行私人储蓄。

政府可以通过公共投资（即政府承担的投资）的方式来增加资本积累。公共投资包括公路、桥梁、机场、通信网络、能源供应、灌溉和引水工程、公众医疗保障事业等。这些投资一般是数额巨大，属于整体性的项目，不可细分，并且往往具有规模效应和溢出效应。私人公司一般不愿也无法投资经营，所以需要政府直接介入，以保证社会整体经济发展的需要。许多研究表明，政府在基础设施方面的投资是经济增长的一个重要源泉。

在本国资本存在缺口时，政府还可以制定相应的政策，鼓励更多的外国直接投资（FDI）流入。近几十年来，美国和中国的经济增长都从外国直接投资中获益颇多。

专栏　第二次世界大战以后日本和德国为什么能迅速崛起

作为第二次世界大战的两个战败国，日本和德国的社会、经济曾受到了重创。然而，这两个国家在第二次世界大战后却取得了惊人的成就，在战争的废墟中迅速崛起，成为全球的经济强国。1948～1972年间，日本和德国每年人均产出的增长率分别为8.2%和5.7%，而美国的同一指标仅为2.2%，是什么原因带来日本和德国的惊人成就呢？

不可否认，美国在马歇尔计划下对欧洲的大量援助和美军占领日本期间对日本的扶持，是日德崛起的一个关键因素。按照索洛模型的解释，储蓄率增加对两国的崛起起到了重要作用。事实上，高水平的人力资本同样是不可忽视的“功臣”。

在第二次世界大战末期，德国已经培养了一大批工程师和科学家，战后更有大量的熟练劳动力流入德国。值得注意的是，德国还拥有系统、广泛、严格的在职培训体系，对提升人力资本也起到了重要的作用。战后日本在人力资本开发上也有许多独特的做法，如终身雇佣制、轮岗制以及年工序列制等，这是日本企业用工制度的一个创新，有助于人们在人力资本上进行投资。美国占领者也对日本的教育体制进行了改革，并鼓励人们到国外接受教育。到20世纪80年代，日本的劳动生产率已跻身于世界最先进国家的行列。

四、合理设计制度，促进经济增长

合理的制度是经济增长的必备前提，为经济增长创造最有利的制度环境和法律环境是政府义不容辞的责任。例如，政府通过制定或改进产权保护制度可以让本国或外国的企业家有信心进行投资、从事创新；对知识产权进行保护的专利制度确保创新者从新技术中获得足够的私人收益，让其更有积极性从事创新活动；通过引导性税收政策，可以加快经济结构的优化调整，等等。

由于重要的创新往往是由具有卓越才能的人作出的，所以政府必须制定合理的政策，让更多高智商的人才有兴趣、动力从事经济活动，而不是从事那些不能创造财富的其他活动。在开放的经济体制下，政府还应采取积极的政策去留住本国有知识、具备企业家精神的人才，同时吸引国外的优秀人才加入本国的经济体系中。

相对于发达的市场经济国家而言，发展中国家的政府在推动制度创新、促进经济增长方面有更大的空间可以发挥自己的作用，因为无论是政治制度，还是经济制度，发展中国家都存在许多制约经济发展的障碍，制度变革所释放出的能量会大大激发这些国家的生产力。

第六节 关于经济增长问题的争论

长期以来，人们一直认为财富增长是没有限度的，技术进步即是这种无限增长的保证。正是基于这种认识，人们将经济增长作为最重要的追求目标，把 GDP 的增加看做人类进步的同义词。但是，人类社会在经济增长的同时，会产生环境污染、资源枯竭等严重问题。例如，1850 年世界消耗燃料 220 万亿 Btu①（英制热量单位），1900 年上升到 7600 万亿 Btu，1995 年上升到 66000 万亿 Btu，1997 年已高达 380 千万亿 Btu；1850 年全球向大气排放的二氧化硫为 20 万吨，1970 年则高达 3100 万吨，本世纪初的年排放量已超过 1.5 亿吨。一些经济学家对经济增长有无极限，以及经济增长是否可取提出了异议。本节简要介绍西方国家围绕着经济增长问题所进行的争论。

一、“罗马俱乐部”与增长极限论

“罗马俱乐部”是指 1968 年在意大利的首都罗马召开的一次讨论人类目前和将来处境的会议。这次会议由菲亚特（Fiat）公司发起，会议的参加者主要是西方国家的科学家、经济学家、教育家和实业家。会后，美国麻省理工学院的管理学教授麦多斯（Donella H. Meadows）领导的 17 人小组受“罗马俱乐部”的委托，把讨论的情况整理成《增长的极限》(1972 年）一书。在这本著作中，麦多斯阐述了一种对经济增长持悲观态度的理论。

这一理论认为，影响人类社会经济增长的主要因素有 5 个，即人口增长、粮食供应、资本投资、环境污染和资源耗竭。这 5 个因素的共同特点在于，它们的增长都是指数增长。有关的学者分析了这 5 种增长因素的变化及其相互影响。通过建立一个世界模型，得出的结论是：如果世界人口、工业化、污染、粮食生产以及资源消耗按当时的增长趋势不变，这个星

---

① Btu 为英制热量单位，是 British Thermal Unit 的缩写。1Btu 就是将 1 磅水的温度升高 1 华氏度所需要的热量。

球上的经济增长就会在100年内的某一个时候达到极限。最有可能的结果是人口和工业生产能力这两方面发生颇为突然的、无法控制的衰退或下降。

在这本书中，麦多斯等人表达了这样一个基本观点，即世界经济体系的基本行为方式是人口和资本的指数增长和随后的崩溃。由于麦多斯等人对人类前途抱着悲观的态度，西方经济学家称他们的世界模型是“世界末日模型”或“崩溃的模型”。

专栏　马尔萨斯的增长论

古典经济学的增长理论对人类社会的经济增长持一种悲观态度。该理论认为，实际GDP会因为农业技术进步而获得暂时增长，但当人均实际GDP增加到高于维持生存水平时，人口爆炸最终将使人均实际GDP重新回到维持生存的水平。

马尔萨斯认为，一旦工资高于维持生存的实际工资率（subsistence real wage rate），人口就会增长，但人口增长也增加了劳动量，引起劳动收益递减。因此，劳动生产率下降。只有在维持生存的实际工资率上，才会实现人口的稳定均衡。他认为，工人阶级命中注定要过一种野蛮的、肮脏的、短命的生活。这幅悲观的画面使得托马斯·卡莱尔（Thomas Carlyle）将经济学称为“忧郁的科学”（Dismal Science）。

二、对增长极限论的批评

《增长的极限》一书出版后，立即引起了西方学术界的激烈争论。大多数西方学者并不赞同麦多斯等人的增长极限论。他们认为，增长极限论是悲观的世界末日论，是新形势下的马尔萨斯人口论的翻版，是“带着计算机的马尔萨斯”。一些西方经济学家在修正模型的有关参数后发现，同样一个模型却能得出与麦多斯等人完全不同的结论。作为经济增长理论的开创者之一，美国经济学家索洛也对世界模型予以了否定。他认为，麦多斯等人的末日模型是一个伪科学，该理论将误导公共政策。

增长极限理论之所以出现重大错误，是因为该模型忽略了一些重要事实。该模型隐含的一个假定是，经济增长总是采取扩大已有产品和服务产出数量的方式——这就会消耗越来越多的资源，产生越来越多的污染。然而，经济增长还可以表现为源于更新、更好、更清洁、更有效率的产品与服务。该模型还忽略了经济增长中增加的财富与生产率会提高社会保护环境的能力，全球最富有的国家均在这方面取得了巨大的成就。另外，增长极限理论低估了市场力量与其他社会机制在处理稀缺资源问题上发挥的作用。任何资源的短缺都会引起价格的变化，高价不仅会抑制消费、鼓励节能，还会促进人们开发替代资源。

尽管如此，麦多斯的世界模型并非一无是处，其中也蕴含了一些真知灼见。经济增长带来的全球性环境问题，如全球气候变暖、酸雨、热带雨林遭受破坏等，很难通过市场力量和政治力量来解决。这些问题的日益严重表明，麦多斯的警告是值得人类深思并积极采取行动的。

三、增长怀疑论

如果持续经济增长是可能的，这种增长就是应该追求的吗？一些西方经济学家从价值判断的角度对经济增长的价值提出了怀疑。他们甚至宣称，作为功利主义的产物，尽管经济体系为人类创造了越来越多的财富，却将我们带入了更加不幸福的时代。

各国在追求物质财富增加的过程中，往往容易陷入唯GDP论的误区。在这种理念的指导下，经济增长是以牺牲环境、牺牲工人的健康与安全、牺牲个人的闲暇为代价的。经济学家米香（E. J. Mishan）认为，持续的经济增长使人们失去了许多美好的享受，例如，无忧无虑的闲暇，田园式的享受，清新的空气，等等。他还认为，经济增长所带来的仅仅是物质享受的增加，但并不一定能增加幸福，因为财富与幸福之间并没有实质性的关系。随着社会的发展，人们追求的目标必定是多元化的。在经济增长中，人们失去的幸福太多，以致于经济增长是不可取的。

本章主要术语

经济增长　经济发展　稳态　资本广化　资本深化　资本的黄金律水平　溢出效应　增长极限论　增长怀疑论

本章小结

1. 经济增长是指在考察国民经济长期变动时，GDP或人均GDP的增加。

2. 经济增长的源泉包括劳动和资本投入的增加，以及技术的改进（即生产率的提高）。

3. 索洛的研究发现，经济增长的80%是由技术进步推动的。

4. 丹尼森把影响经济增长的因素分为两类，即要素投入量和要素生产率。前者包括劳动、资本和土地投入，后者则取决于资源配置状况、规模经济和知识进展。他认为，知识进展是经济发达国家最重要的经济增长因素。

5. 诺思认为，制度是影响经济增长的最重要因素。

6. 索洛提出的新古典增长模型把人均资本和人均产出不变时的状态称为稳态，此时人均产出增长率保持不变，总产量增长率等于人口增长率。他认为，储蓄率的提高只是增加稳态时的人均产出水平，并不影响稳态时的人均产出增长率。人口增长率的提高则会降低人均产出的稳态水平，但会提高人均产出在稳态时的增长率。

7. 人均资本的黄金律水平，是指人均消费最高时的人均资本水平，此时人均资本的边际产品等于劳动增长率加上折旧率。

8. 新增长理论致力于增长率的内生化。

9. 推动增长的经济政策有提高人力资本、支持研究与开发、鼓励储蓄与投资、合理设计制度等。

习　题

一、判断题

1. 索洛认为，以私有产权为基础的市场经济中不存在一条稳定的均衡增长途径。

2. 新古典增长模型假设劳动和资本是可以相互替代的。

3. 新古典增长模型认为经济活动总是趋向于一条均衡增长途径的。

4. 经济发展的内涵与经济增长并无二致。

5. 宏观生产函数是从供给的角度来分析国内生产总值是如何增加的。

6. 人力资本的提升可以促进经济增长。

7. "索洛剩余"表明，除了劳动和资本以外，推动经济增长的主要因素是技术进步。

8. 在诺斯看来，经济增长的决定因素是制度，而不是技术因素。

二、单选题

1. 从宏观生产函数的角度看，(　　)不是推动经济增长的因素。

A. 政府购买增加　　B. 劳动投入增加

C. 资本积累　　D. 技术进步

2. 索洛模型中的生产函数是(　　)的。

A. 规模报酬递增　　B. 规模报酬不变

C. 规模报酬递减　　D. 不能确定

3. 在新古典增长模型中，如果实际投资大于持平投资，人均资本将(　　)。

A. 下降　　B. 不会变化

C. 上升　　D. 先上升后下降

4. 在新古典增长模型中，如果储蓄率上升，那么人均产出将(　　)。

A. 下降　　B. 上升，在达到新稳态时增速也会提高

C. 不变　　D. 上升，但在新稳态时增速与旧稳态时相同

5. 当人均资本达到黄金律时，以下描述不正确的是(　　)。

A. 人均消费达到最大　　B. 人均储蓄达到最优

C. 人均产出达到最大　　D. 人均产出线与持平投资线距离最远

6. 新增长理论最主要的特点是(　　)。

A. 突出制度因素在经济增长中的重要性

B. 技术进步内生化

C. 强调资源环境因素对经济增长的制约作用

D. 强调资本积累在经济增长中的重要性

7. AK 模型的主要特点是(　　)。

A. 边际报酬递减　　B. 边际报酬不变

C. 规模报酬递减　　D. 规模报酬不变

8. 在罗马俱乐部的理论中，(　　)不是影响经济增长的因素。

A. 环境污染　　B. 资源耗竭

C. 制度僵化　　D. 人口增长

三、计算题

1. 在新古典增长模型中，如果人均生产函数 $y=2k^{0.5}$，人均储蓄率为 10%，折旧率为 0，人口增长率为 2%，求：

（1）使经济均衡增长的 k^* 值。

（2）人均资本的黄金律水平。

（3）当人均储蓄率变为 20% 时，求 k^*。

（4）当人口增长率变为 1% 时，求 k^*。

2. 有两个国家，穷国的实际人均 GDP 为 1200 美元，富国的实际人均 GDP 则高达 30000

美元。但是，穷国的实际人均GDP的年增长率为8%，富国的实际人均GDP的年增长率则只有3%。假定今后两国的增长率保持不变，试计算10年后两国的实际人均GDP分别为多少，穷国要多少年可以赶上富国。

四、简答题

1. 经济增长与经济发展二者的关系是什么？
2. 什么是人力资本？为什么从经济增长的角度它是十分重要的？
3. 新古典增长模型的公式及其含义。
4. 索洛模型是如何分析经济增长的稳定性的？
5. 新古典增长模型的缺陷主要有哪些？
6. 经济增长的成本有哪些？
7. 新增长理论的基本分析思路是什么？
8. 促进增长的经济政策主要有哪些？
9. 为什么说增长极限论是错误的？从增长极限论和增长怀疑论中我们可以得到哪些启示？

建议阅读材料

1. 保罗·克鲁格曼、罗宾·韦尔斯：《宏观经济学》，中国人民大学出版社2009年中文版，第229~260页。

2. N·格里高利·曼昆：《宏观经济学》，中国人民大学出版社2000年中文版，第72~118页。

3. 保罗·萨缪尔森、威廉·诺德豪斯：《经济学》（第18版），人民邮电出版社2007年版，第417~433页。

4. 查尔斯·I·琼斯：《经济增长导论》，北京大学出版社2002年版，第17~67页。

5. 高鸿业：《西方经济学（宏观部分）》，中国人民大学出版社2007年，第684~722页。

6. 罗伯特·巴罗：《宏观经济学》，中国人民大学出版社2001年中文版，第247~274页。

7. Robert H. Frank, Ben S. Bernanke：《宏观经济学原理》，清华大学出版社2004年版，第173~197页。

第四章

国民收入的决定

本章学习要求

1. 理解均衡国民收入概念，掌握简单国民收入决定。
2. 掌握消费函数的内涵和特点。
3. 理解乘数效应和各种乘数。
4. 理解投资函数的内涵和特点。
5. 掌握IS 曲线的含义、斜率和移动。
6. 掌握LM 曲线的含义、斜率和移动。
7. 掌握产品市场和货币市场同时实现均衡时的国民收入的决定。

国内生产总值是衡量一国经济总量大小的指标，研究国内生产总值，或者说国民收入水平是如何决定的，是制定宏观调节政策的理论依据。只有找到影响国民收入变动的重要因素，才可以有针对性地制定政策措施，从而对国民收入进行有效调节以满足宏观政策制定者的既定目标。

本章内容安排如下：首先，介绍均衡国民收入的概念和内涵，它是贯穿本章全部内容的核心概念；其次，介绍只存在产品市场均衡情况下的国民收入的决定，其中乘数效应和乘数概念是核心内容，内容是按两部门、三部门和四部门的顺序依次展开的；再次，在此基础上，引入货币市场，研究产品市场和货币市场同时实现均衡时的国民收入决定，这一部分我们用精炼的IS - LM 模型来分析。

在学习本章时，需要注意的是，本章全部内容是建立在一个共同假设中的，即经济中存在着闲置的生产能力，劳动力资源、厂房设备没有得到充分利用。在这种假设下，一旦总支出增加带动了总供给的增加，只会使闲置的资源重新被利用起来，而不会引起资源价格乃至整体物价水平的上涨。在这个假设前提下，价格是一个稳定不变的量，总供给可以在这个价格水平上大量地增加。因此，在本章中我们讨论的是不存在物价水平变动的简化的情形，这是宏观经济的短期分析。在长期中，物价水平可能会随着总供给的变化而变化。

第一节　均衡国民收入

一、均衡国民收入的定义

总支出（Aggregate Expenditure，用 AE 表示）是指经济中所支出的商品和服务的总量。按支出的主体来划分，总支出包括四部分：消费（C）、投资（I）、政府购买（G）和净出口（NX）。注意，这里的投资为计划投资支出，而不是实际投资支出。总支出（AE）可表示为：$AE = C + I + G + NX$。

如果一个国家的支出总量是 1000 亿元，那么什么决定现实中的国民收入水平呢？我们需要引入均衡国民收入的概念。

均衡国民收入，也称为均衡产出，是指总支出水平与总产出或者 GDP 相等时的国民收入水平。根据本章的假设，短期中，总产出的任意变动都可以在既定价格水平上实现，因此在国民收入决定中，均衡的国民收入取决于总支出的变化。这也就是说，短期中，总支出是决定国民收入水平的主导力量。

二、均衡国民收入实现过程

均衡国民收入是一种稳定的状态，意味着在这个国民收入水平上，企业既不愿意增加产出也不愿意减少产出。

在现实经济中，由于总支出的主体，例如消费者、企业和政府等都是分散进行决策的，企业很难准确地预测出能够满足总支出的产出水平，因此，很容易出现产出水平不等于总支出的情形，这会导致经济中出现产品和服务的过剩或不足。不过，这种产出水平不会一直维持，企业将会调整产出水平，最终会实现均衡。均衡收入的实现过程如图 4－1 所示：

假定一经济社会居民和企业购买产品的计划支出为 1000 亿元，那么只有当该社会生产的产品为 1000 亿元时，社会生产才会达到均衡，这样的收入水平才能继续稳定地维持下去。此时，经济社会实现了均衡的条件，即 $Y = AE = C + I$。图中纵轴表示支出，横轴表示收入，从原点出发的 45°线上的各点都表示收入等于支出，因此，均衡产出一定位于 45°线上。在该例中，社会的计划支出水平为 1000 亿元，总产出也为 1000 亿元，因而社会产出实现均衡，图中的 A 点就表示这一均衡点。

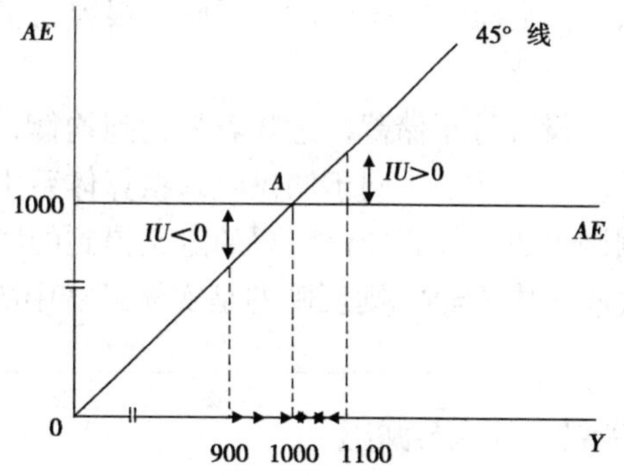

图 4－1　均衡国民收入的实现过程

当社会实现均衡时，产出水平恰好能够满足该经济社会的计划支出，此时企业不存在计划外的存货增加或减少，即 $IU = 0$。这一均衡点在图中用 A 点表示。A 点对应的产出或收入为 1000 亿元，而此时社会的计划支出（居民的意愿消费加上企业的意愿投资）也是 1000 亿元，恰好实现均衡。

当社会总支出水平为1000亿元，而经济中总产出水平达到了1100亿元时，总产出大于总支出，整个经济存在商品和服务的过剩，产品的积压，企业非意愿存货（IU）或计划外的存货增加100亿元。这种产出水平不会维持太久，因为企业为减少产品的积压，会减少生产。直至总产出水平减少到1000亿元，也就是与总支出水平相等时，企业才会停止减产行为。这种情况下，总产出等于总支出，非意愿存货为零，此时的国民收入水平就是均衡的国民收入。

假设经济中总支出水平为1000亿元，而经济中总产出水平为900亿元，总产出小于总支出，整个经济存在商品和服务的短缺，这会使企业非意愿存货减少100亿元。这种产出水平也不会维持太久，因为企业要增加生产，将存货恢复到意愿水平。直至总产出水平增加到1000亿元，也就是与总支出水平相等时，企业才会停止增产行为。这种情况下，总产出等于总支出，非意愿存货为零，实现均衡的国民收入。

我们对均衡国民收入的特点总结如下：

1. 总支出决定了均衡的国民收入水平。

2. 在均衡时，非意愿存货为零，总支出全部得到满足。

3. 当总产出不等于总支出时，通过非意愿存货的调整过程，可以使产出水平收敛到均衡水平。

需要注意的是，在研究国民收入决定时，需要把均衡的国民收入和潜在的国民收入区分开来。潜在的国民收入（Potential National Income）是指实现充分就业时的国民收入。宏观经济均衡时并不一定实现了充分就业，宏观经济均衡也会高于或者低于充分就业均衡。国民收入决定理论是要说明总支出与总产出如何使国民收入水平趋于均衡状态。

三、投资等于储蓄

通过以上分析可知，均衡产出的条件是$Y=AD$，也可以表示为企业非计划存货投资为零（$IU=0$）。这意味着经济社会的产出等于居民和企业的计划支出。由于产出或收入$Y=C+S$，计划支出$AD=C+I$，因此，很容易推出均衡条件的另一种表达方式：

$$I=S \tag{4-1}$$

投资等于储蓄，意味着要达到均衡，计划投资必须等于计划储蓄，或非计划存货投资为零。这个式子不同于国民收入核算体系中的投资储蓄恒等式。后者所指的投资和储蓄都是根据国民收入核算会计账户的定义得到的实际数字，并且从核算角度来讲总是恒等的。均衡国民收入中$I=S$，则反映的是实体经济中既没有过剩也没有短缺的情形。

专栏　注入与漏出

在国民经济核算体系中讲到的收入循环流程，往往是假定居民户把所有的收入全部用来购买企业所生产的产品和服务。在实际经济活动中，会有一部分收入漏出，没有购买当期的产品和服务，同时，又有一些收入不断地注入国民经济环流。

在两部门经济中，储蓄就是国民经济的漏出（Leakage）项目，而投资则属于注入（Injection）项目。储蓄事实上是居民户没用于本期产品和服务消费的收入，它又促使经济趋于收缩的倾向。投资则是通过企业的支出，弥补居民户收入的漏出，为经济中的支出

续

注入一股新鲜力量，推动经济趋于高涨。显然，当储蓄和投资活动同时存在的情况下，如果注入大于漏出，即投资大于储蓄，那么国民收入将会增加，经济将呈现扩张趋势；相反，如果注入小于漏出，即投资小于储蓄，则国民收入减少，经济会收缩。只有当注入等于漏出时，国民收入才会处于均衡状态。所以，均衡的条件也可以表示为注入等于漏出。

第二节　消费函数与储蓄函数

在国民收入核算中，由支出方面计算出来的国民收入可以代表总支出；由收入方面计算出来的国民收入是各种生产要素得到的报酬总和。为了简便起见，我们先从两部门经济开始研究，即政府购买和净出口均为零。此时，总支出（AE）和总收入（Y）的表达式分别为：$AE = C + I$，$Y = C + S$。

如前所述，短期中均衡的国民收入主要取决于总支出部分，而在总支出中，消费支出占很大比重。那么，下面我们将讨论影响消费支出的因素有哪些，以及消费又是如何影响均衡国民收入的。

一、影响消费的主要因素

居民消费受到多种因素的影响，其中主要包括：

第一，个人可支配收入水平。个人可支配收入水平越高，居民消费水平就越高，两者呈同方向变化。

第二，利率水平。传统经济学认为，利率的提高会导致储蓄增加，从而减少当前的消费；现代经济学家则认为，利率变化会同时对储蓄产生替代效应和收入效应。利率提高是否会增加储蓄、减少消费要视利率变动对储蓄的替代效应和收入效应而定。

利率变动对储蓄的替代效应是指，当利率提高时，人们会认为减少目前消费、增加将来消费是有利的，从而导致消费者改变消费计划，减少目前消费、增加储蓄，从而导致储蓄增加。利率变动对储蓄的收入效应是指，利率提高会使消费者将来的利息收入增加，使消费者感觉自己变得较为富有，从而增加目前的消费，导致储蓄减少。

对于处于不同收入层次的消费者来说，利率变化对储蓄的替代效应和收入效应是不同的。对低收入者来说，由于没有多少储蓄来获得利息收入，利率提高对他未来收入的提高影响不大，利率变化产生的主要是替代效应。因此，利率提高会使低收入者减少目前的消费，增加储蓄。对于高收入者来说，情况则正好相反，利率提高的收入效应大于替代效应，利率变化产生的主要是收入效应，因此，在利率提高的情况下，高收入者会增加目前的消费，减少储蓄。

第三，物价水平。物价水平也被认为是影响消费的一个重要因素，主要是通过价格水平的变化对实际收入的影响来实现的。一般来说，在名义收入不变的情况下，实际收入的变化与价格水平的变化成反比，在价格水平提高时，如果货币收入没有同比例提高，则消费者的实际收入水平会降低，消费者为了维持原有生活水平不下降，就必须增加消费支出，导致消费倾向提高。相反，如果价格水平下降，则消费者维持原有消费水平的消费支出可以减少，会导致消费倾向下降。

在这一影响过程中，还要考虑到“货币幻觉”的影响。货币幻觉是指在货币收入与价格水平保持同比例提高的情况下，虽然消费者的实际收入并没有发生变化，但消费者往往只注意到了货币收入的增加，而忽视了物价水平的上涨，从而误以为自己的实际收入增加了，导致消费增加，使消费倾向提高。

第四，收入分配状况。不同收入水平的消费者，消费占收入的比重是不同的。一般来说，低收入者消费占收入的比重较大（有的甚至是入不敷出），而高收入者消费占收入的比重较小。在国民收入总水平相等的情况下，收入分配状况越平均的国家，整体的消费就越高；反之，整体的消费就越低。

二、消费函数

在影响居民消费的因素中，个人可支配收入水平是最重要的影响因素。居民的消费支出会随着个人可支配收入的增加而增加。因为在两部门经济中，没有税收和转移支付，所以这里的个人可支配收入可直接用国民收入 Y 来代替。我们可以用消费函数（Consumption Function）来表示两者之间的关系：$C=f(Y)$。

与消费函数有关的有两个概念：平均消费倾向（Average Propensity to Consumption，APC）和边际消费倾向（Marginal Propensity to Consumption，MPC）。

平均消费倾向是指平均每单位收入中用于消费的量，或者说消费在收入中所占的比例。其表达式为：

$$APC=\frac{C}{Y} \tag{4-2}$$

边际消费倾向是指每增加一单位收入中所用于增加的消费量。边际消费倾向是一个介于0到1之间的数值。其表达式为：

$$MPC=\frac{\Delta C}{\Delta Y}\text{（当 }Y\text{ 的变化非常小时，可以用 }MPC=\frac{dC}{dY}\text{ 来表示边际消费倾向）} \tag{4-3}$$

例如，当边际消费倾向等于0.8时，这意味着每增加1元钱的收入，居民将增加0.8元的消费。边际消费倾向的大小可以反映居民消费意愿的强烈程度，数值越大，消费意愿越强。

为了简便起见，我们以线性函数形式来表示消费函数：

$$C=\alpha+\beta Y \tag{4-4}$$

式（4-4）中，C 表示总消费，α 表示自发消费，也就是与收入水平无关的消费。βY 表示引致消费，随收入的变化而变化。其中斜率 β 就表示该消费函数的边际消费倾向。在线性消费函数中，边际消费倾向为常数。

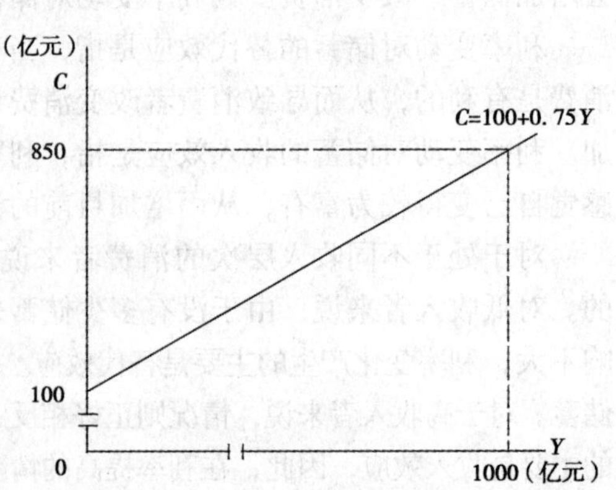

图4-2 消费曲线

假设某线性消费函数中，α 为100亿元，边际消费倾向等于0.75，则当国民收入水平为1000亿元时所对应的居民消费水平应为850亿元。不同的国民收入水平与居民消费水平的对应关系可用消费曲线来表示，详见图4－2。

图4－2中，纵轴表示消费，横轴表示收入。消费曲线是一条向右上方倾斜的直线。截距100亿元代表自发消费支出，斜率为0.75，代表边际消费倾向。

专栏　收入与消费关系的主要理论

收入与消费关系的理论，最早的要数凯恩斯在《就业、利息与货币通论》中提到的绝对收入理论。他认为消费主要取决于消费者现期绝对的实际收入水平，消费支出随着收入增加而增加，并且在增加的收入中增加的消费支出所占比例将会越来越小，即边际消费倾向呈现递减的规律。随着收入增加，平均消费倾向（即消费/收入，表示平均一单位收入中用于消费的量）也逐渐下降。凯恩斯绝对收入理论的意义在于指出了影响消费的最重要因素，并且该理论也得到了一些短期经验消费函数的验证。

不过，著名的经济学家和统计学家西蒙·库兹涅茨经过对1869～1933年长达70年的资料进行统计分析之后，认为从长期来看，随着收入的提高，平均消费倾向相当稳定；从长期看，自发消费数额不大，可以忽略不计；边际消费倾向不仅不降而且上升了，边际消费倾向和平均消费倾向基本相当。这个结论因为与凯恩斯的绝对收入假说不一致，而被称为“消费函数之谜”。自此之后，出现了各种解释消费函数之谜的消费理论。

相对收入假说（Relative Income Hypothesis）最早是由美国经济学家杜森贝里（J. Duesenberry）于1949年创立的。他提出了两个著名的消费概念，即示范效应（Demonstration Effect）和“棘轮效应”（Ratchet Effect）的概念。消费的示范效应是指消费者的消费支出不仅受到现期收入、过去的消费和收入水平的影响，而且受到周围人的消费行为及其收入和消费相互关系的影响。消费不可逆性的“棘轮效应”是指消费具有惯性，短期消费函数曲线就像棘轮一样，对消费的下降起着阻滞作用，收入偏离长期增长趋势时，短期边际消费倾向小于长期边际消费倾向。

生命周期假说（Life－cycle Hypothesis），又称为消费与储蓄的生命周期理论，是由美国经济学家、1985年诺贝尔经济学奖获得者弗朗科·莫迪利安尼（Franco Modigliani）提出的。该理论认为，消费者是根据一生的预期收入来安排消费支出的。各个家庭在每个时点上的消费和储蓄决策都反映出该家庭在其生命周期内达到消费的理想分布，而其消费要受制于整个生命周期内所获得的总收入。生命周期假说研究了储蓄在这种消费模型中的作用。它将储蓄作为未来的消费。人们之所以能在一生中均匀的消费，主要是由于储蓄的作用。在工作期间，收入大于消费，就有储蓄；在退休期间，没有劳动收入，因此会动用以前的储蓄进行消费，出现负储蓄。当生命结束时，储蓄用完，一生收入与消费相等。该假说提出，居民一生的消费是由一生的劳动收入与财产提供资金；现期收入对现期消费影响很小，对财产的影响也并不大，影响现期消费的最重要的因素是一生中预期的年收入、预期寿命和工作期长短，这些因素会影响一生中各年的消费与储蓄。长期来看，财产与可支配收入的比率大致不变，可支配收入中劳动收入的比率也大致不变，因此长期平均消费倾向是稳定的，边际消费倾向与平均消费倾向大致相等。该理论可以解释为什么长期消费函

续

数是稳定的。在短期中，资产市场的价格变动会导致财产的变动，因此财产和可支配收入的比率是变动的，这会影响到短期的消费行为，造成消费的短期波动。生命周期假说很好地解释了消费函数之谜。

持久收入假说（Permanent Income Hypothesis）是由美国经济学家弗里德曼于1957年在他的《消费函数理论》中提出来的。该理论也可以解释长期中平均消费倾向的稳定性，但与生命周期理论分析的角度有所不同。弗里德曼认为，人们在计划自己的消费水平时不是依据短期实际收入，而是将消费与持久、长期的收入联系在一起。由于受到许多偶然因素影响，短期可支配收入是一个经常变动的量，人们的消费却不会随收入波动而经常地变动。因此，暂时性收入不会影响消费，持久性收入才是影响消费的主要因素。根据持久收入假说，短期的边际消费倾向要小于长期边际消费倾向，这是因为，现期收入增加时，人们并不能确定这种收入的增加能否长期维持，因此也就不能完全根据这种收入的增加来调整自己的消费。但是，如果这种增加是长期性的，则人们在下一期就要根据较高的收入水平来充分调整消费支出。因为持久收入是相对稳定的，所以长期的消费函数是稳定的，而暂时性收入会通过对持久性收入的影响而影响消费，从而使消费存在短期的波动性。因此，这个理论也可以解释消费函数之谜。

三、储蓄函数

在宏观经济中，储蓄被定义为可支配收入中没有被消费的部分。所以，储蓄可以表述为：$S=Y-C$。

根据消费函数，储蓄也可以表示为与收入 Y 有关的函数，即储蓄函数（Saving Function）：$S=f(Y)$。

储蓄函数也有两个相关的概念：平均储蓄倾向（Average Propensity to Saving，APS）和边际储蓄倾向（Marginal Propensity to Saving，MPS）。

平均储蓄倾向是指平均每一单位收入中用于储蓄的量，或者说储蓄占收入的比例，可表示为：

$$APS=\frac{S}{Y} \tag{4-5}$$

边际储蓄倾向是指每增加一单位的收入中所增加的储蓄量，可表示为：

$MPS=\frac{\Delta S}{\Delta Y}$（当 Y 的变化非常小时，可以用 $MPS=\frac{dS}{dY}$ 来表示边际储蓄倾向） (4-6)

边际储蓄倾向是介于0到1之间的数值。

当消费函数为 $C=\alpha+\beta Y$ 时，储蓄函数可表示为：

$$S=Y-(\alpha+\beta Y)=-\alpha+(1-\beta)Y \tag{4-7}$$

式（4-7）中（$1-\beta$）为边际储蓄倾向。在线性储蓄函数中，边际储蓄倾向就是该函数的斜率，是常数。

因为总收入包括消费和储蓄两部分，所以消费占收入的比例与储蓄占收入的比例之和应该等于1。由此可以推出平均消费倾向与平均储蓄倾向的关系为：

$APC + APS = 1$ (4-8)

在增加的收入中，同样总是可分为两部分，一部分用于增加消费，另一部分未被消费的就是增加的储蓄。所以，边际消费倾向与边际储蓄倾向的关系为：

$MPC + MPS = 1$ (4-9)

我们可以用储蓄曲线来表示收入与储蓄之间的对应关系。假设某线性消费函数中，α 为 100 亿元，边际消费倾向为 0.75，则边际储蓄倾向为 0.25。储蓄函数可以表示为 $S = Y - (\alpha + \beta Y) = -100 + 0.25Y$。当国民收入水平为 1000 亿元时，所对应的储蓄应为 150 亿元，见图 4-3。

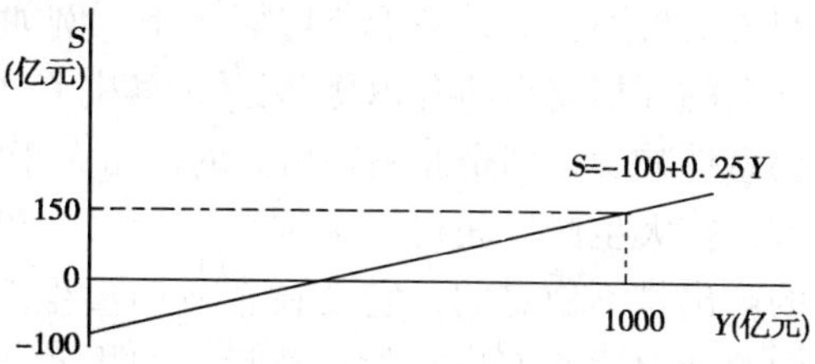

图 4-3　储蓄曲线

第三节　两部门经济中的国民收入决定与投资乘数

一、由消费函数推导均衡国民收入

根据有关均衡产出的定义，可以利用消费函数推导出均衡国民收入的表达式。为了便于分析，我们一般把投资看做固定的，不随国民收入的变化而变化。这样，在计算经济社会的支出时，只要已知消费函数，就可以结合收入恒等式求出均衡收入：

$Y = C + I$ (4-10)

$C = \alpha + \beta Y$ (4-11)

解联立方程，就得到均衡收入：

$$Y = \frac{\alpha + I}{1 - \beta} \quad (4-12)$$

因此，如果给定投资量，并已知消费函数，利用上式就可以得到均衡的国民收入。例如，假定某经济社会的消费函数是 $C = 1000 + 0.8Y$，自发的计划投资始终为 600 亿元，则该社会的均衡收入为：

$$Y = \frac{1000 + 600}{1 - 0.8} = \frac{1600}{0.2} = 8000$$

表 4-1 显示了以上模型中经济社会的均衡收入决定情况。

表 4-1　消费函数决定均衡国民收入的举例　　单位：亿元

组　合	(1) 收入	(2) 消费	(3) 储蓄	(4) 投资
A	3000	3400	-400	600
B	4000	4200	-200	600
C	5000	5000	0	600
D	6000	5800	200	600
E	7000	6600	400	600
F	8000	7400	600	600
G	9000	8200	800	600
H	10000	9000	1000	600

从表4－1中的数据可以看出，当国民收入 $Y=8000$ 亿元时（F 组合），该经济社会的计划支出分别是 $C=7400$ 亿元，$I=600$ 亿元，共计8000亿元，恰好与国民收入相等。按照前面关于均衡产出的定义，此时的国民收入是均衡的，而在其他的组合中，国民收入或总产出与总支出不相等，处于非均衡状态。例如，在 C 组合中，国民收入 $Y=5000$ 亿元，该经济社会的计划支出却有5600亿元，其中 $C=5000$ 亿元，$I=600$ 亿元，在此情形下，企业存货会意外减少，即企业销售出去的产品大于它本期所生产的产品数量。很明显，企业会多雇工人，扩大生产以获得更多利益，所以，5000亿元的产出是不稳定的，它会在企业调整生产的过程中逐渐向均衡产出靠拢。相反，如果收入大于产出，如在 H 组合中，国民收入为10000亿元，总支出仅有9600亿元，企业存货意外增加。在市场的竞争压力下，企业会削减生产，使收入向均衡收入靠拢。因此，只有在 F 组合中，当国民收入为8000亿元时，总产出才等于总支出，实现产品市场均衡。

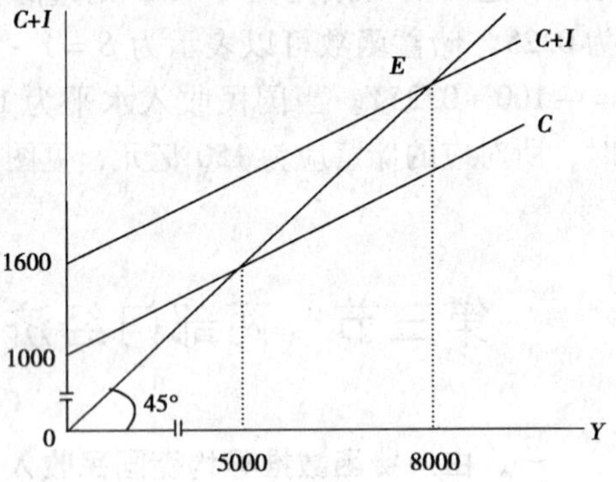

图4－4 支出曲线与45°线相交决定均衡收入

总支出决定均衡收入的思想也可以用图形表示出来。图4－4描述的就是消费函数、投资函数和45°线如何决定均衡国民收入。

图中横轴表示收入，纵轴表示支出（$C+I$）。因为自发投资始终等于600亿元，所以总支出曲线就是把消费曲线向上平移600个单位得到的。消费曲线与45°线的交点表示收支平衡点，而总支出曲线与45°线的交点 E 决定均衡国民收入。图中的45°线虽然不是总产出曲线，但在分析的时候却起着代表总产出曲线的作用。在 E 点，经济社会的总支出等于总产出（或总支出等于总产出），在 E 点左侧，总支出大于国民收入，产品市场供不应求，存货意外减少，企业增产，经济扩张；在 E 点右侧，总支出小于国民收入，产品市场供大于求，存货意外增加，企业减产，经济收缩。经济体系的非均衡状况会在市场机制的作用下逐渐趋近均衡点。

二、由储蓄函数推导均衡国民收入

因为投资等于储蓄是均衡国民收入的条件，所以均衡国民收入的推导除了上面讲的方法外，还有一种方法，即由储蓄函数和储蓄等于投资来求得。当投资等于储蓄时，$I=S$，储蓄函数表示为：

$$S=-\alpha+(1-\beta)\ Y \tag{4-13}$$

求解联立方程，可以得到均衡国民收入：

$$Y=\frac{\alpha+I}{1-\beta} \tag{4-14}$$

在上面的例子中，当 $C=1000+0.8Y$ 时，储蓄函数 $S=-1000+(1-0.8)\ Y=-1000+0.2Y$，$I=600$ 亿元，令 $I=S$，即 $600=-1000+0.2Y$，得 $Y=8000$ 亿元。从表4－1中也可以得到，只有当 $Y=8000$ 亿元时，储蓄和投资正好相等，均为600亿元，从而达到了均衡。

用投资等于储蓄的方法决定均衡国民收入，也可以用图4－5来表示。

图中横轴表示国民收入，纵轴表示投资和储蓄，S 代表储蓄曲线，I 代表投资曲线。由于投资为自发投资，不随国民收入的变化而变化，投资曲线在图上为一条平行于横轴的直线，纵截距为600 亿元。储蓄曲线是一条斜率为 0.2、纵截距为 -1000 的向右上方倾斜的直线。水平的投资曲线与向右上方倾斜的储蓄曲线相交于 E 点，该点对应的国民收入 8000 亿元即为均衡国民收入。储蓄曲线与横轴的交点意味着收支相抵，储蓄量为零。如果实际产量小于均衡国民收入（位于 E 点以左的点），表明投资大于储蓄（投资曲线在储蓄曲线的上方），社会生产供不应求，企业存货意外减少，企业会扩大生产，使国民收入水平向右移动，至均衡点 8000 亿元为止。相反，如果实际生产大于均衡收入（E 点以右），表明投资小于储蓄，社会上生产供过于求，企业存货意外增加，企业就会减少生产，使收入水平向左移动，直到均衡为止。所以，只有在均衡收入水平上，企业的生产才是稳定的。

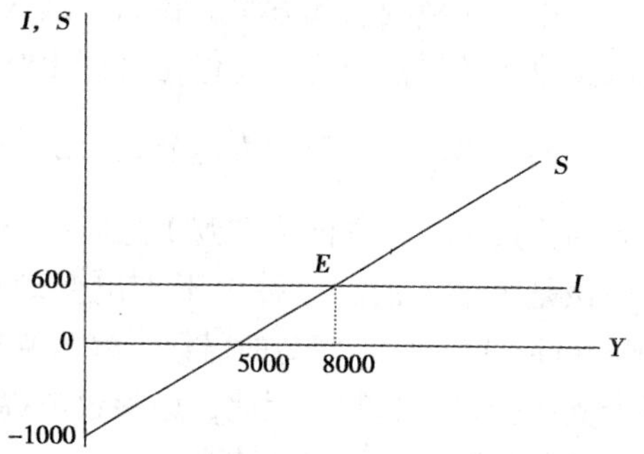

图 4-5　储蓄曲线和投资曲线相交决定收入

三、投资乘数推导过程

下面我们考虑当投资发生变化时，国民收入将发生什么变化。例如，如果整个社会的投资支出增加 100 亿元，按照均衡国民收入理论，增加的 100 亿元的总支出，是不是仅增加100 亿元的国民收入呢？

这个过程并非想象中那么简单。我们仔细分析一下：

假设当前处于均衡状态，均衡国民收入为 1000 亿元。当投资支出增加 100 亿元时，支出的增加将使得在原有产出水平上总支出大于总产出，经济出现短缺，为了防止存货意外减少，企业将会相应增加 100 亿元的产出，从而使国民收入增加 100 亿元，均衡国民收入增加到 1100 亿元。投资支出增加所带来的影响是否到此为止呢？不是的，因为国民收入增加 100 亿元，将带动消费支出的增加。消费增加的幅度与边际消费倾向大小有关。在上面的例子中，$MPC=0.8$，这意味着增加的 100 亿元收入将会带动消费支出增加 80 亿元。消费支出的增加，使得在当前的 1100 亿元的均衡国民收入水平上，总支出又大于总产出，企业会继续增加产出 80 亿元，从而使国民收入增加到 1180 亿元。这个过程仍未结束，因为收入增加会再次带动消费支出的增加，支出增加会再次刺激产出的增加，产出增加会进一步又带动支出增加……这个过程将会一直进行下去。

我们可以将以上分析用表 4-2 表示。

表 4-2　　投资支出变化所引起的国民收入变化过程　　单位：亿元

	支出变化	均衡国民收入变化
第一轮	投资支出增加 100	增加 100
第二轮	消费支出增加 80（100×0.8）	增加 80
第三轮	消费支出增加 64（80×0.8）	增加 64
……	……	……
第 N 轮	消费支出增加 $100\times0.8^{N-1}$	增加 $100\times0.8^{N-1}$
总和	总支出增加 500	国民收入增加 500

根据等比数列求和方法，我们可以计算出最初的投资支出增加100亿元可以最终带来均衡国民收入的增加量为500亿元（即100/（1－0.8））。

我们可以写出一般的表达公式：$\Delta Y=\frac{\Delta I}{1-MPC}=\frac{\Delta I}{1-\beta}$

因为边际消费倾向为0到1之间的数值，所以国民收入的变动相对于投资支出变动的倍数应该是大于1的。这种由于支出变动所引起的多倍的国民收入的变化，称为乘数效应（Multiplier Effect），变动的倍数，称为乘数（Multiplier）。在这个例子中，支出的变动是由投资支出变动引起的，因此，该乘数被称为投资乘数，乘数大小为5。

投资乘数的具体表达式为：

$$k_I=\frac{\Delta Y}{\Delta I}=\frac{1}{1-MPC}=\frac{1}{1-\beta} \tag{4-15}$$

四、乘数的特征

通过观察乘数，我们可以总结出乘数的重要特征：

1. 乘数的大小与边际消费倾向有关。边际消费倾向越大，居民消费意愿越强，乘数就越大。这是因为，在每一轮收入增加后，所带动的支出增加的大小与边际消费倾向呈正比。边际消费倾向越大，进入下一轮的支出增加的幅度也就越大，对国民收入的带动作用也越大。可以试想，边际消费倾向为1时，意味着每一轮收入增加将会带动等量的支出增加，这样不断的进行下去，乘数将是无穷大。相反，如果边际消费倾向越小，乘数就越小。如果边际消费倾向为0，则乘数将变为1，这意味着一单位投资支出增加将只带来一单位国民收入的增加，将不会带来乘数效应。

2. 乘数效应反映了国民经济各部门之间的连锁反应，当投资增加时，收入的增加会带动消费支出的增加，进而引起收入的进一步增加。

3. 乘数作用是双重的，当投资增加时，所引起的国民收入的增加要大于最初自发总支出的增加；当投资减少时，所引起的国民收入的减少也要大于最初投资的减少。

4. 乘数的作用是建立在资源没有得到充分利用的前提之上的。当各种资源已经被充分利用，或者某些资源处于短缺时，乘数作用将受到抑制。

五、两部门经济均衡国民收入和乘数的图解

我们可以通过作图来分析乘数，如图4－6所示。

图中AE代表投资变动前的总支出，AE'表示投资增加100亿元之后的总支出。这两条线之间的垂直距离反映出投资的增加量。A代表变化之前的均衡点，所对应的均衡国民收入为1000亿元，B代表变化之后的均衡点，对应的国民收入为1500亿元。从图4－6中可以看到，投资支出增加100亿元，导致均衡国民收入增加了500亿元，投资乘数为5。

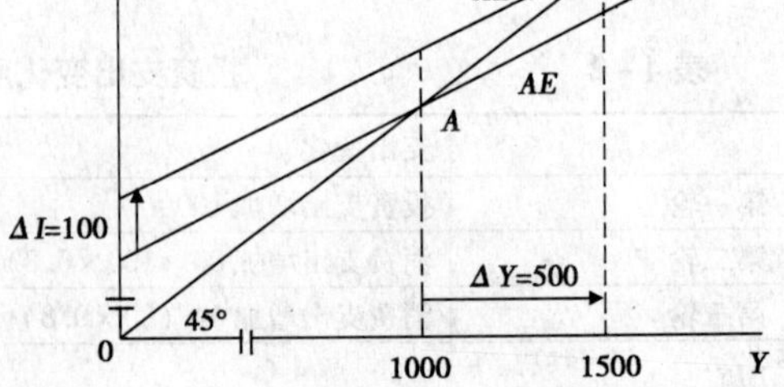

图4－6 投资乘数图解

专栏 蜜蜂的寓言和节约悖论

18 世纪初，一个名叫孟迪维尔的英国医生写了一首题为《蜜蜂的寓言》的讽喻诗。这首诗叙述了一个蜂群的兴衰史。诗中讲到，最初，蜜蜂们追求奢侈的生活，大肆挥霍浪费，整个蜂群兴旺发达。后来它们改变了原有习惯，崇尚节俭，结果蜂群凋敝，终于被敌手打败而逃散。

这则寓言所宣扬的“浪费有功”曾在当时受到指责，被认为是“有碍公众视听的败类作品”。不过，蜜蜂寓言故事中的寓意与凯恩斯的总支出理论在某种程度上有着异曲同工之效。根据总支出理论，节俭就是减少消费支出，作为总支出组成部分的消费减少，会使国民收入减少，经济衰退。从这个角度讲，对个人是美德的节俭，对社会却是恶行，这就是经济学家所说的“节约悖论”（Paradox of Thrift）。

凯恩斯非常重视消费的增加。1933 年，英国经济处于萧条时，凯恩斯曾在英国 BBC 电台号召家庭主妇多购物，称她们此举是“拯救英国”。

那么，如何正确全面认识节俭呢？这应该区分长期和短期来考虑。凯恩斯主义的总支出分析针对的是短期内总支出不足、资源未被充分利用的情况，此时提倡消费，刺激总支出是合适的，但如果资源已经被充分利用，再刺激消费会引发通货膨胀，并且从长期来看，资本积累是经济增长的基本条件，资本来自储蓄，要储蓄就要减少消费，这时提倡节俭是非常有意义的。

专栏 中国高储蓄背后的隐忧

2005 年，我国实现社会消费品零售总额 67177 亿元（仅占 GDP 的 1/3 左右），而居民储蓄存款余额达 14 万多亿元。这种“高储蓄、低消费”的现状，折射出我国居民消费不足。

究竟什么原因导致中国的高储蓄、低消费呢？主要原因在于：

第一，中国自古以来就有崇尚节俭的消费传统和观念，这会导致中国居民消费意愿相对较低。

第二，贫富差距扩大。收入越来越多地聚集在少数人手中，而富人边际消费倾向比较低，这会促使增加的收入大部分转化为储蓄。

第三，居民对未来生活保障信心不足，当前居民的边际消费倾向小。由于中国社会保障体系不完善，老百姓在医疗、教育、住房和养老等方面的支出压力大、支出不确定性大，这直接导致居民消费意愿降低，储蓄意愿增强。

以上原因导致居民消费意愿不足，边际消费倾向较低。根据我们所学的乘数理论，可以知道较低的边际消费倾向将会使乘数作用减少，导致总支出增加对国民收入的拉动作用被抑制。

第四节 国民收入决定的扩展

一、三部门经济的国民收入决定

（一）三部门经济的总支出表达式

我们将分析从两部门经济扩展至三部门经济，即包括居民、企业和政府在内的经济体中。政府部门通过两种途径来影响均衡国民收入。第一，政府购买（G）是总支出的组成部分，它的变动会带来总支出的变动，从而引起国民收入的变化。第二，政府的税收（T）和转移支付（TR）会影响居民的可支配收入（Y_d）。

三部门经济中，总支出由三部分构成：居民消费、投资和政府购买。总支出可表示为：$AE = C + I + G$。

其中，消费不再取决于国民收入水平，而是可支配收入水平。可支配收入水平是居民收入加上得到的政府的转移支付及扣除向政府纳税后的净收入，代表可实际支配的收入。假设收入税包括两部分，即定量税和定比例税，则收入税总额 $T = T_0 + tY$。其中，T_0 为定量税，其大小与国民收入无关，t 为税率，tY 代表随国民收入变化而变化的税收部分，则可支配收入、消费、总支出可分别表示为：

$$Y_d = Y + TR - T = (1 - t)Y + TR - T_0$$

$$C = \alpha + \beta Y_d$$

$$AE = \alpha + \beta Y_d + I + G = \alpha + \beta(TR - T_0) + I + G + \beta(1 - t)Y \tag{4-16}$$

在这里需要注意，转移支付所引起的消费支出等于可支配收入的边际消费倾向乘以转移支付量。假设转移支付为50亿元，可支配收入的边际消费倾向为0.8，则转移支付所引起的消费支出为40亿元。为什么不是全部的转移支付50亿元呢？这是因为转移支付首先要影响居民可支配收入，然后通过边际消费倾向影响到消费支出。

此时，收入的边际消费倾向也不再是β，而是$\beta(1-t)$。假设可支配收入边际消费倾向是0.8，税收占收入的比例为0.25，则收入的边际消费倾向为0.6。为什么收入的边际消费倾向比可支配收入边际消费倾向要小呢？这是因为，收入要按t的比例纳税，税后的收入才是居民可以支配的，这会降低收入的边际消费倾向。

我们现在开始研究引入政府之后的国民收入决定。三部门均衡条件可表示为：$Y = AE = \alpha + \beta(TR - T_0) + I + G + \beta(1 - t)Y$，整理后可以得到三部门经济中的均衡国民收入：

$$Y = \frac{\alpha + I + G + \beta(TR - T_0)}{1 - \beta(1 - t)Y} \tag{4-17}$$

（二）政府购买变化对均衡国民收入的影响

假设当前处于均衡状态，均衡国民收入为1000亿元。当政府购买增加100亿元时，支出增加将引起国民收入相应增加100亿元，使得均衡国民收入增加到1100亿元。根据乘数效应，我们知道政府购买增加对国民收入的影响还不仅限于此。国民收入增加100亿元之后，假设税收比率为0.25，它将引起可支配收入增加75亿元。假设可支配收入的边际消费倾向为0.8，这意味着增加的75亿元收入将会带动消费支出增加60亿元。消费支出增加60

亿元，会带动国民收入增加60亿元，增至1160亿元。这个过程仍未结束，因为收入增加会再次带动消费支出的增加，支出增加会再次刺激产出的增加，产出增加会进一步又带动支出增加……这个过程将会一直进行下去。

我们可以将以上分析用表4－3表示：

表4－3　政府购买变化所引起的国民收入变化过程　单位：亿元

	支出变化	均衡国民收入变化
第一轮	政府购买支出增加100	增加100
第二轮	消费支出增加60，即（$100\times0.8\times(1-0.25)$）	增加60
第三轮	消费支出增加36，即（$60\times0.8\times(1-0.25)$）	增加36
……	……	……
第N轮	消费支出增加$100\times(0.8\times(1-0.25))^{N-1}$	增加$100\times(0.8\times(1-0.25))^{N-1}$
总和	总支出增加250	国民收入增加250

我们可以计算出最初的政府购买支出增加100亿元可以最终带来均衡国民收入的增加量为250亿元（即$100/(1-0.6)$）。

我们可以写出一般的表达公式：

$$\Delta Y=\frac{\Delta G}{1-\beta(1-t)}$$

由此可推导出政府购买乘数：

$$k_G=\frac{\Delta Y}{\Delta G}=\frac{1}{1-\beta(1-t)} \qquad (4-18)$$

在上面例子中，政府购买乘数为2.5。

与两部门经济乘数相比，三部门经济的乘数比较小。这是因为，每一轮收入的增加都要扣除掉税收，才能变为可支配收入，然后乘以边际消费倾向，才是这一轮收入增加所引起的消费支出的增加。税收作为扣除项，使居民的消费支出增加量减少，这会导致下一轮国民收入增加量也相应减少。由于每一轮国民收入都相应减少，累积的国民收入增加量也相应减少。

三部门经济的乘数大小主要受边际消费倾向和税收比例的影响。边际消费倾向越大，乘数作用越大；税收比例越大，乘数作用越小。

（三）投资支出变化对国民收入的影响

投资支出变化对国民收入的影响与政府购买变化对国民收入的影响非常相似。在此，我们可以略去推导过程，投资乘数可以表示为：

$$k_I=\frac{\Delta Y}{\Delta I}=\frac{1}{1-\beta(1-t)} \qquad (4-19)$$

（四）转移支付对国民收入的影响

转移收入的分析与前面政府购买和投资的分析有所不同。转移支付并不是总支出的组成部分，它的变化直接影响的是可支配收入水平，然后通过对消费支出的影响来影响均衡的国民收入。

假设一国政府增加对居民的转移支付100亿元，这会增加居民可支配收入100亿元，如果可支配收入的边际消费倾向为0.8，则转移支付的增加可以带动80亿元的消费支出增加，第一轮国民收入增加量是80亿元。而政府购买增加100亿元意味着将直接增加总支出100亿元，第一轮国民收入的增加量是100亿元。因此，与政府购买乘数相比，转移支付乘数要略小，要多乘以一个边际消费倾向，转移支付乘数可表示为：

$$k_{TR}=\frac{\Delta Y}{\Delta TR}=\frac{\beta}{1-\beta(1-t)} \tag{4-20}$$

（五）税收对国民收入的影响

税收对国民收入的影响可以分为两种情况：

第一种情况是定量税的变化对国民收入的影响。第二种情况是定比例税中税率变化对国民收入的影响。由于比例税情形的分析比较复杂，我们下面仅介绍定量税的情形。

当 T_0 变化时，意味着可支配收入将变化，然后通过对消费支出的影响来影响均衡的国民收入。

假设一国政府增加对居民的定量税100亿元，这会减少居民可支配收入100亿元，如果可支配收入的边际消费倾向为0.8，则 T_0 的增加将减少80亿元的消费支出，第一轮国民收入将减少80亿元。如此循环下去，其乘数的大小与转移支付乘数相等，但符号要相反。定量税乘数可表示为：

$$k_T=\frac{\Delta Y}{\Delta T_0}=-\frac{\beta}{1-\beta(1-t)} \tag{4-21}$$

二、四部门经济的国民收入决定

在三部门经济的基础上，我们将引入对外经济往来因素，使我们的模型从封闭模型变为更符合现实的开放模型。

（一）净出口函数

在开放经济中，一国的总支出不仅包括内需（即国内消费、私人国内总投资、本国政府对产品和服务的购买），还包括外需，也就是外国人对本国产品和服务的净购买，即净出口。此时，均衡国民收入的表达式为：

$Y=C+I+G+NX$

其中，NX 为净出口，等于出口（EX）与进口（IM）之差，即：$NX=EX-IM$。

由于出口代表了其他国家对本国产品和服务的支出，其大小将取决于其他国家的国民收入水平、汇率等因素，而这些因素往往是本国所不可控的。为了简化分析，我们可将出口量视为不变的外生变量。所以，出口量是一常数 EX_0。

进口是本国对其他国家产品和服务的购买，进口量的多少主要受本国收入水平的影响，两者成同方向变化。因此，我们可将进口视为本国收入的函数，可表示为：

$IM=\theta+\mu Y$

其中，μ 被称为边际进口倾向（Marginal Propensity to Import），表示每增加一单位收入所引起的进口的增加量，其取值范围是在0到1之间。θ 为自发进口量，指不受国民收入影响的进口量水平。

由出口函数和进口函数可以推导出净出口函数，即：

$$NX=EX_0-\theta-\mu Y \tag{4-22}$$

（二）四部门经济中的收入决定

在四部门条件下，国民收入决定的模型可以表示如下：

$Y = C + I + G + NX$

$NX = EX_0 - \theta - \mu Y$

$C = \alpha + \beta Y_d$

$Y_d = Y + TR - T = (1 - t) Y + TR - T_0$

由以上式子得到四部门经济中的均衡收入为：

$$Y = \frac{\alpha + I + G + \beta TR - \beta T_0 + EX_0 - \theta}{1 - \beta (1 - t) + \mu} \tag{4-23}$$

（三）对外贸易乘数

对外贸易乘数（Foreign Trade Multiplier）（或者叫出口乘数）表示出口变动所引起的国民收入变动的倍数。由四部门均衡收入表达式，可以求出对外贸易乘数：

$$k_{EX} = \frac{\Delta Y}{\Delta EX_0} = \frac{1}{1 - \beta (1 - t) + \mu} \tag{4-24}$$

通过比较，我们可以看出，在其他条件不变的情况下，开放条件下的乘数要小于封闭条件下的乘数。这是因为，有了对外贸易之后，增加的收入中将有一部分用于增加对其他国家商品和服务支出，这会通过减少净出口来影响下一轮总支出的增加，从而使乘数的放大作用被削弱。

第五节 产品市场与货币市场同时均衡时的国民收入决定

前面的分析我们关注的都是与实际商品或服务的生产或支出相关的因素，例如，消费、投资、政府购买、净出口、总产出水平等。但是，在现实经济中我们会发现，货币在现代经济活动中举足轻重。例如，投资活动要受到利率水平的影响，一国中央银行对货币供给量、利率等的调节将会对一国国民经济产生巨大的影响。也正因为如此，前美国联邦储备主席格林斯潘曾被认为是美国除总统之外的最有影响力的人物。由此可见，除了产品市场之外，货币市场对整个经济将产生十分重要的作用。在本节中我们将分析产品市场与货币市场共同实现均衡时的国民收入水平是如何决定的。

一、投资

（一）投资的概念及影响因素

在前面的分析中，投资被简单地视为一个由模型之外的力量所决定的，即外生变量。在总支出中，虽然投资所占比例不大（一般只占百分之十几），但是，投资的波动是比较大的。因此，投资对于宏观经济的稳定性有着非常重要的影响。作为“消费、投资、净出口”这三驾马车之一，投资是带动国民收入增加的重要因素。因此，我们需要进一步来分析影响投资的因素有哪些，从而可以寻找通过影响投资进而影响国民收入的具体途径和方式。

在宏观经济学中，投资的概念不同于日常生活或其他学科中所说的投资。投资是指资本的形成，即社会实际资本的增加，包括厂房、设备和存货的增加以及新住宅等。因此，股票、债券等有价证券的购买行为不属于宏观经济学中的投资。以下分析的投资行为主要是从企业的角度来讲的。

对企业而言，什么样的投资活动是值得去做的呢？很简单，只有当企业预计到投资活动能够带来利润，也就是说投资活动所带来的收益大于投资成本的时候，企业才会去投资。因此，我们看到，影响企业投资活动的主要因素包括投资的成本、投资的收益和对未来的预期，此外，政府对企业投资的税收抵免政策也会产生一定的影响。

1. 企业的投资成本。企业投资要花费什么成本呢？我们知道，企业要进行厂房、设备的购置，要投入一大笔资金，资金从哪里来呢？企业可以利用企业自有的闲置的资金来投资，也可以通过向外界筹集资金来获得资金，例如，向银行贷款、通过证券市场发行股票或债券等方式。很显然，通过向外界筹集资金是要支付成本的，贷款、债券要偿还利息，股票要给股东发放股息、红利，这些成本总体来说都与市场利率水平有关。那么，使用企业自有的资金是否有成本呢？从表面上看，企业不需要给自己支付利息，似乎不存在成本。但是，从机会成本角度来看，企业使用自有资金也是有成本的，如果企业自己不进行投资，而是将资金存入银行或者购买股票、债券，是可以获得投资收益的，由于这部分资金自己使用了，就不能获得这些投资收益了，因而存在机会成本。机会成本的大小同样与市场利率水平有关。

因此，不管企业投资的资金来源是来自内部还是外界筹资，都存在投资的成本，成本的大小与市场的利率水平有关。利率水平越高，所需支付的利息成本或者所面临的机会成本就越高，在预期收益率不变的情况下，企业的投资利润率就越小，甚至可能为负值。企业投资活动量与利率水平密切相关，两者呈相反变化的关系，即利率水平越高，企业投资量就越小，利率水平越低，企业投资量就越大。

2. 企业的投资收益。企业的投资活动具体有很多种表现，或许是通过购置厂房、机器设备来扩大企业的生产规模，降低企业的单位成本，增加产品的竞争力，促进产品的销售，也许是为了通过开发新的产品或对原来的产品进行改造来吸引更多的消费者来购买，这些投资活动的最终目的都是为了扩大企业的销售收入，即扩大企业的收益。企业投资收益的大小受到整个经济的波动的影响。当经济整体处于下滑阶段，国民收入增长速度放慢甚至出现负增长，消费支出减少，这将会直接影响到企业产品的销售情况，会带来投资收益的下降。由此可见，一国的总产出或总收入水平会直接影响到社会的总投资水平。

3. 预期因素。企业通过购置厂房、机器、设备，然后投入生产，需要经历一定的时期才能够获得投资的收益，这个时间段短则数月，长则数年甚至是数十年。因此，从这个角度看，投资活动的未来收益包含了企业对未来经济形势的预期。如果企业对未来经济发展比较有信心，预期经济将持续增长，这将会促使企业增加现阶段的投资。相反，如果企业对未来经济比较悲观，企业将会减少现在的投资活动。在某种程度上，企业的这种心理因素对投资活动产生至关重要的影响。

4. 投资税抵免。在一些国家，政府为鼓励企业投资，会采用一种投资税抵免的政策，即政府规定，投资的企业可从它们的所得税中扣除其投资总值的一定百分比。政府通过对投资的企业的税收的抵免，实际上相当于政府为企业支付了一部分投资项目的成本，因此，可以对企业的投资活动起到一定的刺激作用。

（二）投资函数及投资支出曲线

在影响投资的诸多因素中，利率对投资活动的影响最重要，因此，我们将利率作为自变量来表示投资函数（Investment Function）：

$$I = I\ (r) \tag{4-25}$$

为了简便起见，我们用线性函数形式来表示投资函数：

$$I\ (r) = e - dr \tag{4-26}$$

其中，I 为投资，r 为利率。e 表示在利率为零时存在的投资量，称为自发投资，d 是系数，表示投资的利率弹性，即利率变动对投资活动影响的程度大小。具体来说，d 意味着利率上升或者下降 1 个百分点会引起投资减少或增加的数量。

举例说明，假定投资函数为 $I\ (r) = 1200 - 300r$，（单位：亿元），则投资函数中的 1200 表示利率 r 为零时存在的投资量，即自发投资量；300 是系数，表示利率每上升或下降一个百分点，投资将会减少或增加 300 亿元。

我们可以将投资函数用投资支出曲线的形式来表示（见图 4－7）。从图 4－7 中我们看到，投资支出曲线是一条向右下方倾斜的曲线，表明投资量与利率呈反向变化的关系。

二、*IS* 曲线

（一）*IS* 曲线的含义和形状

由上一节我们得到以利率为自变量的投资函数，将投资函数代入到产品市场的均衡的等式中，可以推导出描述产品市场均衡情况下的 *IS* 曲线。

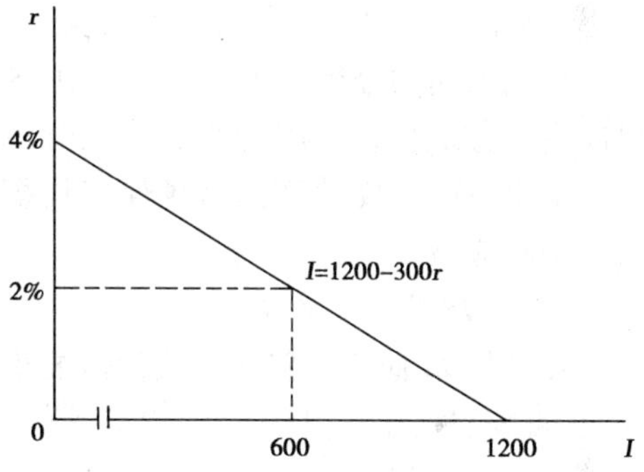

图 4－7　投资函数

产品市场的均衡是指产品市场上总产出等于总支出的状态。因为在两部门经济中，总产出等于总支出时的均衡条件是 $I = S$，即投资等于储蓄。因此，我们将描述产品市场均衡情况下的利率与国民收入之间关系的曲线称为 *IS* 曲线。

根据消费函数和投资函数，我们可以求出 *IS* 曲线的一般表达式。例如，在两部门经济中，消费函数是 $C = \alpha + \beta Y$，投资函数是 $I = e - dr$，那么 *IS* 曲线为：

$$Y = \frac{\alpha + e}{1 - \beta} - \frac{d}{1 - \beta} r \tag{4-27}$$

下面，我们通过具体例子来分析，在产品市场实现均衡时，利率变化与国民收入之间的关系。

假设在两部门经济中，消费函数为 $C = 500 + 0.7Y$，投资函数 $I\ (r) = 1300 - 300r$。

当利率等于 2%、国民收入等于 4000 亿元时，投资支出为 700 亿元，消费支出为 3300 亿元，总支出等于 4000 亿元，恰好与国民收入相等，产品市场实现均衡。则利率等于 2%、国民收入等于 4000 亿元应该是 *IS* 曲线上的一点。

当利率提高到 3% 时，如果还保持国民收入为 4000 亿元，则产品市场就不是均衡的。因为利率提高将会减少投资，假设投资利率的弹性为 300，即利率变动 1 个百分点投资将会减少 300 亿元。4000 亿元的国民收入（也就是总产出）要大于利率上升之后的总支出。这要求国民收入要相应地减少才能重新恢复平衡。那么，国民收入究竟要调整为多少呢？我们会看到，投资支出的减少又会通过乘数效应带来多倍总支出减少，相应地国民收入也要按照乘数等幅度减少。如果边际消费倾向为0.7，则投资减少300亿元会导致国民收入减少1000亿元，即当国民收入减少到3000亿元时，产品市场才会重新恢复均衡。

按照这个分析，我们会发现利率为2%、国民收入为4000亿元与利率为3%、国民收入为3000亿元，均代表了产品市场实现均衡的点。我们可以按照相同的分析方法，对利率分别为1%、4%等作相似的分析，从而得出产品市场实现均衡时的国民收入。我们可以比较容易地找出若干个产品市场均衡时的利率与国民收入的对应关系，具体如下：

当 $r=1$ 时，$Y=5000$，$I=1000$

当 $r=2$ 时，$Y=4000$，$I=700$

当 $r=3$ 时，$Y=3000$，$I=400$

当 $r=4$ 时，$Y=2000$，$I=100$

……

如果将利率与国民收入的对应关系用图来表示，以纵轴表示利率，横轴表示国民收入，可以得到一条向右下方倾斜的曲线（见图4-8）。在这条曲线上，任何一点均表示在产品市场是均衡时的利率与国民收入对应关系，这条线就是 *IS* 曲线。

根据前面的分析，我们可以知道 *IS* 曲线之所以向右下方倾斜，是因为当利率上升时，将引起投资支出下降，要使产品市场保持均衡，国民收入必须相应减少。

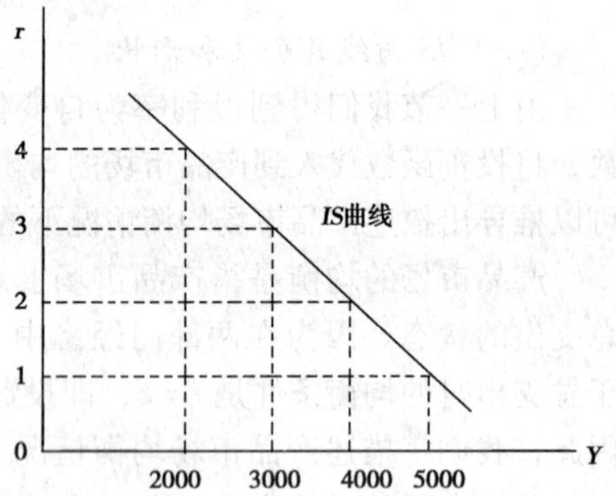

图4-8 *IS* 曲线

（二）*IS* 曲线的斜率

要分析 *IS* 曲线的斜率，我们需要更细致的回顾 *IS* 曲线的推导过程：

第一步，利率上升，会通过投资利率弹性使投资减少。投资利率弹性越大，投资减少的幅度也越大。

第二步，投资减少会通过乘数效应使总支出多倍的减少。乘数效应大小取决于边际消费倾向、税率（三部门情况下）、边际进口倾向（四部门情况下）。具体来说，边际消费倾向越大、税率越小、边际进口倾向越小，乘数效应越大，投资导致总支出减少的幅度也就越大。

第三步，要保持产品市场平衡，总支出减少必须使国民收入也同幅度减少。

根据这三步，我们可以总结出影响 *IS* 曲线斜率的主要因素：

第一，投资利率弹性 d 值越大，表明投资对利息率变动的反应程度越大，这意味着当利率发生很小幅度的上升，将会带动投资支出大幅度下降，为了保持产品市场均衡，就必须相应地大幅度减少国民收入。因此，d 值越大，*IS* 曲线斜率的绝对值越小，*IS* 曲线越平坦。反之则反。

第二，边际消费倾向值 β 越大，乘数效应越大。这意味着当利率上升所引起的投资支出的减少会通过较大的乘数作用而使总支出多倍的减少，为了保持产品市场均衡，国民收入将会多倍的减少。因此，β 值越大，*IS* 曲线斜率的绝对值越小，*IS* 曲线越平坦。反之则反。

第三，税率 t 越小，乘数效应越大。这意味着当利率上升引起投资支出的减少会通过较大的乘数作用而使总支出多倍减少，为了保持产品市场均衡，国民收入减少的幅度也会相对较大。因此，税率 t 越小，IS 曲线斜率的绝对值越小，IS 曲线越平坦。反之则反。

第四，边际进口倾向 μ 越小，乘数效应越大。这意味着当利率上升引起投资支出的减少会通过较大的乘数作用而使总支出多倍减少，为了保持产品市场均衡，国民收入减少的幅度也会相对较大。因此，边际进口倾向 μ 越小，IS 曲线斜率的绝对值越小，IS 曲线越平坦。反之则反。

（三）*IS* 曲线的移动

IS 曲线是表明产品市场均衡时的利率与国民收入之间的对应关系。当总支出中消费、投资或者政府购买发生变化时，原来的均衡就被打破，IS 曲线将发生移动，直至重新实现产品市场的均衡。

首先看自发消费的变化（例如消费观念的变化，消费信贷的出现）如何影响 IS 曲线。我们可以在原来的 IS_0 曲线上任意选择一个点 A，观察当自发消费 α 增加 300 亿元时，将发生什么变化。假设利率水平不变，当自发消费增加时，A 点的均衡状态会被打破，因为此时自发消费支出的增加通过乘数作用，将会引起多倍的国民收入的增加，原均衡点上的国民收入水平太小，不能满足总支出等于总产出或总收入的条件，因此，A 点会水平向右移动，移动的水平距离应该等于 $\frac{\Delta\alpha}{1-\beta}=\frac{300}{1-0.7}=1000$ 亿元（假设为两部门经济）。如果将 IS_0 曲线上的任何一个点都进行类似的分析的话，会看到自发支出的增加将导致整条 IS 曲线向右水平移动，移至 IS_1，移动的水平距离为 $\frac{\Delta\alpha}{1-\beta}$（见图 4－9）。反之，则会导致 IS 曲线的左移。

同理，可以分析出：当自发投资发生变化时，对 IS 曲线也会产生相似的影响。自发投资 e 的增加，会引起 IS 曲线的水平右移，反之会引起 IS 曲线的水平左移，水平移动的距离为 $\frac{\Delta e}{1-\beta}$（两部门经济）。

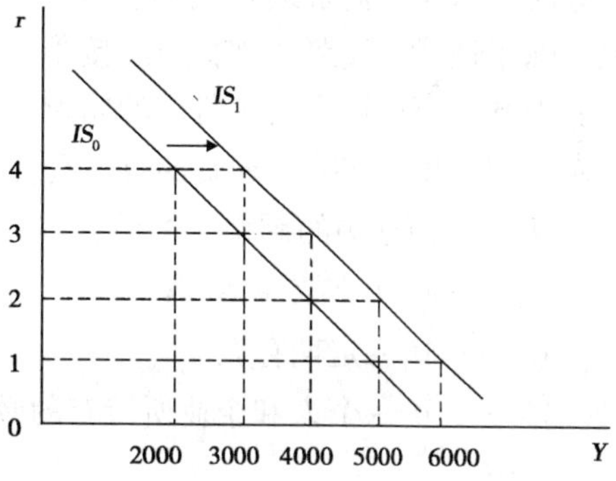

图 4－9　*IS* 曲线的移动

在三部门经济中，政府购买 G 的增加会引起 IS 曲线的水平右移，反之会引起 IS 曲线的水平左移，水平移动的距离为 $\frac{\Delta G}{1-\beta(1-t)}$；转移支付 TR 的增加会引起 IS 曲线水平右移动，反之会引起 IS 曲线的水平左移，水平移动的距离为 $\frac{\beta\Delta TR}{1-\beta(1-t)}$；如果是定量税的情形，税收 T_0 的增加会引起 IS 曲线的水平左移，反之会引起 IS 曲线的水平右移，水平移动的距离为 $\frac{\beta T_0}{1-\beta(1-t)}$。

在四部门经济中，出口增加，其作用相当于增加了自发性支出，因此，IS 曲线向右平移；反之，如果出口减少，则 IS 曲线向左平移。其移动的距离为 $\frac{\Delta EX_0}{1-\beta(1-t)+\mu}$。

三、货币市场与利率

利率在现实经济中的具体表现是多样的，例如，居民储蓄的存款利率、企业贷款的贷款利率、住房信贷的利率、债券的利率等等，并且我们还发现，不同的信用工具的利率水平是不尽相同，即便是同一类信用工具，根据期限长短的不同，利率水平也不相同，因此，我们面临的是一个复杂的利率体系。

一般来说，信用工具的利率水平差异往往与信用工具的风险大小有关，一般来说，信用工具期限越长，借款方的信用等级越低，还款风险就越高，因此就需要相应地提高利率水平，以补偿投资者为此承担的风险。在所有信用工具中，短期国债（一般为3个月期）由于期限短，期间存在的不确定性很小，并且它是以国家的信用担保到期偿还的，因此，它的利率水平往往是比较低的，通常被称为无风险利率。

利率是一个经常发生变动的量，它的变动在很大程度上会影响到企业的投资、居民的消费决策，进而会影响整个国民收入的变动。因此，我们需要进一步研究利率的水平是由什么因素决定的，它的变化要受什么因素的影响。进而，我们可以找出调节利率水平的方法和途径，以此来调节国民收入。

（一）货币的供给

货币是人们在日常生活中经常使用的东西，它的最主要的职能是充当交换媒介。因而，我们可以将货币（Money）定义为在商品或服务的支付中或债务的偿还中被普遍接受的任何东西。很显然，我们持有的纸币或硬币属于货币的范畴，因为在购买商品或服务时，在偿还债务时，这是人们普遍接受的。我们狭义的货币就是指的流通中的通货。此外，我们还发现，除了通货，支票也被普遍的接受，活期存款也可以方便而迅速地转化为通货或者支票存款，因此也可以用来发挥货币的功能。因此，广义的货币还包括支票、活期存款等。

我们根据可转换为通货的难易程度的大小，将货币的存量分为若干个层次：

M_0——流通中的硬币、纸币

M_1——M_0 + 支票 + 活期存款

M_2——M_1 + 定期存款

M_3——M_2 + 个人和企业所持有的政府债券

……

我们看到，货币范畴的划分是没有一个严格的界限的，但是，能够划入货币范畴的资产形式往往是具有较高流动性的，也就是能够很方便的、迅速地转化为狭义的货币形式——通货（Currency）。这是货币与其他财富形式的主要区别。一个人的财富不仅仅包括拥有的存款的多少，还包括房产、股票、债券、汽车、名贵收藏品等等其他财富的形式，而这些财富的形式在流动性上要小于存款等货币形式的，例如，房产要想转化成货币的形式，这种出售的过程往往是比较复杂，还可能受到房地产价格波动的影响。

通常，我们比较常用的货币的概念是 M_1，即包括通货、支票和活期存款在内的货币。一个国家在某一时点上所保持的流通中的硬币、纸币、银行存款的总和被称为货币供给（Money Supply），它是一个存量的概念。货币供给的大小是由一国中央银行使用货币政策来调节的，因此，可视为外生变量，其大小与利率水平的高低无关。

（二）货币的需求与货币的需求函数

货币需求（Demand for Money）是指人们出于不同动机而需要持有的货币。在此要强调的是，我们所指的货币的需求是实际货币需求，而不是名义货币的需求。也就是说，在物价水平发生变化时，名义货币需求不能反映货币的实际购买能力，名义货币量除以物价水平之后的实际货币需求才能够反映货币的实际购买能力。例如，当人们的名义货币量不变，而物价上涨了1倍时，此时人们的实际货币量只相当于原来的1/2，也就是说，能够购买的商品相当于原来的一半，为了保证能够购买与原来相同多的商品，名义货币需求量也要随物价的上涨而同比例的上涨，从而保证实际货币量不变。

人们究竟出于什么目的去持有货币呢？我们可以从一个假设的问题出发，来解释这个问题。

假设一个穷人非常幸运地获得了100万美元存款的遗产，他将如何处置呢？至少可以排除两种可能：将100万美元全部以存款或纸币形式持有和将100万美元全部购置股票、债券、房产等。因为全部以存款或纸币形式持有虽然具有很高的流动性，但是，却放弃了其他财富形式所可能带来的更大增值的机会。相反，如果全部用于购置各项资产，却放弃了流动性，这会给他带来诸多的不便，例如，在他要进行消费的时候，尽管他有房产、股票和债券，将这些资产转换为大家普遍接受的货币却要颇费周折，当他遇到一些意外的事情，需要花钱的时候，他仍会遇到相似的问题。此外，当股票、债券市场获利空间较小，缺乏投资价值的时候，他会考虑将这些证券换成流动性较好的货币。因此，对他而言，较好的选择是将这笔财富分别以不同的形式持有，形成资产组合，来满足他的不同的需要。

从这个例子中，我们可以总结出人们持有货币的动机主要有：交易动机、谨慎动机和投机动机。

交易动机（Transactionary Motive for Money）是指个人和企业持有货币的需要是为了满足正常的交易活动。例如，人们日常吃、穿、用等需要用货币来支付，从而产生对持有货币的需求。那么，出于交易动机的货币需求量的大小取决于什么因素呢？一般来说，收入越高，交易数额就越大，因而对货币的需求量也就越大，两者成正向变化的关系。

谨慎动机（Precautionary Demand for Money），又称为预防性动机，是指为预防意外支出而持有一部分货币的动机。例如，发生交通事故、生病等，都会产生意外的支出，为了谨慎起见，需要持有一部分的货币来满足意外的支出。一般来说，这种谨慎动机产生的货币需求量的大小要受到收入水平和意外支出的可能性大小的影响。但从根本上看，还是受收入水平高低的影响，这是因为对于低收入者而言，尽管他能够预测到未来有发生意外、出现意外支出的可能性，但由于受到收入的限制，而使他不能持有更多的货币满足这部分的需求。因此，谨慎动机的货币需求量主要与收入水平有关，收入越高，对货币的需求量就越大，两者成正向变化的关系。

投机动机（Speculation Demand for Money）是指人们为了抓住有利的购买有价证券的机会而持有一部分货币的动机。假设将资产的形式简化为只有货币和债券两种形式，货币存在高流动性，但收益率很低甚至没有收益，而债券作为一种有价证券，可以给投资者带来收益，这个收益主要来自两个方面：一个是通过低买高卖的方式获得价差收益，称为资本利得；另一个是通过持有债券获得利息收益。随着市场利率的变化，债券的价格是存在波动性的。假设某1年期债券面值为100元，票面利率为5%，到期支付本息，由此可知，如果一直持有，1年后将获得5元的利息收益，债券的收益率为5%。但是，如果在持有期间，市场利率已经上升到了8%，也就说新的债券在发行的时候，要考虑当时的市场利率水平，会规定较高的票面利率水平，例如8%。这种情况对原有债券的持有者有什么影响呢？他会发现，他所购买的债券的收益率要低于新债券的收益率，他会抛售原有债券，去购买新的债券。投资者的交易行为会对债券的价格产生影响，原有债券的价格会下降，新的债券价格会上升，直到新的投资者发现投资于原来的债券和新的债券的收益率相同时，才会停止这种买卖行为。从这个例子中，我们看到市场利率的变化，会对固定收益的债券的价格产生影响，两者呈反向变化的关系。即市场利率上升时，债券的价格会下降，市场利率下降时，债券的价格会上升。债券价格的变动，会给投机者带来通过低买高卖获利的投机机会。利率越高，债券价格越低，人们如果认为这一价格已经低至正常水平以下，预计很快会回升时，人们会抓住机会购买债券，以期价格上升后抛售获利，这时人们是将货币转换成债券的形式，货币需求减少。相反，利率越低，债券价格越高，人们如果认为这一价格已经高至正常水平以上，预计很快会下跌时，人们会抛售债券，将债券形式转换为货币形式，货币需求量将增加。由此我们看到，出于投机动机而持有的货币量与利率相关，两者呈反向变化的关系，即利率越高，人们出于投机动机持有的货币量越小，利率越低，人们出于投机动机持有的货币量越多。

我们可以根据以上分析，将实际货币需求以公式的形式来表示。

因为交易动机和谨慎动机的货币需求均与收入有关，所以，用 L_1 来表示包括交易动机和谨慎动机的货币需求，该函数的自变量为 Y，函数表达式为：

$$L_1(Y) = kY \tag{4-28}$$

其中，k 表示所需货币量与实际收入的比例关系。假设 k 为20%，收入为1000万元，则出于交易动机和谨慎动机的货币需求量则为200万元。k 值的大小通常与货币的周转次数有关，周转次数越多，表明1单位货币可以融通的交易数额就越多，融通一定数额的商品所需要的货币的数量就越小，k 值就越小，两者呈反向变化关系。

投机动机的货币需求与利率水平有关，且两者成反向变化的关系，如果用 L_2 表示投机动机的货币需求，则其函数形式为：

$$L_2(r) = A - hr \tag{4-29}$$

其中，h 表示投机动机货币需求的利率弹性，h 值越大，表明利率小幅度的上升或下降，将会引起投机动机的货币需求的大幅度的减少或增加。

将以上两个函数和在一起，就构成完整的货币需求函数：

$$L(r, Y) = L_1(Y) + L_2(r) = kY - hr \text{①} \tag{4-30}$$

我们考虑投机动机货币需求中的一种特殊情况。当利率水平极低时，也就说人们预期利率水平不可能再下降的时候，在债券价格方面，人们会预期债券价格已经极高，已经不可能进一步上升，在这种情况下，人们会将债券全部换成流动性好的货币的形式，以免承担债券价格下跌的风险。我们称这种情形为流动偏好陷阱（Liquidity Trap），或凯恩斯陷阱（Keynesian Trap），即是指在利率水平极低时，人们不愿持有有价证券，而尽可能多地持有流动性好的货币的形式，表现出对货币流动性的“偏好”。在流动偏好陷阱的情况下，人们对

① 在总的货币需求函数中，我们将投机动机货币需求函数中的A去掉了，这是因为交易动机和谨慎动机的货币需求数值为正值，从而可以避免投机动机的货币需求为负值的情况。将A去掉，不影响分析。

投机动机的货币需求是无穷大的，h 将趋于无穷大。这种特殊情况往往会导致货币政策的失效。

（三）货币需求曲线

我们可以用货币需求曲线及其变动来表示影响货币需求的各种因素。

货币需求曲线是描述在国民收入不变情况下，货币需求与利率之间的关系的曲线（见图 4－10）。

图 4－10 中的曲线 L 即代表货币需求曲线。这条曲线反映出在国民收入为 5000 亿元时货币需求量与利率水平呈反方向变化关系，曲线向右下方倾斜。当利率为 5% 时，货币需求为 2 亿元，而当利率为 2% 时，货币需求为 4 亿元。之所以货币需求曲线向右下方倾斜，是因为在国民收入不变时，交易和谨慎动机货币需求不变，而利率越高，投机动机货币需求越大，总货币需求也越大。

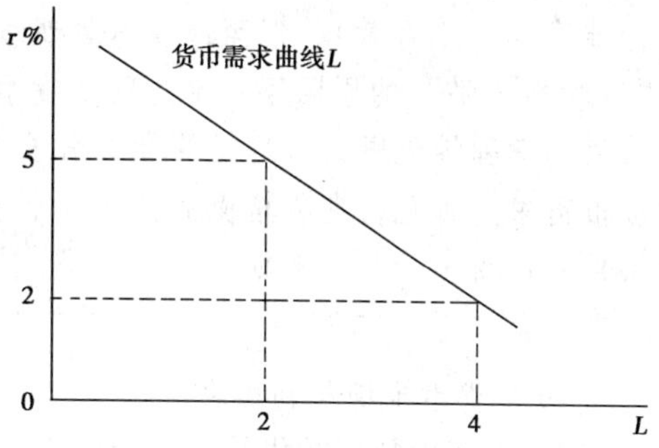

图 4－10　货币需求曲线

当国民收入发生变化时，货币需求曲线将发生移动。假设当国民收入为 5000 亿元时，货币需求曲线如图 4－8 中的 L 所示。当国民收入增加到 6000 亿元时，这意味着交易和谨慎动机的货币需求增加，因此，货币总需求将增加，整条货币需求曲线将向右平移。货币需求曲线的移动如图 4－11所示。

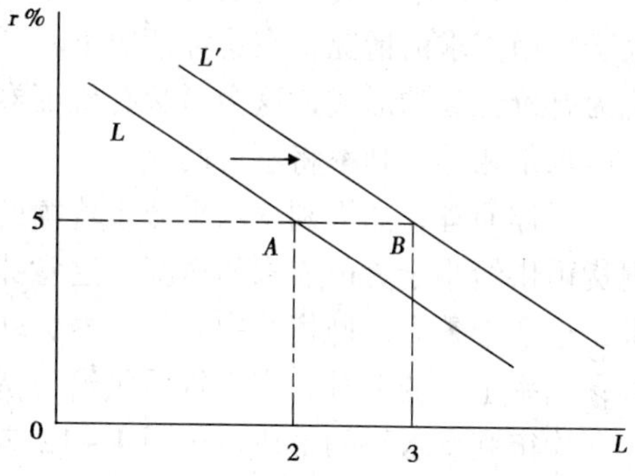

图 4－11　货币需求曲线的移动

如图 4－11 所示，当国民收入从 5000 亿元增加到 6000 亿元时，货币需求将增加。例如，当利率在 5% 的水平时，国民收入为 5000 亿元的货币需求为 2 亿元（即 A 点），而在利率水平不变的情况下，国民收入增加到 6000 亿元，货币需求增加到 3 亿元（即 B 点）。在每个利率水平上都作类似的分析的话，则国民收入的增加最终将导致整条货币需求曲线向右平移。同样的原理，当国民收入减少时，货币需求曲线将向左平移。

专栏　日本的流动偏好陷阱

1998 年 5 月，美国麻省理工学院教授保罗·克鲁格曼（Paul Krugman）在其“日本陷阱”（“Japan Trap”）的论文中，指出日本经济已陷入“流动性陷阱”。克鲁格曼教授认为，由于总支出的增长因种种原因赶不上总产出的增长，因而造成全球物价水平的下降趋势。20 世纪 90 年代，日本经济泡沫破灭后，其经济便陷于“休眠”状态。日本政府曾多次下调利率，目前，日本利率水平已接近零的底线。但这么低的利率对刺激日本的消费和投资几乎没有任何影响。这样日本就出现了利率已无法继续下降，但投资仍然小于储蓄的情况。

续

克鲁格曼将“流动性陷阱”定义为一国经济出现总需求连续下降，即使名义利率已降到零，而总需求仍然小于生产能力的状况。克鲁格曼所定义的“流动性陷阱”其本质与凯恩斯基本一致，但也有不同之处：克鲁格曼认为，当达到“流动性陷阱”的名义利率临界点时，人们不一定仅仅储藏货币（指现金和活期存款），也可能将钱存入银行，进行储蓄（定期存款），以至储蓄总量超过充分就业所需要的量。因此，导致一国经济陷入“流动性陷阱”的原因不一定是狭义货币需求对利率的弹性无限大，更可能是广义货币需求的利率弹性无限大。这里的货币需求不仅包括投机性的货币需求，同时也包括预防性的货币需求。可见，克鲁格曼的“流动性陷阱”理论拓宽了凯恩斯“流动性陷阱”理论的条件，但得出了与凯恩斯相同的结论，是在凯恩斯理论基础上的进一步发展。

（四）货币市场与利率决定

货币市场由货币的供给与货币的需求两方面构成，当供求达到均衡的时候，将会产生均衡的利率水平。在不均衡的情况下，货币市场会自动的进行调整，直至达到均衡。

如果利率水平高于均衡的利率水平时，由于利率水平较高，整个货币市场出现货币供给大于货币需求的情况，在这种情况下，意味着存在超额的货币供给，人们会将多余的货币转化为有价证券的形式，这会引起有价证券价格的上涨，利率水平的下降，直至货币供给与货币需求量相等，利率将不再调整。

同样原理，如果利率水平低于均衡的利率水平时，由于利率水平较低，整个货币市场出现货币供给小于货币需求的情况，这意味着货币存在短缺的情况，不能满足人们对货币的需求，这会导致人们抛售手中有价证券，转换为货币来满足需要，这将导致有价证券价格的下跌，利率水平的上升，直至货币供给与货币需求量相等，利率将不再调整。

均衡利率水平的形成可用图 4－12 表示。

在图 4－12 中，货币需求曲线为 L，货币供给曲线为 M。因为货币供给量是外生给定的，因此，是一条垂直线。在图中曲线 M 代表货币供给量固定在 2 亿元的情形。货币供给曲线和货币需求曲线的交点所代表的利率水平就是均衡情况下的利率水平。在图中，5% 就是均衡利率水平。

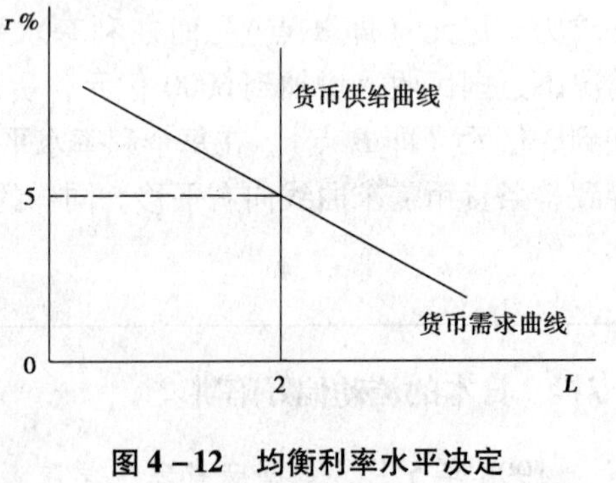

图 4－12 均衡利率水平决定

由此可见，利率水平是在货币市场实现供求均衡的情况下产生的，均衡利率水平产生的条件可以表示为：

$$L(r, Y) = m = \frac{M}{P} \quad (4-31)$$

其中，M 为名义的货币供给量，因为货币需求量指的是实际货币的需求量，为了与之对应，货币供给量也是实际货币供给量，用代表实际购买能力的货币供给量 m 表示。

在一定的货币供给和一定的货币需求的情况下，会产生一定的利率水平。如果货币供给或者货币需求发生了变化，利率水平也会相应的进行调整，从一个均衡状态调整到另一个均衡状态。

例如，当中央银行采取货币政策，导致货币供给量增加时，利率将下降，反之利率则上升。这种变化如图 4－13 所示。

如图 4－13 所示，当货币供给从 2 亿元增加到 3 亿元时，原来的 5% 的利率水平将不再是均衡利率市场，货币市场出现供给大于需求的状况，利率将下调，直至调整到 2% 时，货币市场才重新恢复平衡。则 2% 将是货币供给增加之后的均衡利率水平。同理，当货币供给减少时，利率水平将上升，直至恢复平衡。

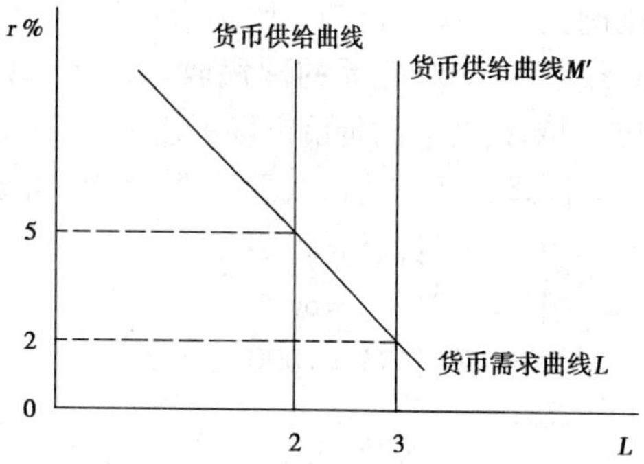

图 4－13　货币供给变化对均衡利率水平的影响

当国民收入提高时，货币需求将向右平移，均衡利率水平将上升。具体变化如图 4－14 所示。

国民收入增加将导致货币需求曲线从 L 移至 L'，在原有的 5% 的利率水平上货币市场将出现供不应求的状态，利率水平将上调，直至调整到 8% 时货币市场才重新恢复平衡。同理，当国民收入减少时，货币需求曲线将向左平移，利率将下调。

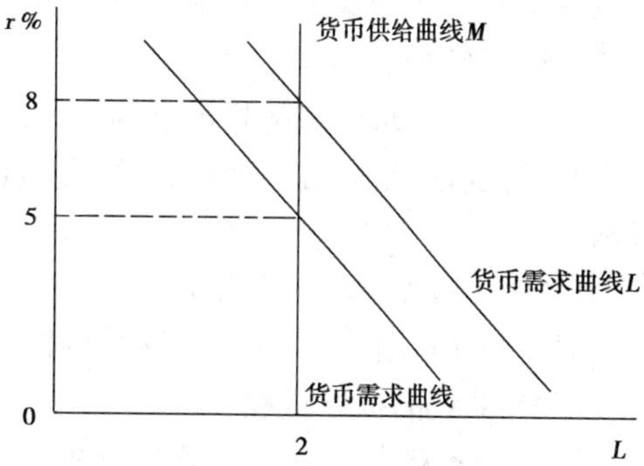

图 4－14　国民收入变化对均衡利率水平的影响

四、LM 曲线

（一）LM 曲线的含义及形状

LM 曲线是描述货币市场达到供求均衡时，利率与国民收入之间关系的曲线。之所以称之为 LM 曲线，是因为货币市场的供给用字母 M 表示，货币市场需求用 L 表示的缘故。

根据式（4－30）和式（4－31）LM 曲线又写作：

$$Y=\frac{m}{k}+\frac{h}{k}r \tag{4-32}$$

那么，在实现货币市场均衡时，利率与国民收入之间究竟是什么样的关系呢？

我们可以通过一个具体例子来说明。

假设货币需求函数：$L_1=0.5Y$，$L_2=1000-250r$，货币供给量 $M=3250$ 亿元，价格水平 $P=1$。

当利率为 3%、国民收入为 6000 亿元时，对应的投机动机货币需求为 250 亿元，交易和谨慎动机货币需求为 3000 亿元，总货币需求为 3250 亿元，恰好等于实际货币供给量 3250 亿元，此时货币市场实现的供求平衡。按照 LM 曲线的定义，3% 的利率和 6000 亿元的国民收入就是 LM 曲线上的一个点。

当利率从 3% 上升到 5% 时，投机动机货币需求会减少，已知投机动机货币需求的利率弹性为 250，这意味着利率上升 2 个百分点，投机动机货币需求将减少 500 亿元。在货币供给量不变情况下，要保持货币市场平衡，就必须相应增加国民收入，以增加交易和谨慎动机货币需求，来弥补投机动机货币需求的减少。国民收入增加的幅度与货币需求与国民收入的比例关系有关。已知该比例为0.5，这意味着要使交易和谨慎动机货币需求增加500亿元，必须增加1000亿元的国民收入，才可以保持货币市场的平衡。这样，我们就可以找到与5%利率相对应的货币市场平衡情况下的国民收入，即7000亿元。

同理，我们可以找到若干个货币市场实现平衡时的利率与国民收入的对应关系：

当 $r=1$ 时，$Y=5000$

当 $r=3$ 时，$Y=6000$

当 $r=5$ 时，$Y=7000$

……

我们可以将这些对应关系在 *LM* 曲线图中反映出来。如图4－15所示，纵轴代表利率，横轴代表国民收入，将这些点连接起来就形成 *LM* 曲线。从图中，可以看到 *LM* 曲线是一条向右上方倾斜的曲线。

之所以向右上方倾斜是因为当利率上升时，投机动机货币需求会减少，在货币供给不变情况下，必须相应增加国民收入，以增加交易和谨慎动机货币需求，从而保持货币市场的平衡。因此，利率和国民收入呈同方向变化，*LM* 曲线向右上方倾斜。

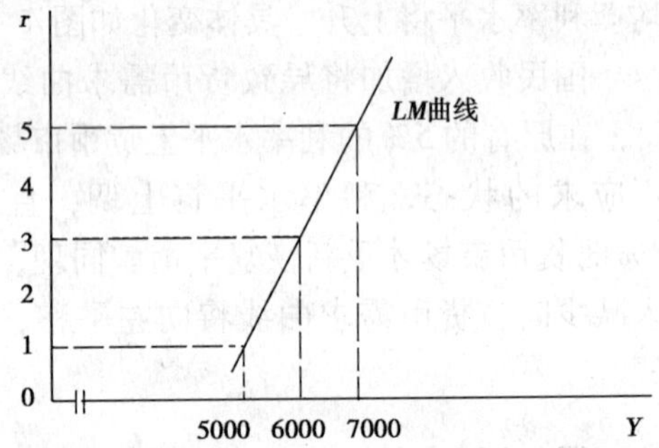

图4－15　*LM* 曲线

（二）*LM* 曲线的斜率大小

要分析 *LM* 曲线的斜率，我们可以仔细地回顾一下 *IS* 曲线的推导过程：

第一步，利率上升，会通过投机动机货币需求利率弹性使投机动机货币需求减少。该弹性越大，投机动机货币需求减少的幅度也越大。

第二步，在货币供给量不变情况下，要保持货币市场平衡，投机动机货币需求减少必须要等幅度地增加交易和谨慎动机货币需求。而后者的增加必须要增加国民收入。而国民收入的增加幅度与货币需求与国民收入的比例大小有关。比例越小，所需要增加的国民收入则越大。

根据这两步，我们可以总结出影响 *LM* 曲线斜率的主要因素：

第一，投机动机货币需求的利率弹性 h 值越大，表明投机动机货币需求对利率变动的反应程度越大，这意味着当利率发生很小幅度的上升，将会带动投机动机货币需求大幅度的下降，为了保持货币市场均衡，就必须相应地大幅度增加国民收入。因此，h 值越大，*LM* 曲线的斜率越小，*LM* 曲线越平坦。

第二，货币需求与国民收入的比例 k 值越小，这意味着当利率上升所引起的投机动机货币需求的减少时，为了保持货币市场均衡，国民收入需要大幅度增加才会使交易和谨慎动机货币需求增加幅度能够完全弥补投机动机货币需求减少的幅度。因此，k 值越小，*LM* 曲线的斜率越小，*LM* 曲线越平坦。反之则反。

（三）两种特殊的 *LM* 曲线的情形

一般来讲，*LM* 曲线向右上方倾斜。但是，在特殊情况下，*LM* 曲线会呈水平或垂直状态。

1. 水平部分——凯恩斯区域。当利率水平处于很低水平时，人们对货币的投机需求将变为无限大，即存在流动性陷阱，此时 *LM* 曲线成了一条水平线。这是因为，由于此时货币投机需求的利率弹性为无穷大，一旦利率水平上升，投机动机货币需求将大幅度减少，为了保持货币市场平衡，必须相应地增加收入，使交易和谨慎需求动机的货币需求大量增加，以此来弥补投机动机货币需求的减少部分。

2. 垂直部分——古典区域。当利率水平上升到足够高时，债券价格极低，人们估计债券价格只会上涨，不会再跌，因此很愿意用货币去买债券，不愿再为投机而持有货币。此时，货币的投机需求将变为零，此时不管利率再如何上升，都不会改变货币需求，在货币供给不变的情况下，货币市场将保持均衡，此时收入水平不需要作任何改变。因此，在这种情况下，*LM* 曲线呈垂直状态。由于古典学派认为，人们只有货币的交易需求，而无货币的投机需求（此时投机动机货币需求的利率弹性可视为0），因而 *LM* 曲线的垂直区域也称为“古典区域”。

我们将介于凯恩斯区域和古典区域之间的区域称为“中间区域”。在这一区域中，货币投机需求量随利率上升而减少。于是在货币供给既定情况下，为保持货币市场均衡，交易需求量必须随利率上升而增加，即收入必须相应增加。于是，在这一区域，利率和收入必须同方向变化，才会使货币市场均衡，这使 *LM* 曲线在这一区域向右上方倾斜。

根据以上分析，我们可以画出完整的 *LM* 曲线图（见图 4－16）。

（四）*LM* 曲线的移动

由于 *LM* 曲线的形成是由货币的投机需求、交易需求和货币供给共同决定的，因此，*LM* 曲线的位置移动，主要取决于这些因素的变化。

首先，货币供给的变动。如果其他条件不变，货币供给量的增加，将使得货币市场出现供过于求的情形，若利率水平不变，则收入水平必须增加，来带动交易和谨慎货币需求增加，以此来消除货币市场的不平衡，因此，将导致 *LM* 曲线向右平移。相反，货币供给减少则会使 *LM* 向左平移。

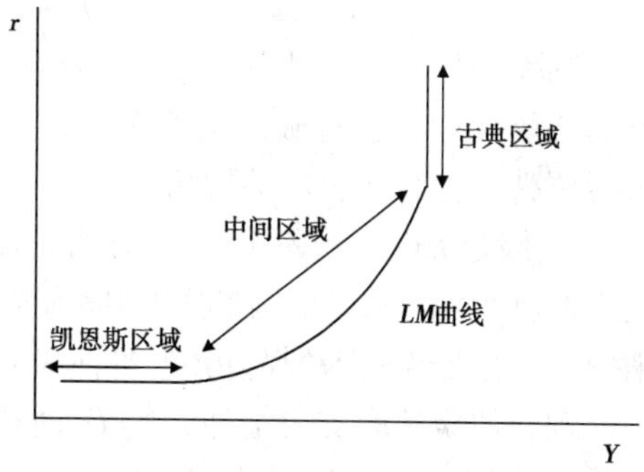

图 4－16 *LM* 曲线的三个区域

其次，货币投机需求变动。如果其他条件不变，货币投机需求增加，货币市场上将出现供不应求，如果利率水平保持不变，则收入水平必须减少，来减少交易和谨慎货币需求，消除货币市场不平衡，*LM* 曲线将向左移动。相反，如果投机需求减少，则 *LM* 曲线将向右移动。

第三，货币交易和谨慎需求变动。如果其他条件不变，货币交易和谨慎需求增加，货币市场上也会供不应求，如果利率水平保持不变，则收入水平必须减少，来减少交易和谨慎货币需求，消除货币市场不平衡，*LM* 曲线将向左移动。相反，货币交易和谨慎需求增加，将使 *LM* 向右平移。

第四，物价水平变动。如果其他条件不变，物价水平提高，这将使实际货币供给量减少，货币市场将出现供不应求的情形，若利率水平不变，则收入水平必须减少，来减少交易和谨慎货币需求，以此来消除货币市场的不平衡，因此，将导致 *LM* 曲线向左平移。相反，物价水平下降则会使 *LM* 向右移动。

需要指出的是，在使 *LM* 曲线移动的四个因素中，应该特别重视货币供给量变动这个因素。因为，货币政策的内容正是通过货币当局根据货币需求情况调节货币供给量，从而调节利率和国民收入，来达到货币政策的目标。

五、*IS—LM* 模型

(一) 均衡利率与均衡收入

把 *IS* 曲线与 *LM* 曲线结合在一起，就可以得出反映产品市场和货币市场同时均衡时利率与国民收入之间关系的 *IS—LM* 模型。①

我们以一个例子来说明 *IS—LM* 模型。假设在两部门经济中，投资函数 $I(r)=1300-300r$，消费函数为 $C=500+0.7Y$，$L_1=0.5Y$，$L_2=1000-250r$，货币供给量 $M=3250$ 亿元，价格水平 $P=1$。

我们可以根据 *IS*、*LM* 曲线的推导原理，在同一个坐标系中画出 *IS* 曲线、*LM* 曲线，两条线的交点即代表产品市场、货币市场同时实现均衡时的均衡利率和均衡国民收入。其结果可通过图 4－17 来表示。

从图中我们可以看到均衡利率和均衡国民收入分别是 1% 和 5000 亿元。

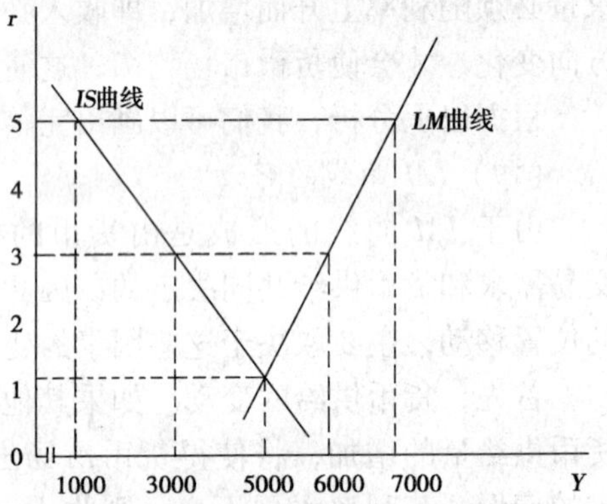

图 4－17 *IS－LM* 模型

(二) 均衡收入与均衡利率的变动

当 *IS* 曲线与 *LM* 曲线发生变动时，在原有的均衡利率和均衡收入水平下，产品市场和货币市场的均衡状态将会打破，利率和收入水平将自动进行调整，直至产生新的均衡产生。

1. 假定 *LM* 曲线不变，*IS* 曲线变动。从前面关于影响 *IS* 曲线移动的因素分析中我们知道，投资、消费、政府支出等变动都会引起 *IS* 曲线的移动。

现在假定政府支出增加，则 *IS* 曲线将向右上方移动，假设移至 *IS′*，如图 4－15 中所示。随着政府支出增加，即总支出的增加，将使生产和收入增加。但是，随着收入的增加，对货币交易需求 $L_1(Y)$ 也将增加。由于假定 LM 曲线不变（即货币供给量不变），因此，人们只能通过出售有价证券来获取从事交易所需的货币，这就导致利率上升及货币的投机需求 $L_2(r)$ 下降，这会部分地抵消了因政府支出增加而面临的总支出增加的压力。最终使利率 r 上升到 r′，国民收入由 Y 增加到 Y′。均衡点从最初的 A 点移动至 B 点。

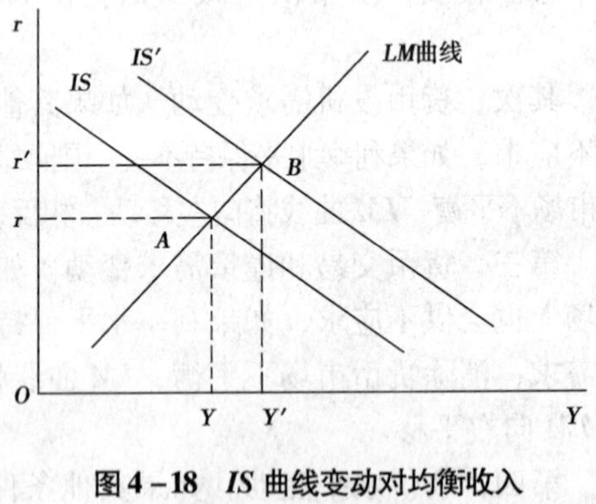

图 4－18 *IS* 曲线变动对均衡收入和均衡利率的影响

同样地，如果因消费、投资、政府支出减少，使总支出减少，将使 IS 曲线向左下方移动，当 LM 曲线不变时，导致均衡利率下降，均衡国民收入减少。

---

① 将式（4－27）和式（4－32）联立，可以得到 *IS—LM* 模型的一般表达式，即：$Y=\frac{\alpha+e}{1-\beta}-\frac{d}{1-\beta}r$

$$Y=\frac{m}{k}+\frac{h}{k}r$$

2. 假定IS曲线不变，LM曲线变动。如前所述，影响LM曲线移动的因素包括货币供给量以及货币需求函数的变化等。现假定政府扩大货币供给量，则LM曲线将向右下方平行移动（见图4－19）。从LM移至LM′。随着货币供给量的增加，货币市场供给大于需求，利率将下降。由于假定IS曲线不变，利率下降将使投资增加，进而导致国民收入增加。最终使利率r下降到r'，国民收入由Y增加到Y'，均衡点从最初的A点移动至B点。

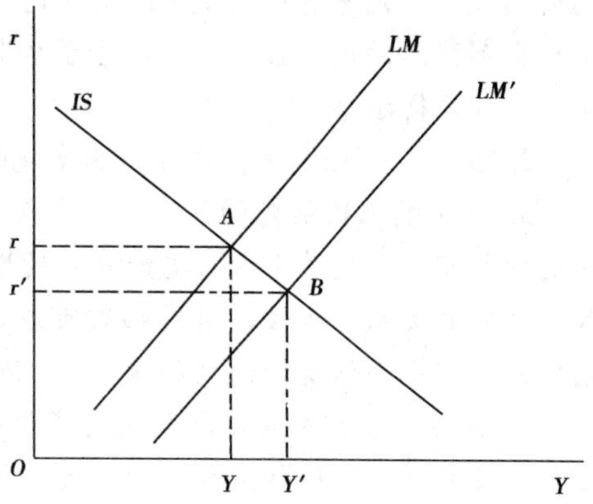

图4－19　*LM*曲线变动对均衡收入和均衡利率的影响

相反，如果货币供给量减少，将使*LM*曲线向左上方平行移动，在*IS*曲线不变情况下，将导致均衡利率上升，均衡国民收入减少。

3. *IS*曲线与*LM*曲线同时变动。因各种因素的共同作用而同时变动，则*IS*与*LM*曲线新的交点将随*IS*、*LM*曲线变动的方向与程度的不同而不同。在各种情况下，利率与收入的变动，可以依照前面两种情况的分析方法推导出来。详细分析参见表4－4。

表4－4　*IS—LM*曲线比较静态分析小结

情　况	结　果	
*IS*曲线左移，*LM*曲线右移	利率下降，国民收入变动不确定	若*IS*变动程度大于*LM*变动程度，国民收入将下降
		若*IS*变动程度小于*LM*变动程度，国民收入将上升
*IS*曲线左移，*LM*曲线左移	国民收入下降，利率变动不确定	若*IS*变动程度大于*LM*变动程度，利率将下降
		若*IS*变动程度小于*LM*变动程度，利率将上升
*IS*曲线右移，*LM*曲线右移	国民收入增加，利率变动不确定	若*IS*变动程度小于*LM*变动程度，利率将下降
		若*IS*变动程度大于*LM*变动程度，利率将上升
*IS*曲线右移，*LM*曲线左移	利率上升，国民收入变动不确定	若*IS*变动程度小于*LM*变动程度，国民收入将下降
		若*IS*变动程度大于*LM*变动程度，国民收入将上升

*IS—LM*模型为宏观经济政策的分析提供了非常简便的模型框架。通过运用*IS—LM*模型，可以对财政政策、货币政策的调节方向和政策效果进行分析，从而得到清晰、简明的结论。我们将在第六章、第七章详细地讲解如何运用*IS—LM*模型来分析财政政策和货币政策效果。

本章主要术语

均衡国民收入　消费函数　边际消费倾向　边际储蓄倾向　乘数　投资乘数
政府购买乘数　转移支付乘数　对外贸易乘数　投资函数　加速原理　*IS*曲线
货币供给　交易动机货币需求　谨慎动机货币需求　投机动机货币需求
货币需求函数　*LM*曲线　流动偏好陷阱　*LM*曲线的凯恩斯区域　*LM*曲线的古典区域
*IS—LM*模型

本章小结

1. 均衡国民收入是指总产出与总支出水平相等时的国民收入水平，也称为均衡产出。均衡国民收入意味着：总支出决定了均衡的国民收入水平；在均衡时，非意愿存货为零，总支出全部得到满足；当总产出不等于总支出时，通过非意愿存货的调整过程，可以使产出水平调整到均衡水平。

2. 在两部门经济中，均衡产出实现的条件是 $I=S$，即计划投资必须等于计划储蓄。

3. 在影响居民消费的因素中，个人可支配收入水平是最重要的影响因素。一般的，居民的消费需求会随着个人可支配收入的增加而增加。可用消费函数来表示消费与个人可支配收入之间的关系。线性的消费函数可表示为：$C=\alpha+\beta Y$，其中，α 为边际消费倾向。平均消费倾向与平均储蓄倾向之和等于1，边际消费倾向与边际储蓄倾向之和等于1。

4. 这种由于需求变动所引起的多倍的国民收入的变化，称为乘数效应。乘数大小与边际消费倾向有关。边际消费倾向越大，居民消费意愿越强，乘数就越大。

5. 在两部门经济中，投资乘数 $k_I=\dfrac{\Delta Y}{\Delta I}=\dfrac{1}{1-MPC}=\dfrac{1}{1-\beta}$

6. 三部门经济中的主要乘数有投资乘数、政府购买乘数、转移支付乘数、定量税乘数等，它们可分别表示为 $k_I=\dfrac{\Delta Y}{\Delta I}=\dfrac{1}{1-\beta(1-t)}$；$k_G=\dfrac{\Delta Y}{\Delta G}=\dfrac{1}{1-\beta(1-t)}$；$k_{TR}=\dfrac{\Delta Y}{\Delta TR}=\dfrac{\beta}{1-\beta(1-t)}$；$k_I=\dfrac{\Delta Y}{\Delta T_0}=-\dfrac{\beta}{1-\beta(1-t)}$

7. 四部门经济中对外贸易乘数可表示为：$k_{EX}=\dfrac{\Delta Y}{\Delta EX_0}=\dfrac{1}{1-\beta(1-t)+\mu}$

8. 在影响投资的诸多因素中，利率对投资活动的影响最重要，因此，可以把利率作为自变量来表示投资函数：$I(r)=e-dr$。其中，d 表示投资的利率弹性。

9. *IS* 曲线可用以表示产品市场实现均衡时利率与国民收入的对应关系。*IS* 曲线一般是向右下方倾斜。投资的利率弹性越大，边际消费倾向越大，或税率越小，*IS* 曲线越平坦；反之，则反。政府购买增加、转移支付增加、税收减少、投资减少、出口增加等因素均会导致 *IS* 曲线水平右移；反之，则水平左移。

10. 实际货币需求包括交易动机、谨慎动机的货币需求和投机动机货币需求，前两种需求均与收入水平有关，且均呈正方向变化关系。后一种需求与利率有关，且呈反方向变化关系。

11. 货币市场由货币的供给与货币的需求两方面构成，当供求达到均衡的时候，将会产生均衡的利率水平。在其他条件不变情况下，货币供给量增加，利率将下降；反之，则反。在其他条件不变情况下，国民收入增加，利率将上升；反之，则反。

12. *LM* 曲线是描述货币市场达到均衡时利率与国民收入之间关系的曲线。一般来说 *LM* 曲线是一条向右上方倾斜的曲线。

13. 把 *IS* 曲线与 *LM* 曲线结合在一起，用以说明产品市场和货币市场同时均衡时利率与国民收入之间关系，该模型称为 *IS—LM* 模型。

14. 通过 *IS*、*LM* 曲线的联立方程可求得产品市场和货币市场同时达到均衡时的均衡利率和均衡收入。由于消费、投资、政府支出等增加均导致 *IS* 曲线向右上方移动时，在 *LM*

曲线不变情况下，均衡利率将上升，均衡国民收入将增加。当货币供给量增加，使 *LM* 曲线向右下方移动时，在 *IS* 曲线不变情况下，将导致均衡利率下降，均衡国民收入增加。

习　题

一、判断题

1. 在均衡国民收入水平上，经济社会将实现充分就业。
2. 凯恩斯的消费函数中强调当期可支配收入对居民消费的决定作用。
3. 当总支出小于国民收入时，经济将会收缩。
4. 投资变动通过乘数效应对国民收入的影响可以无条件实现。
5. 三部门经济的乘数大小主要受边际消费倾向的影响，与税收比例无关。
6. 投机动机的货币需求与利率水平正相关。
7. 在 *LM* 曲线的古典区域，利率水平越高，国民收入越高。

二、选择题

1. 当实现均衡国民收入时，投资等于储蓄是指(　　)。

A. 实际发生的投资等于实际发生的储蓄

B. 计划的投资等于实际发生的储蓄

C. 计划的投资必须等于计划的储蓄

D. 计划的投资等于实际发生的储蓄

2. 当实际收入水平高于均衡的收入水平时，下列说法中正确的是(　　)。

A. 存在非计划存货投资　　B. 计划投资超过计划储蓄

C. 总支出超过实际产出　　D. 不存在非意愿存货投资

3. 边际消费倾向与边际储蓄倾向之和等于(　　)。

A. 大于 1 的正数　　B. 1

C. 小于 2 的正数　　D. 零

4. 假设在两部经济中，边际储蓄倾向是 0.25，增加 10 亿元投资所增加的国民收入为(　　)。

A. 2.5 亿元　　B. 10 亿元

C. 250 亿元　　D. 40 亿元

5. 在三部门经济中，与均衡的国民收入反方向变化的是(　　)。

A. 税收　　B. 转移支付

C. 政府购买　　D. 投资

6. 已知边际消费倾向是 0.8，税收只有定量税，下列乘数计算不正确的是(　　)。

A. 政府购买乘数是 5　　B. 定量税税收乘数是 -4

C. 转移支付乘数是 5　　D. 投资乘数是 5

7. 已知边际消费倾向是 0.8，税收为定量税，则以下措施中使收入水平降低最多的是(　　)。

A. 增加税收 130　　B. 减少政府购买 100

C. 减少税收 125　　D. 减少转移支付 120

8. 在其他条件不变情况下，国民收入增加会导致(　　)。

A. 货币供给增加　　B. 投机动机货币需求增加

C. 交易和谨慎动机货币需求增加　　D. 货币需求曲线斜率增大

9. 导致货币需求曲线向左平移的原因是(　　)。

A. 利率上升　　B. 货币供给减少

C. 国民收入减少　　D. 物价水平下降

10. 在其他条件不变情况下，货币供给量增加会导致(　　)。

A. 在原有的利率水平上货币供给小于货币需求　　B. 人们会将有价证券抛售

C. 利率水平将下降　　D. 交易动机货币需求减少

11. 下列导致 *IS* 曲线更平坦的因素是(　　)。

A. 投资对利息的反应程度变大　　B. 边际消费倾向变小

C. 政府购买支出增加　　D. 货币投机需求对利率非常敏感

12. 自发投资增加10亿元，会使 *IS* 曲线(　　)。

A. 右移10亿元　　B. 左移10亿元

C. 右移投资乘数乘以10亿元　　D. 左移支出乘数乘以10亿元

13. 引起 *IS* 曲线向右方移动的原因是(　　)。

A. 对未来利润预期变得悲观　　B. 政府削减国防开支

C. 该国净出口增加　　D. 实际货币需求大于实际货币供给

14. 引起 *IS* 曲线向左方平移的原因是(　　)。

A. 政府决定修建一条高速公路　　B. 政府决定降低个人所得税

C. 中央银行降低贴现率　　D. 本国汇率上升

15. 凯恩斯陷阱是指(　　)。

A. 货币需求曲线的垂直部分　　B. 利率处于极高水平时

C. 人们愿意持有尽可能多的有价证券　　D. 投机动机货币需求无穷大

16. 下列导致 *LM* 曲线陡峭的因素是(　　)。

A. 投资对利息的反应程度变小　　B. 边际消费倾向变大

C. 物价水平提高　　D. 货币投机需求对利率变得不敏感

17. 价格水平上升时，会(　　)。

A. 减少实际货币供给并使 *LM* 曲线右移

B. 减少实际货币供给并使 *LM* 曲线左移

C. 增加实际货币供给并使 *LM* 曲线右移

D. 增加实际货币供给并使 *LM* 曲线左移

三、计算题

1. 已知在三部门经济中，自发消费为100亿元；可支配收入的边际消费倾向为0.8；投资为460亿元；政府购买为400亿元；税收为400亿元且不随收入变化。试求：

(1) 均衡国民收入水平和均衡时的消费水平。

(2) 如政府购买下降为300亿元，均衡国民收入与消费如何变化。

(3) 投资乘数是多少？

2. 假设两部门经济中，产品市场和货币市场的均衡模型分别为：

$I = 1250 - 250r$

$C = 500 + 0.5Y$

$L_1 = 0.5Y$

$L_2 = 1000 - 250r$

$M = 1250 \quad P = 1$

（1）试作出 *IS* 和 *LM* 曲线；

（2）求产品市场和货币市场同时实现均衡时的利率和收入。

四、简答题

1. 根据乘数原理，增加投资需求可以带来多倍的国民收入（也可以表示为总产出）的增加，那么，这种情况下是否意味着总支出和总产出不是相等的？试作出解释。

2. 试比较两部门、三部门和四部门乘数的区别。

3. 假设在三部门经济中，均衡国民收入为1000亿元，边际消费倾向是0.8，税收为定量税，则可采取什么措施使国民收入增至1500亿元？

建议阅读材料

1. 高鸿业：《西方经济学（宏观部分）》，中国人民大学出版社2007年，第445～511页。

2. N. 格里高利·曼昆：《宏观经济学》，中国人民大学出版社2000年中文版，第256～274页。

3. R. 格伦·哈伯德、安东尼·P. 奥布赖恩：《经济学（宏观）》，机械工业出版社2007年中文版，第260～291页。

4. Robert H. Frank, Ben S. Bernanke：《宏观经济学原理》，2004年版，第340～366页。

5. 范家骧、王志伟：《宏观经济学》，东北财经大学出版社2003年版，第62～130页。

6. 罗伯特·霍尔、约翰·泰勒：《宏观经济学》，中国人民大学出版社2000年中文版，第143～163页。

7. 宋承先：《现代西方经济学（宏观经济学）》，复旦大学出版社1997年版，第213～219页。

第五章

总需求—总供给模型

本章学习要求

1. 理解总需求曲线向右下方倾斜的原因。
2. 掌握总需求曲线的移动。
3. 理解古典总供给曲线、凯恩斯总供给曲线和常规总供给曲线。
4. 理解常规总供给曲线向右上方倾斜的原因。
5. 掌握总供给曲线的移动。
6. 掌握总供给—总需求模型的应用。

现代宏观经济学的核心内容是国民收入或就业的决定。前面两章，我们分别运用总收入—总支出模型和 *IS—LM* 模型，讨论了短期收入和就业的决定。当时有两个假设：一是物价水平不变，即 GDP 的变化均为实际 GDP 的变化；二是总供给不变，只考察总支出变化对收入和就业的决定，也就是只讨论了总需求问题。本章引进物价和总供给这两个因素，构建总需求—总供给模型，并用以解释短期收入如何决定和经济为何波动。

第一节 总需求分析

一、总需求结构

在宏观经济分析中，总需求是指在其他条件下变的情况下，在任一种给定的物价水平上，人们想购买的商品和服务的总量，一般用总产出或总收入 Y 表示。

在一定时期内，经济社会的总需求包括 4 个组成部分：（1）消费需求（C），主要取决于家庭的可支配收入。总需求分析关注的是决定实际消费数量的因素。（2）投资需求（I），包括对建筑物和设备的购置以及库存品的增加，取决于私人投资决策。（3）政府购买需求（G），包括政府购买的军用品和其他商品及服务，由政府的预算决策所决定。（4）净出口需求（NX），等于出口值减去进口值，取决于外国居民对本国商品和服务的购买。用公式表示，总需求就是：

$$Y = C + I + G + NX$$

总需求和总支出是两个既有联系，但又不同的概念。总支出是指人们购买商品和服务时花费的货币额，取决于商品数量和价格水平；总需求是指以不变价格衡量的商品或服务，包括消费品和投资品。或者说，总需求是用不变价格表示的总产出。

从均衡产出的决定看，总需求是影响均衡收入和就业的决定性因素。如果总需求不足，或总需求结构与产出结构不适应，厂商生产的商品卖不出去，不能弥补生产成本，下一个生产过程就被迫缩小生产规模，严重时会导致停业。相应地，失业率上升，收入减少，引致若干经济社会问题。凯恩斯的一个基本观点就是，三大心理规律导致了资本主义经济中的有效需求不足，市场机制并不能自动地实现充分就业均衡，因而主张增加政府购买，扩大有效需求，实现充分就业均衡。

二、总需求函数

影响总需求变化的因素，除了物价水平外，还有收入水平、利率、汇率、预期等因素，也包括税收、政府购买或货币供给等政策变量。如果抽象掉其他因素，只讨论总需求量和价格水平之间的关系，就被定义为总需求函数。如果用 AD 表示总需求水平，用 P 表示价格水平，总需求函数就是：

$$AD=f(P)$$

经验现实和理论分析表明，在其他条件不变时，一国的总需求量与价格水平负相关。这一规律同微观经济学中的需求定理相似。

总需求函数可以从产品市场和货币市场的同时均衡中得到。

我们先讨论封闭经济中的情形，并且假定没有政府，那么，在两部门经济中，IS 曲线的方程为：

$$s(y)=i(r) \tag{4-1}$$

LM 曲线的方程为：

$$\frac{M}{P}=L_1(y)+L_2(r) \tag{4-2}$$

将上述两个方程联立求解，就可以得到价格（P）与总需求量（y）之间的函数关系，即总需求函数。

下面用一个具体例子加以说明。假设有储蓄函数、投资函数以及 LM 曲线方程分别如下：

$$s(y)=-1000+0.5y$$

$$i(r)=2500-240r$$

$$\frac{1000}{P}=0.5y-260r$$

参照（4-1）式、（4-2）式，对以上三个方程进行整理后得：

$$0.5y+240r=3500$$

$$0.5y-260r=\frac{1000}{P}$$

求出 y 的解，得到：

$$y=\frac{3640P+960}{P}=3640+\frac{960}{P} \tag{4-3}$$

（4-3）式即总需求函数。

总需求函数表示，在某个特定的价格水平下，经济社会需要生产多少投资品和消费品，才能使产品市场和货币市场同时达到均衡。

三、总需求曲线

根据总需求函数，可以得到总需求曲线，如图5-1中的*AD*所示。在图5-1中，纵轴代表物价水平，横轴代表总产出和总收入水平，*AD*就是总需求曲线。

在图5-1中，总需求曲线是向右下方倾斜的。这意味着物价水平与总产出或总收入负相关。总需求曲线之所以向右下方倾斜，主要是因为：

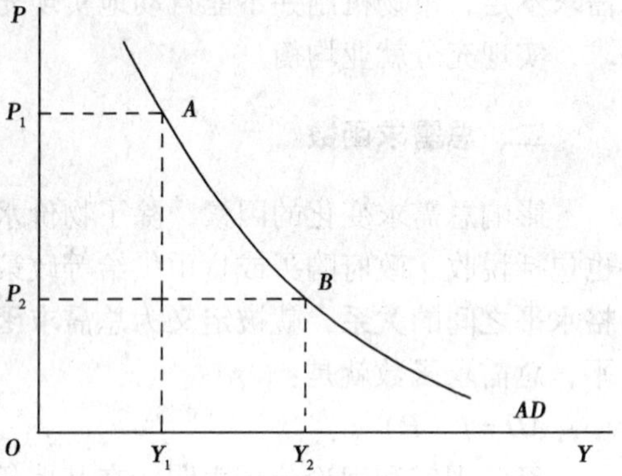

图5-1 总需求曲线

第一，利率效应。物价会影响利率和投资，进而影响总需求量。一般情形是，当物价水平上升时，人们购买同样多的商品，就需要用更多的货币，或者说，物价水平上升会导致货币需求增加。如果这时货币供给量没有相应地增加，利率水平就会上升。我们在第四章讨论投资需求函数时曾经指出，利率是厂商投资的成本。在资本边际效率既定的情况下，资本需求（即私人投资）与利率按相反的方向变化。所以，当利率上升时，厂商的投资量就会减少，总需求量也相应地减少。在图5-1中，这种变化表现为物价水平由P_2上升到P_1，总需求量由Y_2减少至Y_1，物价水平和总需求水平的组合由*B*点沿着*AD*曲线移动到*A*点。这种变化叫总需求量的变化。根据同样的道理，物价水平下降，会导致利率水平下降，投资量增加，总需求量增加。在宏观经济分析中，这种物价变动引起利率同方向变动，进而使投资量和需求量相反方向变动的现象，被称为利率效应。因为凯恩斯特别强调这种效应，所以又叫凯恩斯的利率效应。

在实际生活中，物价水平的变动会影响现期商品与未来商品的相对价格。一般情形是，现期物价水平下降，意味着未来商品相对昂贵，人们倾向于增加现期商品的购买，减少未来商品的购买。这就会导致现期总需求量增加。相反，现期物价水平上升，意味着未来商品相对便宜，人们倾向于减少现期商品的购买，增加未来商品的购买。这就会导致现期总需求量减少。

第二，财富效应。物价会影响货币的购买力，进而影响总需求量。一般情形是，在其他条件不变的情况下，如果物价水平下降，货币的购买力就会上升，人们会感到更加富有，因而会购买更多的商品和服务。相应地，消费者的总消费支出会增加。相反，如果物价水平上升，货币的购买力就会下降，人们会感到相对贫穷，因而会减少购买商品和服务。相应地，消费者的总消费支出就会减少。在宏观经济分析中，这种物价与货币购买力呈反方向变动、货币购买力和总需求量呈同方向变动的现象，被称为财富效应。因为庇古特别强调这种效应，所以又叫庇古效应。又因为物价变动会影响人们的实际货币余额，所以，财富效应又叫实际余额效应。

在实际生活中，物价会影响金融资产和实物资产的结构。在货币经济中，人们通常以金融资产和实物资产两种形式持有财富。当物价水平下降时，货币的价格相对上升，实物资产的价格相对下降。于是，人们增持实物资产，相应地减少金融资产。这就会增加总需求量。相反，当物价水平上升时，货币的价格相对下降，实物资产的价格相对上升。于是，人们减持实物资产，相应地增加金融资产。这就会减少总需求量。

第三，汇率效应。以上两个因素是封闭经济中的情形。如果引进开放经济因素，物价水平变动会影响汇率，进而影响净出口和总需求量。后面第十章我们还会讨论，当国内物价水平下降时，本币的汇率会随之下降，导致出口增加，进口减少，净出口增加，总需求量相应地增加。相反，当国内物价水平上升时，本币的汇率会随之上升，导致出口减少，进口增加，净出口减少，总需求量也相应地减少。在宏观经济分析中，这种物价上升（或下降）引起汇率上升（或下降）变化，进而使净出口和总需求量减少（或增加）的现象，被称为汇率效应。因为蒙代尔和弗来明特别强调，所以又叫蒙代尔—弗来明汇率效应。

在实际生活中，本国物价水平下降，会使外国商品相对昂贵，本国商品相对便宜。在这种情况下，外国人会购买更多的本国商品，导致出口增加；本国人一方面增加本国商品的购买，另一方面减少对外国商品的购买，导致进口减少。两个因素共同作用，导致净出口和总需求量增加。

第四，税收效应。在现代经济中，物价水平的变动会影响人们的名义收入和纳税额及可支配收入，进而影响总需求量。一般情形是，当物价水平下降时，人们的名义收入会下降，纳税减少，可支配收入增加，总需求量会相应地增加。相反，当物价水平上升时，人们的名义收入会上升，纳税增加，可支配收入减少，总需求量会相应地减少。在宏观经济分析中，这种物价与税收呈相同方向变动，进而使可支配收入和总需求量按相反方向变动的现象，被称为税收效应。

综上所述，物价水平下降，会使利率下降，私人投资增加；货币购买力上升，消费支出增加；（本币）汇率下降，净出口增加；税收减少，可支配收入和消费支出增加。所有这些，都会导致总需求量增加。不过，据斯蒂格利茨的研究，物价水平变化对消费、投资和净出口的影响很小，因而总需求曲线比较陡峭，弹性较小。

四、总需求曲线的移动

我们在前面讨论总需求量的变动时，一直假定其他条件不变。这些条件主要是收入水平、利率、汇率、预期，以及税收、政府购买或货币供给等政策变量。如果物价水平不变，这些条件全部或其中某一个变化了，总需求量也会变化。这种变化表现为整条总需求曲线的平行移动，如图 5-2 中 AD_0 移动到 AD_2 或 AD_1 所示。在经济分析中，这种变化叫总需求的变化。

下面，我们假定物价水平不变，讨论影响总需求变化的主要因素。当总需求减少时，总需求曲线向左平移，在图 5-2 中表现为由 AD_0 向左移动至 AD_1；相反，总需求曲线向右平移，在上图中表现为由 AD_0 向右移动至 AD_2。

（一）消费需求

在总需求中，消费者的购买需求或消费需求是主体部分，在发达国家平均占总需求的70%。

消费需求取决于多种因素，其中，最重要的是收入和消费倾向两个因素。在消费倾向不变的情况下，消费需求就取决于收入水平，两者按相同的方向变化。由此决定，如果其他因素不变，随着收入水平提高，消费需求和总需求也会相应地提高，总需求曲线向右方平行移动。

在收入水平不变的情况下，消费倾向与消费需求按相同的方向变化。由此，如果其他因素不变，随着消费倾向的提高，消费需求和总需求也会相应地提高，总需求曲线向右方平行移动。

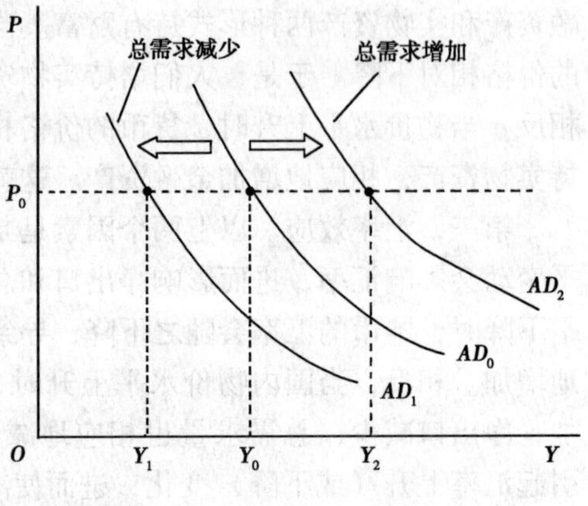

图 5－2　总需求曲线的变化

在第四章讨论消费函数时，我们曾经将消费倾向区分平均消费倾向和边际消费倾向。其中，边际消费倾向有递减的趋势，凯恩斯将这一趋势称为“边际消费倾向递减规律”。边际消费倾向之所以重要，主要是因为它决定了新增加的收入将如何分配于消费与储蓄。边际消费倾向越高，则新增加的收入中用于消费的份额越多；相反，则有更多的份额用于储蓄。凯恩斯把这一规律看做是导致经济萧条的重要原因。

（二）投资需求

在总需求中，私人投资需求也是重要的组成部分。

投资需求受多种因素影响，其中，最重要的是资本边际效率和利息率两个因素。资本边际效率是投资的收益。在利率等因素不变的条件下，投资需求与资本边际效率按相同的方向变化。由此决定，如果不考虑其他因素，随着资本边际效率提高，投资需求和总需求会相应地增加，总需求曲线向右方平行移动。

在第四章讨论投资函数时，我们曾经指出，资本的边际效率会随着投资的增加而减少。凯恩斯把这一趋势叫资本边际效率递减规律，并把这一规律看作是导致经济萧条的另一重要原因。

利率是投资的成本。在资本边际效率等因素不变的条件下，私人投资与利率按相反的方向变化。由此决定，如果不考虑其他因素，随着利率下降，私人投资需求和总需求就会相应地增加，总需求曲线向右平行移动。

在第四章讨论货币市场均衡时曾经指出，利率是由货币供给和货币需求两个因素共同决定的。如果货币需求不变，增加货币供给会导致利率下降，促使投资需求和总需求增加；如果货币供给不变，货币需求增加会导致利率上升，促使投资需求和总需求减少。凯恩斯认为，流动偏好规律和资本边际效率递减规律共同作用，是导致经济萧条的又一重要原因。

（三）汇率

在开放经济中，净出口也是总需求的组成部分。

净出口受多种因素影响，其中，一个重要的因素是汇率。在其他因素（如物价水平）不变的情况下，净出口与本币汇率按相反的方向变化。如果不考虑其他因素，随着本币汇率下降，净出口需求和总需求会相应地增加，总需求曲线向右方平行移动。

（四）经济政策

在现代经济中，宏观经济政策对总需求也有重要影响。例如，政府实施扩张性财政政策，增加政府购买，或减少税收，就会扩大总需求，使总需求曲线右移；相反，政府实施紧缩性财政政策，减少政府购买，或增加税收，就会减少总需求，使总需求曲线向左平移。再如，政府实施扩张性货币政策，增加货币供给，就会促使利率下降，使投资需求和总需求增加，进而使总需求曲线右移；相反，政府实施紧缩性货币政策，减少货币供给，就会促使利率上升，使投资需求和总需求减少，进而使总需求曲线向左平移。

（五）预期

预期对总需求的影响主要有两个渠道，一是通过影响居民消费，进而影响总需求。预期对居民的影响可能是未来收入的持续增加，或者未来通货膨胀率的上升。如果这种预期具有普遍性，就会增加居民现期消费，从而提高总需求水平，使总需求曲线向右平移。

总之，收入、消费倾向、资本边际效率、利率、货币供给量、政府购买、税收、汇率等的变化会使总需求曲线移动。其中，政府购买和税收的变动属于财政政策，货币供给量变化属于货币政策，都属于宏观需求管理政策。其政策含义是，政府调节其财政政策和货币政策，可以使总需求发生变化。

最后需要强调的是，总需求量的变化，表现为需求曲线上点的移动，是在其他因素不变时由物价水平变动引起的。总需求的变化，表现为整个总需求曲线的移动，是在物价水平不变时，由其他因素变动引起的。所以，尽管两者都表现为量的变化，但应注意两者的区别。

专栏　我国亟须扩大居民消费需求

我国自2008年底以来出现经济紧缩的原因，既有外部需求减少的影响，也有内部消费需求低迷的制约。

从外部需求方面看，主要是2007年夏天美国爆发了次贷危机，并最终演变为一场自20世纪30年代大萧条以来最严重的经济衰退，从而减少了对我国产品的进口需求。受美国经济的拖累，主要的西方发达国家也相继陷入衰退，并减少了对我国产品的进口需求。不幸的是，我国是一个出口导向型国家，经济增长在相当程度上依赖外部需求。例如，2007年，我国的外贸依存度为65%，均高于美国和日本等发达国家。在这种背景下，出口需求锐减，总需求就会随之下降，并拖累经济增长。

从国内投资需求方面看，主要是国家在若干产业对民营企业进入设置了障碍，压缩了民间资本投资空间。例如，有关部门曾以“关系国家安全和国民经济命脉”为由，提出国有经济必须对军工、电网电力、石油化工、电信、煤炭、民航、航运等七大行业保持“绝对控制力。”银行经常拒绝民营企业的贷款申请，致使7成贷款流向了国企。更有甚者，有些地方政府还随意侵犯民营资本。例如，2009年上半年，山西省实施由大型国有煤炭企业收购省内小煤矿的所谓煤炭行业整合重组，致使温州民营资本在晋煤上的投资瞬间蒸发掉250多亿元。目前，我国私营企业在内资企业中的比重已经超过70%，创造的GDP和固定资产投资比重分别超过了60%（2008年投资比重是64.5%），吸纳的就业人数占全国城镇就业的70%以上。在国有经济、民营经济和外资经济三足鼎立的混合经济格局中，限制民营资本投资，势必导致投资需求和总需求下降，并妨碍经济增长。

从国内消费需求方面看，主要是居民的私人消费需求相对下降。有资料称，从2000年起，我国的消费率（消费占GDP的比重）逐年下滑。2007年是48.8%，比2000年的

续

62.3%下降了13.5个百分点。2008年，国内居民消费率再次骤减13.5个百分点，下降到35.3%。同期，美国平均消费率为70.1%，印度为54.7%。就是说，我国的消费率，既低于发达国家，也低于发展中国家。这期间，我国政府的消费率基本持平，变化幅度不大。这表明，我国消费率的持续下降，主要是由居民消费率的持续走低引起的。另外，我国消费率在短短的9年中锐减27个百分点，平均每年减少3个百分点，下降速度之快，不仅在我国历史上，就是在国际上，也是极为罕见的。由此决定，总需求必然相应地下降，并拖累经济增长。 外部需求取决于国际环境。投资扩张只有短期效应。消费需求是总需求的主体，其比重一般在6成至7成之间。并且，消费是经济增长的出发点和最终归宿。所以，我国扩需求、保增长的着力点，应当是提升国内消费需求，特别是居民的消费需求。

第二节 总供给分析

一、总供给函数

总供给（*AS*）是指在其他因素不变的条件下，一定时期内所有企业在每一价格水平上所愿意生产和出售的最终产品和服务。一般用总产出或总收入（*Y*）表示。

短期内，总需求与总供给相互作用决定着产量、就业和生产能力的利用率以及物价水平。在长期内，比如10年或10年以上，总供给是决定经济增长的主要因素。

从生产的角度看，总供给取决于总要素投入量（如劳动力、资本存量、技术等）与投入组合的效率。在宏观经济分析中，一般用生产函数表示总投入和总供给之间的关系。如果用Y代表总产出，用K代表资本，用N代表劳动，则总量生产函数的形式就是：$Y=f(K, N)$。

在讨论总量生产函数时需要区分潜在产量和实际产量。潜在产量是指在潜在就业量和现有资本存量条件下能达到的产量。这里说的潜在就业量，是指在现有激励下所有具备工作能力并愿意工作的人都能得到工作时的就业量，即充分就业量。实际产量是指实际就业量和现有资本存量能够生产的产量。实际产量可能等于潜在产量，也可能小于潜在产量。在总需求不足时，实际产量小于潜在产量，出现失业现象。

如果从市场的角度考察总供给，总供给量与物价水平之间的关系可以表示为：$Y=f(P)$。其中，Y代表总供给，P代表物价水平。由于供给价格在长期内有伸缩性，而在短期内有粘性，所以，总产出与物价水平的关系，取决于时间范围。下面我们分别进行讨论。

二、总供给曲线

在宏观经济分析中，总量生产函数的几何表达就是总供给曲线。例如，在图5－3中，纵轴代表价格水平，横轴代表产出水平，*AS*就是一条总供给曲线。曲线上的点表示，有一个价格水平，就有一个总产量与之对应。根据考察时期和假设不同，宏观经济学把总供给曲线区分为三种类型。

（一）古典总供给曲线（长期总供给曲线）

古典学派关注的是长期经济增长，因而他们认为，总供给曲线是一条位于经济的潜在产量或充分就业产量水平上的垂直线，如图5-3中的*AS*（*LAS*）线所示。它有两个明显特点：一是每个厂商都实现了能力产量（指厂商的最小成本时的产量），二是实现了充分就业。

古典学派给出的解释是，经济中的价格和货币工资具有完全弹性，价格水平和货币工资率以相同的百分比变化，从而保持实际工资率不变，继而使得就业总是保持在充分就业状态。就是说，在任何价格水平下，劳动市场都是出清的，既不存在劳动的超额供给，也不存在劳动的超额需求。这样，实际产出必然等于潜在产出。

需要提及的是，古典总供给曲线描述的是长期经济现象。长期意味着经济社会投入生产的各种要素都可以调整。因此，即使放弃上述价格和货币工资具有完全弹性的假定，宏观经济的各种变量也有足够的时间将实际产出调整到位于潜在产出水平上或充分就业的水平上。

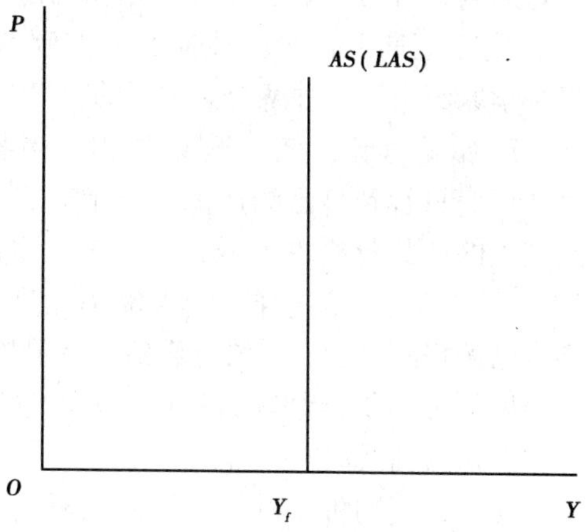

图5-3　古典总供给曲线

可见，古典供给曲线实际上是长期总供给曲线（*LAS*），其政策含义是，增加总需求并不能增加就业和产出，只能引起通货膨胀，因而总需求管理政策是无效的。

（二）凯恩斯总供给曲线

凯恩斯关注的是短期经济，所以，他提出的总供给曲线不同于古典总供给曲线。在凯恩斯看来，总供给曲线是一条从既定物价水平出发，与横轴平行的水平线，如图5-4中的*AS*曲线所示。

凯恩斯给出的解释是，在萧条时期，存在着大量的闲置设备和失业工人，价格和工资都具有"刚性"，即价格和工资不会轻易变动。在这种情况下，如果总需求增加，厂商就可以利用闲置的生产能力，增加产量，而价格水平不必提高。他也承认，当达到充分就业的产量后，经济中已经没有富余的生产能力。这时如果需求增加，产量就不会再增加了，只会引起物价上升，如图5-4中对应于潜在产出的垂直总供给曲线。

需要提及的是，凯恩斯供给曲线阐述的是短期经济现象。在短期内，工资和价格都来不及调整。凯恩斯总供给曲线的政策含义是，当经济中存在着闲置设备和失业工人时，增加总需求可以使产出和就业增加，而不必担心通货膨胀。

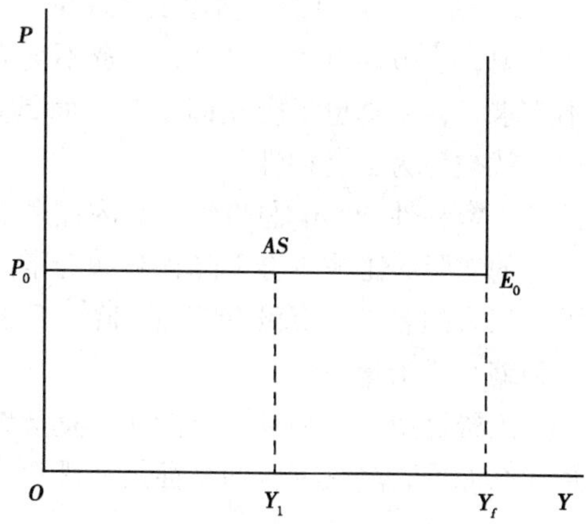

图5-4　凯恩斯总供给曲线

（三）常规总供给曲线

多数经济学家认为，古典总供给曲线和凯恩斯总供给曲线是两种极端情形，而常规的总供给曲线是一条向右上方倾向的曲线，即随着物价上升，产出和就业也相应地增加，两者按相同的方向变化，如图5-5中的*AS*曲线所示。该曲线也被认为是短期总供给曲线*SAS*，即在货币工资率、其他资源价格和潜在产出不变的情况下，实际产出和价格水平之间的关系。在短期内，价格水平上升引起实际产出增加，短期总供给曲线向右上方倾斜。

对于短期总供给曲线向右上方倾斜的特征，经济学家给出了多种解释。主要的有以下三种：

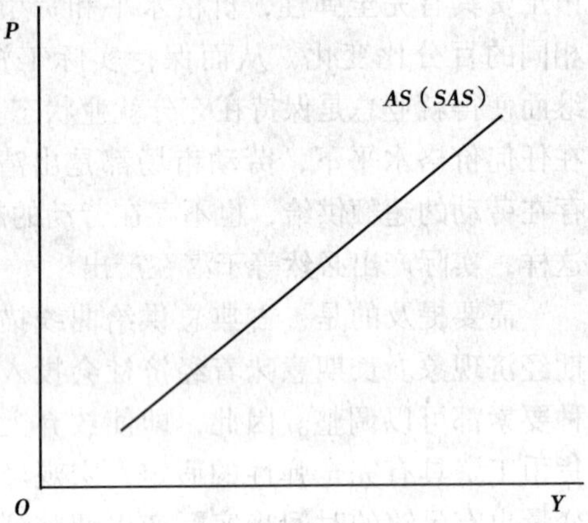

图5-5 常规总供给曲线

1. 错觉理论。错觉理论认为，当物价上涨时，厂商只看到自己的产品价格上升，而没有看到别人的产品价格也上升，就会扩大生产，增加供给量。工人也是这样。当工资率上升时，只看到自己的报酬增加，而没有看到产品价格也上升，就会增加劳动供给量。厂商和工人的这种错觉会导致总供给曲线向右上方倾斜。

相反，当物价下跌时，厂商只看到自己的产品价格下降，而没有看到别人的产品价格也下降，就会缩小生产，减少供给量。工人也是如此。当工资率下降时，只看到自己的报酬减少，而没有看到产品价格也下降，于是就减少劳动供给量。厂商和工人的这种错觉也会导致总供给曲线向右上方倾斜。

总之，当物价水平变动时，企业和工人产生的这些错觉会使物价水平与总供给量同方向变动。错觉的产生，是因为企业的决策者和工人没有掌握充分的信息，也并非完全理性，判断难免发生失误。虽然他们在长期中会纠正这些错觉，但在短期中是难以避免的。

2. 粘性工资理论。粘性工资理论认为，名义工资的调整是落后于劳动供求关系变化的。或者说，当劳动供大于求时，工资不会立即下降，要过一段时间才能下降。相反，当劳动供不应求时，工资也不会立即上升，而是要过一段时间才能上升。这种名义工资变动的滞后性，就被称为工资粘性。

工资粘性会影响总供给。其内在逻辑是，物价上升了，工人的名义工资没有随之上升，厂商的实际人工成本会下降，利润会增加，因而会增加生产和扩大供给量。相反，物价下降了，工人的名义工资没有随之下降，厂商的实际人工成本会上升，利润减少，因而会减少生产和缩小供给量。

工资之所出现粘性，可能同工资契约、效率工资、局外人和局内人工资差别等有关。不管什么原因，名义工资的粘性是客观存在的，这种工资粘性引起物价与短期总供给量同方向变动。

3. 粘性价格理论。粘性价格理论认为，有些商品与服务的价格对经济状况变动的调整也是缓慢的。这在一定程度上是因为价格的调整是有成本的，即所谓的菜单成本——包括印刷和分发目录的成本和改变价格标签所需要的时间。由于这些成本，短期中价格和工资可能都是具有“粘性”的。

在常规总供给曲线的左下方，斜率较小、曲线较平缓，而且越接近经济萧条，其斜率越小，曲线越平缓，越呈现出凯恩斯总供给曲线的特征；在常规总供给曲线的右上方，斜率较大、曲线较陡峭，而且越接近充分就业，其斜率越大，曲线越陡峭，越呈现出古典总供给曲线的特征；在常规总供给曲线的中间部分，自左下方向右上方倾斜，而且斜率逐渐变大，曲线逐渐变得陡峭。

常规总供给曲线的政策含义是，增加总需求可以使产出和就业增加，但物价也会相应地上升，人们必须在增加就业和稳定物价之间进行权衡和抉择。

专栏 价格是否有粘性？为什么价格有粘性？

价格是否有粘性？为什么价格有粘性？这两个基本问题与短期总供给曲线为何向右上方倾斜密切相关。

经济学家艾伦·布兰德通过调查企业的价格调整决策直接涉及了这些问题。他首先问企业的经理们通常如何改变价格。概括在表 a 中的回答得出了两个结论。第一，粘性价格是相当普遍的，多数企业在 1 年中仅调整价格 1～2 次。第二，企业之间在价格调整快慢上存在相当大的差别。大约有 10% 的企业 1 周改变 1 次以上的价格，大约有同样比例的企业 1 年也难得改变 1 次价格。

表 a　　价格调整的频率

此表是对以下问题的回答：在正常年份中你最重要的产品改变价格的频率是多少？

频　率	企业的百分比（%）
小于 1 次	10.2
1 次	39.3
1.01 次～2 次	15.6
2.01 次～4 次	12.9
4.01 次～12 次	7.5
12.01 次～52 次	4.3
52.01 次～365 次	8.6
365 次以上	1.6

资料来源：Alan S, Blinder, "On Sticky Prices: Academic Theories Meet the Real World," in N. G. Mankiw, ed., Monetary Policy (Chicago: University of Chicago Press, 1994): 117～154.

然后，布兰德问企业的经理们为什么不更频繁地改变价格。他向经理们解释了有关粘性价格的 12 种经济理论，并让他们判断每一种理论对他们企业的行为描述如何。表 b 概括了这些理论和根据接受该理论的经理的百分比的排序。要注意的是，每种理论都有一些经理肯定，而且每一种理论也受到许多人的否定。一种解释是，不同的理论适用于不同的企业，这取决于行业的特点，而且，价格粘性是一种没有唯一的微观经济解释的宏观经济现象。

续

在12种理论中，协调失灵排在首位。根据布兰德的看法，这是一个重要的发现，因为它表明，协调失灵理论解释了价格粘性，而价格粘性又解释了为什么经济经历了围绕其自然率的短期波动。他写道："这个模型最明显的政策含义是较为协调的工资和价格决定——在某种程度上已经实现——可以改善福利。但如果这被证明是困难的或不可能的，就要打开积极的货币政策之门以遏制衰退。"

表 b　　价格粘性理论

理论与简单说明	接受这种理论企业的百分比（%）
1. 协调失灵：企业后调价格，以等其他企业先调	60.6
2. 根据有时滞的成本定价：价格上升要滞后到成本增加之后	55.5
3. 交货时滞，服务等：企业喜欢改变自己的其他产品属性，例如，交货时滞，服务，或产品质量	54.8
4. 隐含的合约：企业默许稳定价格，也许是由于对顾客的"公平"	50.4
5. 名义合约：价格由公开的合约所固定	35.7
6. 价格调整成本：企业改变价格引起的成本	30.0
7. 周期性弹性：随需求曲线的移动而变得缺乏弹性	29.7
8. 定价点：某种价格（如9.99美元）特别有心理意义	24.0
9. 存货：企业改变存货量而不改变价格	20.9
10. 边际成本不变：边际成本平坦而且组成不变	19.7
11. 等级制延误：官僚主义延误使决策放慢	13.6
12. 根据价格判断质量：企业担心顾客把降价误解为质量下降	10.0

资料来源：Alan S，Blinder. On Sticky Prices：Academic Theories Meet the Real World，in N. G. Mankiw，ed.，Monetary Policy（Chicago：University of Chicago Press，1994）：117～154.

转引自曼昆：《宏观经济学》，第四版，中国人民大学出版社2000年版，第466～468页。

三、总供给曲线的移动

在前面讨论价格和总产出变动时，我们一直假定其他条件不变。这些条件主要是指资本存量、劳动投入、技术进步、经济政策、预期等。如果这些条件全部或其中某一个发生变化，即使物价水平不变，总产出和就业也会变化。这种变化表现为整条总供给曲线的平行移动。如图5－6中总供给曲线AS_0移动到AS_2或AS_1所示。在宏观经济分析中，这种变化叫总供给的变化。

（一）长期总供给曲线的移动

长期总供给曲线（即上述的古典总供给曲线）是一条位于经济的潜在产量或充分就业产量水平上的垂直线，其位置的移动取决于潜在产出的变化。如果经济体的潜在产出增加，长期总供给就增加，长期总供给曲线就会向右平移。反之，则会减少总供给，长期总供给曲线就会向左平移（见图5－6）。从图5－6中可以看出，当整个社会的潜在产出水平由Y_{f0}提高至Y_{f1}时，长期总供给曲线就由LAS_0向右移至LAS_1。这种产量增长与物价水平的变动无关。

引起长期总供给曲线移动的原因主要有：

1. 资本存量变化。资本是重要的生产要素。在其他条件不变时，随着资本存量增加，经济社会的生产能力会提高，产出和就业也会增长，总供给曲线相应地向右方平行移动。表现在图 5-6 中，就是总供给曲线 LAS_0 向右移动至 LAS_1。资本存量是储蓄和投资的结果。提高储蓄率，有利于扩大投资，增加资本存量，扩大总供给。引进外国资本，也有利于增加一国的资本存量，增加总供给。

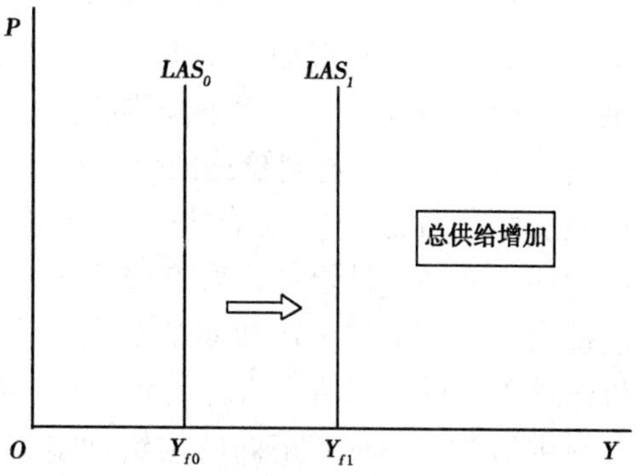

图 5-6　长期总供给曲线的移动

2. 人口规模变化。在其他条件不变时，随着劳动量增加，经济社会的生产能力会提高，产出和就业也会增加，总供给曲线相应地向右方平行移动。表现在图 5-6 中，就是总供给曲线 LAS_0 向右移动至 LAS_1。劳动人口是总人口中的一个部分。人口增长是劳动增长的基础。所以，随着人口增长，总供给也会不断增长。

3. 技术进步。技术也是重要的生产要素。在其他条件不变时，随着技术水平提高，经济社会的生产能力会提高，产出和就业也会增加，总供给曲线相应地向右方平行移动。表现在图 5-6 中，就是总供给曲线 LAS_0 向右移动至 LAS_1。

4. 经济政策变化。经济政策对厂商的投资决策有重要影响，从而会影响总供给。例如，政府增加对厂商的财政补助，会使厂商扩大生产，增加总供给，使总供给曲线向右平行移动。表现在图 5-6 中，就是总供给曲线 LAS_0 向右移动至 LAS_1。相反，政府增加税收，会减少厂商的税后利润，从而缩小生产规模，进而使总供给下降，总供给曲线向左平行移动。

（二）短期总供给曲线的移动

短期总供给曲线（即常规总供给曲线）表明的是在其他因素不变的条件下，物价水平与短期总供给量之间的一种关系，而除物价水平以外的其他因素的变动就会造成短期总供给曲线的移动。短期总供给曲线的移动主要有两种情况：

第一种情况是，长期总供给曲线的移动而引起相应的短期总供给曲线的移动。这是因为，在短期内短期总供给量和长期总供给量会出现偏离，但在长期内两者必然相等，即长期总供给是短期总供给的基础。这里以下面的图形做一说明。

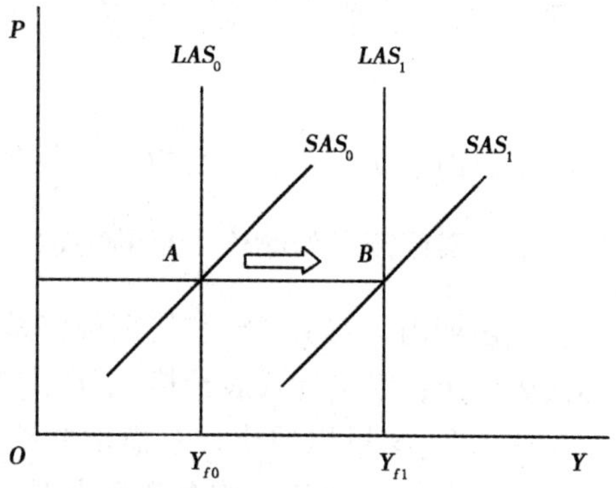

图 5-7　长期总供给曲线和短期总供给曲线的移动

从图 5-7 中可以看出，当长期总供给曲线从 LAS_0 向右移至 LAS_1 时，与长期总供给曲线对应的短期总供给曲线则由 SAS_0 平行右移至 SAS_1，代表潜在产量与现实产量一致的两条曲线的交点也由 A 右平移至 B，表明在任一价格水平下，由于潜在的社会总产量增加，企业所愿意提供的总产量也随之提高。

第二种情况是在长期总供给不变的情况下，短期总供给曲线本身的移动。引起短期总供给曲线移动的因素即为影响生产成本的因素，也就是货币工资率和其他生产要素价格的变动。货币工资率上涨会带动成本上升从而导致短期总供给减少，而货币工资率下降则会造成短期总供给增加。另外，原材料价格的变动具有重要意义，在经济学中称之为“供给冲击”，也会造成总供给曲线的移动。供给冲击既有降低生产成本的正向冲击，也有增加生产成本的负向冲击。负向的供给冲击如世界原油价格的上涨，增加生产成本，使总供给曲线左移；正向的供给冲击如特别好的天气会带来大丰收，降低食品的成本，从而降低生产成本，使总供给曲线右移。

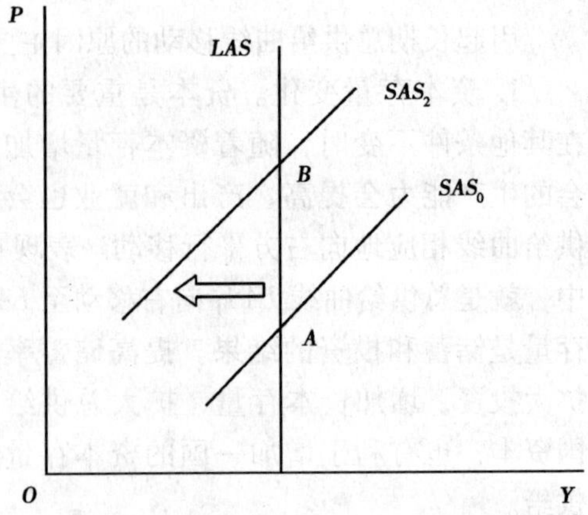

图 5－8　要素价格上涨引起短期总供给曲线的移动

假定世界市场原油价格上涨，使得很多企业的生产成本上升，在产品价格不变的情况下企业的利润减少，因此企业会减少总供给量，使短期总供给曲线向左平移。在图 5－8 中，短期总供给曲线由 SAS_0 向左移至 SAS_2，表示在既定价格水平下，成本的上升使厂商所愿意提供的总产量减少。

但是，短期内生产成本的上升并不会造成一个社会人口和资本存量的变化，也不会改变当前的技术状况，也不会导致当前的制度变迁，因此，长期总供给曲线并不会发生变化，这在图中就反映为短期总供给曲线沿着同一条长期总供给曲线左移，表明在短期总供给减少的过程中，社会的潜在 GDP 水平保持不变。

第三节　总需求—总供给模型

把总需求曲线和总供给曲线结合起来，就可以分析实际产出和物价水平的决定。

一、实际产出和物价水平的决定

在短期内，均衡产出和均衡价格是由总需求与总供给共同决定的。在图 5－9 中，横坐标代表产出，纵坐标代表价格，*AD* 代表总需求曲线，*AS* 代表总供给曲线。

从图 5－9 可以看出，总需求曲线 *AD* 与总供给曲线 *AS* 相交于 E_0 点，经济达到均衡。这时，均衡价格为 P_0，均衡产量为 Y_0。表示在 P_0 水平上，经济社会的实际总产出是 Y_0，实际总需求也是 Y_0，两者相等。

如果总需求量和总供给量不相等，经济没有实现均衡，经济自身内在的规律会使两者趋于相等，达到均衡。例如，如果整个经济的价格水平为 P_1，总需求量为 Y_{AD}，总供给量为 Y_{AS}，总供给量大于总需求量，出现产品和服务的过剩，企业库存将增加。在这种情况下，企业有动力降低价格，减少生产，使得总供给量减少，价格水平下降，直到企业能够出售其全部产品和服务，即经济到达 E_0 点为止。如果价格水平低于 P_0，则总需求量大于总供给量，出现产品和服务的短缺，其结果是产出增加，价格上升，直至经济到达 E_0 点为止。

宏观经济达到均衡后，如果没有外部因素干扰，均衡将长期保持下去。但是，这种均衡并不意味着已经实现了充分就业。在短期里，由于货币工资具有粘性，随着价格的改变，实际工资率发生变化，从而导致实际就业可能大于充分就业，也可能小于充分就业，继而使得实际产出可能大于或者小于潜在产出。但是，从长期看，货币工资具有弹性，随着价格水平的变化，实际工资保持不变，就业量总是保持在充分就业状态，总产出总是等于潜在产出。这时，就实现了长期经济均衡，如图 5－10 所示。

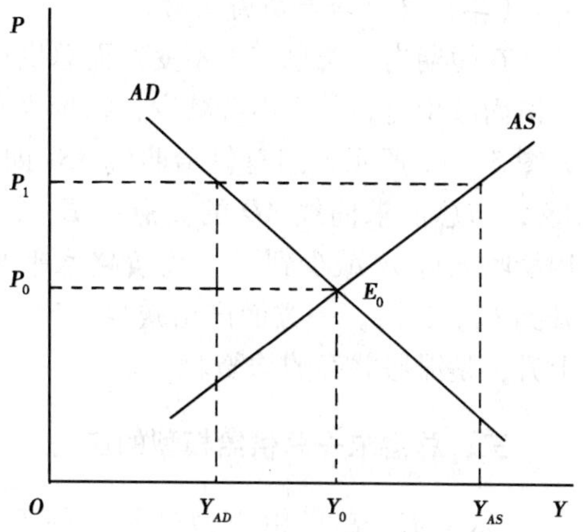

图 5－9　总需求—总供给模型：短期均衡

从长期看，实际产出等于潜在产出，长期均衡位于总需求曲线 *AD* 和总供给曲线 *LAS* 交点上。此时，总需求的变化决定价格水平，但不影响总产出，价格水平影响货币工资率。长期均衡时，货币工资率调整到使得 *SAS* 通过长期均衡点 E_0。

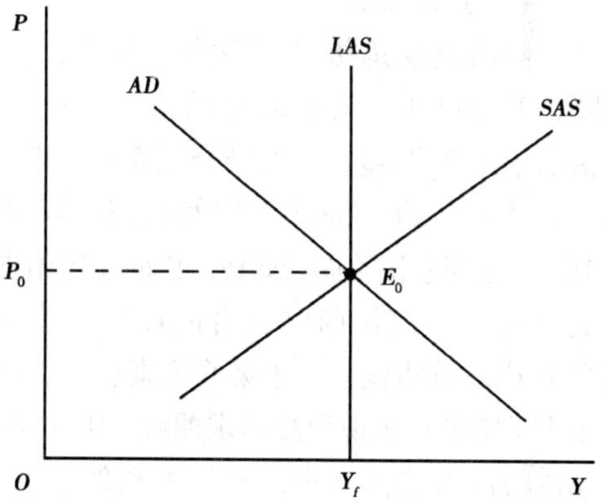

图 5－10　总需求—总供给模型：长期均衡

二、实际产出和物价水平的变动

在短期内，总需求或总供给变化了，均衡产出和均衡价格就会随之变化。

（一）总需求与均衡变动

在短期内，总需求增加对宏观经济均衡的影响大体上有三种情形：

1. 产出和就业增加，但物价水平不变。当经济社会存在大量闲置资源时，总需求增加，产出会相应增加，但物价水平保持不变。如图 5－11 所示，当总需求曲线 AD_0 向右移动到 AD_1，与总供给曲线 *AS* 的交点由 E_0 变为 E_1 时，均衡收入从 Y_0 增加到 Y_1，但价格水平一直为 P_0。这时，仍然存在失业，是低于充分就业的均衡。

2. 物价水平上升，产出增加并实现充分就业。当经济社会中虽然有闲置资源，但也有些资源开始紧张时，总需求增加，产出会增加，物价水平也会相应上升。达到潜在产量时，实现了充分就业，即充分就业均衡。在图 5－11 中，当总需求曲线 AD_2 向右移动到 AD_3，与总供给曲线 *AS* 的交点由 E_2 变为 E_3 时，均衡收入为 Y_f，价格水平由 P_1 上升到 P_2。这时，实现了充分就业，是充分就业的均衡。

3. 物价水平上升，但产出和就业都不变化。当经济社会中资源已经充分利用时，总需求增加，产出和就业都不会增加，但物价水平会相应上升。在图 5－11 中，当总需求曲线 AD_3 向右移动到 AD_4，与总供给曲线 *AS* 的交点由 E_3 变为 E_4 时，均衡收入仍然是 Y_f，价格水平却由 P_2 上升到 P_3。这时，劳动资源已经充分利用，是高于充分就业的均衡。

总需求减少对均衡的影响正好相反。读者可以自己分析。

(二) 总供给与均衡变动

在短期内，若总需求不变，而总供给由于受到冲击而减少时，总产出会减少，物价水平会上升。如图 5-12 所示，当总供给曲线 AS_0 向左平移到 AS_2，与总需求曲线 AD 的交点由 E_0 变为 E_2 时，均衡收入从 Y_0 减少到 Y_2，而价格水平则由 P_0 上升到 P_2。这时，一方面产出减少，另一方面价格上升，是滞胀并存的均衡。

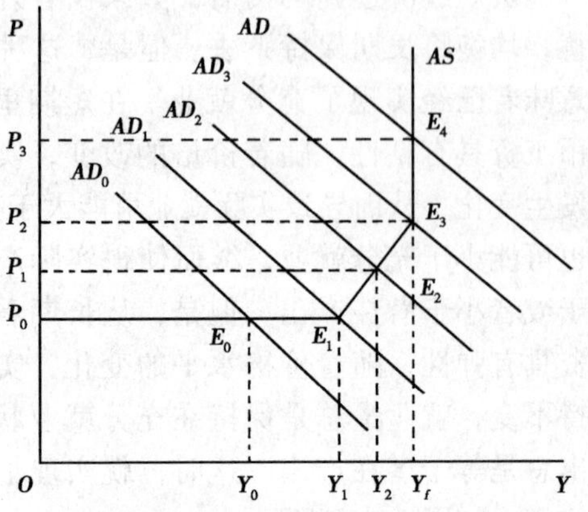

图 5-11 总需求曲线的移动

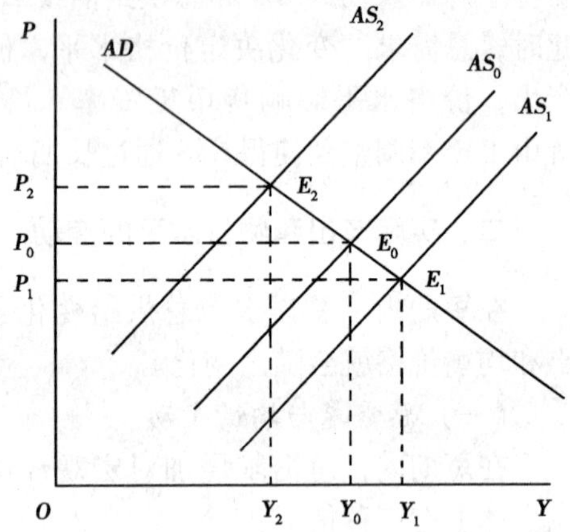

图 5-12 总供给曲线的移动

三、总需求—总供给模型的应用

总需求—总供给模型是基本的宏观经济模型，可以用来解释短期经济波动，也可以说明一些宏观经济政策的实施背景。

(一) 经济衰退

经济衰退是指经济发展过程中，物价水平下降，产出减少，失业增加的情形。经济衰退一般由需求不足引起。下面结合图 5-13 略作说明。

假设初始经济处于均衡状态，即总需求曲线 AD_0 与短期总供给曲线 SAS、长期总供给曲线 LAS 相交于 E_0 点，实际 GDP 和潜在 GDP 均为 Y_f，物价水平为 P_0。再假设，由于某些因素影响，社会总需求水平下降了，表现为总需求曲线 AD_0 向左移至 AD_1。总供给没有受到冲击，其位置和斜率都没有变化。这样，新的总需求曲线 AD_1 与原来的总供给曲线 SAS 相交于 E_1 点，形成新的均衡：总产出为 Y_1，价格水平为 P_1。很明显，$Y_1<Y_f$，$P_1<P_0$。或者说，总产出水平和物价水平都下降了。这种情况就是宏观经济分析中所说的经济衰退。实际 GDP 与潜在 GDP 之间的差额，即 Y_f-Y_1，被称为衰退性缺口。

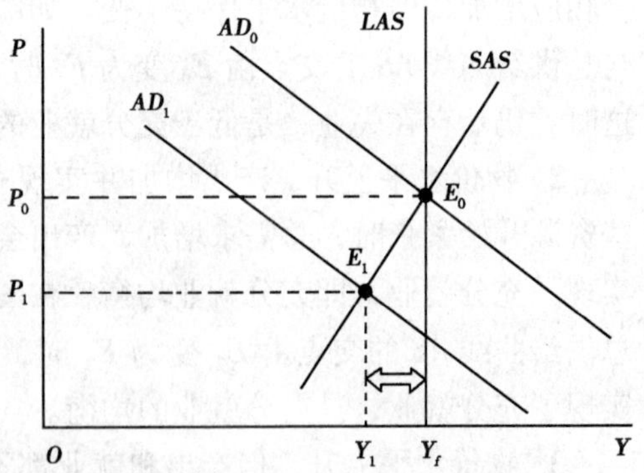

图 5-13 总需求减少的影响

(二) 经济过热

经济过热也是经济波动中的一种现象。其主要表现是总需求扩张，物价水平普遍的、显著的、持续的上升，经济出现通货膨胀。下面结合图 5-14略作说明。

假设初始经济处于均衡状态，总需求曲线 AD_0 与短期总供给曲线 SAS、长期总供给曲线 LAS 相交的 E_0 点，实际 GDP 和潜在 GDP 均为 Y_f，物价水平为 P_0。再假设，由于某些因素影响，社会总需求水平上升了，表现为总需求曲线 AD_0 向右移至 AD_1。总供给没有受到冲击，其位置和斜率都没有变化。这样，新的总需求曲线 AD_1 与原来的总供给曲线 SAS 相交于 E_1 点，形成新的均衡：总产出为 Y_1，价格为 P_1。很明显，总产出增加，物价水平上升了。

这种情况就是宏观经济分析中所说的经济过热。实际 GDP 与潜在 GDP 之间的差额，即 Y_1-Y_f，被称为膨胀性缺口。

（三）滞胀

滞胀是 20 世纪 70 年代西方发达国家中出现的一种新现象。其特点是经济停滞与通货膨胀并存，原因主要是总供给减少。下面结合图 5－15 略作说明。

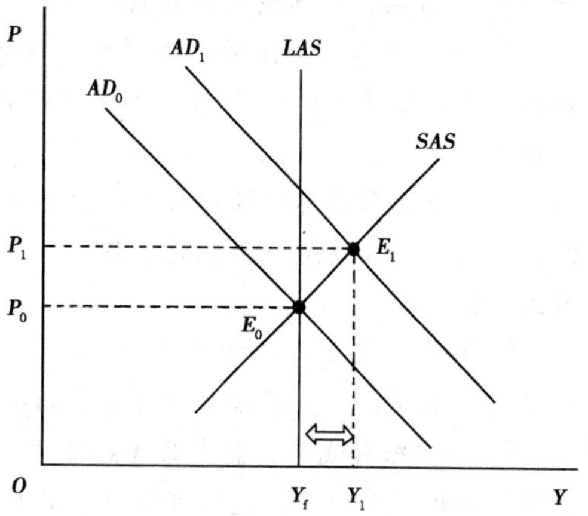

图 5－14　总需求增加的影响

假设，初始经济处于均衡状态，即总需求曲线 AD 与短期总供给曲线 SAS、长期总供给曲线 LAS 相交于 E_0 点，实际 GDP 和潜在 GDP 均为 Y_f，物价水平为 P_0。再假设，由于某些因素影响，总供给水平下降了，表现为总供给曲线 SAS_0 向左移至 SAS_1。总需求没有受到冲击，其位置和斜率都没有变化。这样，新的总供给曲线 SAS_1 与原来的总需求曲线 AD 相交于 E_1 点，形成新的均衡：总产出为 Y_1，价格水平为 P_1。很明显，$Y_1<Y_f$，$P_1>P_0$。随着总供给水平下降，一方面物价水平上升，另一方面实际产出水平下降，形成了滞胀并存的现象。

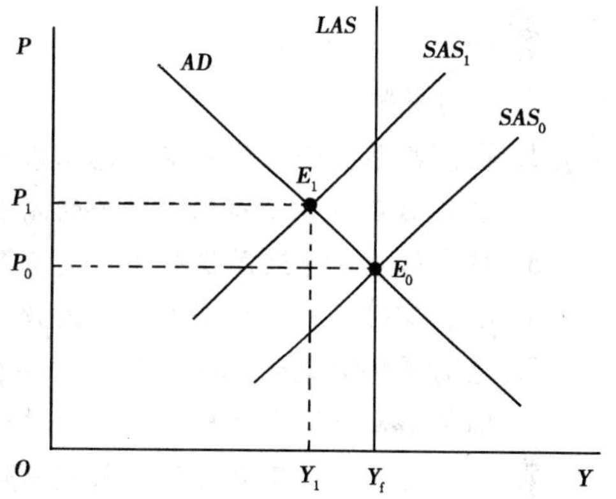

图 5－15　总供给减少的影响

本章主要术语

总需求　总需求曲线　财富效应　利率效应　汇率效应　总供给　古典总供给曲线　凯恩斯供给曲线　常规总供给曲线　错觉理论　粘性工资理论　粘性价格理论　总需求—总供给模型　宏观经济的短期均衡

本章小结

1. 总需求是指在其他条件不变的情况下，在任一种给定的物价水平上，人们想购买的最终产品和服务的总量，一般用总产出或总收入 Y 表示。影响总需求变化的因素很多。如果只讨论总需求量和价格水平之间的关系，就被定义为总需求函数。如果用 AD 表示总需求水平，用 P 表示价格水平，总需求函数就是：$AD=f(P)$。根据总需求函数，当一国物价水平下降时，总需求量会增加。因此，总需求曲线向右下方倾斜。

2. 影响总需求变化的因素。除了物价水平外，还有收入水平、利率、汇率、预期等因素，也包括税收、政府购买或货币供给等政策变量。如果物价水平不变，这些因素全部或其中的一种变化了，总需求就会变化，总需求曲线就会相应地移动。

3. 总供给是指在其他因素不变的条件下，一定时期内所有企业在每一价格水平上所愿意生产和出售的最终产品和服务。一般用总产出或总收入（Y）表示。如果用 K 代表资本，

用 N 代表劳动，则总量生产函数的形式就是：$Y=f(K, N)$。

4. 如果不考虑其他因素的影响，只考察总供给量与物价水平之间的关系，宏观生产函数的形式就变为：$Y=f(P)$。由于供给产品和服务的企业的价格在长期内有伸缩性，而在短期内有粘性，所以，总产出与物价水平的关系，取决于时间范围。一般有三种情形：古典总供给曲线或长期总供给曲线是一条位于经济的潜在产量或充分就业产量水平上的垂直线。凯恩斯总供给曲线是一条从既定物价水平出发，与横轴平行的水平线。常规的总供给曲线向右上方倾斜。

5. 除了价格之外，资本存量、人口、技术和政策等因素，也对总供给量有影响。如果价格水平不变，这些因素全部或其中的一种变化了，总供给曲线就会移动。

6. 总供给曲线与总需求曲线的交点，决定了均衡价格和均衡产量。在均衡产出水平上，有可能实现充分就业，也有可能存在着失业。当总需求或总供给变化时，总需求曲线或总供给曲线就会移动，形成新的均衡价格和均衡产出。

7. 运用总需求—总供给模型，可以解释经济衰退、通货膨胀和经济滞胀等宏观经济现象。

习 题

一、判断题

1. 若短期总供给曲线不变，总需求的变动会引起国民收入与价格水平同方向变动。
2. 若总需求不变，短期总供给的增加会使国民收入增加，价格水平下降。
3. 技术进步会导致总供给曲线向左移动。
4. 在长期里，刺激总需求增加的政策不会引起通货膨胀。
5. 总需求持续低迷可能会引起经济衰退。
6. 国际石油价格和铁矿石价格的持续上涨可能导致我国总供给曲线向右移动。
7. 由于潜在产出不会变化，长期总供给曲线不会变化。

二、单选题

1. 总需求曲线表明，随着价格水平下降，(　　)。

A. 实际 GDP 量会增加　　B. 实际 GDP 量会减少

C. 总需求曲线向左移动　　D. 总需求曲线向右移动

2. 以下会引起总需求曲线向右移动的是(　　)。

A. 预期通货膨胀率上升　　B. 税收增加

C. 价格水平下降　　D. 价格水平上升

3. 随着价格水平上升，实际财富将(　　)，总需求量将(　　)。

A. 增加　增加　　B. 增加　减少

C. 减少　增加　　D. 减少　减少

4. 以下不是长期总供给增加的原因的是(　　)。

A. 货币工资减少　　B. 人力资本增加

C. 采用新技术　　D. 资本增加

5. 宏观经济短期均衡出现在(　　)。

A. 总需求曲线和短期总供给曲线的交点上

B. 一定低于长期总供给的位置上

C. 一定高于长期总供给的位置上

D. 不确定

三、多选题

1. 总需求曲线向右下方倾斜的原因是(　　)。

A. 财富效应　　B. 利率效应

C. 汇率效应　　D. 挤出效应

2. 以下关于长期总供给曲线的正确描述是(　　)。

A. 位于潜在 GDP 位置　　B. 永远保持位置不变

C. 技术水平提高使得其向右移动　　D. 工资率提高使得其向左移动

3. 以下关于短期总供给曲线的正确描述是(　　)。

A. 生产要素价格变化会引起其变动

B. 技术水平提高会使其向左移动

C. 工资率降低将使其向右移动

D. 长期总供给曲线的移动将引起短期总供给曲线的移动

4. 总需求减少的原因可能是(　　)。

A. 总收入降低　　B. 净出口减少

C. 税收增加　　D. 货币供给增加

5. 短期内，就业和收入决定于(　　)。

A. 短期总供给　　B. 长期总供给

C. 总需求　　D. 不确定

四、计算题

1. 已知消费 $C=90+0.8Y_d$，$I=150-60r$，税收 $T=100$。政府购买 $G=100$，名义货币供给 $M=160$，货币需求 $L=0.2Y-4r$，试求：

(1) 当价格水平分别为 1.00 和 1.25 时，均衡国民收入水平和均衡利率是多少。

(2) 当政府增税 50 单位时，均衡国民收入和均衡利率是多少。

(3) 当政府购买增加 50 单位时，均衡国民收入和均衡利率是多少。

(4) 试比较 (2)、(3) 结果，分析政府实行平衡预算时对国民收入的影响。

2. 某国经济有以下总需求和总供给表：

物价水平	实际 GDP 需求（亿元）	实际 GDP 供给（亿元）
90	600	150
100	500	200
110	400	250
120	300	300
130	200	350
140	100	400

(1) 画出总需求曲线和短期总供给曲线。

(2) 该国实现短期宏观经济均衡时的实际 GDP 和物价水平是多少?

(3) 该国的潜在 GDP 是 250 亿元,在你回答 (1) 的同一个图中画出长期总供给曲线。

(4) 如果该国总需求减少了,需求曲线向右移动,试分析哪些因素可以使总需求产生这种变动。

五、思考题

1. 总需求曲线为什么向右下方倾斜?

2. 哪些因素影响总需求曲线的移动?

3. 经济学家关于总供给曲线的理解有什么不同?

4. 常规的短期总供给曲线为什么向右上方倾斜?

5. 在短期内,收入和就业是由哪些因素决定的?经济为什么会出现波动?

6. 20 世纪 70 年代,美国等西方市场经济国家出现了较为严重的"滞胀"问题。请分析这一现象的产生与石油输出国组织大幅度提高原油价格及这些国家长期采用扩张性宏观经济政策之间的逻辑关系。

7. 请举出若干经济生活中的实例来说明总需求冲击和总供给冲击如何导致宏观经济的短期波动。

建议阅读材料

1. 高鸿业:《西方经济学(宏观部分)》,中国人民大学出版社 2007 年版,第 582 ~ 602 页。

2. 范家骧、王志伟:《宏观经济学》,东北财经大学出版社 2003 年版,第 132 ~ 183 页。

3. 石良平:《中级宏观经济学》,上海财经大学出版社 2004 年版,第 31 ~ 33 页。

4. 宋承先:《现代西方经济学(宏观经济学)》,复旦大学出版社 1997 年版,第 220 ~ 239 页。

第六章

财政政策

本章学习要求

1. 掌握宏观经济政策的目标及其相互关系。
2. 掌握财政体系及政策工具。
3. 掌握自动稳定器和相机抉择财政政策。
4. 理解影响财政政策效果的因素和原理。
5. 理解预算平衡与功能财政。

第一节 宏观经济政策的主要目标

一、宏观经济政策目标

经济政策是政府制定的旨在规范市场主体行为，增进社会福利的规章、制度、条例和措施等，其基本功能是促进经济稳定增长和实现社会公平正义。其中，微观经济政策的基本功能是促进公平正义，宏观经济政策的基本功能是维护经济稳定和促进经济增长。所以，宏观经济政策又被称为稳定政策。在经济实践中，政府出台任一政策，都有其预期目标。一般来说，宏观经济政策的四大目标是充分就业、价格水平稳定、经济增长和国际收支平衡。

（一）充分就业

充分就业（Full Employment）是指包含劳动在内的一切生产要素都以愿意接受的价格参与生产活动的状态。由于土地、资本、技术等生产要素在短时期内是固定不变的，所以，在宏观经济短期分析中，只要劳动力充分就业，就意味着生产要素均得到了充分利用。充分就业并不是所有的劳动者都能就业。充分就业时仍包含摩擦性和结构性失业，但不包含周期性失业。充分就业时的失业率就称为自然失业率（在第八章中会详细介绍失业的相关概念）。所以，政府实现充分就业的政策目标不是消除所有的失业，而是使失业率控制在自然失业率水平上。从长期来看，充分就业是指生产要素都以愿意接受的价格参与到生产活动中。

（二）物价稳定

物价稳定（Price Stability）是指价格总水平的稳定。无论是通货膨胀还是通货紧缩对经济都有不良影响，所以，价格稳定成为宏观经济政策的目标。值得注意的是价格稳定不是每种商品的价格都不变，而是价格指数的相对稳定。在现代市场经济中，通货膨胀已经是常态，很难完全消除，因此经济中出现一些轻微的通货膨胀，被认为是正常的，不需要政府干预。宏观经济政策只需关注比较严重的通货膨胀。

（三）经济增长

经济增长（Economic Growth）是指一定时期内（通常为一年）经济社会所生产的商品和服务的增加。通常以国内生产总值和人均国内生产总值的年均增长率来衡量。经济增长是相对于经济波动而言的。在短期内，由于总需求和总供给不匹配，经济增长会出现波动，有时大起大落。政府实现经济增长的宏观经济政策目标就是通过管理总需求，防止或减轻这种经济波动，保持经济持续、稳定和平衡增长。

（四）国际收支平衡

国际收支平衡（Balance of International Payments）是指一国在一定时期自主性交易活动既不存在逆差也不存在顺差的情况。在开放经济条件下，生产要素和产品会在国家间流动，一国经济与其他国家经济密切联系，这就出现了国际收支是否平衡的问题。一国的国际收支状况不仅反映了这个国家的对外经济交往情况，还反映出该国经济的稳定程度。当一国国际收支不平衡时，必然影响国内经济增长、物价稳定和充分就业。所以，政府必须管理对外经济活动，以实现国际收支基本平衡（详细内容参见第十章）。

二、宏观经济政策目标之间的关系

国民经济是一个整体，各地区、各部门和各经济环节是相互联系、相互依存的。相应地，各项经济政策的作用也相互影响。其中，各项政策的目标和具体效应有一致的方面，也有矛盾的方面。研究各项经济政策之间的相互关系，对于正确制定政策，选择政策工具，分析政策效果等，都是十分必要的。

在宏观经济政策目标中，充分就业目标与经济增长目标具有一致性。即经济增长的同时往往会伴随就业率的提高、失业率的降低。这是因为，当经济增长时，通常会带来对劳动等要素的需求增加，相应地失业率会下降，就业水平就会提高。1962 年，美国经济学家阿瑟·奥肯（Arthur Okun）提出了著名的"奥肯定律"（Okun's Law）。该定律使用美国经济数据论证了失业率与国民生产总值增长率二者呈反方向变化的关系，即高增长率使失业率降低，低增长率则会提高失业率。若实际国民生产总值增长率每超过潜在国民生产总值增长率 2.5%，可以使失业率降低 1%。这一定律后来也得到了许多经济学家的验证。这表明，失业率与经济增长之间的反向变化关系具有普遍性。

充分就业、经济增长这两个目标与物价稳定之间存在着矛盾和冲突。一般来讲，经济的增长、就业率提高的同时往往会伴随着不同程度的通货膨胀。我们在第九章讨论菲利普斯曲线时会看到，充分就业与稳定物价之间有替代性。就是说，政府实施的刺激经济增长、降低失业率的措施，会把物价抬上去。这体现了充分就业、经济增长与物价稳定政策目标之间的矛盾。

充分就业、经济增长目标与国际收支平衡目标之间的关系则存在一定的矛盾性。主要表现在两个方面：第一，充分就业的实现引起国民收入增加时，在边际进口倾向既定的情况下，国民收入增加必然引起进口增加，从而使国际收支状况恶化；第二，当一国投资需求增加、经济增长时，如果本国储蓄不能满足本国投资需求，则可能导致对国外资本的需求，从而引起资本的大量流入，使一国国际收支平衡表中资本项目出现逆差，影响国际收支平衡。

由于宏观政策目标之间存在着一致性或矛盾性，因此，在政府制定实施运用宏观经济政策时，必须对经济政策目标进行价值判断，权衡轻重缓急和利弊得失，确定目标的实现顺序和目标指数高低，同时使各个目标能有最佳的匹配组合，使所选择和确定的目标体系成为一个和谐的有机的整体。

第二节　财政体系及政策工具

一、财政体系

一国政府财政体系包括政府收入体系和政府支出体系两大部分。

（一）政府支出体系

政府支出是一个国家中各级政府支出的总和。它包括许多具体的支出项目，主要分为政府购买和政府转移支付两类。

1. 政府购买。政府购买是指政府对商品和服务的购买。如购买军需品、机关办公用品、支付政府雇员报酬等，都属于政府购买。政府购买的特点是以取得商品和服务作有偿支出。它是一种实质性的支出，可以使经济资源的利用从公共部门转到私人部门。由于政府购买有着商品和服务的实际交易，因而直接形成社会需求和社会购买力，是国民收入的一个组成部分，作为计入GDP的四大需求项目（消费、投资、政府购买和净出口）之一。

2. 政府转移支付。政府转移支付是指政府单方面的、无偿的资金支付，包括政府对家庭的转移支付如养老金、贫困救济、住房补贴等，也包括政府对企业提供的补贴等。政府转移支付的特点是不以取得商品和服务作报偿的支付。它是货币性支出，是通过政府把一部分人的收入转给另一部分人，整个社会的收入总量并没有变化，变化的仅是收入总量在社会成员之间的分配比例。因此它不直接计入GDP，不能算作国民收入的组成部分。

（二）政府收入体系

政府的收入主要包括税收和公债两个部分。税收是国家财政收入的主要来源。当税收无法弥补政府支出时，政府会发行公债。

1. 税收。税收是国家为实现其职能通过法律预先规定的标准获得的财政收入，具有强制性、无偿性、固定性三个基本特征。税收有许多种，依据不同标准，可以对税收进行不同的分类。

按照课税对象的性质，可将税收分为财产税、所得税和流转税三大类。财产税是对不动产或房地产即土地和土地上的建筑物等所征收的税，如财产税、遗产税、赠与税等；所得税是指对个人或公司的收入征收的税，例如个人的工薪收入和股票债券存款等资产的收入，公司的利润税；流转税则是对流通中的商品和服务买卖的总额征税，它包括增值税、消费税、营业税、关税等。

按税负能否转嫁，税收又可分为直接税和间接税两种。直接税是直接征收的，不能再转嫁给别人的税，如财产税、所得税。间接税是间接地向最终消费者征收的作为生产商和销售商的原来纳税人能最终转嫁给最终消费者的税，如消费税、营业税和进口税。

按照收入中被扣除的比例，税收还可以分为累退税、累进税和比例税。累退税是指税率随征税对象数量增加而递减的一种税，即收入越大，税率越低。间接税是累退的；累进税是税率随征税对象数量的增加而递增的一种税，即课税对象数额越大，税率也越高，财产税和所得税一般是累进税；比例税是税率不随征税对象数量的变动而变动的一种税，即按固定比率从收入中征税，多适用于流转税和财产税。

2. 公债。公债是政府对公众的债务，或公众对政府的债权。公债与税收不同，公债是以国家（或政府）信用为基础的，是政府以其信用向公众筹集财政资金的特殊形式。公债是相对于私债而言的，其最大的区别就在于公债的债务人是拥有政治权力的政府。

公债有多种形式，从发行主体看，有中央政府公债和地方政府公债；从公债的期限来看，公债一般分为短期公债（一般在1年以内）、中期公债（一般在1～5年以内）和长期公债（一般在5年以上）；从发行区域看，可分为国内公债和国外公债。

二、财政政策工具

财政政策（Fiscal Policy）是指通过确定或改变政府支出与收入来调节总需求，进而对宏观经济进行调节的政策。财政政策工具主要包括变动政府购买支出、改变政府转移支付、变动税收和公债四种。它们的变动将引起总需求的变动，最终导致一般价格水平、就业量和国民收入的变动，以实现宏观经济调控目标。

（一）变动政府购买支出

变动购买支出对整个社会总支出水平具有十分重要的调节作用，其规模直接关系到社会总需求的增减。因此，变动政府购买支出水平是财政政策的有力工具。在经济衰退来临时，政府可以提高购买支出水平，如增加教育投入、举办公共工程，以扩大社会整体需求水平，减少失业，拉动经济增长。反之，当通货膨胀出现时，政府可以降低购买支出水平，如压缩办公经费，以降低社会总体需求，抑制通货膨胀，从而使经济达到充分就业的均衡。

（二）改变政府转移支付

一般而言，在总需求不足时，失业会增加，这时政府应提高转移支付水平，从而增加人们的可支配收入和消费支出水平，提升社会有效需求，以促进产出和就业增加。在总需求过高时，通货膨胀率上升，政府应减少社会福利支出，降低转移支付水平，从而降低人们的可支配收入和消费支出水平，减少社会总需求水平，以抑制经济过热。除了失业救济、养老金等社会福利费用外，其他转移支付项目如农产品价格补贴等，也应逆经济风向而改变。由于转移支付对总需求的影响是间接的，因此它对国民收入影响的效果不如政府购买强烈。

（三）变动税收

税收是国家财政收入的主要来源，其变动也就成为国家调控经济的重要工具。一般而言，在总需求不足时，降低税率或减少税收会引致社会总需求增加和国民产出的增长，以抑制经济衰退。在需求过旺时，提高税率或增加税收会引致社会总需求减少和国民产出的下降，以抑制经济过热。这里要注意的是税收对总供给与总需求都会产生影响。以流转税为征税对象的征税效应主要影响供给方面，以所得税为征税对象的征税效应则主要影响需求方面。而且，税收涉及国民经济各部门和各环节，因此，税收在调节国民收入方面的作用是其他财政工具所无法比拟的。

（四）发行公债

政府发行公债，不仅能增加政府的财政收入，弥补财政赤字，筹措建设资金，又能影响货币的供求，促使利率发生变动，进而影响消费和投资，调节社会的总需求水平。可见，发行公债，一方面能影响财政收支，进而影响总需求和宏观经济运行，属于财政政策，另一方面又能对包括货币市场和资本市场在内的金融市场的扩张和紧缩起重要作用，也是中央银行实施货币政策的重要载体。

第三节 自动稳定器和斟酌使用的财政政策

一、自动稳定器

自动稳定器（Automatic Stabilizers），又称内在稳定器（Build - in Stabilizers）是指财政制度本身的内在机制会自动具有减缓经济波动、维持经济稳定发展的功能。这种机制能够在经济繁荣时期自动抑制通胀，在经济衰退时期自动减轻萧条，无须政府主动地采取任何行动。财政政策内在的稳定经济的功能，主要通过累进税、政府转移支付和农产品价格维持三项制度得到发挥。

（一）累进税制度

当经济衰退时，国民收入水平下降，个人收入减少，在税率不变的条件下，政府税收会自动减少，留给人们的可支配收入也会自动地少减少一些，从而使消费和总需求也自动地少下降一些，从而起到缓解经济衰退的作用。当经济繁荣时，随着生产扩大，就业增加，人们收入随之增加，税收会因个人收入的增加而自动增加，使得个人可支配收入由于税收的增加少增加一些，从而使消费和总需求自动增加得少一些，一定程度上起到遏制总需求扩张和经济过热的作用。因此在实行累进税的情况下，税率不变，税收也会随经济周期自动地同方向变化，税收的这种自动变化与政府在经济繁荣时期应当增税；在经济衰退时期应当减税的意图正相吻合，因而它是经济体系内有助于稳定经济的自动稳定因素。

（二）政府转移支付制度

同税收的作用一样，政府转移支付制度有助于稳定可支配收入，从而有助于稳定在总支出中占很大比重的消费支出。一般来说，政府转移支付主要包括政府的失业救济和其他社会福利支出等。按照失业救济制度，人们被解雇后，在没有找到工作以前可以领取一定期限的救济金，另外，政府也对穷人进行救济。这些福利支出对经济具有稳定作用。当经济出现衰退与萧条时，由于失业人数增加，穷人增多，符合救济条件的人数增多，失业救济和其他社会福利支出就会相应增加，从而间接地抑制人们的可支配收入的下降，进而抑制消费需求的下降。当经济繁荣时，由于失业人数减少和穷人减少，福利支出额也自行减少，从而抑制可支配收入和消费的增长。

（三）农产品价格维持制度

政府通常对农产品实行制度性的价格调控，以保证农民的可支配收入不低于一定水平，从而维持农民的消费水平，稳定需求，有助于减轻经济波动，因而也是自动稳定器之一。在经济繁荣阶段，由于国民收入水平提高使整体价格水平上升，农产品价格上升，政府根据农产品价格维持方案，减少对农产品的收购并售出库存的农产品，平抑农产品价格，无形中抑制了农民可支配收入的增加，从而降低了消费和总需求水平，起到抑制通货膨胀的作用。在经济萧条阶段，国民收入水平下降导致整体价格水平会降低，农产品价格也将下降，政府依照农产品价格维持制度，增加政府收购农产品的数量，向农民支付货币或价格补贴，使农民的可支配收入维持在一定水平上，从而起到刺激消费和总需求的作用。可见，农产品价格维持制度也有助于减轻经济波动，对经济起稳定作用。

累进税、政府转移支付和农产品价格维持制度都是财政制度的自动稳定器，是政府稳定经济的第一道防线，它在程度不严重的经济萧条和通货膨胀中可以起到良好的稳定作用。然而，当经济波动较大，出现严重萧条和通货膨胀时，必须采取更有力度的宏观调控政策。

二、斟酌使用的财政政策

斟酌使用的财政政策（Discretionary Fiscal Policy），也称为相机决策的财政政策，是指政府根据“逆经济风向行事”原则，有意识地根据宏观经济状况增减政府收支。当总需求小于总供给出现衰退和失业时，政府应采取扩张性财政措施以刺激经济，当总需求大于总供给出现通货膨胀时，政府应采取紧缩性财政措施以抑制总需求。斟酌使用的财政政策与自动稳定器的差别在于：前者强调运用财政政策主动的调节经济，而后者则强调发挥经济体内的自发调节机制。

（一）在经济萧条时期实行扩张性财政政策

在经济萧条时期，总需求小于总供给，经济中存在失业时，政府可通过扩张性的财政政策来刺激总需求，以实现充分就业。扩张性财政政策（Expansionary Fiscal Policy）是指通过政府增加支出和减少税收来刺激经济的政策。扩张性财政政策具体包括：

1. 增加政府的公共工程支出以及商品和服务的购买支出。这种方式可以直接增加总需求，而且可以通过改善外部投资环境来带动私人投资。

2. 增加政府转移支付支出。通过转移支付的增加可以引起个人可支配收入的增加，进而会带动个人消费，刺激总需求。

3. 减税（主要是降低税率）。减税可以使个人可支配收入增加，从而刺激消费增加，带动总需求增加；减少公司所得税可以使公司收入增加，从而投资增加，这样也会刺激总需求。

（二）在经济繁荣时期实行紧缩性财政政策

在经济繁荣时期，总需求大于总供给，经济中存在通货膨胀时，政府可以通过紧缩性的财政政策来压抑总需求，以实现物价稳定。紧缩性财政政策（Tight Fiscal Policy）是指通过减少政府支出与增加税收来抑制经济的政策。具体包括：

1. 减少政府的公共工程支出和商品与服务的购买支出。同样的，该方式不仅可以直接减少总需求，而且可以抑制私人投资。

2. 减少政府转移支付支出。同理，这一方式通过减少个人可支配收入，引起消费减少，从而抑制总需求。

3. 增税（主要是提高税率）。这一方式可以使个人可支配收入减少，从而使消费减少，抑制总需求。增加公司所得税可以使公司收入减少，从而使投资减少，这样也会压抑总需求。

斟酌使用的财政政策实质是凯恩斯主义相机抉择的“需求管理”。凯恩斯主义认为，政府在运用宏观财政政策调节经济，进行需求管理时，到底何时采取何种政策，一般由中央政府根据本国国情、当时经济运行状况以及国际经济环境来决定，即应审时度势，斟酌使用，而且应该“逆经济风向行事”。

专栏　4万亿元投资的来源、流向及效果分析

2007年2月美国次贷危机初显，2007年8月扩散蔓延引发美国金融危机，随后迅速扩散到全球各国金融市场引发全球金融危机，2008年9月雷曼兄弟破产引发欧美发达国家经济危机和“金砖四国”为代表的新兴国家经济大幅下降。各国政府纷纷救市，先后提出各种经济振兴计划和刺激经济方案。

2008年第4季度，我国为应对金融危机启动了刺激内需方案，计划到2010年年底前投资4万亿元，其中有1.18万亿元由政府发行国债、扩大赤字等直接投资进行，同时将带动地方、企业、金融机构贷款和私募股权投资资金等多元投资在内的各种社会资金2.82万亿元，共同扩大内需，保证增长。“4万亿元”相当于中央政府2007年全年财政收入的80%，占了GDP的16%。

“4万亿元”投资的具体流向已明确安排为：铁路、公路、机场、水利等重大基础设施建设和城市电网改造15000亿元；地震重灾区的恢复重建10000亿元；廉租住房、棚户区改造等保障性住房建设4000亿元；农村民生工程和农村基础设施建设3700亿元；节能减排和生态工程建设2100亿元；医疗卫生、教育、文化等社会事业的发展1500亿元。

从“4万亿元”的来源与流向可以看出，这是我国政府使用相机抉择的财政政策典型案例之一——通过政府有目的的扩大支出，实行扩张性的财政政策，刺激总需求，增加产出，使经济走上持续、健康增长之路。这一政策是成功的吗？从公布的经济数据来看，4万亿元投资成为扭转中国经济下行的主要动力。我国经济增长在2008年第4季度出现了明显的下滑，2009年第1季度经济增长也仅有6.1%。但是，第2季度开始政策效应显现，经济从低谷回升增长7.9%，第3季度增长9.1%，第4季度增长10.7%，2010年第1季度增长11.9%。在经济增长和物价上涨的关系上，2009年国内生产总值增长8.7%，居民消费价格指数是-0.7%；2010年上半年国内生产总值增长11.1%，居民消费价格上涨2.6%，呈现了经济较快增长，物价温和上涨的良好局面。

第四节　财政政策效果分析

政府财政收支的变动会引起国民收入水平的变动。原则上讲，国民收入水平变动大，则财政政策效果就强；国民收入水平变动得小，则财政政策效果就弱。我们一般使用*IS—LM*模型来分析财政政策的使用效果。财政政策效果的强弱就可以用政策实施前后均衡点的水平移动的距离大小来衡量。

一、挤出效应与财政政策效果

挤出效应（Crowding out Effect）是指政府支出增加引起利率上升，从而导致私人投资减少，最终使财政政策的扩张效果被全部或部分抵消的现象。挤出效应越大，财政政策的效果越差。在此用 *IS—LM* 图形来描述这一情形（见图 6－1）。

从图 6－1 中我们看到，由于采取扩张性财政政策，导致 *IS* 曲线向右移至 *IS′*。假设政府增加购买支出，应使得 *IS* 曲线水平移动的距离等于政府购买变化量乘以政府购买乘数（详细分析见第四章第五节）。可是，我们从均衡的国民收入的变化来看，扩张性的财政政策并没有使国民收入的增加幅度等于 *IS* 曲线水平移动的距离（即 YY^*），实际的均衡国民收入的变化量为 YY'。这是为什么呢？原来，在 *IS* 右移的过程中，利率水平随之上升，而利率水平的上升，将会对私人部门的投资活动产生抑制作用，投资需求的减少将会在一定程度上抵消扩张性财政政策刺激需求的部分作用。这最终使得均衡国民收入的增加幅度要小于财政政策乘数，存在挤出效应。挤出效应的大小可以用图中 $Y'Y^*$ 间的距离来衡量，相对应的 YY' 间的距离可以衡量财政政策效果的大小。可见，挤出效应的大小与财政政策效果的强弱成反方向变动。

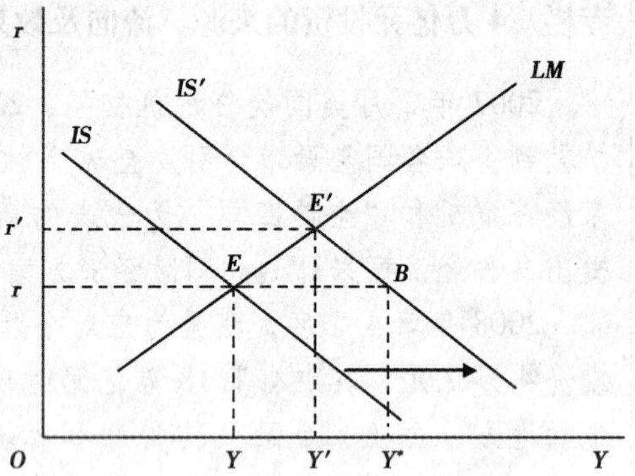

图 6－1 财政政策的挤出效应

二、*IS* 曲线斜率与财政政策效果

当 *LM* 曲线的斜率不变时，对于相同的财政政策，财政政策效果因 *IS* 曲线的斜率不同而不同。*IS* 曲线越平坦，即 *IS* 曲线的斜率绝对值越小，财政政策引起的国民收入变动越小，财政政策效果就越小；相反，*IS* 曲线越陡峭，即 *IS* 曲线的斜率绝对值就越大，财政政策变动越大，财政政策效果就越大（见图 6－2）。

从图 6－2 可以看到，在采取相同的扩张性财政政策，增加政府支出，会使 IS_1 曲线、IS_2 曲线向右水平移动到 IS'_1、IS'_2，且移动的水平距离是相同的，假定右移的水平距离是 E_0E_3。从图中可以看出，同样的政府支出增加，但是由于 *IS* 曲线斜率不同，导致均衡国民收入水平的变化量存在较大差异。IS_1 曲线平坦，国民收入增加的幅度小（Y_0Y_1），其原因在于 IS_1 曲线较平坦，意味着投资需求的利率弹性 *d* 较大，即利率变动一定幅度所引起的投资变动的幅度较大。这时实行扩张性财政政策导致利率上升时，就会使私人投资下降很多，挤出效应很明显，从而使国民收入增加量就较少，因而财政政策效果就较小。反之，IS_2 曲线陡峭，国民收入增加的幅度大

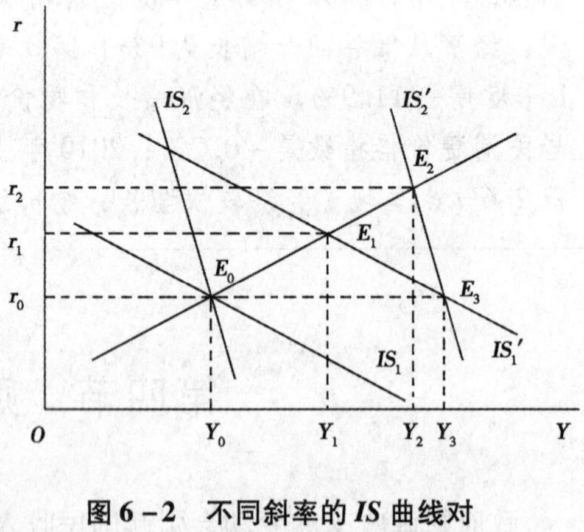

图 6－2 不同斜率的 *IS* 曲线对财政政策效果的影响

(Y_0Y_2)，其原因在于 IS_2 曲线较陡峭，投资需求的利率弹性 d 越小，当扩张性财政政策使利率上升时，被挤出的私人投资就越小，挤出效应不明显，从而使国民收入增加量就越大，因而财政政策效果就较大。

三、*LM* 曲线斜率与财政政策效果

在 *IS* 曲线斜率不变时，财政政策效果将随 *LM* 曲线斜率的变化而不同。*LM* 斜率越大（即越陡峭），扩张性财政政策引起的国民收入增加就越小，财政政策效果就越小。反之，*LM* 曲线越平坦，则财政政策效果就越大（见图 6－3）。

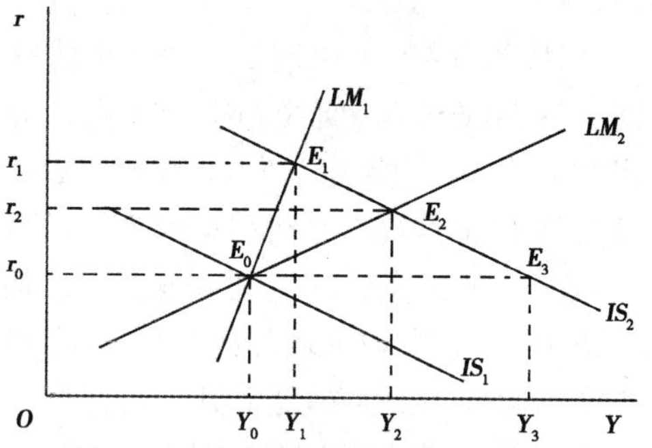

图 6－3 不同斜率的 *LM* 曲线对财政政策效果的影响

从图 6－3 可以看出，在 *IS* 曲线斜率相同的情况下，扩张性财政政策导致 *IS* 曲线水平右移，且移动的水平距离是相同的，假定右移的水平距离是 E_0E_3。但是由于 *LM* 曲线斜率不同，使得均衡国民收入的变动幅度不尽相同。LM_1 曲线陡峭，国民收入增加的幅度小（Y_0Y_1），其原因在于 *LM* 曲线较陡峭，表示货币需求的利率弹性 h 较小时，扩张性财政政策所引起的利率上升幅度较大，从而对私人部门投资产生较大的抑制效应，挤出效应明显，结果使财政政策效果较小。反之，*LM* 曲线较平坦，国民收入增加的幅度大（Y_0Y_2），其原因在于：*LM* 曲线较平坦，表示货币需求的利率弹性 h 较大，这意味着扩张性财政政策导致利率上升幅度小，因而对私人部门投资不会产生很大的抑制影响，挤出效应不明显，财政政策效果明显。

需要指出的是，上述的财政政策乘数与我们前面所讲的产品市场均衡条件下的简单政策乘数是有区别的。产品市场均衡条件下的简单政策乘数，是在不考虑货币因素的条件下分析的政府收支变动如何影响国民收入的变动，而此处所讲的财政政策乘数则是考虑了货币因素，即市场上利率的变动会对产品市场投资产生影响，进而会影响到财政政策对国民收入的作用程度。

四、极端情形下的财政政策效果

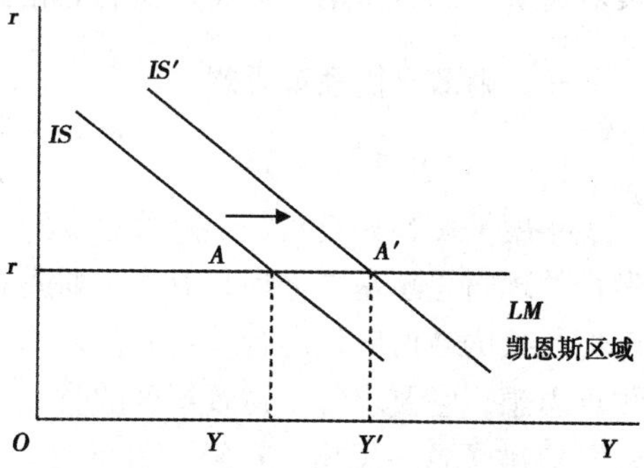

图 6－4 凯恩斯区域的财政政策效果

根据第四章第五节的分析，*LM* 曲线有两种极端的情形：完全水平的凯恩斯区域和完全垂直的古典区域。下面就针对这两种情况分析一下财政政策的效果。

（一）*LM* 完全水平的凯恩斯区域

当 *LM* 曲线完全水平时，财政政策的效果如何呢？下面我们用图 6－4 来分析。

在图 6－4 中，*IS* 曲线与水平的 *LM* 曲线相交于 *A* 点，此时均衡国民收入为 *Y*，均衡利率为 *r*。政府采取扩张性财政政策使 *IS* 曲线向右平行移动到 *IS'*，*IS'* 曲线与 *LM* 曲线相交于 *A'* 点，均

衡利率仍为 r，新的均衡国民收入为 Y'，国民收入增加额为 YY'。可见，扩张性的财政政策不会引起利率的上升，因此也就不会存在挤出效应，在这种情况下财政政策的效果最大，这时候的财政政策乘数等同于仅考虑产品市场均衡时的乘数。

在图 6－4 中，在 *LM* 曲线完全水平的凯恩斯区域，财政政策完全有效。事实上，无论 *IS* 曲线是向右下方倾斜或是垂直，这一政策效果都如此。如果出现 *LM* 曲线完全水平，*IS* 曲线垂直的情形，通常被称为凯恩斯主义极端情形。

（二）*LM* 完全垂直的古典区域

当 *LM* 曲线完全垂直时，财政政策的效果又如何呢？下面我们用图 6－5 来做一简单分析。

从图 6－5 可以看到，当 *LM* 曲线完全垂直时，*IS* 曲线与 *LM* 曲线相交于 *A* 点，此时均衡国民收入为 Y，均衡利率为 r。政府采取扩张性财政政策使 *IS* 曲线向右平行移动到 IS'，IS' 曲线与 *LM* 曲线相交于 A' 点，均衡利率变为 r'，均衡国民收入仍为 Y，国民收入增加额为 0。扩张性的财政政策会引起利率的大幅度上升，由此所产生的挤出效应完全抵消了财政政策对国民收入的刺激作用。在这种情况下财政政策完全失效。

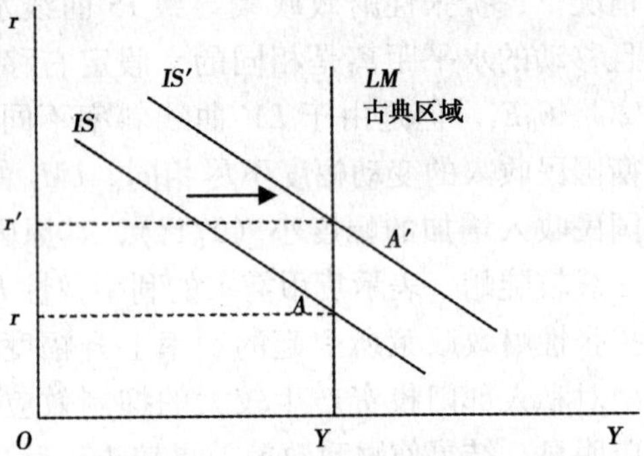

图 6－5　古典区域财政政策效果

在图 6－5 中，在 *LM* 曲线完全垂直的古典区域，财政政策完全无效。事实上，无论 *IS* 曲线是向右下方倾斜还是水平的，这一政策效果都如此。如果出现 *LM* 曲线完全垂直，*IS* 曲线水平的情形，通常被称为古典主义极端情形。

第五节　财政政策与财政预算

财政政策是通过调节政府的财政收入和支出来影响国民收入，因此，财政政策的实施直接会影响到一个国家的财政预算情况。那么，究竟是追求财政预算的平衡，还是追求财政政策对经济的调节作用？下面，我们对相关的理论进行介绍。

一、财政平衡预算思想

（一）年度平衡预算

年度平衡预算是指每个财政年度的收支平衡。在凯恩斯主义经济学产生之前，西方国家奉行的理财思想基本上还是亚当·斯密在其 1776 年出版的《国富论》中提出的原则：一个谨慎行事的政府应该厉行节约，量入为出，每年预算都要保持平衡。这就是所谓的年度平衡预算思想，它要求每个财政年度的收支平衡。20 世纪 30 年代的世界经济危机和“凯恩斯革命”突破了这一思想，在经济萧条时期片面保持预算平衡会加深危机。在衰退时税收会由于收入的减少而减少，要保持年度预算平衡，就必然减少政府支出或提高税率，结果加深了衰退；在经济繁荣、通货膨胀严重时，由于税收随收入的增加而增加，为了减少盈余，保持年度预算平衡，政府必然增加支出或降低税率，结果造成更严重的通货膨胀。

（二）周期平衡预算

周期平衡预算是指政府收支在一个经济周期中保持平衡。20 世纪 40 年代美国凯恩斯主义者阿尔文·汉森（Alvin Hansen）提出长期平衡或周期预算平衡理论（The Cyclically Balanced Budget Fiscal Norm），主张实行把萧条时期的赤字财政和繁荣时期的盈余财政结合在一起的“补偿财政政策”。也就是说，只要在一定期限内各财政年度收入和支出的总和能够平衡即可，不必苛求每一财政年度都实现财政平衡。这样，年度平衡预算思想发展为保持每一个经济周期的预算平衡思想，这就是周期平衡预算。在萧条时期政府采取扩张性政策，可以允许赤字的存在；在繁荣时期政府采取紧缩性政策，可以有预算盈余，但要以繁荣时期的预算盈余弥补衰退时期的预算赤字，使每个经济周期政府的盈余和赤字相抵，实现整个经济周期的预算平衡。

二、功能财政

与财政平衡预算思想极为不同的是功能财政（Functional Finance）观点。该观点认为财政预算的管理应着眼于其对宏观经济发挥的功能和效果，而不应单纯追求财政的收支平衡，主张经济平衡高于财政平衡。该观点最早是由凯恩斯主义者 A. L. 勒纳在 1941 年提出的，他的理论被称为财政功能论（The Functional Finance Fiscal Norm）。

在采取扩张性或紧缩性财政政策以调节经济时，往往会导致财政预算的不平衡。具体表现是：预算赤字往往是政府采取扩张性的财政政策即减税和扩大政府支出而造成的政府支出大于收入的结果，政府支出大于收入的差额即为预算赤字。预算盈余则是政府实行紧缩性财政政策即增加税收和减少政府支出而造成政府的收入大于支出的结果，政府收入超过支出的余额产生了预算盈余。功能财政的中心思想就是：政府为了实现充分就业和物价的稳定，应根据经济形势的变化采取相应的政策措施，需要有赤字就有赤字，需要存在盈余就有盈余，而不应单纯为实现财政的收支平衡而影响政府制定和执行正确的财政政策。

功能财政思想否定了原来的预算思想，主张预算的目标是实现无通货膨胀的充分就业，而不是仅仅追求政府的收支平衡，因此，这一思想的提出同单纯强调政府收支平衡的思想相比是一大进步。从 20 世纪 30 年代起，自美国总统罗斯福推行新政和凯恩斯为赤字财政政策提供了系统的理论依据以来，西方主要资本主义国家已基本上放弃了年度预算平衡理论。1933 年美国政府公开抛弃平衡预算的主张，提出并通过了和平时期的第一个赤字预算，使赤字财政成为合法的财政政策。

三、充分就业的预算盈余

依照功能财政的思想，政府实行扩张性财政政策，即政府增加支出或降低税率会提高国民收入水平，刺激经济。反之，政府采取紧缩性财政政策如减少支出或提高税率将使国民收入水平降低，从而抑制经济。政府支出增加会使预算盈余减少或使预算赤字增加，而税率的提高则会使预算盈余增加或使预算赤字减少。那么，能不能将预算盈余减少或预算赤字增加看成扩张性财政政策的结果，将预算盈余的增加或预算赤字的减少看成紧缩性财政政策的结果呢?

通过分析，我们会发现答案并非如此简单。这是因为，预算盈余或预算赤字有时并不是由财政政策的主动变动引起的，而是由某些自发的支出变动引起的。例如，在经济衰退时期，由于收入水平下降，私人消费和投资支出的减少引起国民收入水平的下降，在自动稳定器的作用下，税收将自动减少，政府转移支付将自动增加，这也会引起预算盈余减少或预算赤字增加；在经济高涨时期，由于收入水平上升，会引起私人消费和投资支出的增加，国民收入水平提高，在自动稳定器机制的作用下，税收自动会增加，政府转移支付会自动减少，这会使预算盈余增加或预算赤字减少。上述两种情况下出现的预算盈余或预算赤字的变动与财政政策本身无关，也就说明不能简单地将预算盈余或预算赤字的变动作为判断财政政策是紧缩性的还是扩张性的标准。

我们可以将引起预算盈余或预算赤字的变动的原因区分为两类：一类是经济运行情况本身的变动，即经济趋向高涨时会引起预算盈余的增加或赤字的减少，经济趋向衰退时会引起预算盈余的减少或赤字的增加。另一类是财政政策的变动，即扩张性财政政策会使预算盈余减少或赤字增加，紧缩性政策会使预算盈余增加，赤字减少。因此，仅凭预算盈余或赤字的变动是很难判断出财政政策是扩张性的还是紧缩性的。要使预算盈余或赤字成为衡量财政政策是扩张性的还是紧缩性的标准就必须消除经济运行情况本身的影响。美国经济学家布朗（C. Brown）在1956年提出了充分就业预算盈余的概念。

充分就业预算盈余（Full Employment Budget Surplus）是指既定的政府预算在充分就业的国民收入水平（即潜在国民收入水平）上所产生的政府预算盈余，它是以充分就业的国民收入水平，而不是实际国民收入水平来衡量预算状况的。以实际国民收入水平衡量的预算盈余，是实际的预算盈余。充分就业的预算盈余和实际的预算盈余两者的差别就在于充分就业的国民收入水平和实际国民收入水平的差额。如果以 BS^* 代表充分就业的预算盈余，BS 代表实际的预算盈余，Y_f 代表充分就业的国民收入水平，Y 表示实际国民收入水平，t，G，TR 分别表示比例税税率、既定的政府购买支出和政府转移支付支出，则：

$$
\begin{aligned}
BS^* - BS &= tY_f - G - TR - (tY - G - TR) \\
&= tY_f - tY = t(Y_f - Y)
\end{aligned}
$$

如果实际国民收入水平低于充分就业的国民收入水平，则充分就业预算盈余大于实际预算盈余，即 $Y_f > Y$ 时则有 $BS^* > BS$；反之，如果实际国民收入水平高于充分就业的国民收入水平，则充分就业预算盈余就小于实际预算盈余，即 $Y_f < Y$ 时则有 $BS^* < BS$；如果实际国民收入水平等于充分就业的国民收入水平，则充分就业预算盈余等于实际预算盈余，即 $Y_f = Y$ 时则有 $BS^* = BS$。

西方经济学家认为，充分就业预算盈余概念的提出有两个重要的作用。第一，把国民收入水平固定在充分就业时的水平上，消除了经济中收入水平周期性波动对预算状况的影响，从而就能更准确地反映财政政策对预算状况的影响，并为判断财政政策究竟是扩张性还是紧缩性提供了一个较为准确的依据。如果充分就业的预算盈余增加了或者预算赤字减少了，就说明财政政策是紧缩性的；反之，则说明政策是扩张性的。第二，充分就业预算盈余概念的提出，使政策的制定者更加重视充分就业的问题，把充分就业作为目标来确定预算盈余或赤字的规模，以便正确地确定财政政策。正因为如此，这一概念一经提出就得到了广泛的运用。

四、公债与赤字

在功能财政政策的影响下，许多西方国家先后实行了政府干预经济的积极财政政策，这种政策就是逆经济风向行事的“相机抉择”。但由于政府出于政治上的考虑，大部分是实行消除失业的扩张性财政政策，结果造成财政赤字的上升和国家债务的累积。

财政赤字是国家的预算开支超过收入的结果。弥补财政赤字的方法有二：借债和出售政府债券。政府借债又有两种方法：一是向中央银行借款，由中央银行购买政府债券，这会引起货币供给增加。中央银行购买政府债券，实际上是通过创造新货币来进行支付，这种为赤字筹资的方式称为货币筹资，结果会引发通货膨胀，其本质上是用征收通货膨胀税的方法解决赤字问题。另一种方法是发行公债包括内债和外债。内债是政府向本国居民、企业和各种金融机构发行的债券，外债是向外国举借的债务，包括向外国借款和发行外币债券，发行债券可称为债务筹资。

公债作为政府取得收入的一种形式起到了弥补财政赤字的作用，但政府发行公债毕竟是一种负债，与税收不同，发行公债是要还本付息的，当每年累积的债务构成了巨大的债务净存量时，这些债务净存量所支付的利息又构成政府预算支出的一个重要的部分。在政府预算的总赤字中，包括两个主要部分：非利息赤字（除利息支出外的全部政府支出与政府收入之差）和利息支出。因此，当非利息赤字为零或不变时，只要利息支出增加，政府的预算赤字就会进一步增长。假设其他条件不变，赤字增长会引起政府增加债券的发行，导致政府债务增加，债务的增加又会引起政府利息负担的加重，使赤字进一步增长，如此循环往复，公债的利息支付便会与政府赤字、公债同步增长。

凯恩斯主义经济学家认为，赤字财政政策不仅是必要的，而且也是可能的，这是因为：第一，债务人是国家，债权人是公众。国家与公众的根本利益是一致的。政府的财政赤字是国家欠公众的债务，也就是自己欠自己的债务。第二，政府的政权是稳定的，这就保证了债务的偿还是有保证的，不会引起信用危机。第三，债务用于发展经济，使政府有能力偿还债务，弥补赤字。这就是一般所说的“公债哲学”。

专栏 李嘉图—巴罗等价定理

英国著名古典经济学家大卫·李嘉图在其代表作《政治经济学及赋税原理》中，曾写下了这样一段话：如果为了一年的战费支出而以发行公债的方式征集2000万镑，这就是从国家的生产资本中取走了2000万镑，每年为偿付这种公债利息而征课的100万镑，只不过由付这100万镑的人手中转移到收这100万镑的人手中，也就是由纳税人手中转移到公债债权人手中。实际的开支是那2000万镑，而不是为那2000万镑必须支付的利息。付不付利息都不会使国家变富或变穷。政府可以通过赋税的方式一次征收2000万镑；在这种情形下，就不必每年征课100万镑。但这样做，并不会改变这一问题的性质。

在这段话中，李嘉图表达了以下几个观点：(1) 课征2000万镑税收和举借2000万镑公债，都会使一国的生产资本减少2000万镑（李嘉图假定的是政府为战争费用而筹款）；(2) 在发行公债的情况下，每年由政府偿付的利息，只不过是将一部分人的收入转付给另一部分人而已，并不会改变一国的财富总量；(3) 因为发行公债与课税一样会使该国生产劳动者的收入下降，造成一国纯损失2000万镑，所以个人消费支出也会随之下降，并且这种消费行为变化与征税条件下个人消费支出下降是相同的。

1974年，美国经济学家巴罗在题为《政府债券是净财富吗?》的论文中，力图引伸李嘉图对政府举债的经济影响的论述。巴罗利用无限生命周期模型和“利他主义学说”，对公债引发的眼前减税与未来纳税间的关系、公债引起的消费在现在与将来间的替代关系以

续

及公债对储蓄率的影响进行了更为详细的分析。巴罗认为，如果个人与家庭是理性的，能够认识和预期到政府在债务与税收上不同选择的博弈规则及其后果，那么未来予以偿还的公债本息总额的现值应等于因借债而产生的即期减税额，由此政府储蓄的减少便被家庭和个人的储蓄增加所抵消，国民经济的总储蓄并没有因为政府是举债还是征税而变化，个人的消费也未发生变化。

李嘉图和巴罗的理论可以用一句简单的话来概括，即在假设条件基础上，政府发行公债和政府征税的结果是相同的，因此人们将该理论称为“李嘉图—巴罗等价定理”（Ricardian - Barro Equivalence Theorem）。

很显然，如果这一定理是成立的，那么财政政策特别是凯恩斯主义的赤字财政政策就是根本无效的。因为在这一定理成立的条件下，当政府采用增税的办法来弥补因财政支出扩大而造成的财政赤字时，它会排挤私人消费和投资；当政府采用发行公债的办法来弥补财政赤字时，它同样会排挤私人消费和投资。这样，整个社会的投资和储蓄就不会发生任何变化，从而财政政策自然就变得无效了。

李嘉图—巴罗等价定理遭到了拥护凯恩斯主义的经济学家的反对。典型的如詹姆斯·托宾，他从李嘉图—巴罗的严格的假设前提角度对该理论进行了批驳。

虽然该定理由于具有非常严格的假设，这在一定程度上削弱了该理论的现实意义，但是该理论论证了有关公债引发的减税效应以及对储蓄、消费、利率进而产出的影响机制，告诉我们在运用财政政策时，应当注意赤字、债务、税收、储蓄、消费间的关系；从中看到了赤字财政政策无效性的一面，这也使我们认识到使用这些财政政策工具作用的有限性。

本章主要术语

财政政策　扩张性财政政策　紧缩性财政政策　自动稳定器　斟酌使用的财政政策　挤出效应　功能财政　充分就业预算盈余

本章小结

1. 宏观经济政策的四大目标是充分就业、物价稳定、经济增长和国际收支平衡。

2. 一国政府财政体系包括政府收入体系和政府支出体系两大部分。政府支出方式有政府购买和政府转移支付两种。西方国家政府的收入主体上来源于税收和公债两个部分，其中，税收是政府收入的主要来源。

3. 财政政策是指通过确定或改变政府支出与税收来调节总需求，进而对宏观经济进行调节的政策。根据调节方向或目的的不同，财政政策工具主要包括变动政府购买支出、改变政府转移支付、变动税收和公债四种。

4. 自动稳定器是指财政制度本身所具有的能够减缓经济波动，维持经济稳定发展的作用。主要通过累进税制度、政府转移支付制度和农产品价格维持制度来实现。斟酌使用的财政政策是指应该根据“逆风而行”的原则，根据宏观经济状况主动采用增减政府收支的决策。在经济萧条时期实行扩张性财政政策，在经济繁荣时期实行紧缩性财政政策。

5. 自动稳定器和斟酌使用的财政政策两个概念的区别在于：前者强调发挥经济体内的自发调节机制，而后者则强调运用财政政策主动的调节经济。

6. 由于扩张性财政政策实施，引起利率上升，进而对私人部门投资产生的抑制作用称之为“挤出效应”。挤出效应越大，财政政策的效果越不明显。投资的利率弹性越大，*IS* 曲线斜率就越小，相应的扩张财政政策所引起的挤出效应就越大，财政政策效果就越不明显；货币需求的利率弹性越大，*LM* 曲线的斜率就越小，相应的扩张性财政政策所引起的挤出效应就越小，财政政策效果就越明显。

7. 当在凯恩斯区域时，*LM* 曲线呈完全的水平线情况下，扩张性的财政政策不会存在挤出效应，财政政策的效果最大；当在古典区域时，*LM* 曲线呈完全垂直的情况，扩张性的财政政策所产生的挤出效应完全抵消了财政政策对国民收入的刺激作用，在这种情况下财政政策完全失效。

8. 功能财政观点认为财政预算的管理应着眼于其对宏观经济发挥的功能和效果，而不应单纯追求财政的收支平衡，主张经济平衡高于财政平衡。

9. 充分就业预算盈余是指既定的政府预算在充分就业的国民收入水平上所产生的政府预算盈余。这个概念的作用在于：第一，可以更准确地反应财政政策对预算状况的影响，并为判断财政政策究竟是扩张性还是紧缩性提供了一个较为准确的依据。第二，使政策的制定者更加重视充分就业的问题，把充分就业作为目标来确定预算盈余或赤字的规模，以便正确地确定财政政策。

习　题

一、判断题

1. 宏观经济政策在实现物价稳定的目标时包括反通胀和反通缩。
2. 宏观经济政策的四个目标是和谐一致的。
3. 财政制度中的自动稳定器功能可以完全消除经济波动。
4. 挤出效应是指因为政府支出导致利率上升后抑制了一部分私人投资。
5. 当存在凯恩斯流动偏好陷阱情况时，扩张性财政政策的挤出效应最大。
6. 功能财政思想的目标是实现无通货膨胀的充分就业。
7. 判断财政政策是扩张性还是紧缩性的标准是预算盈余或赤字变动。
8. 税率越高，税收作为自动稳定器的作用就越大。
9. 扩张性财政政策对经济的影响是加剧了通货膨胀但减轻了政府债务。

二、单选题

1. 政府的紧缩性财政政策不包括(　　)。

A. 增加税收　　B. 减少转移支付
C. 减少政府购买　　D. 增加货币供给量

2. 以下属于增加政府购买的内容有(　　)。

A. 政府增加失业救济　　B. 政府增加公务员工资
C. 政府增加个人所得税　　D. 政府增加对农业的补贴

3. 财政政策的自动稳定器作用是(　　)。

A. 刺激经济增长　　B. 延缓经济衰退

C. 减缓经济波动　　D. 促进经济实现均衡

4. 政府把个人所得税税率从40%降到15%，这是(　　)。

A. 自动稳定器的作用　　B. 扩张性财政政策

C. 紧缩性财政政策　　D. 扩张性货币政策

5. 下列挤出效应不明显的情形是(　　)。

A. 投资的利率弹性大　　B. 货币需求的利率弹性大

C. 边际消费倾向小　　D. 货币需求的收入弹性大

6. 政府支出增加使 *IS* 曲线右移，若要使均衡收入的变动接近于 *IS* 曲线水平移动量，则必须是(　　)。

A. *LM* 平缓而 *IS* 陡峭　　B. *LM* 和 *IS* 一样平缓

C. *LM* 陡峭而 *IS* 平缓　　D. *LM* 和 *IS* 一样陡峭

7. 当存在凯恩斯流动偏好陷阱情况时，扩张性财政政策的挤出效应(　　)。

A. 最大　　B. 为零

D. 不确定　　C. 恒等于1

8. 扩张性财政政策对经济的影响是(　　)。

A. 缓和了经济萧条但增加了政府债务　　B. 缓和了经济萧条也减轻了政府债务

C. 加剧了通货膨胀但减轻了政府债务　　D. 缓和了通货膨胀但增加了政府债务

三、多选题

1. 财政政策工具主要包括(　　)。

A. 变动政府购买支出　　B. 改变政府转移支付

C. 变动税收　　D. 利率

2. 宏观经济政策的四大目标是(　　)。

A. 充分就业　　B. 物价稳定

C. 经济增长　　D. 国际收支平衡

3. 在经济萧条时，财政扩大需求，刺激经济发展的政策工具(　　)。

A. 减少福利补贴支出　　B. 增加政府支出

C. 降低税率　　D. 提高财政补贴

4. 属于自动稳定器的项目是(　　)。

A. 政府购买　　B. 累进税

C. 政府转移支付　　D. 农产品价格维持制度

5. 斟酌使用的财政政策划分为(　　)。

A. 自动稳定的财政政策　　B. 扩张性财政政策

C. 紧缩性财政政策　　D. 中性财政政策

四、计算题

1. 假定某国政府当前预算赤字为100亿美元，边际消费倾向为0.8，税率为0.25，如果政府为降低通货膨胀率要减少支出250亿美元，试问支出的这种变化最终导致财政是盈余还是赤字?

2. 假定某国消费函数为 $C=100+0.8Y_d$，投资 I 为 50 亿美元，政府购买 G 为 200 亿美元，转移支付 TR 为 62.5 亿美元，税率 t 为 0.25，单位均为 10 亿美元。

(1) 求均衡收入。

(2) 求预算盈余 BS。

(3) 若充分就业收入 $Y^*=1200$ 亿美元，当投资为 50 亿美元时，充分就业预算盈余 BS^* 为多少?

(4) 若投资为 50 亿美元，政府购买增至 250 亿美元，而充分就业收入仍为 1200 亿美元，试问充分就业预算盈余 BS^* 为多少?

五、简答题

1. 财政政策工具有哪些?
2. 自动稳定器与斟酌使用的财政政策有什么区别?
3. 挤出效应与财政政策效果是什么关系? 影响财政政策效果的有哪些因素?

如何理解财政政策与财政预算之间的关系?

建议阅读材料

1. 高鸿业:《西方经济学（宏观部分）》，中国人民大学出版社 2007 年版，第 540～577 页。
2. 苏剑:《宏观经济学》，北京大学出版社 2010 年版。
3. 徐永良:《宏观经济学》，经济科学出版社 2009 年版。
4. 徐丹丹等:《经济学导论》，经济科学出版社 2010 年版。
5. 保罗·克鲁格曼、罗宾·韦尔斯:《宏观经济学》，中国人民大学出版社 2009 年版。

第七章

货币政策

本章学习要求

1. 了解银行体系的构成以及主要组成部分的职能。
2. 掌握银行体系货币创造过程和货币创造乘数。
3. 理解货币政策运行机制。
4. 掌握货币政策工具内容、操作和特点。
5. 理解影响货币政策效果的因素。
6. 了解货币政策的局限性。

在现代经济中，金融市场与宏观经济的联系越来越密切。各国央行的每次政策调整都会对本国经济，甚至全球经济产生重要影响。在前面的章节中，我们假定货币供给量是外生给定的，这是一种简化的处理。在本章中，我们将分析货币政策是如何通过银行体系对货币供给及利率产生影响，进而影响宏观经济的。

第一节　银行体系概述

要了解货币政策，必须了解银行体系，因为货币政策的目标是通过银行体系来实现的。现代的银行体系主要由中央银行、商业银行和非银行金融机构组成。在此将重点对中央银行和商业银行作以介绍。

一、中央银行

世界上最早设立的中央银行是瑞典国家银行。1668 年瑞典政府把一家私人银行改组为国家银行，对议会负责。该银行在 1897 年获取垄断发行货币的权力，且不从事商业银行业务，从此成为真正的中央银行。1694 年英国成立的英格兰银行是近代中央银行的鼻祖。1844 年议会通过皮尔法案获取货币发行权力，自 19 世纪中期以后成为现代意义的中央银行。19 世纪西欧各国纷纷设立中央银行。20 世纪以后各国普遍建立中央银行。现在中央银行已在各国金融体系和经济中占有至关重要的地位。

中央银行是政府机构，负责控制国家货币供给、信贷条件，监管金融体系。中央银行是一国最高的货币金融管理机构，在各国金融体系中居于主导地位。

现代意义的中央银行的特点是：第一，不以盈利为目的。中央银行所从事的业务与其他金融机构所从事的业务的根本区别在于，中央银行所从事的业务不是为了营利，而是为实现国家宏观经济目标服务，这是由中央银行所处的地位和性质决定的。第二，不经营商业银行和金融机构的业务。第三，具有服务机构和管理机构的双重性质，即一方面为商业银行、其他金融机构和政府提供金融服务，同时代表政府对整个金融体系的活动进行管理。

中央银行的职能主要有：

第一，独占货币发行权力，是政府指定的唯一法定货币发行机构。

第二，为政府提供金融服务，具体包括：代理国库，一方面将国库委托代收的各种税款和公债价款等收入作为国库的活期存款，另一方面代理国库拨付各项经费，代办各种付款和转账；代表国家处理与外国发生的金融业务关系；为政府融通资金，通过贴现短期国库券、帮助政府发行公债或以直接购买公债等方式为政府提供资金，帮助政府弥补政府预算中出现的财政赤字等。

第三，作为商业银行的最后贷款人（Lender of Last Resort），即当商业银行存在资金周转不灵时，中央银行通过票据再贴现、抵押贷款等方式为商业银行提供资金。

第四，为商业银行集中保管存款准备金，即各商业银行把准备金作为存款存入中央银行。

第五，对金融体系进行管理。中央银行代表政府对商业银行和金融机构的业务进行监督、管理和指导，并对金融体系进行监督管理。

第六，集中保管黄金和外汇。黄金、外汇是国际结算手段，称为国际储备。中央银行作为国家银行负责实施外汇管理制度，并集中保管黄金和外汇储备。

第七，主持全国各银行的结算。结算是指商业银行每日彼此应收应付的票据由票据交换所清理后互相抵账，其余应收应付差额通过中央银行划拨转账。

第八，运用货币政策干预经济。这是20世纪30年代“大萧条”后形成的职能。第二次世界大战后，各国中央银行运用经济政策调控经济职能大大加强。

基于以上职能，中央银行的主要业务有：货币发行、集中存款准备金、贷款、再贴现、证券、黄金占款和外汇占款、为商业银行和其他金融机构办理资金的划拨清算和资金转移的业务等。

二、商业银行

商业银行是以获取利润为经营目标，以多种金融资产和金融负债为经营对象，具有综合性服务功能的金融企业。之所以称为商业银行，是因为早先向银行借款的人都经营商业，但后来工业、农业、建筑业和消费者都日益依赖商业银行来融通资金，所以其客户遍布经济各部门，业务也多种多样，但在称呼上仍沿用了旧称呼。在各类金融机构中，商业银行历史最悠久，业务范围最广泛，对社会经济生活产生的影响最为深刻。

商业银行的主要职能包括：

第一，信用中介职能。信用中介是商业银行最基本、最能反映其经营活动特征的职能。这一职能的实质，是通过银行的负债业务，把社会上的各种闲散货币集中到银行里来，再通过资产业务，把它投向经济各部门；商业银行是作为货币资本的贷出者与借入者的中介人或代表，来实现资本的融通、并从吸收资金的成本与发放贷款利息收入、投资收益的差额中，获取利益收入，形成银行利润。

第二，支付中介职能。商业银行执行着货币经营业的职能，通过存款在账户上的转移，代理客户支付，为客户兑付现款等业务，成为工商企业、团体和个人的货币保管者、出纳者和支付代理人。

第三，信用创造功能。商业银行在信用中介职能和支付中介职能的基础上，产生了信用创造职能。商业银行通过吸收各种存款，和用其所吸收的各种存款发放贷款，在支票流通和转账结算的基础上，贷款又转化为存款，在这种存款不提取现金或不完全提现的基础上，就增加了商业银行的资金来源，最后在整个银行体系，形成数倍于原始存款的派生存款，这就是商业银行的信用创造功能。这是商业银行有别于其他金融机构的最显著的特征。货币供给量的调整就是通过该职能体现的，因此将在本章中作详细阐释。

第四，金融服务职能。商业银行为适应经济发展和科技进步，根据客户要求，不断开拓金融服务领域，促进资产负债业务的扩大，实现资产负债业务和金融服务的结合。这些业务包括代发工资、提供信用证服务、代付其他费用、办理信用卡等。金融服务职能逐步成为商业银行的重要职能。

根据以上职能，商业银行形成了种类繁多的业务。主要有负债业务、资产业务和中间业务。负债业务是商业银行筹措资金、借以形成资金来源的业务，按存款的性质分为活期存款、定期存款和储蓄存款。资产业务是指银行运用资财的业务，银行的资产业务主要在放款和证券投资上。放款业务是商业银行为企业提供贷款的业务，它是商业银行的一项基本业务，也是商业银行最重要的资产。证券投资业务是商业银行重要的资金运用业务，银行通过有价证券的买卖活动取得利息收入。中间业务是指商业银行通过为客户办理支付、进行担保和其他委托事项，从中收取手续费的各项业务。

三、非银行金融机构

非银行金融机构是以发行股票和债券、接受信用委托、提供保险等形式筹集资金，并将所筹资金运用于长期性投资的金融机构。

非银行金融机构与商业银行的区别在于信用业务形式不同，其业务活动范围的划分取决于国家金融法规的规定。在现代金融体系中，其他非银行金融机构是指保险公司、信托投资公司、邮政储蓄机构等。

非银行金融机构在社会资金流动过程中所发挥的作用是：从最终借款人那里买进初级证券，并为最终贷款人持有资产而发行间接债券。通过非银行金融机构的这种中介活动，可以降低投资的单位成本；可以通过多样化降低投资风险，调整期限结构以最大限度地缩小流动性危机的可能性；可以正常地预测偿付要求的情况，即使流动性比较小的资产结构也可以应付自如。

专栏　中国的银行体系

中国银行体系由中央银行、监管机构、自律组织和银行业金融机构组成。

中国人民银行是中央银行，在国务院的领导下，负责制定和执行货币政策，防范和化解金融风险，维护金融稳定。

续

中国银行业监督管理委员会，简称银监会，负责对全国银行业金融机构及其业务活动实施监管。 中国银行业协会是在民政部登记注册的全国性非营利社会团体，是中国银行业的自律组织。 中国的银行业金融机构包括政策性银行（国家开发银行，中国进出口银行，中国农业发展银行），大型商业银行（中国工商银行，中国银行，中国农业银行，中国建设银行，交通银行），中小商业银行，农村金融机构，以及中国邮政储蓄银行和外资银行。 银监会监管的非银行金融机构包括金融资产管理公司，信托公司，企业集团财务公司，金融租赁公司，汽车金融公司和货币经纪公司。

第二节 银行体系的货币创造和货币供给

实行中央银行制度的金融体制下，货币供应量是通过中央银行创造基础货币和商业银行创造存款货币而形成的。货币供给过程一般涉及中央银行、商业银行、存款人和借款者四个行为主体。其中在货币供给过程起决定作用的是银行体系。下面我们将着重阐述银行体系的货币创造过程。

一、货币创造的过程

如前所述，常用的货币概念是 M_1，即包括通货、支票和活期存款在内的货币。而在这一层次的货币构成中，活期存款占据十分大的比重。因此货币供给量的大小与活期存款量的大小关系最为密切。下面，我们将详细介绍如何通过银行体系的货币创造过程形成货币供给中的重要组成部分——活期存款。

所谓活期存款（Demand Deposit），是指不用事先通知就可随时提取的银行存款。虽然活期存款可以随时提取，但很少会出现所有储户在同一时间同时取走全部存款的现象。因此，银行可以把绝大部分存款用来从事贷款或购买短期债券等营利性活动，只需要留下一部分存款来应付提款需要就可以了。这种经常保留的供支付存款提取用的一定金额，称为存款准备金（Deposit Reserve）。在现代银行制度中，中央银行会要求商业银行提取的存款准备金必须至少占存款的一定比率。该比率称为法定准备金率（Reserve Requirements Ratio）。按该比率提取的准备金称为法定准备金（Reserve Requirements）。法定准备金一部分是银行库存现金，另一部分存放在中央银行的存款账户上。商业银行为了赚取尽可能多的利润，它们总是尽可能地将超出法定准备金以上的存款放贷出去或用于短期债券投资。但在实际操作中，如果出于各种原因，银行没有完全将超过法定准备金的存款放贷出去或用于投资，则这部分未利用的款额就形成了超额准备金（Excess Reserves）。法定准备金和超额准备金之和就是银行的实际准备金。

准备金率的大小对银行体系的创造货币的能力起着至关重要的作用。下面我们将通过一个具体的例子来说明这一点。

假定某国家中央银行规定商业银行的法定存款准备金率为20%，某商业银行A有一笔新增的1000万元存款（我们可以称之为原始存款）。那么，这1000万元新增货币究竟最终会增加多少银行存款呢？为了帮助更好地理解货币创造过程的本质，我们可以先考虑最简单的情形下的货币创造过程。我们可以假设：第一，无论企业还是个人，都会将一切货币收入全部以活期存款的形式存入银行，而不以现金的方式持有。第二，银行接受客户的存款后，除法定准备金外，全部贷放出去，没有超额准备金的存在。

在这种情况下，A银行增加1000万元的原始存款之后，它可按20%的法定存款准备金率保留200万元准备金，将之存入自己在中央银行的账户，其余800万元全部贷放出去；得到这800万元贷款的所有客户在完成交易后，将全部贷款存入与自己有业务往来的银行，假设是B银行，则B银行得到了800万元的存款。B银行按20%的法定准备金率保留160万元的法定准备金并将其存入自己在中央银行的账户以后，将剩余的640万元再贷放出去；得到这640万元的客户在交易后又将全部贷款存入与其有业务往来的银行，假设是C银行，那么C银行同样也要按20%的法定存款准备金率保留128万元作为法定准备金，而把其余512万元再贷放出去。如此反复，以至无穷，那么，通过商业银行的存贷活动，在整个银行体系中，存款总额究竟是多少呢？可用下表来表示（见表7-1）：

表7-1　银行体系存款创造过程示意表

	法定准备金	贷款	银行体系存款总额
原始存款1000万元	200万元	800万元	1800万元
派生存款800万元	160万元	640万元	2440万元
派生存款640万元	128万元	512万元	2952万元
……	……	……	……

银行体系存款总额可以按以下公式计算：

$$1000+1000\times0.8+1000\times0.8^2+1000\times0.8^3+1000\times0.8^4+\cdots\cdots$$
$$=1000\ (1+0.8+0.8^2+0.8^3+0.8^4+\cdots\cdots)$$
$$=\frac{1000}{1-0.8}$$
$$=5000\ (万元)$$

从以上的例子可以看出，存款总额（用D表示）同原始存款（用R表示）及法定准备率（用r_d表示）三者之间的关系是：$D=\frac{R}{r_d}$，或$\frac{1}{r_d}=\frac{D}{R}$。

从这个例子我们看到，从最开始的1000万元的原始存款通过银行体系的存贷活动，最终使整个银行体系的活期存款总和（即货币供给量）扩大到5000万元，即相当于原始存款的五倍，也就是$\frac{1}{r_d}$倍。

二、简单的货币创造乘数

假设这笔原始存款来自于中央银行增加的一笔原始的货币供给，而中央银行新增的这笔原始货币供给流入公众或企业手中并转存在支票账户上，就使活期存款总额即货币供给量扩大为新增原始货币供给量的$\frac{1}{r_d}$倍，这个$\frac{1}{r_d}$倍数被称为简单的货币创造乘数，如果用 k_m 表示货币创造乘数，则：

$$k_m = \frac{1}{r_d} \tag{7-1}$$

货币创造乘数（Money Creation Multiplier），又称货币乘数，它表示增加一单位货币的存款所创造出的货币的倍数。根据上例中存款总额 D 同原始存款 R 及法定准备率 r_d 的关系，简单货币创造乘数又可表示为：

$$k_m = \frac{D}{R} \tag{7-2}$$

货币创造乘数告诉我们，货币供给不能仅看中央银行最初发行了多少货币，还要重视派生的存款或货币，即由于货币创造乘数的作用使货币供给量增加了多少，这是货币供给量变动的重要组成部分。货币创造量的大小，不仅取决于中央银行新增的货币量，而且取决于法定准备率，法定准备率越大，货币创造乘数越小；反之，法定准备率越小，货币创造乘数越大，两者呈反比关系。这是因为，法定存款准备率越大，商业银行吸收的每一轮存款中，保留的法定准备金所占存款的比例越大，从银行体系的货币创造中“漏出”的货币越多，可用于贷款的份额越小，因而造成下一轮的存款就越少。

三、复杂的货币创造乘数

在前面描述的货币创造过程中，对一些条件作了简化的假设。如果我们进一步放宽这些假设，可以得到复杂的货币创造乘数。

首先，在前面例子中，我们假设商业银行没有超额储备，商业银行将客户的存款在扣除了法定准备金后全部贷放了出去。但是，在实际操作中，商业银行如果找不到合适的贷款对象，或厂商由于预期利润率低于市场贷款利率而不愿借款，诸如此类原因都会使银行的实际贷款额小于其可放贷的资金额，即存在没有贷放出去的资金，也就是超额准备金。超额准备金与全部存款的比率称为超额准备率（可用 r_e 表示）。法定准备金与超额准备金之和形成了银行的实际准备金，法定准备率加上超额准备率就是银行的实际准备率。当存在超额准备率时，货币创造乘数就不再是法定准备率的倒数，而是变为：

$$k_m = \frac{1}{r_d + r_e}$$

上式表明，货币创造乘数变为实际准备率的倒数，这时，派生存款总额为：

$$D = \frac{R}{r_d + r_e}$$

法定准备金和超额准备金都是一种漏出，不能形成银行的派生存款，两者在存款总额中所占比重越大，银行的货币创造乘数越小，派生存款总额越少。

第二，在前面例子中，是假设银行客户将一切借款都存入银行，经济活动中所发生的支付皆以支票形式进行。而在现实经济生活中，每一位银行客户需要保留一部分现金。假如客户将得到的贷款没有全部存入银行，而是抽出一定比例的现金，这就是所谓的现金漏损（Leakage of Cash）。现金漏损指的是银行客户从得到的贷款中提留的一部分用于交易的现金。现金漏损会导致货币创造乘数的减小，因为现金与准备金一样不能形成派生的存款。如果用 r_c 表示现金在存款中的比率即漏现率，则存在超额准备和现金漏出时的货币创造乘数为：

$$k_m = \frac{1}{r_d + r_e + r_c} \tag{7-3}$$

由此可见，货币创造乘数除了和法定准备金率、超额准备金率有关，还和现金—存款比率有关。并且，该比率越高，货币创造乘数就越小。

四、基础货币与货币供给

从前面的例子中，我们看到，最初的1000万元是以后一轮一轮派生存款的来源或者基础。因为它们会派生出货币，因此是一种具备高能量的或活动力强大的货币，被称为基础货币（Base Money），又称为高能货币或强力货币（High - powered Money）。基础货币包括商业银行的准备金总额（包括法定的和超额的）加上非银行部门持有的通货。若非银行部门（个人或企业）将其持有的货币存入银行，则商业银行的超额准备就会增加，这就为货币创造提供了基础。

基础货币可表示为：

基础货币 = 准备金 + 流通中的现金

= 商业银行在中央银行的存款（法定准备金）

+ 商业银行的库存现金（超额准备金）

+ 流通中的现金

若用 C_u 表示流通中的现金，R_d 表示法定准备金，R_e 表示超额准备金，H 表示高能货币，则：$H = C_u + R_d + R_e$，这是商业银行借以扩张货币供给的基础。另外，因为货币总供给是通货（C_u）与活期存款（D）之和，即严格意义上的货币供给 M_1，即：$M = C_u + D$，则：

$$\frac{M}{H} = \frac{C_u + D}{C_u + R_d + R_e}$$

把上式等号右边的分子与分母同除以活期存款（D），则：

$$\frac{M}{H} = \frac{\frac{C_u}{D} + 1}{\frac{C_u}{D} + \frac{R_d}{D} + \frac{R_e}{D}}$$

式中，$\frac{C_u}{D}$ 代表漏现率 r_c，$\frac{R_d}{D}$ 表示法定准备率 r_d，$\frac{R_e}{D}$ 表示超额准备率 r_e，所以，上式又可表示为：

$$\frac{M}{H} = \frac{r_c + 1}{r_d + r_e + r_c} \tag{7-4}$$

上式表示的是完整意义上的货币创造乘数。该式表明，货币创造乘数与法定准备率、超额准备金率、漏现率有关。这就是说，货币供给是基础货币供给、法定准备率、超额准备金率、漏现率的函数，这些因素都可以归结到准备金对货币供给变动的影响上来，因为准备金是银行创造货币的基础。中央银行正是通过控制准备金的供给来调节整个经济体系的货币供给的。

在此，需要注意的是，货币创造乘数具有两面性，即当原始存款增加时，会通过货币创造乘数产生多倍的货币来；而当原始存款减少时，也会导致整个银行体系银行存款多倍地减少。例如当*A*银行的存款减少1000万元时，这意味着其中的200万元可由原有的法定准备金抵消，在没有超额准备金和现金漏损的情况下，为了弥补其中的800万元，*A*银行必须收回贷款800万元。这样的话，*A*银行的客户们为了偿付所贷的800万元，又必须从其业务往来银行中提取存款800万元，这样依次类推，最初的存款减少1000万元会带来整个银行体系存款总额减少5000万元。

第三节 货币政策工具

一、货币政策

货币政策（Monetary Policy）就是中央银行通过调节货币供给量来调节利率、进而影响投资和消费需求并最终调节国民收入的政策。货币政策与财政政策的不同之处在于，前者是通过货币当局货币供给量的变化来调节利率进而调节总需求，因而货币政策是间接地发挥作用的，而后者则是直接影响社会总需求。

货币政策一般分为扩张性货币政策和紧缩性货币政策两大类。所谓扩张性货币政策（Expansionary Monetary Policy）是指货币当局（中央银行）通过增加货币供给量以刺激社会总需求水平。当货币供给量增加时，利率会降低，利率的下降会刺激投资水平和消费水平增加，从而使社会总需求水平上升，因此经济衰退或萧条时多采用扩张性货币政策。而紧缩性货币政策（Tight Monetary Policy）是指货币当局通过削减货币供给量来降低社会总需求水平。当货币供给减少时，利率会上升，利率上升会使投资水平和消费水平一定程度的收缩，从而使总需求水平相应下降，因此，在经济过热或繁荣时期，多采用紧缩性货币政策。

二、货币政策工具

货币政策工具是中央银行为达到货币政策目标而采取的手段。目前，中央银行常用的货币政策工具主要包括公开市场业务、再贴现率和法定存款准备金。

1. 公开市场业务（Open Market Operation）。公开市场业务是指中央银行在金融市场上公开买卖有价证券，调节基础货币，以控制货币供给和利率的政策行为。这是中央银行控制货币供给量最重要也是最常用的工具。与一般金融机构所从事的证券买卖不同，中央银行买卖证券的目的不是为了盈利，而是为了调节货币供应量。

当经济过热，即中央银行认为市场上货币供给量过多、产生通货膨胀时，可以在公开市场上出售政府债券。承购政府债券的既可能是商业银行，也可能是个人或公司。商业银行从中央银行购买政府债券，意味着商业银行的准备金会减少，即中央银行收回了一部分基础货币，从而使商业银行可以放贷的资金减少。通过货币乘数的作用，整个社会的货币供给量将会多倍减少。当个人或公司购买政府债券时，这意味着他们要从银行提取存款，这会导致银行准备金减少和贷款减少，其效果与银行购买政府债券相似。

反之，当经济萧条时，中央银行可在公开市场上买进政府债券，如果是商业银行出售债券，中央银行将直接按债券金额增加银行的准备金存款，商业银行准备金的增加，即中央银行投放了一部分基础货币，这将会扩大银行的贷款能力。然后通过乘数作用，使整个市场的货币供给量多倍增加。如果是个人或企业出售债券，其销售款额将会增加其存款数额，相应地，商业银行可以放贷的资金将会增加，产生的效果与商业银行向中央银行出售相似。

中央银行买卖政府债券的行为同时也会引起债券市场上需求和供给的变化，进而会影响到债券价格和市场利率。有价证券市场是一个竞争性市场，其证券价格由供求双方决定。当中央银行购买证券时，证券的需求就增加，证券的价格也随之上升，从而利率下降，利率的下降又会使投资和消费需求上升，从而刺激经济，增加国民收入。反之，亦然。因此，中央银行可以通过公开市场业务增加或减少货币供给量，以实现宏观经济调控的目的。

公开市场业务具有的主要特点是：第一，操作灵活。中央银行可以根据宏观经济变化，通过改变政府债券的买卖方向及时调节货币供给量。例如通过变买进债券为卖出债券，就很容易地实现中央银行从增加货币供给量向减少货币供给量的调整。中央银行可以自由决定买卖债券的数量、时机和方向，即使偶尔出现政策失误，也可以及时得到纠正。第二，可以准确预测对货币供给量的影响。例如一旦中央银行买进一定数量的债券，就可以大体按照货币乘数估测出货币供给量增加了多少。这有利于中央银行对货币供给量的有效调节和控制。

专栏　量化宽松货币政策

2009 年 3 月起，美国推出了第一轮量化宽松货币政策，美联储分批购买了 1.7 万亿美元的美国国债和抵押贷款相关债券，为挽救美国金融体系免于崩溃发挥了重要作用。2010 年 11 月 3 日，美联储重启第二轮量化宽松货币政策，宣布在未来 8 个月内购买 6000 亿美元长期国债，但却受到了多数国家的指责。什么是量化宽松政策呢？

所谓量化宽松（Quantitative Easing）货币政策，是指央行刻意通过向银行体系注入超额资金，包括大量印钞或者买入政府、企业债券等让基准利率维持在零的途径，创造出指定金额的货币，被认为是间接增印钞票。

量化宽松一词是由日本央行于 2001 年提出的。“量化”一词意在创造定量的货币，“宽松”则是指降低银行的资金压力。一般来说，只有在利率等常规工具不再有效的情况下，货币当局才会采取这种极端的做法。中央银行利用凭空创造出来的钱在公开市场购买政府债券、借钱给接受存款机构、从银行购买资产等。这些都有助降低政府债券的收益率和降低银行同业隔夜利率，银行从而坐拥大量只能赚取极低利息的资产，央行期望银行会因此较愿意提供贷款以赚取回报，以舒缓市场的资金压力。

当银根已经松动，或购买的资产将随着通胀而贬值（如国库债券）时，量化宽松会使货币倾向贬值。由于量化宽松有可能增加货币贬值的风险，政府通常在经历通缩时推出量化宽松的措施。而持续的量化宽松则会增加通胀的风险。

2. 调整再贴现率。贴现是指客户将所持有的未到期票据出售给商业银行以兑现现款的行为，这是商业银行给客户的一种短期融资。商业银行在用现金购进未到期票据时，可按该票据到期值的一定百分比作为利息预先扣除，这个百分比就叫做贴现率。当票据到期时，商业银行可向票据原发行单位自然兑现。

再贴现（Rediscount）的原理与贴现类似，是商业银行向中央银行的短期融资。当商业银行资金不足时，商业银行可以将这些已贴现的但仍未到期的票据售给中央银行，请求再贴现。中央银行作为银行的银行，有义务帮助解决银行的流动性问题。中央银行从商业银行手中买进已贴现了的但仍未到期的银行票据的活动就称为再贴现。并且在再贴现时同样要预先扣除一定百分比的利息作为代价，这种利息就叫做中央银行对商业银行的贴现率，即再贴现率（Rediscount Rate）。这就是再贴现率的本意。但在许多国家，商业银行选择用政府债券作为担保向中央银行借款的短期融资方式，由于原理和效果比较相近，习惯上把中央银行给商业银行及其他金融机构的借款也称为“再贴现”，相应的放款利率都称为“再贴现率”。

中央银行通过变动再贴现率可以调节货币供给量。若中央银行感到市场上货币供给量不足时，可以降低再贴现率，商业银行向中央银行的“贴现”就会增加，从而使商业银行的准备金增加，即中央银行投放一部分基础货币，从而使商业银行可放贷资金也会相应增加，通过货币乘数作用将会使整个社会货币供给量多倍增加。反之，若市场上货币供给量过多，中央银行可以提高再贴现率，商业银行就会减少向中央银行的“贴现”，于是商业银行的准备金减少，可放贷资金减少，通过货币乘数的作用，社会上的货币供给量将多倍减少。

在货币政策工具中，调节再贴现率是效果相对较弱的工具。其主要原因在于：第一，再贴现是商业银行因流动性资金不足而向中央银行的一种紧急求援行为，一般来说商业银行会尽量避免使用，以免被误认为自己财务状况有问题。因此，商业银行很少使用再贴现。第二，如果商业银行确实缺乏流动性资金，那么即使再贴现率比较高，仍会选择向中央银行进行贴现。这样的话，通过再贴现率变动来调节银行准备金，效果就比较有限。第三，再贴现率政策不是一个主动性的政策。中央银行只能等待商业银行向它融资，而不能要求商业银行这样做。如果商业银行不向中央银行进行再贴现活动，则这一政策也就无法发挥作用。

所以，再贴现率政策并不是主要的货币政策工具，通常将其作为一种补充性的手段。有时，中央银行调整再贴现率更多地是想表达自己调节货币供给量的意愿，而不是发挥其对货币供给量的直接影响。并且，在实施过程中，也需要与公开市场业务相结合。例如，当公开市场业务成功地把利息调整到某一水平时，中央银行也必须把再贴现率调整到与其相协调的水平上。否则，再贴现率政策可能会部分地抵消公开市场业务的效果。

3. 调节法定存款准备率。中央银行有权决定商业银行和其他存款机构的法定准备金率。为刺激经济的复苏，中央银行可以降低法定准备金率。在商业银行不保留超额准备金的条件下，法定准备金率的下降将给商业银行带来额外的准备金，从而可以增加其放贷的规模。通过货币乘数的作用，将会导致整个银行体系货币供给量的多倍增加。货币供给量的增加又会降低利率，从而刺激投资的增加，最终引起国民收入水平的倍数增加。反之，在经济过热时，中央银行可用提高法定准备金率的方法减少货币供给量，以抑制投资的增长，减轻通货膨胀的压力。

从理论上说，调整法定准备率是中央银行调整货币供给最简单的办法。但由于法定准备率的变动，在短期内会导致较大幅度的货币扩张或收缩，引起宏观经济活动的震动，其作用十分猛烈，所以这一政策手段在实践中很少使用，一般几年才改变一次准备金率。

除了上述三种调节货币供给量的主要工具外，中央银行还有其他一些次要的货币政策工具，例如道义劝告和窗口指导。

道义劝告（Moral Suasion）是指中央银行运用自己在融资体系中的特殊地位和威望，通过对银行及其他金融机构的劝告，影响其贷款和投资方向，以达到控制信用的目的。如在衰退时期，鼓励银行扩大贷款；在通货膨胀时期，劝阻银行不要任意扩大信用。虽然道义上的劝告没有可靠的法律地位，但由于商业银行和金融机构慑于中央银行的权力，一般也能听从中央银行的指令，从而使商业银行及金融机构与中央银行不仅在政策上而且在行动上保持一致。

窗口指导（Window Guidance）是指根据市场情况、物价的变动趋势、金融市场的动向、货币政策的要求以及前一年度同期贷款的情况等，规定金融机构按季度提出贷款增加额计划，在金融紧缩期限内设置贷款增加额的上限，并要求各金融机构遵照执行。窗口指导是日本银行货币政策的主要工具。虽然这种指导没有法律效力，但一般都很有效。

专栏　中国2010年第二季度货币政策操作

2010年上半年，中国人民银行按照国务院统一部署，继续实施适度宽松的货币政策，保持政策的连续性和稳定性，根据新形势新情况着力提高政策的针对性和灵活性，加强银行体系流动性管理，引导金融机构合理把握信贷投放总量、节奏和结构，继续稳步推进金融企业改革，进一步推进人民币汇率形成机制改革，改进外汇管理，促进经济平稳健康发展。

灵活开展公开市场操作

2010年第2季度，中国人民银行继续加强对国内外经济金融形势和银行体系流动性变化的监测分析，按照适度宽松的货币政策要求灵活开展公开市场操作，保持银行体系流动性合理适度，促进市场预期稳定。一是灵活掌握公开市场操作规模和节奏。中国人民银行积极应对第2季度以来欧洲主权债务危机加剧、金融机构年中监管指标考核、新股发行等多种因素带来的银行体系流动性短时波动加大的新情况，灵活安排公开市场操作规模和节奏，实现了银行体系流动性的合理适度。上半年，累计发行央行票据2.6万亿元，开展正回购操作1.5万亿元。6月末，央行票据余额约为4.4万亿元。二是不断优化操作工具组合。根据货币调控的需要，中国人民银行于4月初适时重启3年期央行票据发行，与1年期以内的操作品种相配合，在操作中以央行票据发行为主、短期正回购操作为辅，不断优化操作工具组合，灵活调节银行体系流动性。三是合理把握公开市场操作利率弹性。结合市场环境变化，中国人民银行增强了公开市场操作利率弹性，在公开市场短期操作利率适度上行的同时，3年期央行票据发行利率顺应市场变化小幅下行，对于理顺公开市场利率期限结构，有效引导市场预期、改进流动性管理发挥了重要作用。6月30日，3个月期央行票据和1年期央行票据的发行利率分别为1.5704%和2.0929%，分别较上年末上升24个和33个基点；3年期央行票据的发行利率为2.68%，自重启以来累计下降7个基点。四是适时开展中央国库现金管理操作。继续加强与财政政策的协调配合，结合货币调控及提高财政库款收益的需要，中国人民银行2010年上半年开展了六期国库现金管理商业银行定期存款业务，操作规模共计2000亿元，其中3个月期800亿元，6个月期900亿元，9个月期300亿元，既有助于保持操作的连续性，也及时满足了部分中小金融机构的融资需求。

续

适时上调存款准备金率

为加强流动性管理，引导货币信贷适度增长，管理好通货膨胀预期，中国人民银行分别于2010年1月18日、2月25日和5月10日上调存款类金融机构人民币存款准备金率各0.5个百分点。农村信用社等小型金融机构存款准备金率暂不上调，以加大对“三农”和县域经济的支持力度。三次上调存款准备金率适时适度对冲了银行体系部分过剩流动性，政策实施后，市场流动性仍可满足货币信贷总量适度增长和经济发展的需要。

加强窗口指导和信贷政策引导

2010年上半年，中国人民银行进一步加强对金融机构的窗口指导，引导金融机构相对均衡地安排贷款投放节奏，完善信贷管理制度，充分发挥信贷政策对国民经济和社会建设的积极作用。一是按照“有保有控”的信贷政策要求，引导金融机构加大对重点产业和在建项目的贷款支持力度，支持企业节能减排、技术改造和淘汰落后产能，改善对小企业的金融服务，做好金融支持文化产业、服务外包、物流等新兴产业发展工作，抓好“民生金融”，做好抗震救灾、“大学生村官”、就业、助学、扶贫、区域等改善民生的信贷支持工作。同时，加强对地方政府融资平台的放贷管理，严格控制对高耗能、高排放行业和产能过剩行业的贷款。引导金融机构执行好差别化房贷政策。二是在全国范围内全面推动农村金融产品和服务方式创新，进一步改进和提升农村金融服务，加强信贷结构调整和优化，不断增加涉农信贷投放。三是引导金融机构改进考核机制，合理安排贷款投放节奏，防止贷款在季度、月度间大起大落。

摘自《2010年第2季度中国货币政策执行报告》。

第四节　货币政策效果分析

了解了货币政策工具之后，我们接下来关心的是，当中央银行采取货币政策工具之后，究竟对国民收入变化产生多大的影响？到底有哪些因素会影响货币政策执行的效果？在本节中，我们将引入*IS*－*LM*模型，对这一问题进行分析。

一、货币政策效果

所谓的货币政策效果，是指变动货币供给量的政策对国民收入水平变动的影响。所引起的国民收入水平变动大，货币政策的效果就强。所引起国民收入水平变动小，货币政策的效果就弱。

通过*IS*－*LM*模型，可以有助于我们对货币政策效果的分析。由于货币供给量的变动通过*LM*曲线的移动来反映的，因此，货币政策效果的强弱就可以移动前后的*LM*曲线与*IS*曲线交点的水平移动距离来表示。从*IS*和*LM*图形看，这种距离的大小，主要取决于*IS*曲线的斜率和*LM*曲线的斜率。

二、*IS*曲线斜率对货币政策效果的影响

当*LM*曲线斜率不变，而*IS*曲线斜率较小，即*IS*曲线较平坦时，一定的货币供给量变

动所引起的 *LM* 曲线的移动对国民收入水平变动的影响就越大，货币政策的效果就越强。反之，若 *IS* 曲线斜率较大，即 *IS* 曲线较陡峭时，一定货币供给量的变动引起的 *LM* 曲线的移动对国民收入水平变动的影响就越小，货币政策的效果也就越弱，如图 7－1 所示。

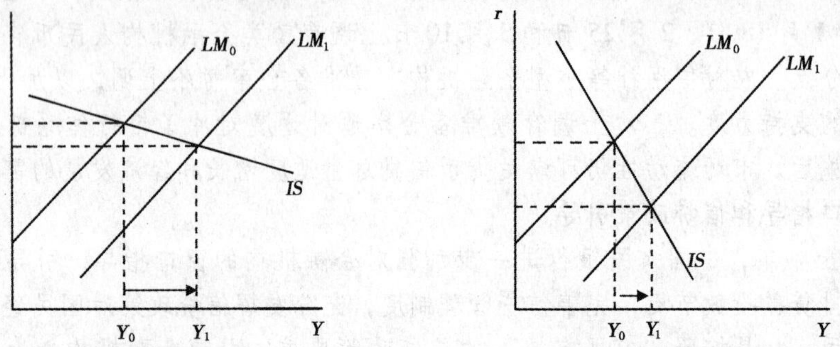

（a）*IS* 曲线斜率较小的情形　　（b）*IS* 曲线斜率较大的情形

图 7－1　*IS* 曲线斜率大小对货币政策效果的影响

在图 7－1 中，图（a）（b）的 *LM* 曲线的斜率是相同的，只是 *IS* 曲线的斜率不同。假定初始的均衡国民收入水平和利率都相同。当中央银行实行扩张性货币政策，增加相同的货币供给量时，这两种情况下的国民收入的变动却不同。很显然，*IS* 曲线斜率较小（即图（a））的情形下，货币政策效果更为明显。

产生差异的原因在于：*IS* 曲线的斜率不同，即投资需求的利率弹性不同（假设边际消费倾向 β 比较稳定，所以 *IS* 曲线的斜率就主要取决于投资需求的利率弹性 d）。*IS* 曲线斜率越小，即 *IS* 曲线越平坦，表示投资需求的利率弹性 d 就越大，即利率变动一定幅度所引起的投资变动的幅度越大。因此，当中央银行实行扩张性货币政策使 *LM* 曲线向右移动时，随着利率的下降，投资需求增加的就较多，从而国民收入水平增加的也较多，货币政策的效果就较强。反之，*IS* 曲线的斜率越大，*IS* 曲线越陡峭，表示投资需求的利率弹性 d 较小，当扩张性货币政策使 *LM* 曲线向右移动时，随着利率的下降，投资需求增加量就较少，从而国民收入水平增加量也较少，货币政策的效果就较弱。

三、*LM* 曲线斜率对货币政策效果的影响

在 *IS* 曲线斜率不变时，*LM* 曲线越平坦，由于货币供给量的变动引起 *LM* 曲线移动对国民收入水平变动的影响就越小，货币政策的效果就越小；反之，则货币政策的效果就越大（见图 7－2）。

在图 7－2 中，图（a）、（b）*IS* 曲线斜率是相同的，只是 *LM* 曲线的斜率不同。对于相同的货币扩张，这两种情况下的国民收入水平的变动量不同，*LM* 曲线斜率较大的货币政策效果更为明显。

产生差异的主要原因是：*LM* 曲线较平坦，表示货币需求的利率弹性大（通常假设货币需求的收入弹性 k 是较为稳定的，因此 *LM* 曲线的斜率主要决定于货币需求的利率弹性 h），即利率稍有变动就会使货币需求变动很多。反过来说，就是货币供给量变动对利率变动的作用较小。因此，同样的货币供给量增加时，由于货币需求的利率弹性 h 较大，则利率下降较少，从而使投资与国民收入水平增加得也较小，货币政策的效果就较弱。反之，若 *LM* 曲线

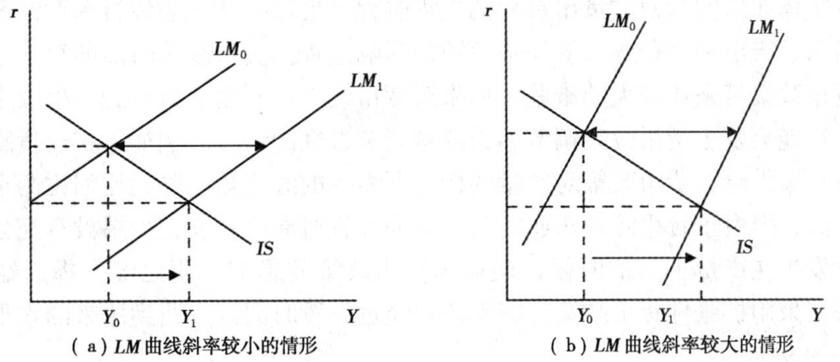

图 7－2 LM 曲线斜率大小对货币政策效果的影响

较陡峭，表示货币需求的利率弹性小，因此，增加同样的货币供给量会使利率下降较多，从而引起投资与国民收入水平增加得较多，货币政策的效果较强。

综上可知，*IS* 曲线的斜率越小或 *IS* 曲线越平坦，货币政策效果越明显；*LM* 曲线的斜率越大或 *LM* 曲线越陡峭，货币政策效果就越明显。

第五节 货币政策的局限性

尽管货币政策在调控宏观经济时有相当大的威力，但它也有一定的局限性，主要表现在：

第一，经济运行的不同时期采取同一货币政策产生的效果会有所不同。例如在通货膨胀时期实行紧缩性的货币政策效果可能比较显著，但如果经济处于衰退时期采取扩张性的货币政策效果就不会十分理想。原因是在经济衰退时期，由于企业对经济前景普遍存在悲观态度，即使中央银行放松银根，增加货币供给量，降低利率，由于悲观心理，企业投资者也不会增加贷款以从事投资活动；银行从资产的安全性角度出发，也不会轻易发放贷款。特别是由于存在流动性偏好陷阱，当利率降低到一定水平以后，无论银行如何增加货币供给量，利率都不可能继续下降，使得作为反衰退的货币政策效果就相当微弱。

第二，从货币市场均衡的情况看，通过增加或减少货币的供给量影响利率的高低是以货币的流通速度不变为前提的。如果这一假定前提不存在，通过货币供给的变动来影响利率水平进而对经济产生影响的作用将大打折扣。在经济繁荣时期，中央银行为抑制通货膨胀需要紧缩货币供给，或者说放慢货币供给的增长率，然而，公众支出一般会增加，而且物价上升较快时，公众不愿持有货币，而希望尽快花费出去，从而货币流通速度会加快，这无异在流通领域增加了货币供给量。这时候，即使中央银行减少货币供给，也无法使通货膨胀率降下来。反之，当经济衰退时期，货币流通速度下降，这时中央银行增加货币供给对经济的影响也就可能被货币流通速度下降所抵消。

第三，货币政策存在的时滞也会影响货币政策的效果。在货币政策操作中一般分为内部时滞和外部时滞。内部时滞指货币当局从根据经济形势做出决策，到具体政策方案出笼的过程。内部时滞相对较短。外部时滞指运用货币当局选定的政策工具对货币存量进行调节进而影响总需求水平及目标变量的过程。在正常情况下，外部时滞总要长于内部时滞，因为它不仅包括微观主体在新的货币政策出台后的决策过程，也包括微观主体行为对储蓄、投资、消费、货币需求、产出和物价等重要经济变数的影响过程。货币政策时滞的存在给货币当局制定和调整货币政策带来比较大的难题。如果对货币政策从制定、执行到产生效果的时间长短估计不够，可能会发生货币政策调节不力或者调节过度的情形。例如，在通货膨胀时中央银行将会减少货币供给，货币政策对产量的影响所需要的时滞短一些，比如说两个月之后，总产出开始下降，但由于货币政策对通货膨胀影响大且时滞比较长，如果没有充分考虑这些问题，就可能发生在产量下降的时候，误以为货币政策的影响作用已经发挥、经济进入了衰退，反过来又采用扩张性货币政策，即使产量经过一段时间以后回到原来的水平，仍可能引起通货膨胀的发生。

专栏　为什么20世纪90年代初日本扩张性货币政策失效

1989年年底，为了抑制泡沫经济，日本银行把公定贴现率从3.75%提高到4.75%，希望日本的股价和房地产价格有秩序地回落，但日本的经济泡沫却突然开始崩溃，由于极度的信贷紧缩和泡沫经济崩溃产生的财富效应，日本经济增长率由1990年5.3%下降到1991年3.3%。面对泡沫破灭带来的严重后果，日本银行不得不在1991年7月1日，把公定贴现率由6%下调到5.5%，日本再次进入宽松的货币政策时期。不久，又将公定贴现率从5.5%降到5.0%。在1991年12月30日，进行了第三次降息，公定贴现率由5.0%降到4.5%。1992年4月，日本的公定贴现率进一步下调到3.75%。

然而，尽管日本银行再三调低公定贴现率，日本国民生产总值GDP增长速度却由1991年的3.3%降至1992年的1%，到1993年，降到0.2%。景气连续下降32个月，在1993年触底，日本迎来了泡沫经济崩溃后第一次严重的经济衰退，衰退期长度位列战后第二位，仅次于石油危机导致的那次经济衰退。

为什么日本政府一再调低利息率，换来的却是经济的每况愈下呢？究其原因，货币的传导机制在此期间严重失效。

首先，利息率下降并没有带动投资的增加，相反，在此期间，住宅投资和设备投资增长速度下降非常明显。日本住宅投资的增长速度由1991年的0.1%降到1992年的-0.4%，1993年降幅为-0.2%。同时，设备投资也出现负增长，由1990年的8.1%降到1993年的-3%。利息率的下降没有刺激投资的增加。而在日本，设备投资对GDP的贡献仅次于消费，设备投资增长速度的下降对GDP的增长无疑是一个重大的打击。货币传导机制中的第一环节利息率下降导致投资增加没有实现。造成这一传导机制失效的原因是多方面的：首先是银行的“惜贷”。泡沫经济崩溃后，金融机构背上了沉重的不良债权的包袱，为了满足巴塞尔协议对资本充足率的要求，防止新的不良债权的产生，金融机构减少了对企业的贷款，并提前收回贷款以减少资产总额来达到资本充足率的要求。信贷增长由1990年的9.2%降到1993年的0.8%，因此，那些严重依赖银行贷款的企业只好压缩投资。第二，泡沫经济崩溃后，股市暴跌，日经指数从1988年到1993年一路下跌，直到1993年第一次达到泡沫崩溃后的最低点。因此，企业无法从证券市场筹集资金。第三，泡沫崩溃后，股票和土地价格大幅下跌，许多投资股票和房地产的企业收益大幅减少，投

续

资效益降低，利润率下降，实际借款成本由于物价水平下降而不断上升。为了减少亏损，企业主动减少投资支出。

其次，利息率下降也没有拉动居民消费的增加。从1990年至1993年，居民消费增长速度直线下降，由4.4%下降到1.2%。尽管它的波动没有设备投资和住宅投资那么明显，但是，在日本的GDP中，消费所占的比重最高，达59.4%。消费的低迷将直接导致GDP增长速度的减缓。由此可见，利息率的下降并没有通过庇古效应使居民扩大消费支出。原因也是多方面的：第一，泡沫破灭后，股票价格和房地产价格暴跌，资产价格下降带来的财富收缩效应使居民的实际财富不但没有增加反而减少从而使消费萎缩。第二，在经济陷入衰退之后，消费者对经济前景的信心下降。另外，日本长期以来不完善的就业制度，退休制度等带来的预期不确定性也是居民消费支出下降的重要原因。

再次，利息率下降也没有引起日元兑美元的汇率下降。战后由于日本产业发展十分迅速，从20世纪60年代中期开始就出现大量的贸易顺差，一直持续至今。日本的贸易伙伴，尤其是美国，一直施加巨大的压力抬高日元，从而使日元兑美元的汇率一路攀升，从1971年1美元兑360日元升至1美元兑80日元。

……

纵观20世纪90年代以来日本的货币政策，总的来说，日本银行采取的是扩张性货币政策，符合通货紧缩条件下货币政策的需要。然而，长期的极度的政策扩张却收效甚微。从宏观经济指标看，货币政策的失效似乎是货币传导机制受阻造成的。其实，根本原因在于泡沫经济崩溃带来的严重的后遗症：日本居民由于失业上升，收入下降，从而对未来经济的信心下降，消费长期低迷；企业赢利能力降低，长期的通货紧缩使企业实际融资成本上升，自主投资减少；金融机构严重的不良债权问题导致信贷紧缩。因此，货币政策对经济的刺激非常有限，它无法发挥独立自主的刺激经济的作用，只是在一定程度上稳定经济，充其量只是配合扩张的财政政策和汇率政策刺激经济的复苏。更为严重的是，由于“流动性陷阱”的存在，利息率已经无法进一步下调了，即使再下调，也只有很小的余地了。可见，货币政策对经济的刺激已到了山穷水尽的地步。

摘自辜岚：“从货币传导机制看日本货币政策的失效”，《世界经济导刊》，2007年第7期。

专栏　货币主义的货币政策观点与凯恩斯主义的货币政策观点

货币主义者的货币政策与凯恩斯主义的货币政策虽然表面上都主张通过货币政策对经济进行调节，但两者在货币政策的目标上存在着截然不同的观点。

货币主义的代表人物弗里德曼认为，在短期中也许可以通过控制利率并通过利率刺激总需求，从而消除失业，但在长期中不仅做不到这一点，反而会加剧通货膨胀。

按照凯恩斯主义者的观点，货币供给量的增加可以降低利率，但弗里德曼认为，货币供给量的增加在短期内可降低利率，但从长期看却做不到这一点。因为较低的利率会影响投资和消费，使总支出增加。总支出的增加会引起总收入水平的上升，又会提高流动偏好和贷款需求，引起价格的上升，价格上升将导致货币购买力的下降。价格上升使公众预期

续

价格上升，借款者愿意借贷，贷款者要求提高利率，从而较高的货币增长率必然带来较高的利率。因此，从长期看，利率是难以控制在一个较低的水平上的。

凯恩斯主义者认为，实行扩张性货币政策在降低利率的同时可以刺激投资，增加就业，而紧缩性货币政策提高利率可以抑制投资，减少就业。弗里德曼批评了这种观点，认为货币增长率具有"即时效应"和"长期效应"。弗里德曼指出，任何一个时点的劳动市场上都存在着与均衡的实际工资水平相一致的"自然失业率"，即劳动市场上在没有货币变动干扰时供求力量自发调节时存在的失业率。货币供给量增加导致了利率降低、刺激投资的增加而使就业增加是最初产生的效果即"即时效应"。之所以会产生"即时效应"，是因为工人由于存在货币幻觉，当物价上升引起的实际工资水平下降时，工人并没有意识到这一变化，或无法变动工资合同，这会使企业增加对劳动的需求，失业率暂时低于自然失业率。当工人意识到实际工资水平下降或能够重新签订工资合同、要求增加实际工资水平时，企业将减少雇佣工人的数量，使失业率又回到原来自然失业率的水平，这就是货币政策的长期效应。因此，货币政策影响失业率在短期内是有效的，在长期中则是无效的。

那么货币政策到底能起到何种作用呢？弗里德曼将其归结为三种作用：

第一，货币政策能够防止货币本身成为经济失调的主要源泉；

第二，给经济提供一个稳定的背景；

第三，货币政策能够有助于抵消经济体系中其他原因引起的较重大的干扰。

由此得出两点结论：一，货币政策应该将中央银行能控制的货币数量作为政策目标，而不要将无法驾驭的利率作为政策目标；二，要避免政策的剧烈波动，保持一个稳定的货币增长率才是最好的货币政策，也就是单一政策规则（Single Rule）。

本章主要术语

货币创造乘数　法定准备金率　超额准备金率　基础货币　公开市场业务　再贴现率　扩张性货币政策　紧缩性货币政策　货币政策效果

本章小结

1. 在银行体系中，商业银行和中央银行是主要组成部分。其中商业银行基本业务是为企业提供贷款的业务。中央银行身处一国金融体系的核心地位，其主要职能是代表国家发行货币、制定和执行货币金融政策、处理国际性金融事务、对金融体系进行监管、通过货币政策影响经济活动。

2. 货币供给量是通过银行体系的存贷活动实现的，是一种货币创造过程。初始存款会通过银行体系的存贷活动创造出多倍的存款。货币创造乘数与法定准备率、超额准备金率、漏现率有关。这些因素都可以归结到准备金对货币供给变动的影响上来，因为准备金是银行创造货币的基础。

3. 货币政策就是中央银行通过调节货币供给量来调节利率、进而影响投资并最终调节国民收入的政策。货币政策一般也分为扩张性货币政策和紧缩性货币政策两大类。

4. 货币政策工具主要有公开市场业务、再贴现率和法定存款准备金率。通过公开市场买入政府债券、调低再贴现率和调低法定存款准备金率，可以扩大货币供给量，属于扩张性货币政策；反之，则属于紧缩性货币政策。

5. 当投资需求的利率弹性越大，*IS* 曲线的斜率越小，货币政策效果越强；货币需求的利率弹性越小，*LM* 曲线的斜率越大，货币政策效果越强。

6. 货币政策的使用具有一定的局限性，主要表现在：第一，如果经济处于衰退时期采取扩张性的货币政策效果就不会十分理想。第二，当货币的流通速度是可变的时，通过货币供给的变动来影响利率水平进而对经济产生影响的作用将大打折扣。第三，货币政策存在的时滞也会影响货币政策的效果。

习　题

一、判断题

1. 中央银行基本业务是为企业提供贷款的业务。

2. 法定准备金率越高，货币创造乘数越大。

3. 漏现率越高，货币创造乘数越小。

4. 货币政策就是中央银行通过调节货币供给量来调节利率、进而影响投资并最终调节国民收入的政策。

5. 投资需求的利率弹性越大，*IS* 曲线的斜率越小，货币政策效果越弱。

二、单选题

1. 某商业银行在某月共吸收存款 1000 万元，按规定将其中的 100 万元作为准备金留下，其他的全部贷放了出去，则可以判断法定准备金率和超额准备金率分别为(　　)。

A. 10%，10%　　B. 0，10%

C. 0，0　　D. 10%，0

2. 假设法定准备金率为 20%，超额准备金率为 0，当某银行客户从其存款账户中取出 5 万元现金时，该行为使整个银行体系的存款将(　　)。

A. 增加 25 万元　　B. 增加 10 万元

C. 减少 25 万元　　D. 减少 10 万元

3. 当经济发生衰退时，中央银行可在公开市场上(　　)。

A. 买进政府债券，降低法定准备金率

B. 卖出政府债券，降低法定准备金率

C. 买进政府债券，提高法定准备金率

D. 卖出政府债券，提高法定准备金率

4. 运用财政、货币政策对需求进行调节时(　　)。

A. 财政政策间接影响总需求

B. 货币政策通过影响利率变动间接对总需求产生影响

C. 货币政策直接影响总需求

D. 财政政策通过影响价格变动间接对总需求产生影响

5. 当经济中发生通货膨胀时，可采取的货币政策是(　　)。

A. 增税　　B. 增加政府购买支出

C. 提高法定准备金率　　D. 中央银行买进债券

6. 中央银行在公开市场卖出政府债券将导致商业银行的存款(　　)。

A. 增加　　B. 减少

C. 不变　　D. 先减少后增加

7. 商业银行向中央银行增加贴现将导致(　　)。

A. 商业银行准备金的增加，从而有利于货币供给量的扩张

B. 商业银行贷款的减少和货币供给量的减少

C. 商业银行准备金的增加和超额准备金的减少

D. 商业银行的法定准备金率的提高

8. 中央银行的货币政策通过一系列环节对国民收入水平产生影响，但不包括(　　)。

A. 刺激投资增加，从而导致国民收入水平提高

B. 增加商业银行的准备金，使它们得以扩大贷款

C. 增加货币供给量，从而直接增加个人可支配收入、进而增加消费

D. 降低利息率，鼓励商业银行增加贷款

9. 三大货币政策工具中威力最大的是(　　)。

A. 法定准备金率政策　　B. 公开市场业务

C. 再贴现率政策　　D. 税收

10. 货币供给增加使 *LM* 曲线右移，若要使均衡收入的变动接近于 *LM* 曲线的移动量，则必须是(　　)。

A. *LM* 陡峭，*IS* 陡峭　　B. *LM* 平缓，*IS* 平缓

C. *LM* 陡峭，*IS* 平缓　　D. *LM* 平缓，*IS* 陡峭

三、多选题

1. 下列属于货币政策工具的有(　　)。

A. 公开市场业务　　B. 再贴现率

C. 法定准备金率　　D. 转移支付

2. 属于扩张性货币政策措施包括(　　)。

A. 中央银行卖出债券　　B. 降低再贴现率

C. 降低法定准备金率　　D. 降低税率

3. 中央银行调整再贴现率更多地是想表达自己调节货币供给量的意愿，再贴现率的(　　)。

A. 下降表现货币当局要扩大货币和信贷供给

B. 下降表现货币当局要减少货币和信贷供给

C. 上升表现货币当局要减少货币和信贷供给

D. 上升表现货币当局要扩大货币和信贷供给

4. 下列哪些因素使货币政策存在局限性(　　)。

A. 货币流通速度变化　　B. 存在时滞

C. 存在流动性偏好陷阱　　D. 通货膨胀时期采取紧缩性政策

5. 下列货币政策操作中，引起货币供给量减少的是(　　)。

A. 提高法定存款准备金率　　B. 提高再贴现率

C. 降低再贴现率　　D. 中央银行卖出债券

四、简答题

1. 货币供给量是如何通过银行体系的存贷活动产生的?
2. 货币创造乘数大小受哪些因素的影响?
3. 货币政策工具有哪些? 如何运用?
4. 试比较主要的货币政策工具的特点。

建议阅读资料

1. 赵海云:《中国货币政策特殊性》,新华出版社2010年版。
2. 索洛:《通货膨胀、失业与货币政策》,中国人民大学出版社2004年版。
3. 高鸿业:《西方经济学(宏观部分)》,中国人民大学出版社2007年版,第540~577页。

第八章

失业与经济周期

本章学习要求

1. 掌握失业的定义，了解失业的衡量方法与失业队伍流动的特征化事实。
2. 理解掌握失业的类型与原因，了解失业的影响与治理。
3. 了解经济周期的类型与原因。

第一节 失业的定义、衡量与特征化事实

人类社会进入工业社会以来，失业日益成为重大问题。国际劳工组织（ILO）发布的“2010年全球失业趋势”报告指出，2009年全球失业人口已接近1.12亿，创下该组织自1991年开始统计该项数据以来的最高纪录。

在大多数发展中国家，普通民众拥有的唯一生产要素就是自己的双手。对这些国家而言，缓解贫困最有效的方式，就是尽可能多地创造就业机会，同时改善日益恶化的收入分配也需要不断增加就业。在很多国家，由于社会保障非常不健全，失业往往成为人一生中最悲惨的经济事件。即便是社会保障非常健全的国家，失业也足以构成人一生中最沉重的打击之一。失去工作，不仅意味着生活水平的降低，也意味着对未来的焦虑和自尊心的伤害，更重要的则是将来发展机会的减少——人们从工作中不仅可以获得个人成就感，还可以通过“干中学”不断积累人力资本。此外，失业还会引发一系列社会问题。正因为如此，各国政治家在竞选时，几乎无一例外地表示将出台有关政策创造工作岗位，即使是独裁者也往往会作出类似的承诺。

在发达国家，严重的萧条虽已不常有，但周期性衰退和严重失业仍不时来袭。在发展中国家，无论发展速度如何，失业总是困扰其发展的重大问题。近些年来，很多欧洲国家的失业率都突破了10%，一些国家的失业率甚至还有攀升的可能。2008年爆发的全球金融风暴，更是提醒各国政府和居民，失业问题仍然是值得高度关注的头等大事。在2010年诺贝尔经济学奖正式宣布之后，英国《金融时报》发表了这样一段评论：“诺贝尔经济学奖被授予了三位研究失业问题的学者。这是一个热门话题。美国的失业率已高到让人沮丧的水平，而在欧洲多数国家，失业率并没有（从高得让人沮丧的水平）下降多少。令人遗憾的是，这三位教授的方法，提供不了什么答案。”2010年诺贝尔经济学奖获得者克里斯托弗·皮萨里德

斯（Christopher A. Pissarides）也坦言，经济学家至今尚未提出有效理论来应对失业。

因此，失业常常成为政治、经济争论的重要话题。经济学家的任务，主要在于解释一个最基本的问题：为什么会有失业？尤其需要解释的是，为什么在面临大量职位空缺的情况下，依然还有众多失业者？同时，还必须回答如下问题：如何衡量失业？它对宏观经济和社会发展有何影响？如何缓解这些影响？以上正是本章关注的基本问题。

一、失业的定义与衡量

一个经济社会的就业或失业状况往往通过失业率（Unemployment Rate）来衡量。所谓失业率，是指失业者占劳动力总量的比例。

劳动力（Labor Force）是指在法定年龄范围内（各国的规定不一致，比如美国规定为在16到65岁之间，欧盟和加拿大规定是15岁以上）具有工作能力并愿意参加劳动的人，它是正在工作和已经失业的劳动者全体。

失业（Unemployment）是指符合工作条件、有工作愿望且愿意接受现行工资的人没有找到工作的一种状况。美国将失业者更精确地定义为：在过去的四周内，一直没有被雇用，且正在等待新的工作机会或者努力寻找工作的劳动力。

以上对失业者的定义，包括两个重要方面：第一，失业者必须是劳动力；第二，如果一个人没有努力去寻找工作或不愿意接受现行市场工资率，他就不能被认定为失业者。在现实生活中，的确存在一些在事实上处于“失业”状态，但在主观上不愿意按现行工资率工作的劳动力，被称为自愿失业者。由于“自愿失业”无法通过经济手段和政策予以消除，因此不是经济学研究的范围。经济学中所指的失业均为所谓“非自愿失业”。

若用 N 表示正在工作的人的总数，即就业量，U 表示失业者总数，即失业量，L 表示劳动力总量，则有：

$$L = N + U$$

若用 u 表示失业率，失业率就可以更严格地用以下公式加以定义：

$$u = U/L$$

由失业率的定义可知，若失业率已知，则就业率即为1减去失业率。

专栏　失业率的统计方法和统计误差

在很多国家，失业率数据的最新变动情况都是每月的头条新闻。失业和劳动力的统计资料是由各国的有关机构收集的综合经济资料，这些统计都经过了精心的设计。

根据国际劳工组织（ILO）的标准，在一定年龄范围内的人，一定可以被归入这样三种状态之一：就业者、失业者和非经济活动人口。

就业者是指那些在过去一周中从事了至少一个小时有收入的工作或者暂时离开了工作岗位（例如休假）的人。

失业者是指那些没有工作，正在积极寻找工作且能够立即工作到岗的人。根据ILO所推荐的失业标准，失业者必须具备三个条件：一是没有工作，二是能够到岗，三是积极寻找工作。ILO的标准尤其强调：被界定为失业者的人，必须是一个正在积极寻找工作的人，且此人寻找工作的行为是可检验的。ILO视下面的行为为积极寻找工作：（1）在就业

续

或者职业介绍部门登记；（2）向雇主申请工作；（3）到工作场所寻找工作；（4）寻找或者应聘报纸招聘广告；（5）寻求亲戚或朋友的帮助；（6）为自己创业而寻找地皮、厂房设备等；（7）申请和就业有关的执照等；（8）其他一些情况。然而，在各国的失业统计口径和具体操作中，尚存在相当大的差异，不同的国家要么对ILO的定义有不同的解释，要么根本不遵循ILO的定义。

所谓非经济活动人口，是那些不工作而又不能满足ILO失业标准的人。

在美国，衡量失业是劳工统计局的工作。劳工统计局每月提供失业和劳动市场其他情况的有关数据，如失业类型、平均工作周的长度以及失业持续的时间等，作为政府有关劳工问题决策的基本依据。这些数据来自于对6万个左右家庭的定期调查，它采用人口调查随机抽样法来收集资料。

根据对调查问题的回答，劳工统计局把每个受调查家庭中的成年人（16岁以上）划分为三类：就业者；失业者；非劳动力人口。其划分原则是：有职业的人就是就业者；没有职业但寻找工作的人是失业者；没有职业而不寻找工作的人就是非劳动力人口，例如，全日制学生、家务劳动者，或退休者。

劳工统计局把劳动力定义为就业者与失业者之和：

劳动力＝就业者人数＋失业者人数

失业率（Unemployment Rate）被定义为失业者在劳动力中的百分比：

失业率＝失业者人数/劳动力×100%

但是，再精确的失业统计也会有误差，从而不能真实而准确地反映出失业状况，从而要么高估失业率，要么低估失业率。主要有以下三个原因：

第一，不现实的工资预期。有些人只有在比所能得到的工资高时才愿意工作，把这些人算入失业者是没有意义的，因为他并不是真正意义上的失业者。但是，在失业统计时往往会把这些人也作为失业者，这样就倾向于高估失业率。

第二，失意工人的存在。许多人在经历了长期而艰辛的寻职努力之后仍没有找到合适的工作，他们就会认为没有适于自己的工作。这些人就会失业并不再找工作。这种人被称为失意工人（Discouraged Workers）。失意工人是那些没有工作，想找工作，但不再找工作的人。失业者如果长期失业，就无法通过“干中学”来提高人力资本，其原先的工作技能反而还可能退化，这样，越是失业时间长的人就越是难以找到工作。不过，这其中有相当一部分人在失业统计中并不被作为失业者，因为他们在调查的前30天之内并没有找工作，不符合失业者的条件，而被作为非劳动力。但这些人实际上也是真正的失业者，如果把他们计算在失业者之内，失业率就会提高。所以，失意工人的存在，倾向于低估失业率。

第三，部分时间工作者。如前所述，部分时间工作的工人也被作为就业者，但他们之中的许多人仍在寻找全日制的工作。在衡量失业率时并没有把这部分人算在失业者之内，但这也是失业的一个潜在重要来源。把部分时间工作者作为就业者同样也低估了失业率。

二、失业队伍流动的特征化事实

在一个动态的市场经济中，失业者并非固定不变，而是处于不断变动的过程中。失业队伍，就像一个蓄水池一样，既有流入也有流出，只有沉淀其中者，才是失业者。若流入大于流出，则失业增加；若流入小于流出，则失业减少。

从失业队伍的流动来看，一般具有如下特征化事实：

第一，失业队伍中有相当一部分是那些长期处于失业状态的人，这部分人构成了失业者的主体，被称为失业队伍中的“硬核”（Hard - core）。在大多数国家，这些被成为“硬核”的人，主要是由于其人力资本不能适应经济社会的发展要求，其文化与技能水平较低。加上各国经济技术环境迅速变动，而且这些人往往年龄偏大，学习新知识的难度偏大，要找到工作就更难了。

第二，失业队伍的流动性大，即流入与流出者数量都比较大。失业是动态的，总是不断有人进入或退出失业队伍，但大多数人在失业队伍中的时间并不长。人们无论出于什么原因变动工作，也无论是自愿还是被迫，在任何时点上，总会有一部分人成为失业者，而在另一时点上找到工作，离开失业队伍。一般而言，劳动力的流动越是自由，失业队伍的流动性就越大。

第三，在任何国家，并非所有劳动者都面临着同样的失业风险，不同劳动力集团之间失业率的差别相当大。各国根据不同的标准划分劳动力集团，属于某一劳动力集团的人有一些基本的共同点。例如，在美国劳工部定期发表的《就业与收入》报告中，把劳动力根据性别、种族、年龄分为不同的集团。无论根据什么标准，不同劳动力集团之间的失业率总是不同的[①]。各国失业率的分布，有一些共同的趋势性特征。首先，青年人的失业率往往高于成年人的失业率。青年人由于刚刚进入劳动市场，对自己的能力和特长还没有形成完整的认识，因此倾向于尝试不同的职业以帮助自己确定最适合自己的岗位，这就造成青年人的离职比例较高；另一方面，青年人由于工作时间较短，甚至是初次就业，缺乏通过“干中学”得到的专门知识和技能积累，容易被抛向失业大军。其次，失业率的高低与劳动者的受教育程度有很大关系。一般而言，受过高等教育的劳动者的失业率要大大低于没有受过高等教育的劳动者。因为在现代经济生活中，对劳动者的素质要求日益提高，日益复杂的工作岗位需要更高水平的人力资本与之相匹配。另外，从失业人员的性别构成来看，传统观点认为女性的失业率要高于男性，但随着服务业的迅速发展，创造了很多适合女性就业的岗位，使妇女的劳动力参与率和就业比率都大大提高，加上西方国家法律一般都严格禁止性别歧视，目前西方发达国家女性失业率与男性失业率的差别并不明显。

以上关于失业的三个特征化事实，不仅在西方发达国家普遍存在，在发展中国家也不同程度地存在着，只是具体表现形式有些差异而已。

第二节　失业的类型与原因

经济学家一般将失业分为三大类型：摩擦性失业、结构性失业和周期性失业。

---

① 例如，在美国如果按种族和性别把劳动力集团分为白人男性、黑人男性、白人女性和黑人女性，那么，这四个集团中，失业率最低的是白人男性，失业率最高的是黑人女性。许多年的统计资料都表明了这一特点。

一、失业的类型

（一）摩擦性失业

摩擦性失业（Frictional Unemployment）是人们在寻找或变动工作时发生的暂时性失业。这种失业是由于人们在不同的地区、不同的职业或一生中的不同阶段的工作变动所引起的，是一个动态经济中的长期而正常现象。在一个动态社会中，总有一些人在找工作，同时也有一些企业在招聘员工。实际上，工人需要信息、时间和成本来寻找自己认为最合适的工作，企业也同样需要付出成本来寻找到合适的员工。通过这种耗时费钱的寻找过程，人们的兴趣、爱好和技能最终得以与可获得的工作机会相一致，工人得到满意的工作和收入，企业找到满意的员工。当这些失业的人在寻找工作时，他们就是摩擦性失业者。这种失业具有一定的"生产性"，所以，经济学家一般并不给予特别的关注。

（二）结构性失业

结构性失业（Structural Unemployment）的原因是劳动的供给和需求不匹配。这种失业是由于在经济发展过程中，随着技术进步和需求结构的变化，产业结构会处于不断变化之中，从而使劳动供给和对劳动需求在职业、技能、产业、地区分布等方面不一致所引起的。相反的情形（即结构性的劳动力短缺）也有可能出现。

结构性失业水平取决于劳动力转移成本的高低。劳动力在各个部门之间的转移需要成本，如重新接受职业培训、再教育等。转移成本越高，花费的时间越长，结构性失业越严重。转移成本的高低主要取决于两方面的因素：第一，不同产业部门之间的差异程度。部门之间的差异程度越大，劳动力转移所需的成本越高。第二，劳动力的初始人力资本及培训机制。劳动力初始人力资本较高，就比较容易接受新技能的培训，培训机制越完善，转移成本越低。

（三）周期性失业

周期性失业（Cyclical Unemployment）是随着经济周期而波动的失业，即在对劳动的总需求下降（而不是对某些部门的工人的需求下降）时产生的。所有市场都是相互关联的。产品市场的变动必然会对劳动市场产生影响。如果产出减少，对劳动的需求也将减少；产出增加，对劳动的需求也将增加。因此，周期性失业在衰退时增加而在扩张时减少。比如很多行业的工人往往会由于经济处于衰退而被解雇，也会在几个月后当扩张开始时被重新雇用，此时就可以说，他就经历了周期性失业。周期性失业又称为"需求不足失业"，是有可能在短期内消除的失业。

区分周期性失业、摩擦性失业和结构性失业，可以帮助经济学家诊断劳动市场的健康状况。实际上，我们可以换一个角度，利用劳动供求模型来分析这三种失业的性质和原因。较高水平的摩擦性失业和结构性失业，往往是在劳动市场发生结构性扭曲（如最低工资定得较高时）而导致均衡受到影响的结果，或者说主要是非均衡失业，如图8－1所示，横坐标是就业量，纵坐标是实际工资率，当劳动市场处于均衡时，均衡的就业量为N_e，此时工资率为W_e，而当工资率为W_1时，劳动供给大于劳动需求，会出现失业，在图8－1中以AB段的长度体现。

周期性失业往往发生在经济衰退的时期，往往是非充分就业均衡的结果，是一种均衡失业，即在劳动市场上劳动的供求相等，处于均衡，但均衡就业量小于充分就业量。在图8－2中，表示的是均衡失业。当劳动市场处于均衡时，均衡就业量为N_e，此时工资率为W_e，

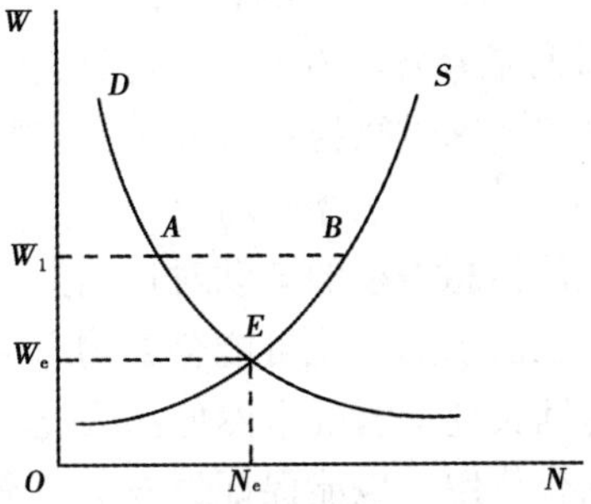

图 8－1　非均衡失业

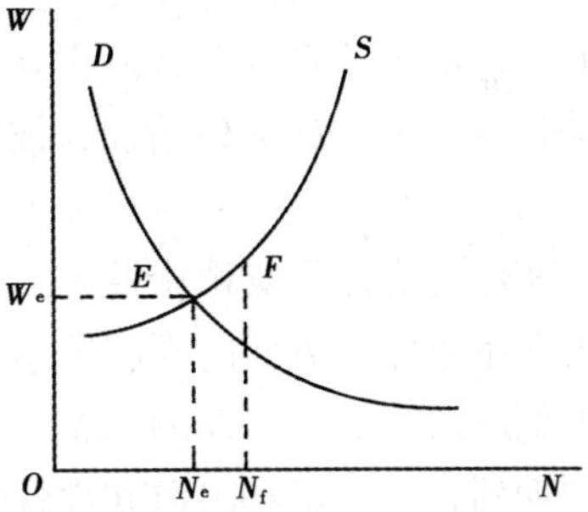

图 8－2　均衡失业

但此时是一个非充分就业的均衡，因为充分就业量为 N_f，且 $N_f > N_e$，所以存在（$N_f - N_e$）的失业。

一般而言，在上述失业类型中，从长期来看，经济学家主要关注结构性失业（非均衡失业）；而在短期内，则更关注周期性失业（均衡失业）。

二、充分就业与自然失业率

如果没有周期性失业，或者说，当所有的失业都是摩擦性失业和结构性失业时，就实现了充分就业（Full Employment）。因此，失业率与充分就业水平的背离就是周期性失业。充分就业时的失业率就称为自然失业率（Natural Rate of Unemployment）。① 只有在实际失业率超过“自然”水平时，失业才是“过多”的。

在充分就业时，仍然可能有相当数量的失业人口，这并不矛盾。由于正常的劳动力流动，由于人们不满意现有的工作辞职去寻找更理想的工作，由于技术进步以及由于产业结构变化导致人们的技能与工作机会不相适应等，均会引起失业，任何社会的失业率从来就没有降到零。

专栏　自然失业率的衡量

实际上，似乎并不存在一种自然失业率的标准衡量程式，所以，关于自然失业率的衡量方法和具体结果总是存在诸多争议。

一种被广泛采用的简单方法是计算一个较长时期内的平均实际失业率。这一方法认为通过长期平均可以熨平失业在自然率上下的周期性偏差。另一比较简单的办法是挑选某一特定年份，该年经济已处于充分就业，预期通胀率同实际水平几乎一致，那么该年的失业率即为自然失业率。更系统的方法则是估计附加预期的菲利普斯曲线，确定同非加速通胀率相适应的失业率。经济学家罗伯特·戈登的研究中采用了这一衡量程式，发现了一个相当一致的自然失业率估计，从 20 世纪 70 年代中期到 80 年代中期，美国的自然失业率约为 6%。

① 这一概念最初由米尔顿·弗里德曼于 1968 年提出，哥伦比亚大学的费尔普斯也在同一时期独立地发展了这一概念。根据弗里德曼（1968，第 8 页）的观点，自然失业率是指可由瓦尔拉斯（Walras）一般均衡方程系统精心计算出来的失业水平。这里假定已经把劳动和商品市场的实际结构性特征因素考虑在内，其中包括市场不完全性、供求的随机变异性和收集信息的成本等等（转引自肖恩·哈格里夫斯－希普，1996）。

在不引发通货膨胀率加速上升的前提下，政府可以通过扩张性宏观经济政策减少周期性失业。然而，这些政策在降低自然失业率方面却无能为力。为了降低自然失业率，政府必须采取某些结构性政策，如岗位培训、鼓励高流动以及通过财税手段鼓励人们脱离失业队伍参加工作等。

自然失业率假说应用了货币中性的古典假设，认为总需求的波动对自然失业率没有任何影响，自然失业率由供给方面的真实因素所决定。总需求的变化可能会影响短期的实际失业率，但随着人们对通货膨胀预期的调整，失业将返回长期均衡的自然值。因此，即使总需求的波动未被预期到，连续市场出清和理性预期的联合作用，也能保证失业率逐渐回到其自然率水平。换而言之，宏观经济政策是无效的，即需求管理政策虽然能在短期内影响失业率，却不能影响均衡失业率或自然失业率。这种理论提醒决策者，不能过于迷信需求管理政策，尤其是不能迷信需求管理政策的长期效果。凯恩斯主义的需求管理政策，在短期内或许是有效的，但在长期内一定趋于无效。而在一些新古典宏观经济学家看来，所谓需求管理政策即使在短期内也可能是无效的，并具有负面效应。

自然失业率的高低主要受到以下因素的影响：第一，劳动力的人口统计构成，即各集团人员在总劳动力中所占的比例。第二，劳动市场的组织状况，即劳动市场是否完善（如信息是否畅通、是否有有效率的就业中介机构和青年就业服务机构等）。第三，新工人加入劳动力队伍的比例及速度。比如20世纪六七十年代西方经济高速增长，特别是服务业的飞速发展，吸引了大批妇女加入到劳动队伍中，妇女劳动参与率的提高，加速了劳动供给的增长，增加了失业人口。第四，失业者寻找更好工作的愿望和能力，这又在一定程度上受失业保险金的影响。支付的保险津贴越高，则相当于工作搜寻的补贴越高，在一定程度上降低找到工作的比率，从而提高失业率。第五，实际工资刚性，即工资由于种种原因不能下降到足以迅速消除失业的水平，其中有两种原因是最重要的：工会的压力或政府立法不允许企业降低工资；企业的效率工资可能就是现行工资水平——即使劳动供给变动，企业降低工资水平也可能是不值得的。

专栏　日本长期超低的自然失业率及其终结

从第二次世界大战后到20世纪90年代初为止，日本经济基本处于高速增长或平稳发展状态。加之以大企业为中心实行“终身雇用制”和“年功序列制”等原因，日本的就业状况一直都非常稳定，失业率很低。20世纪70年代初第一次石油危机以后，欧美各国失业率迅速升高，多数欧洲国家的失业率已达到2位数。而日本却始终保持在2%左右，最高年份也不超过2.8%。2%左右的失业率被认为是“充分就业状态”，因而2%的失业率也可以看做是自然失业率。

但是，“泡沫经济”崩溃后，日本经济开始滑坡。企业苦于处理“泡沫经济”期间留下的大量库存，只能减少生产。在企业效益大幅度下降的同时，人工费用的比重相对上升，“企业内部失业”的矛盾开始显露。据大藏省发表的《法人统计季报》统计，1990年第四季度，全国注册资金1000万日元以上企业的人工费用与销售额比率为10.6%，而1993年第四季度，达到13.2%，3年间上升了2.6个百分点。1994年和1995年经济状况仍未得到好转，“企业内部失业”压力有增无减。为摆脱困境，大多数企业不得不告别

续

“终身雇用制”，进行大规模的“重组改革”，即金融机构及大中企业等部门的内部重组改革，以实现“减员增效”。但“重组改革”很快就成为下岗、裁员、解雇的代名词。在“重组改革”浪潮中，全国雇员的增加幅度骤然下降。全国雇员人数，1990 年比上一年增加 171 万人，而 1991 年、1992 年、1993 年、1994 年、1995 年分别比上一年增加 154 万、105 万、72 万、30 万、36 万人。其增加幅度基本呈逐年递减趋势。完全失业率也从 1992 年的 2.1% 上升到 1995 年的 3.2%。1995、1996 年两年宏观经济形势好转，“重组改革”压力稍微得以缓解，完全失业率的上升趋势也得到一定遏制。但是，1997 年 4 月因消费税的提高（由 3% 提高到 5%），占 GDP（国内生产总值）60% 的个人消费立刻出现疲软，成为引发经济状况进一步恶化的导火索，刚刚出现的景气很快夭折。同年 11 月，以“北海道拓殖银行”、“山一证券”公司倒闭为标志的金融危机总爆发又使不断恶化的日本经济雪上加霜。以制造业为中心的中小企业大量倒闭，大企业的“重组改革”不断升级。随着景气的继续后退，劳动需求锐减，完全失业率大增。1998 年，全国雇员总数比上一年减少 39 万人。1999 年 7 月，全国就业人员总数也比上一年同期减少 80 万人。完全失业率，1997 年达到 3.5%，1998 年达到 4.3%，1999 年 6 月、7 月连续两个月保持 4.9%，刷新了 1953 年以来的最高记录，并超过美国（4.3%）的失业率。

失业率与经济增长往往存在明显的负相关。毋庸置疑，“泡沫经济”崩溃后的连续零增长和负增长是日本失业率迅速上升的根本原因，在劳动力供给状况未发生重大变化的条件下，劳动需求大量减少必然会导致失业率的急剧上升。世纪之交的经济大萎缩宣告了日本就业稳定时代的终结和终身雇用神话的破灭。

资料来源：根据张季风“论日本的失业问题”（2000）整理。

专栏　2010 年诺贝尔经济学奖获得者的失业理论

彼得·戴蒙德（Peter A. Diamond）、戴尔·莫特森（Dale T. Mortensen）和克里斯托弗·皮萨里德斯（Christopher A. Pissarides），由于对“经济政策如何影响失业率”作出了深入的理论分析而荣获 2010 年度的诺贝尔经济学奖，其理论基础就是早已在劳动经济学中成为主流的搜寻理论（Search Theory）。这种分析将劳动市场与宏观经济发展更为现实有效地联系到一起，从而为劳动市场和企业行为提供了洞见，因为这种宏观经济分析建立在更深刻的微观分析基础之上。

在瓦尔拉斯的理论体系中，消费者被假定为知晓所有商品的价格。这一假定对于“一物一价”法则（在既定市场上的所有交易中，以相同的价格销售同质的商品）是极其重要的。在这种情况下，“搜寻”显然是多此一举。问题在于，在现实中，与“一物一价”不同的是，市场是不断变化的和分散的，商品是异质的，商品具有时空特征，加上销售条件、市场规模的差异，必然导致“价格离散”现象，同时有关信息也必然是不完全的，这样，“搜寻”也就成为一种必然。

20 世纪 60 年代，经济学家们开始用数学模型分析买家在市场上搜寻可接受价格的最佳方式。根据这些模型，买家力图搜寻可能的最优价格，而卖家在设定价格时则将买家的

续

搜寻行为考虑在内。彼得·戴蒙德1971年发表的一篇论文，专门分析了市场价格尤其是劳动市场的形成机制①。该项研究成果引起了很大关注，并在劳动市场研究领域引发了一系列深入的分析。20世纪80年代之后，戴尔·莫特森，克里斯托弗·皮萨里德斯，先后进一步深化了以上研究，他们将搜寻理论很好地融入劳动市场的分析中，并提出了许多新问题。②

根据搜寻理论，搜寻是有成本的，这不仅包括搜寻活动本身所要花费的费用，也包括等待下一次机会所付出的代价。因为存在搜寻成本，所以，对搜寻者而言，他就必须要么继续“搜寻”，要么“停止搜寻”。随着搜寻次数的增加，来自搜寻的边际收益往往是下降的。当搜寻使搜寻的预期边际收益等于边际成本时，搜寻才会停止。在劳动市场上，劳动者与雇主都存在对供需信息的需求，两者都会把搜寻推进到其预期边际收益等于边际成本之处。由于搜寻问题的复杂性和特殊性，人们可以有各种各样的搜寻方法。在现实中，搜寻总是在有限的知识内进行，人们不可能把同一个决策问题有关的全部知识都了解清楚后才作出选择。因此，在搜寻过程中，人们会注意知识对现实决策问题的有效性，并充分利用信息来降低搜寻成本。

戴蒙德、莫特森和皮萨里德斯的工作，就是通过建立一系列复杂的模型，试图解决空岗与失业并存的问题，通过提升搜寻效率，促进就业。他们的理论解释了，为何雇主与工人不能找到彼此，从而引发所谓的“摩擦”（即在有很多职位空缺的时候仍有众多人失业）。在搜寻理论看来，之所以会出现失业，就在于空岗和剩余劳动力之间缺乏有效的匹配机制。失业问题，可能会因为劳动市场摩擦过大和工作搜寻渠道不畅通而变得更加严重。根据他们的理论，在一个存在着搜寻成本的世界中，一个不受管制的搜寻市场可能并不会带来有效的结果，其资源利用率不是太低就是太高，因为其中的搜寻和匹配过程都与实际成本有关。从提升搜寻效率的角度而言，由于现实中的劳动市场并不总是有效的，政府仍然可以在就业方面发挥积极作用，仍然有责任为人们提高就业的搜寻效率提供必要的帮助。

他们的理论尤其关注“经济政策如何影响失业率”。在他们看来，影响就业（失业率）的经济政策主要包括，失业保障的水平、雇工以及解聘工人的规则。他们的分析框架，有助于解决诸如失业救济金水平和雇佣合约结构等重要的规章制度和经济政策如何影响失业率、职位空缺和工资。他们用非常复杂的数学模型，证明了三个重要结论：(1) 救济金越丰厚，失业期往往就越长；(2) 当“救济金耗尽”的日子逼近，工人就更可能去找工作；(3) 失业率上升，往往和空缺职位减少有关。

① 在这篇经典论文中，他发现，劳动市场并非传统经济学所认为的那样，可以通过调整价格来改变供求平衡；工作者想找到适合的工作岗位，雇佣者想找到适合自己的员工，这两者之间存在冲突，雇佣者与工作者都面临着一定的“搜寻成本”——即使是很小的搜寻成本，也会产生完全不同于古典竞争均衡的结果。

② 比如，某人失业会增加他的搜寻活动，这样会使其他求职者找到工作变得更加困难；与此同时，招聘公司填补岗位空缺却会更容易。这些外部影响显然是个人求职者所没有考虑到的。

第三节 失业的影响

失业就是对资源的浪费。如果没有失业，更多的资源就可以投入生产，社会总产出就会更多，民众的生活水平就可以更高。显然，失业率越高，所造成浪费就越严重。高失业率所造成的损失，比由于垄断而引起的效率损失，比关税、配额等贸易壁垒所引起的效率损失，甚至比一些重要战争所造成的损失，都要大许多倍。

历史上由失业所造成的最大经济损失，发生在20世纪30年代的大萧条时期，当时很多国家的失业率都超过了两位数；而20世纪70年代和80年代的石油危机与通货膨胀所间接造成的失业，也使各国遭受了惊人的产出损失：在1982年，美国大约有1/10的劳动力处于失业状态。在20世纪90年代中期欧洲很多国家的失业率也达到了10%。2008年以来爆发并在全球蔓延的金融风暴也使很多发达国家的失业率出现大幅上升。

一、对产出的影响

失业意味着各种经济资源的闲置和浪费，从而导致大量的产出损失。

第一，失业意味着人力资本的各种直接和间接损失，从而带来产出损失。人力资本来源于所受的教育和在工作中获得的经验，也包括长期形成的工作习惯和能力。失业使得失业者既有的人力资本得不到运用，同时也使得失业者无法通过工作增进自己的人力资本，而长期的失业则会大大降低人力资本的价值，因为人力资本闲置不用同样会“折旧”和过时。

第二，失业也必然带来生产设备和其他稀缺经济资源的大量闲置，直接减少了总产出。在美国1990~1991年的衰退中，国内生产总值在大约两年内比潜在水平下降了5%左右，总的损失大约是一年内国内生产总值的10%，或按1996年的价格水平计算的8000亿美元，美国大约有1亿个家庭，相当于每户约损失8000美元。

经济学中往往用奥肯定律来估计产出的损失。这一经验规律表明，美国的失业率每增加1%，其实际国民收入就会减少充分就业国民收入的2%；反之，失业率每减少1%，实际国民收入就会增加充分就业国民收入的2%。在不同时期，产出和失业都是相互关联的。

失业率变化与实际国民收入增长率变化之间1:2的关系只是根据美国的经验统计资料得出来的一个平均数，不一定适用于其他国家，也不一定适用于美国的所有时期。比如在美国，20世纪60年代这一比率为1:3；70年代为1:2.5~2.7；80年代为1:2.5~2.9。不过，奥肯定律所指出的失业率与产出之间反方向变动的关系则是普遍存在的。但是，在实际中，如果运用这一定律时，往往还必须根据各国在不同时期的实际经济资料计算这种比例关系。

专栏 奥肯：作为政策制定者的经济学家

阿瑟·奥肯（Arthur Okun）是第二次世界大战后美国最富有创造性的经济政策制定者之一。他就读于哥伦比亚大学，后任教于耶鲁大学。1961年作为幕僚在肯尼迪总统的经济顾问委员会（CEA）就职；1964年，他被正式任命为CEA成员，并在1968年任CEA主席，离开CEA后，奥肯任职于著名的布鲁金斯（Brookings）学会。

续

> 奥肯首先提出了潜在产出的概念，随后又发现了产出与失业之间显著的相关关系，即现在广为流传的“奥肯定律”（Okun's law）。奥肯定律的一个重要结论是，实际GDP必须保持与潜在GDP同步增长，以防止失业率的上升，换而言之，GDP必须不断增长才能保证失业率保持不变。而要想促使失业率下降，就必须促使实际GDP的增长快于潜在GDP的增长。奥肯定律揭示了产出市场和劳动市场之间极为重要的联系，它描述了实际GDP的短期变动与失业率变动的联系。
>
> 奥肯以善于用简单的例证来阐明经济问题的要点而闻名。奥肯经常说，一个好的例子往往胜过1000个方程。奥肯关心的问题很多，其中一个核心问题是，能否在控制通货膨胀的同时，不让成千上万的人失去工作。实际上，这一问题也是后来各派经济学家之间争论的主要焦点问题之一。他信奉一种新的反通货膨胀政策，名为“以税收为基础的收入政策”（Tax-based Incomes Policies，TIP）。

二、社会影响

失业还对整个社会生活带来一些难以准确计量的影响。长时间持续非自愿失业给人们所造成的心理痛苦，并不能用一个确定的货币额进行充分衡量。很多事实都证明，失业会给人类酿成种种不和谐和悲剧。

根据心理学家的研究，失业所造成的创伤甚至不亚于直系亲属的去世、离婚或学业上的重大失败。由于生活质量的下降和心理上的冲击，失业者及其家庭成员有可能早衰早亡。在俄罗斯实施“休克疗法”后，经济出现了大幅度的滑坡，1995年失业率甚至高达20%，民众的健康状况严重恶化，据说男人的预期寿命由1990年的64岁下降到1995年的57岁。

另外，失业还会带来其他不利的社会影响。失业率的上升往往会引起犯罪率的上升。当人们无法从正当工作中获得收入时，有些人就可能铤而走险从事犯罪活动。高失业率的代价之一就是高犯罪率。加上失业有损于失业者的自尊心，从而会引发一系列社会与政治问题，不利于社会的和谐与稳定。许多不良社会现象（如犯罪、自杀、离婚率的迅速上升、吸毒等）都与失业率的上升相关。尽管很难从数字上确定失业与这些现象之间的关系，但它们之间的正相关关系是大多数学者都承认的。

当然，失业有时也可能会给社会和个人带来一些好处：第一，人们往往花费一定的时间去寻求自己认为最合适的工作，这样才能使自己的专长和兴趣与所从事的工作一致，才能使人发挥出最高效率。人尽其才是在劳动市场上不断寻找的过程中实现的，这就要以一定的摩擦性失业为代价。在这种情况下，失业收益（即提高效率、提高收入等）是高于失业的代价（即寻求合适工作所需的时间、精力与金钱）的。第二，整个社会劳动力的最优配置正是在劳动力的流动中形成的。随着生产技术与需求的变动，各部门与地区的劳动需求在不断变动，劳动力适应这种需求的变动而改变工作就是劳动力配置最优化的过程。在这个过程中所出现的失业也就是劳动力最优配置的代价。这种代价也小于实现劳动力最优配置的收益。第三，相当数量的失业者作为“劳动后备军”和劳动蓄水池的存在，一方面可以使企业的劳动需求随时得到满足，另一方面作为一种威胁也能迫使就业者提高生产效率。但是，以上所有好处与失业所造成的巨大产出和社会成本相比都是微不足道。

鉴于失业造成巨大的产出损失，并引发一系列社会问题，因此，各国政府一直都将实现充分就业作为宏观经济政策的主要目标之一。

第四节　失业的治理政策

失业的治理政策大致上可以分为两大类：主动的失业治理政策和被动的失业治理政策。

一、主动的失业治理政策

主动的失业治理政策，主要表现为以下几个方面：

第一，设法调整劳动供给，使劳动供给在数量、结构和质量上尽量与劳动需求相符。由于失业一般都表现为劳动供给大于劳动需求，因此，失业治理的首要问题，就是设法控制劳动的供给规模。政府可以采取延长劳动者受教育时间的方法，一方面可以推迟青年人进入劳动市场的时间，直接起到缓解失业的作用；另一方面还能提高劳动者的素质，降低结构性失业的可能性。

第二，针对容易失业的劳动者群体（包括青年人、妇女、低技能劳动者、缺乏劳动经验者以及有长期失业经历的人等），政府可以通过降低最低工资，加强职业培训来降低他们的失业率。例如，欧洲的学徒制度因为能使青年人接受在职培训而受到广泛赞誉，该制度不仅为青年人提供了工作机会，而且使他们在长期培训中成为具有更高生产技能的工人。在现代经济中，各种职业的专用性程度不断提高，因此职业培训不仅对失业者转岗有意义，而且对就业者提高人力资本水平有意义。这样，劳动供给不仅在质量上，而且在结构上符合劳动需求。

第三，主动的失业治理政策还包括提供就业和培训等重要信息服务，提高劳动力的流动性以及通过寻求工资谈判的分散化、提倡工资的非指数化等措施提高工资的灵活性。

二、被动的失业治理政策

被动的失业治理政策是基于以下信念：在市场经济条件下，要彻底消除失业现象是不可能的，就业水平由一个国家的经济活动水平所决定，是难以改变的。既然消除失业现象是不可能的，减少失业人数也很困难，而失业又会造成社会成员收入的巨大差异，那么就应该实施被动的失业治理政策，对失业者进行救济，也就是建立起一套完善的失业保障体系。通过发放失业救济和失业保障，使失业者能维持基本的生活水准，达到社会公平之目的。当然，失业保障和失业救济也可能产生负面效应，比如在近些年来，欧洲一些国家就是因为失业保障和救济金额逐年上升，导致失业问题更加严重。因此，在失业保障和失业救济制度的设计过程中，必须权衡减轻失业者的痛苦和高失业救济金提高失业率的可能性二者之间的利弊，必须尽可能地减轻其负面影响。

然而，每种政策措施都有其局限性和片面性。因此，主动的失业治理政策和被动的失业治理政策在现实中往往是互补的。主动的失业治理政策，虽能改善失业状况，但不可能解决所有的失业问题，对于客观存在的失业者，政府应当为他们提供必要的保障和失业救济。而被动的失业治理政策，如果没有主动的治理政策相伴，失业人数可能会不断上升，最后使被动的治理政策难以为继。

专栏 发展中国家失业问题的特殊性

发展中国家的失业问题，无论从外在表现（如失业率、失业的主要特征）上，还是从原因上都有诸多方面不同于西方发达国家。

第一，发展中国家不仅公开失业率大大高于发达国家，各种隐蔽性失业和低度就业比发达国家也要严重得多。隐蔽性失业，也称隐性失业，最早由英国经济学家罗宾逊提出，用来指表面上有工作，但实际上对产出并没有作出贡献的人，即有“职”无“工”的人。这种失业往往同“不充分就业”相关。“不充分就业”用以指称那些仅能找到比正常时间短的工作的就业人员——兼职工人、季节性工人、打零工的人或临时工——的状态。在很多发展中国家，农村中一般都存在大量剩余劳动力，这构成了隐蔽性失业最重要的来源之一。除此之外，隐蔽性失业还经常出现在如下领域：国有企业、国家公务机关、国家事业单位。曾繁华（1999）曾经将中国的隐蔽性失业（隐性失业）概括为以下方面：三个人的活五个人干，三个人的田五个人种，三个人的官五个人当等。而大量的第二职业或“兼职”现象，在很大程度上是隐蔽性失业普遍化的结果。另外，由于城乡收入差距悬殊，城市就业机会较多，生活条件更加优越，导致大量农村人口涌入城市，从而导致城市中的公开失业也有普遍增加的趋势。如果把公开失业、隐蔽性失业和低度就业的劳动力合并计算，一些发展中国家闲置劳动力的比重可能不低于30%。

第二，失业的原因比发达国家更加复杂。除纯市场性因素以外，发展中国家的高失业率更多地与政府的诸多不当政策密切相关——政府的很多政策非但没有缓解就业难的紧张局面，反而加剧了这一态势。按照经济发展和就业吸纳的基本规律，微型和中小型企业，一般都是劳动密集型企业，这些企业的迅速发展往往可以很好地解决经济增长过程中需要提供大量工作岗位的难题。但是，很多发展中国家的政府违背这一基本规律，一方面不仅没能为中小企业的顺利发展和居民的自由灵活就业提供良好的制度环境，反而对中小企业的发展和居民的非正规就业采取歧视甚至严厉打击的政策；另一方面人为降低稀缺的资本品价格，同时人为提高资本有机构成，片面强调大企业和所谓高新技术企业的发展，而这些企业往往都是劳动节约型的，这些都必然加剧本来就很严重的失业问题。另外，很多发展中国家在经济发展进程中，没有真正把农村和农业的发展放在一个重要位置，忽视农村基础设施的改善，农村的生存环境和农民收入水平长期停滞不前，城乡之间的差距不断拉大，使得农村人口大量流入城市，从而又加大了城市的就业压力。此外，很多国家盲目照搬西方的教育体制，教育结构与发展速度不适合本国国情，专业训练与本国的实际需求脱节，结果导致受教育越多的人，越不容易找到合适的工作，而即使找到工作，也是学非所用。

第三，发展中国家普遍缺乏运转良好的劳动市场。如果说劳动经济学的主流理论——搜寻理论可以很好地解释发达国家的失业的话，那么，由于发展中国家缺乏运转良好的劳动市场，往往严重缺乏有效的职业匹配机制。比如一些国家还存在户籍限制，城乡居民之间在基本权利方面存在极大的差异。农村劳动力往往只能依靠血缘关系和地缘关系来获取就业信息，户籍制度必然将农村劳动力排斥在主流劳动群体之外，极大地压缩了农村劳动力面临的就业选择机会，最终导致劳动市场制度性、区域性分割的出现，这导致了整个社

续

会的双重损失，一方面降低了均衡情况下的就业率，从而降低了劳动者的收入与福利水平；另一方面提高了企业的空岗率，从而降低了企业的产出效率。因此，推动制度变革以提高劳动市场的匹配效率从而降低失业率成为发展中国家的普遍挑战。 总之，发展中国家失业问题的性质和原因与发达国家均有相当大的差异，因而治理失业的政策也必然不同。

第五节　经济周期

经济增长经常会受到各种因素的冲击和干扰，扩张与衰退、繁荣与萧条总是交替出现，并伴随着失业、通货膨胀等宏观经济指标的较大变化。宏观经济的周期性波动，是各国经济运行过程中的一种必然现象，也是所有国家的主要宏观经济问题之一。纵观世界各国经济发展史，还没有一个国家的经济可以避免经济的周期性波动而发展。

什么是经济周期？有哪些基本类型？经济周期产生的根源是什么？回答以上问题就是本节的基本任务。

一、经济周期的含义与特征

对于经济周期（Business Cycle），不同学者往往有不同的定义。一些学者认为经济周期是指实际 GDP 上升和下降的交替过程，而另一些学者则认为经济周期是指经济增长率上升和下降的交替过程。[①] 一个被普遍接受的定义是：经济周期是一国宏观经济运行中不规则的经济扩张与经济收缩交替更迭——先是经济活动的扩张，随后是收缩，接着是进一步扩张，它随着产量的长期趋势进程而出现。

经济学家在解释经济周期这一现象时往往强调：第一，在经济运行过程中，经济周期是不可避免的。第二，经济周期的中心是实际 GDP 的波动，相关的波动又包括失业率、物价水平、利率、对外贸易等方面的波动，因此，研究经济周期的关键，是研究实际 GDP 波动的规律与根源。第三，虽然每次经济周期并不完全相同，但它们却有共同之点，即每个周期都是繁荣与衰退的交替。

经济学家一般将经济周期分为两个主要阶段：扩张阶段与收缩阶段。扩张阶段亦称繁荣，收缩阶段亦称衰退。可用图 8－3 来说明这两个阶段的基本特征。

图 8－3 中纵轴 Y 代表国内生产总值，横轴 t 代表时间（年份），向右上方倾斜的直线 N 代表经济活动的正常水平。A 为波峰，A—B 为衰退，B 为谷底，B—C 为繁荣，C 为又一个波峰。从 $A-C$ 就构成为一个完整的周期。

在衰退阶段，总的经济趋势是下降；在繁荣阶段，总的经济趋势是上升。经济周期的两大阶段各有自己的基本特征：

---

① 根据这一定义，衰退不一定表现为 GDP 绝对量的下降，只要 GDP 的增长率下降，即使 GDP 增长率仍为正数，也可能是衰退，因此，在经济中存在着增长性衰退。

（一）繁荣阶段

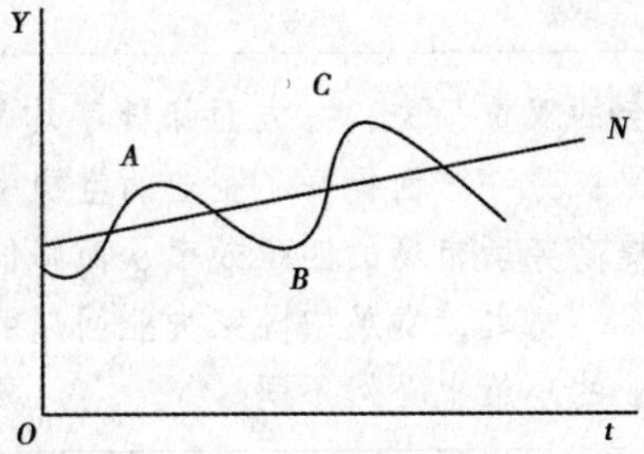

图 8－3　经济周期示意图

繁荣阶段指国内生产总值与经济活动高于正常水平的那个阶段。其特征为生产迅速增加，投资增加，信用扩张，价格水平上升，就业增加，公众对未来乐观。

繁荣的最高点称为顶峰，这时就业与产量水平达到最高，但股票与商品的价格开始下跌，存货水平高，公众的情绪正由乐观转为悲观。这是繁荣的极盛时期，也是由繁荣转向衰退的开始。顶峰一般也较短（往往只有 1～2 个月）。

（二）衰退阶段

衰退阶段指国内生产总值与经济活动低于正常水平的那个阶段。其特征为：生产急剧减少，投资减少，信用紧缩，价格水平下跌，失业率增加，企业倒闭率增加，公众对未来悲观。

衰退的最低点称为谷底，这时就业与产量跌至最低点，但股票与商品的价格开始回升，存货开始减少，公众的情绪则开始由悲观转向乐观。这是衰退的最严重时期，同时也是由衰退转向繁荣的开始。谷底一般较短（往往只有 1～2 个月）。但如果衰退严重，则称之为萧条。

二、经济周期的类型

可以按照时间长度，将经济周期分为四种类型。美国经济学家萨缪尔森曾说："经济周期有多长？这取决于你想在其中包括多少次要的周期。"

（一）短周期

平均长度为 3～5 年（另一种表述为约 40 个月）①。1923 年，经济学家基钦根据 1890～1922 年间英美两国的物价、银行结算、利率等指标，首次系统研究了这种周期，因此，短周期也被称之为"基钦周期"。这种周期是人们经常遇到的，它与人们的现实生活密切相关，也与企业的生产经营活动密切相关，更是直接关系到一国经济与社会的稳定，与政府宏观调控政策的制定密切相关。因此，对这种短周期的考察，具有重要意义。

（二）中周期

中周期平均长度为 8～10 年左右。两个相邻的短周期，往往组合成一个中周期。在一个中周期中，前面那个短周期由于经济运行中的各种矛盾尚不十分尖锐，往往波谷较浅，波动较为缓和；后面那个短周期由于经济运行中的各种矛盾累积加深，并充分展开，往往波谷较深，波动较为强烈。对中周期的考察，有利于在 10 年左右的中期背景下把握经济增长与波动的轨迹，特别是把握有可能发生的较大波动及相应的大调整。法国经济学家朱格拉于 1860 年首次系统地研究了这种中周期，故也称之为"朱格拉周期"。朱格拉根据生产、就业人数、物价等指标，确定了经济运行中平均每一个周期为 9～10 年。美国经济学家汉森把这种周期称为"主要经济周期"，并根据统计资料计算出美国 1795～1937 年间共有 17 个这样的周期，其平均长度为 8.35 年。

① 汉森计算出美国 1807～1937 年间共有 37 个这样的周期，其平均长度为 3.51 年。

（三）中长周期

中长周期平均长度为15~25年左右。这种周期与人口增长而引起的建筑业增长与衰退相关，是由建筑业的周期性变动引起的，所以也称“建筑业周期”。它由美国经济学家库兹涅茨于1930年首次研究的，故也称为“库兹涅茨周期”。

（四）长周期

长周期平均长度为50年左右。这种周期也称“长期波动”或“长波”。苏俄经济学家康德拉季耶夫于1925年首次研究了这种周期，故常称之为“康德拉季耶夫周期”。康德拉季耶夫根据美国、英国、法国100多年间批发物价指数、利率、工资率、对外贸易量、煤铁产量与消耗量等的变动，认为从18世纪末期以后，经历了3个长周期。

奥地利经济学家J. 熊彼特在1939年出版的两大卷《经济周期》第一卷中，对基钦周期、朱格拉周期和康德拉季耶夫周期进行了综合分析。熊彼特认为，每一个长周期包括6个中周期，每一个中周期包括3个短周期。短周期约为40个月，中周期约为9~10年，长周期为48~60年。他以重大的创新为标志，划分了3个长周期，分别是从18世纪80年代到1842年的“产业革命时期”；从1842年到1897年的“蒸汽和钢铁时期”；从1897年以后的“电气、化学和汽车时期”。他认为，在每个长周期中仍有中等创新所引起的波动，这就形成若干个中周期，在每个中周期中还有若干小创新所引起的波动，这就形成若干个短周期。

三、经济周期产生的原因

不同的经济学家对经济周期作出了不同的解释，经济周期理论有几十种之多。早在第二次世界大战前，就已经出现了诸如太阳黑子论、消费不足论等若干种相当有影响的经济周期理论，下文首先对这些理论加以简要介绍。接着将主要介绍四种现代经济周期理论：传统凯恩斯主义的经济周期理论认为经济中存在引起波动的内在力量；实际经济周期理论认为波动不过是随机的、未预期到的外部冲击的结果；货币主义者和理性预期学派则把波动主要归结为错误的宏观经济政策的结果；而新凯恩斯主义者则进行了折衷的解释。此外，一种颇有影响也颇具争议性的经济周期理论（对一些国家和某些时期的经济周期颇有解释力）是“政治性经济周期理论”，该理论将研究的重点集中于经济政策的制定与政治考虑之间的相互作用，下文也将予以简要介绍。

（一）凯恩斯及其以前的经济周期理论

在第二次世界大战以前相当长的时期内，很多经济学者都曾对经济周期进行过研究。其中代表性的理论主要包括：

1. 纯货币理论。这种理论认为，经济周期是一种纯货币现象。经济的周期性波动完全是由于银行体系交替扩大和紧缩信用所造成的。当银行体系降低利率，扩大信用时，商人就会向银行增加借款，从而增加向生产者的订货，从而引起生产的扩张和收入的增加，而收入的增加又引起对商品需求的增加和物价上升，经济活动继续扩大，经济进入繁荣阶段。但是，银行扩大信用的能力并不是无限的。当银行体系被迫停止信用扩张，转而紧缩信用时，商人得不到贷款，就会减少订货，由此出现生产过剩的危机，经济进入萧条阶段。在萧条时期，资金又逐渐回到银行，银行又可以通过某些途径来扩大信用，促进经济复苏。该理论认为，非货币因素也会引起局部的萧条，但唯有货币因素才能引起普遍萧条。

2. 投资过度理论。投资过多是指生产资本品（和耐用品）部门的发展超过了生产消费品部门的发展。在经济扩张时，资本品（和耐用品）增长速度比消费品快；在经济衰退时，资本品（和耐用品）下降速度也比消费品快。资本品（和耐用品）投资的波动造成了整个经济波动。

3. 消费不足理论。这是一种历史悠久的理论，其早期代表人物是英国经济学家马尔萨斯和法国经济学家西斯蒙第，凯恩斯也在相当大程度上受其影响。这种理论认为，经济中出现萧条与危机是因为社会对消费品的需求赶不上消费品的增长，而消费品需求不足又引起对资本品需求不足，进而使整个经济出现生产过剩性危机。消费不足的根源则主要是收入中用于储蓄的部分过多，用于消费的部分不足。储蓄过多和消费不足，又是由于收入分配过于不均等所造成。

4. 心理理论。这种理论认为，经济周期的原因在于公众心理反应的周期变化。这种理论用心理上的乐观预期和悲观预期的交替说明繁荣和萧条的交替：当任何一种原因刺激了投资活动，引起高涨之后，人们对未来的预期的乐观程度一般总会超过合理的经济考虑下应有的程度。这就导致过多的投资，形成经济过度繁荣。而当这种过度乐观的情绪所造成的错误被觉察以后，又会变成不合理的过分悲观的预期。由此过度减少投资，引起经济萧条。凯恩斯认为，萧条的产生是由于资本边际效率的突然崩溃，而造成这种崩溃的正是人们对未来的悲观预期。

5. 太阳黑子论。这种理论认为，太阳黑子的活动对农业生产影响很大，而农业生产的状况又会影响工业及整个经济。太阳黑子的周期性决定了经济的周期性：太阳黑子活动频繁就使农业生产减产，农业的减产影响到工业、商业、工资、购买力、投资等方面，从而引起整个经济萧条；相反，太阳黑子活动的减少则使农业丰收，整个经济繁荣。

6. 创新理论。这种最早由熊彼特提出的理论认为，创新是经济周期波动的主要原因。根据这种理论，创新提高了生产效率，为创新者带来了盈利，引起其他企业仿效，从而形成创新浪潮。创新浪潮使银行信用扩大，从而对资本品的需求增加，引起经济繁荣。随着创新的普及，盈利机会的消失，银行信用紧缩，对资本品的需求减少，从而引起经济衰退。直至另一次创新出现，经济才再次繁荣。由于技术革新和发明不是均匀的连续的过程，而是有它的高潮和低潮，因而导致经济上升和下降，形成经济周期。

（二）传统凯恩斯主义的经济周期理论

传统凯恩斯主义的经济周期理论认为，总产出存在着规则性且可以预测的波动，而导致这些波动的正是经济的内在结构本身。根据这种观点，波动的根源主要是内生的，这就是说，根源于经济自身。如果情况确是如此，那么经济的繁荣和衰退在很大程度上就是可以加以预测的。

乘数—加速数原理的相互作用理论是这种理论的代表，以下予以简要介绍。传统凯恩斯主义认为，引起经济周期的因素是总需求，而在总需求中起决定作用的则是投资。乘数—加速数原理的相互作用理论正是把乘数原理和加速数原理结合起来，以说明投资如何自发地引起周期性经济波动。

乘数—加速数原理相互作用理论可以用下面的公式来表示：

$$Y_t = C_t + I_t + G_t \qquad (8-1)$$

在上式中，Y_t 为现期国内生产总值，C_t 为现期消费，I_t 为现期投资，G_t 为现期政府支出。

这个公式说明了，根据凯恩斯主义的国民收入决定理论，现期收入等于现期消费、现期投资与现期政府支出之和（不考虑开放经济中的净出口）。

现期消费取决于边际消费倾向（β）和上期收入 Y_{t-1}，即：

$$C_t = \beta Y_{t-1} \quad (8-2)$$

现期投资取决于加速数（a）和消费的变动（$C_t - C_{t-1}$）

$$I_t = a(C_t - C_{t-1}) = a(\beta Y_{t-1} - \beta Y_{t-2}) = a\beta(Y_{t-1} - Y_{t-2}) \quad (8-3)$$

式（8-3）说明了在考虑消费时，投资最终仍然取决于收入的变动，即加速数原理所说明的关系。

再设现期政府支出为既定的，即：

$$G_t = G_0 \quad (8-4)$$

把式（8-2）、(8-3)、(8-4) 代入式（8-1）则得：

$$Y_t = \beta Y_{t-1} + a\beta(Y_{t-1} - Y_{t-2}) + G_0 \quad (8-5)$$

乘数—加速数模型所说明的是：

第一，在经济中投资、国内生产总值、消费相互影响，相互调节。如果政府支出为既定的（即政府不干预经济），只靠经济本身的力量自发调节，那么，就会形成经济周期。经济周期中各阶段的出现，正是乘数与加速数原理相互作用的结果。而在这种自发调节中，投资是关键，经济周期主要是由投资引起的。

第二，乘数与加速数原理相互作用引起经济周期的具体过程是，投资增加通过乘数效应引起国内生产总值的更大增加，国内生产总值的更大增加又通过加速效应引起投资的更大增加，这样，经济就会出现繁荣。然而，国内生产总值达到一定水平后由于社会需求与资源的限制无法再增加，这时就会由于加速数原理的作用使投资减少，投资的减少又会由于乘数的作用使国内生产总值继续减少。这两者的共同作用又使经济进入衰退。衰退持续一定时期后由于国内生产总值回升又使投资增加、国内生产总值再增加，从而经济进入另一次繁荣。正是由于乘数与加速数原理的共同作用，经济中就形成了由繁荣到衰退，又由衰退到繁荣的周期性运动。

第三，政府可以通过干预经济的政策来减轻经济周期的波动。在上例中，假设 G_0、a、c 都是不变的，从而有周期性波动。如果政府运用经济政策改变这些变量，则经济周期的波动可以减轻，甚至消除。

（三）实际经济周期理论

实际经济周期（Real Business Cycle，简称 RBC）理论是 20 世纪 80 年代美国的一些经济学家提出的一种新的经济周期理论模型，其代表人物包括普劳瑟尔（Charles I. Plosser）、普雷斯科特（E. C. Prescott）和基德兰德（F. E. Kydland），其中后两人共同分享了 2004 年度的诺贝尔经济学奖。

与凯恩斯主义把周期看做是规则性的且可以预测的恰好相反，实际经济周期理论认为，经济波动往往是随机的，根本无法加以预测。其基本观点如下：

第一，经济周期并非实际 GDP 与潜在（充分就业）GDP 的背离，而是潜在 GDP 本身的变动。这样，周期的原因就不是总需求引起的实际 GDP 的变动，而是由其他原因引起的经济潜力，即总供给的变动。

第二，市场机制无论在短期还是长期中都是完善的，可以自发灵活地调节并使经济实现充分就业均衡。因此，经济周期不是由于市场机制的自发调节引起的，即经济周期的根源不在于经济体系内部。

第三，它并不否认经济周期的存在，但认为引起这种周期的是来自外部的冲击，即所谓的实际冲击（Real Shock）。这种外部冲击可以是技术进步、自然灾害、战争或其他任何突发事件，这些冲击全都来自经济体系外部，都在政策制定者的控制之外。其中技术冲击（即生产函数随时间发生的变化）是最重要和最主要的冲击，通常称其为供给冲击。技术冲击包括新产品的出现，新生产方法的引进，资本或劳动的质量提高，管理技巧、组织结构的改善，新材料、新能源的发现，影响生产的政府管制的变化，以及其他影响生产效率的因素。新的技术突破带来了有利的投资机会，引起投资迅速增加，从而提高了经济的生产能力，并带动了整个经济的发展，引起经济繁荣。直到这种技术突破引起的有利投资机会最终消失。如果一个技术突破接着一个技术突破，经济就会持续繁荣下去。但技术突破不可能一个接一个。当投资逐渐减少时，经济就进入了衰退，只有等待下一次技术突破，才有可能再次繁荣。技术突破是间断性的，经济也会出现繁荣与衰退的交替。据称，大多数经济繁荣是由于有利的技术冲击引起的，大多数经济衰退是由于逆向的技术冲击引起的。由于这些冲击往往是没有规律的，所以经济周期也没有规律。

第四，当经济发生外部冲击引起的波动时，要靠市场机制自发调节恢复均衡。政府的宏观经济政策往往只会加剧波动，而不会有助于稳定，甚至成为引起波动的外部冲击之一。因此，其政策结论是，应该放弃政府对经济的干预，让市场机制自发发挥调节作用。

一些经济学家对以上理论提出了批评，比如很难想象技术退步的可能性；又如供给冲击不会立即产生效果，一项重大的技术创新像计算机、激光或集成电路，要过好多年才会逐渐被经济所消化。另外，该理论也很难对20世纪30年代的大萧条这样重大的经济波动事件作出令人信服的解释。

（四）货币主义者和理性预期学派对经济周期的看法

与实际经济周期理论相似，货币主义者和理性预期学派也认为，总的说来，经济体对于干扰会作出迅速而有效率的反应，且这些反应无法预测。但是，他们对干扰的来源的看法却与实际经济周期理论不同。在他们看来，实际经济周期过高估计了技术变革在周期性冲击来源中的作用，他们将引发大多数重要的经济周期波动的重大干扰主要归咎于政府。例如，当政府发动一场战争而没有通过增加税收来为战争筹措经费时，总需求的增加就会造成很大的通货膨胀压力；在战后，当政府削减支出而又没有削减税收来刺激消费时，总需求的减少会引发衰退。不仅如此，这两个学派都把产出波动的大部分原因归结为货币政策的误导。他们提出一个重要观点是：政府不能解决问题，它反而制造问题；正是未被预期到的政府行动，尤其是货币当局的行动，才会引起经济的波动，干扰市场经济的正常运行。相反，如果听其自然，经济不会大起大落。

（五）新凯恩斯主义对经济周期的解释

介于传统凯恩斯主义经济周期理论和实际经济周期理论之间的是新凯恩斯主义的观点。这种观点认为，干扰的根源是外生的，但存在一些内生力量，使得波动加剧并使得干扰的影响持续下去。新凯恩斯主义者不相信市场总是能够吸收各种冲击并对冲击作出反应，从而保持充分就业。相反，他们相信，在大多数情况下，经济实际上扩大这些冲击并且使冲击的作用持续存在。

在新凯恩斯主义者看来，重要的问题不是冲击的根源——经济常常受到干扰，干扰有时来自需求方面，有时来自供给方面——而是经济如何对这些冲击作出反应。新凯恩斯主义者认为经济周期波动起因于对总需求和总供给两方面的冲击；这些外生冲击的影响由于经济体系而被扩大并且被延长。要理解新凯恩斯主义的观点，我们需要理解经济体系如何扩大干扰，如投资的变动对国民产出有一种乘数效应。在信贷约束的经济中，销售额减少和价格降低会耗尽厂商的现金储备，从而削弱它们的投资能力和它们承担投资风险的意愿。因此，今天厂商销售额的减少无论如何会使投资相应减少的数量更多。

同样的过程也可以从相反方向起作用。对经济的正面冲击如对出口的需求增加，会带来更高的利润，使得厂商增加投资，从而进一步刺激经济。这种正面冲击的观点除了一点重要的差别（新凯恩斯理论强调正面冲击对投资资金利润的影响）以外，类似于传统经济周期理论的乘数—加速数模型。

这种经济体系不但能扩大外在冲击，而且它也能使经济力量以较缓慢的速度来恢复自己的健康。由于陷入衰退困境的厂商采用保守的生产和投资策略，它们的财务状况会得到改善，不过仅仅是逐渐改善。随着机器被损耗掉，推迟新投资会变得代价越来越大。最终投资开始恢复。由于投资增加，产出便增加。随着产出增加，投资者的信心得以恢复，从而厂商的财务状况进一步并且更快地得到改善。经济确实会复苏，但是这种复苏的过程也许需要几个月或几年时间。

（六）政治性经济周期理论

以凯恩斯主义为代表的干预主义者坚持认为应该对宏观经济的不稳定性能够并且应该用斟酌性的货币政策和财政政策加以纠正。但是，这一观点有诸多隐含的假设。其中的一个重要假定是，政治家代表着社会的利益，并确实希望宏观经济的稳定。一些经济学家认为，持续的充分就业会导致工人讨价还价能力的增强，为了资本主义的利益，一个党派政府会有意制造由政治引致的衰退以降低工人讨价还价的能力。在这些学者看来，正是居支配地位的资本家的利益，通过产生一个非代议制的政治机制，导致了政治性经济周期。随后越来越多的学者开始认识到选举周期会影响经济政策和经济周期。

政治性经济周期理论认为，选举过程和经济波动之间存在着密切的关系。该理论有以下三个基本命题：第一，自从凯恩斯革命以来，政策制定者有了刺激经济的工具；第二，选民偏好低失业、高经济增长和低通货膨胀的时期；第三，政治家们也认识到了选民的以上偏好，并希望连选连任。从以上命题出发就可以推导出政治性经济周期。其运行机制如下：选举刚结束之后的头一两年紧缩经济，使失业率上升，从而减轻通货膨胀的压力；然后在大选之前的一年多时间里，政治家会选择刺激经济，如减税、增加政府购买，并促使中央银行压低利率。据说大多数选民都是“健忘”和“目光短浅”的，当广大选民走进投票站时，他们可能只记得繁荣而不记得衰退了。根据这种观点，选举过程是经济波动的主要来源。

虽然对政治影响在引起工业化民主国家的总体经济不稳定性方面的重要性仍然争论不休，但经济学家们对于以下观点一般都是承认的，即面临规则的选举周期的政治家倾向于采取短期的视界。希望连任或重新执政的愿望可能会使政治家谋求或许诺将导致宏观经济不稳定的一组经济政策。

以上我们介绍了关于经济周期波动原因的各种观点。这些观点非常重要，因为它们对政府制定和执行政策有不同的含义。一方面，如果波动的根源是外生干扰，而经济很快可以适应这些干扰，如同实际经济周期理论所说的，那么政府就无能为力，市场对于经济环境的任何变化都会提供最优的解决办法。另一方面，正如新凯恩斯主义理论所主张的，如果经济扩大干扰，使得这些干扰产生很大的并且是持续的影响，那么政府就有了发挥作用的余地。政府也许能抵消初始干扰，或者以干扰的影响被减小并被缩短的方式改变经济结构。如果政府是经济周期波动的根源，如同货币主义者和理性预期学派所说的，那么就需要对政府在稳定经济中的作用进行重新思考。

本章主要术语

失业　自然失业率　奥肯定律　摩擦性失业　结构性失业　周期性失业　经济周期

本章小结

1. 失业是指符合工作条件、有工作愿望且愿意接受现行工资的人没有找到工作的一种状况。处于这种状况的人就是失业者。

2. 由于寻找工作需要信息、时间和成本，经济中总会有一部分人处于失业状态，这部分失业即摩擦性失业；随着技术进步、需求结构和产业结构的不断变化，劳动供给和对劳动需求在职业、技能、产业、地区分布等方面的不一致将引发失业，这种失业即结构性失业。周期性失业是随着经济周期而波动的失业，它在对劳动的总需求下降时产生的，又称为“需求不足失业”。

3. 自然失业率是经济处于均衡时的失业情况。劳动力的人口统计构成，劳动市场的组织状况，新工人加入劳动力队伍的比例及速度，失业保险金的发放情况以及实际工资刚性都影响着自然失业率的高低。在这些因素中，实际工资刚性最为重要。换而言之，由于种种原因，工资不能下降到足以迅速消除失业的水平，其中有两方面的原因是最重要的：第一，工会的压力或政府立法不允许企业降低工资；第二，企业的效率工资可能就是现行工资水平——即使劳动供给变动，企业降低工资水平也可能是不值得的。

4. 鉴于失业造成巨大的产出损失，并引发一系列社会问题，从而在政治上占有重要地位，因此，各国政府一直都将实现充分就业作为宏观经济政策的主要目标之一。衡量失业的产出损失的经典方程式是著名的奥肯定律。

5. 失业的治理政策可以分为主动的和被动的两大类，两者是互补的。

6. 宏观经济的周期性波动是各国经济运行过程中的一种必然现象，也是所有国家的主要宏观经济问题之一。对于经济周期，不同学者往往有不同的定义。一些学者认为经济周期是指实际GDP上升和下降的交替过程，而另一些学者则认为经济周期是指经济增长率上升和下降的交替过程。经济学家一般将经济周期分为两个主要阶段：扩张阶段与收缩阶段。扩张阶段亦称繁荣，收缩阶段亦称衰退。

7. 按时间长度，可以将经济周期分为四种类型。它们分别是：基钦周期（短周期）、朱格拉周期（中周期）、库兹涅茨周期（中长周期）以及康德拉季耶夫周期（长周期）。

8. 不同的经济学家对经济周期作出了不同的解释，经济周期理论有几十种之多。早在第二次世界大战前，就已经出现了诸如太阳黑子论、消费不足论等相当有影响的经济周期理论。现代经济周期理论主要有四种：传统凯恩斯主义的经济周期理论认为经济中存在引起波动的内在力量；实际经济周期理论认为波动不过是随机的、未预期到的外部冲击的结果；货币主义者和理性预期学派则把波动主要归结为错误的宏观经济政策的结果；而新凯恩斯主义者则进行了折衷的解释。此外，政治性经济周期理论也是一种颇有影响也颇具争议性的理论，该理论将研究的重点集中于经济政策的制定与政治考虑之间的相互作用。

习 题

一、判断题

1. 计算失业率时应包括自愿失业。

2. 自然失业率仅包括摩擦性失业和结构性失业。

3. 按照奥肯定律，失业率与产出之间存在反方向变动关系。

4. 对于一个社会而言，周期性失业百害而无一利。

5. 传统凯恩斯主义是用乘数—加速数原理来解释经济周期的。

二、单选题

1. 由于经济萧条而形成的失业属于(　　)。

A. 摩擦性失业　　B. 结构性失业

C. 周期性失业　　D. 自愿失业

2. 当大学生毕业半年后一直没有找到工作时，他（她）属于(　　)。

A. 周期性失业　　B. 摩擦性失业

C. 结构性失业　　D. 自愿失业

3. 因产业结构调整而导致的失业属于(　　)。

A. 摩擦性失业　　B. 结构性失业

C. 周期性失业　　D. 自愿失业

4. 增加有效需求的财政政策主要是为了解决(　　)问题。

A. 周期性失业　　B. 结构性失业

C. 摩擦性失业　　D. 自愿失业

5. 下面的经济学家中，(　　)没有用消费需求不足理论来解释经济周期。

A. 马尔萨斯　　B. 熊彼特

C. 西斯蒙第　　D. 凯恩斯

三、简答题

1. 为什么社会中始终都存在失业？有人提出这样的建议：政府应该将失业率降为零，请分析为什么这种政策建议既不现实也不明智。

2. 自然失业率由哪些因素决定？

3. 讨论下列变化将如何影响自然失业率，并评论一下这些变化的负作用。

（1）改善职业培训服务；

（2）失业救济金的增加；

（3）取消最低工资标准。

4. 简述失业所造成的影响。

5. 我国当前真实失业率较高的原因是什么？如何治理我国的失业问题？

6. 经济学家如何解释经济周期的原因？其中的主要差异何在？

7. 举例说明外部冲击如何引起经济周期。

建议阅读文献

1. 戴蒙德：《搜寻理论》，《新帕尔格雷夫经济学大辞典》（第四卷），经济科学出版社1996中文版，第293~299页。

2. 肖恩·哈格里夫斯－希普：《失业》，《新帕尔格雷夫经济学大辞典》（第四卷），经济科学出版社1996年中文版，第803~807页。

3. 曾繁华：《隐形就业新论》，湖北人民出版社1999年版。

4. 张季风："论日本的失业问题"，《日本学论坛》2000年第1期。

5. 张车伟：《失业率定义的国际比较及中国城镇失业率》，中国社会科学院人口与劳动经济研究所工作论文系列二十七，2003年。

6. Diamond, P., 1984, *A Search – Equilibrium Approach to the Micro Foundation of Macroeconomics*, Cambridge, Mass: MIT Press.

7. Mortensen, D., 1984, *Job Search and Labor Market Analysis*, In Handbook of Labour Economics, ed. R. Layard and O. Ashenfelter, Amsterdam: North – Holland.

第九章

通货膨胀与通货紧缩

本章学习要求

1. 掌握通货膨胀与通货紧缩的定义。
2. 掌握需求拉动型通货膨胀与成本推动型通货膨胀。
3. 理解通货膨胀的原因和影响。
4. 理解失业与通货膨胀的关系。
5. 了解治理通货膨胀的政策。

保持物价水平稳定，是各国政府所追求的主要宏观经济政策目标之一。但是，物价水平不稳定却是自货币作为交换手段以来人类社会经济史的重要特征。据记载，早在亚历山大（Alexander）大帝征服波斯王国（公元前330年）之后就曾经发生过通货膨胀，罗马帝国在公元3世纪末甚至还发生过相当剧烈的通货膨胀。在20世纪20年代至40年代，一些国家在战争时期先后出现过惊人的通货膨胀。进入20世纪60年代以后，通货膨胀开始逐渐成为一个全球性、经常性的问题。

本章将对通货膨胀的定义、衡量方法、类型、原因、影响、与失业之间的关系和通货紧缩等重要问题进行全面介绍。

第一节 通货膨胀的定义与衡量

一、通货膨胀的定义

通货膨胀（Inflation）是“价格持续上涨的过程，或者从等同意义上说，是货币不断贬值的过程”。在理解通货膨胀定义时，需要注意以下几个问题：

第一，通货膨胀不是一般物价水平一时或短期的上涨。只有在物价不可逆转地上涨时，才能说发生了通货膨胀。

第二，通货膨胀指的是一般物价水平即所有价格的加权平均值的上涨；单个或个别价格上涨并不算通货膨胀。

第三，不能把每年低于1%的一般物价水平上涨率称为通货膨胀。因为在人类社会的历史进程中，商品和服务的质量在不断提高，所以会出现价格小幅上涨。按照国际惯例，因质量提高而导致的物价上涨大致为每年1%。

二、通货膨胀的衡量

通货膨胀通常被定义为一般物价水平的持续上升，所以，衡量通货膨胀率就是测量一般物价水平的变动。

在经济学中，一般物价水平用物价指数（Price Index）来衡量。所谓物价指数，是指表明某些商品的价格从一个时期到下一时期变动程度的指数。物价指数一般不是简单算术平均数，而是加权平均数，即根据某种商品在总支出中所占的比例来确定其价格的加权数的大小。计算物价指数的一般公式是：

$$\text{物价指数}=\frac{\sum p_t q_t}{\sum p_0 q_t}\times 100\%$$

其中，p_0、p_t 是对比期和本期的价格水平；q_t 是本期商品量。

有关消费者价格指数、生产者价格指数等物价指数的详细介绍，请参考第二章第六节的相关内容。

三、通货膨胀的类型

经济学文献中出现过的通货膨胀类型可能多达几十种，而划分其类型的标准也有好几种。表9-1是对不同划分标准的一个小结。

表9-1 通货膨胀的分类

分类	分类标准
爬行的、温和的、奔腾的和恶性通货膨胀	物价上涨程度
完全预期到的和未完全预期到的通货膨胀	通货膨胀预期
公开的、隐蔽的和抑制的通货膨胀	表现形式（市场机制的作用）

（一）按价格上升的速度分

经济学中最常用通货膨胀的分类是按物价水平上涨的程度来划分的。按这种标准，可将通货膨胀分为以下四种类型：

1. 爬行的通货膨胀（Creeping Inflation）。年通货膨胀率在1%～3%之间（另一说法为1%～5%之间），且不会引起通货膨胀预期。

2. 温和的通货膨胀（Mild Inflation）。年通货膨胀率在3%～6%（另一说法为3%～10%之间）。温和的通货膨胀与爬行的通货膨胀并无严格区别，所以一些经济学家往往把它们归为一类。他们强调这两类通货膨胀的主要特点是：通货膨胀率低且相当稳定，从而对经济没有太多不利影响。

3. 奔腾的通货膨胀（Galloping Inflation）。奔腾的通货膨胀又称奔驰的通货膨胀，即在较长时期内，物价水平出现较大幅度的持续上升。年通货膨胀率一般在两位数以上，甚至高达百分之几十。例如，拉美一些国家在20世纪50～70年代发生的通货膨胀就属此类，对经济发展非常不利。

4. 恶性通货膨胀（Hyper Inflation）。恶性通货膨胀又称为超速通货膨胀，指流通中货币量增速过快，货币购买力急剧下降，物价水平上涨率以加速度增长。一般将月通货膨胀率以50%（或年通货膨胀率超过1000%）的速度持续上升定义为恶性通货膨胀。它的基本特征是物价水平的飞速上升使人们对本国货币完全失去了信任，本国货币完全失去作为价值贮藏的功能，同时也基本丧失了交易功能。这样不仅严重破坏了本国货币体制和正常的经济生活，而且导致了本国经济崩溃及政权更迭。

专栏 恶性通货膨胀：原因、影响与终结

在20世纪80年代中期，以色列和拉丁美洲的一些国家出现了每年高达50%～100%甚至500%的通货膨胀率。20世纪90年代，一些转轨经济国家也出现了惊人的通货膨胀。以上这些都不是新鲜事，实际上，20世纪20年代的德国、匈牙利等国，都曾发生过年通货膨胀率超过1000%甚至更高的通货膨胀。当一个国家当年的通货膨胀达到1000%（或月通货膨胀率超过50%）时，我们一般就称该国处于恶性通货膨胀状态。

在恶性通货膨胀时期，通货膨胀问题几乎完全主宰了日常经济生活。人们会耗费相当多的资源来使通货膨胀的损失降至最低限度：他们经常购物，抢在价格上涨之前，到商店去买东西；他们将真实货币余额持有量减少到惊人的程度以减少通货膨胀的损失；他们更频繁地（以每天或每小时而不是每周）到银行去取钱，以至于有经济学家捏造出一个词汇——“皮鞋成本”来专门描述这种通货膨胀的成本；需要经常支付工资，在德国发生恶性通货膨胀的时期，一天要支付数次工资。

如果说通货膨胀的基本原因无非是需求拉高、供给推动、混合式、结构性、惯性与预期等方面的话，那么，恶性通货膨胀一般都与巨额赤字密切相关——几乎所有出现过恶性通货膨胀的国家，都同时出现过巨额的预算赤字，而这种巨额赤字一般都与巨额战争支出相关。而且，预算赤字与通货膨胀之间有可能形成一种恶性循环：政府为弥补赤字，被迫发行钞票，但巨额预算赤字必将导致快速的通货膨胀，而快速的通货膨胀反过来又会增加赤字。

所有的恶性通货膨胀最终都会结束。恶性通货膨胀似乎是一国政府被推翻的最重要原因之一。从历史的经验来看，在恶性通货膨胀时期执政的政府一般也维持不了多久。新政府要想立足，就必须消灭恶性通货膨胀。经济的失控越来越严重，公众越来越难以忍受，政府一般会发行一种新货币，新货币的汇率通常钉住某国货币，以便为公众提供一个稳定的预期，有利于稳定物价。税制和财政支出也相应作出改革以减少赤字。历史经验告诉我们，恶性通货膨胀并非不治之症，它可以通过一系列协调一致的政策（即货币、财政、汇率政策与收入政策相结合）加以制止。

通货膨胀总是而且处处是一种货币现象，恶性通货膨胀的结束通常也是一种财政现象。1985～1986年，经历高速通货膨胀之苦的阿根廷、以色列和巴西诸国政府都采用了冻结工资与物价的办法，试图一举制止通货膨胀。但只有以色列获得了最后的成功，而阿根廷和巴西却没有。其中的差异主要在于财政政策：以色列人纠正了财政赤字，其他两国却没这样做。或者说，以色列采取的是对症下药的方式，而阿根廷和巴西所采取的政策不过是扬汤止沸！不消灭赤字，单靠工资和价格控制是不可能控制通货膨胀的。

（二）按照人们的预期程度分

按照这种区分方法有两种通货膨胀类型：未预期到的通货膨胀和预期到的通货膨胀。

1. 未预期到的通货膨胀。未预期到的通货膨胀即价格上升的速度超过了人们的预期，或者人们根本没有想到价格会上涨。例如，国际市场原料价格的突然上涨所引起的国内价格的上升，或者在长时期中价格不变的情况下突然出现的价格上涨。

2. 预期到的通货膨胀。预期到的通货膨胀指通货膨胀过程被经济主体预期到了，以及由于这种预期而采取各种补偿性行动引发的物价上升运动。例如，当某一个国家的物价水平年复一年地按 5% 的速度上升，人们便会预料到，物价水平将以同一比例继续上升。预料之中的通货膨胀具有自我维持的特点，就像物理学运动中的惯性一样。因此，预期到的通货膨胀有时又被称为惯性的通货膨胀。

（三）按照表现形式的不同分

1. 公开性通货膨胀。公开性通货膨胀是指在市场机制充分运行和政府对物价不加控制的情况下所表现出来的通货膨胀。由于市场机制较为完善，且没有政府的直接干预，货币的多少直接影响着物价水平的升降。因此，通货膨胀便以物价水平公开上升的形式表现出来，物价水平的上升幅度可以准确地反映通货膨胀的程度。

2. 隐蔽性通货膨胀。隐蔽性通货膨胀是指物价上涨的压力没有完全在官方物价指数上升中表现出来的情形。在这种情况下，物价水平实际已经上升了，但是在官方公布的物价指数中并没有得到反映。

3. 抑制性通货膨胀。抑制性通货膨胀是指在市场上存在着总供给小于总需求，或供求结构性失衡的情况下，国家通过控制物价和商品定额配给的办法，强制性地抑制价格总水平的稳定。抑制性通货膨胀是一种实际上存在但没有发生的通货膨胀现象。其表现形式不是价格总水平的公开上涨，而是物资供给短缺、黑市盛行等。当一国政府以经济计划、资金控制、物资配给、票证配售、价格管制等经济措施压制价格波动时，就会出现这种情况。

第二节 通货膨胀的原因

在长期中，通货膨胀是一种货币现象，发生于货币量的增长快于潜在 GDP 之时。但在短期内，许多因素能引起通货膨胀，并且实际 GDP 与价格水平会相互作用。为了研究这些相互的作用，我们区分一下通货膨胀的来源。

一、需求拉动型通货膨胀

由总需求增加而引起的通货膨胀被称为需求拉动型通货膨胀（Demand - pull Inflation）。需求拉动型通货膨胀可以由使总需求变动的任何一种因素引起，例如利率下降、货币量增加、政府支出增加、税收减少、出口增加，或由于预期未来利润增加而刺激投资的增加。

（一）总需求增加的最初影响

在图 9 - 1（a）中，总需求曲线是 AD_0，短期总供给曲线是 SAS_0，长期总供给曲线是 LAS。假设上年价格水平是 115，且实际 GDP 是 12 万亿元。潜在 GDP 也是 12 万亿元。

现在假设中央银行降低利率并增加货币量，总需求增加到 AD_1。在潜在 GDP 和货币工

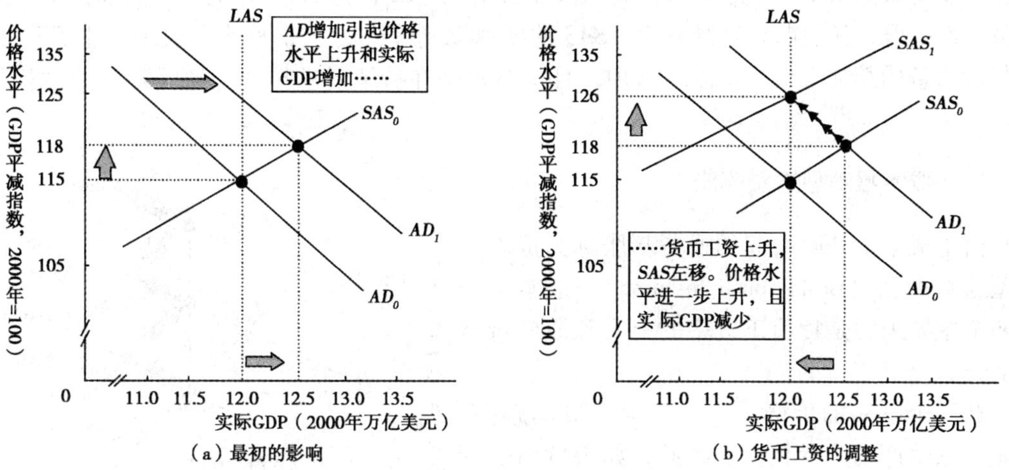

图 9-1 需求拉动的价格水平上升

资率不变的情况下，长期总供给曲线和短期总供给曲线仍然分别是 *LAS* 和 SAS_0。

价格水平和实际 GDP 由总需求曲线 AD_1 和短期总供给曲线相交的点所决定。价格水平上升到 118，且实际 GDP 增加到潜在 GDP 之上，为 12.5 万亿元。失业降到其自然率之下。经济处于高于充分就业的均衡，并存在通货膨胀缺口。事情的下一步就是货币工资率的上升。

（二）货币工资率的反应

实际 GDP 不可能永远维持在潜在 GDP 之上。当失业率低于其自然率时，存在劳动短缺。在这种情况下，货币工资率开始上升。随着它的上升，短期总供给减少，*SAS* 曲线开始向左移动。价格水平进一步上升，且实际 GDP 开始减少。

在总需求没有进一步变动的时候——即总需求曲线仍是 AD_1——当短期总供给曲线移动到图 9-1（b）中的 SAS_1 时，该过程结束。此时，价格水平上升到 126，而实际 GDP 回到潜在 GDP 的 12 万亿元，即它初始的水平。

我们刚刚描述的事件引起的是一次性的价格变化，而不是通货膨胀。因为随着通货膨胀的持续，总需求必然持续增加。

（三）需求拉动的通货膨胀的过程

总需求能持续增加的唯一途径是货币量能持续增加。假设政府存在预算赤字，并通过出售债券为赤字筹资；假设中央银行购买其中一部分债券。当中央银行购买债券时，它创造了更多的货币。在这种情况下，总需求逐年增加。总需求曲线一直向右移动。总需求的持续增加给价格水平带来不断上升的压力。经济正在经历需求拉动型通货膨胀。

图 9-2 说明需求拉动型通货膨胀的过程。起始点与图 9-1 所示的一致。总需求曲线是 AD_0，短期供给曲线是 SAS_0，长期总供给曲线是 *LAS*。实际 GDP 是 12 万亿元，且价格水平是 115。总需求增加，从而总需求曲线移动到 AD_1。实际 GDP 增加到 12.5 万亿元，且价格水平上升到 118。经济处于高于充分就业的均衡。劳动出现短缺，且货币工资率上升。短期总供给曲线移动到 SAS_1。价格水平上升到 126，且实际 GDP 回到潜在 GDP 水平。

但中央银行再次增加货币量，总需求则继续上升。总需求曲线向右移动到 AD_2。价格水平进一步上升到130，而实际GDP又一次超过潜在GDP，为12.5万亿元。然而，货币工资率再一次上升，使短期总供给减少。*SAS*曲线移动到SAS_2，且价格水平进一步上升到138。随着货币量的继续增加，总需求增加，且价格水平在持续需求拉动型通货膨胀的过程中上升。

二、成本推动型通货膨胀

由于成本上升而引起的通货膨胀称为成本推动型通货膨胀（Cost－push Inflation）。成本上升的两个主要来源是货币工资率的上升和原料价格的上升。

在一个既定的价格水平下，生产成本越高，企业愿意生产的产量越少。因此，如果货币工资率上升，或者如果原料（例如石油）价格上升，企业则减少其产品与服务的供给。总供给减少，且短期总供给曲线向左移动。接下来看看短期总供给减少对价格水平和实际GDP的影响。

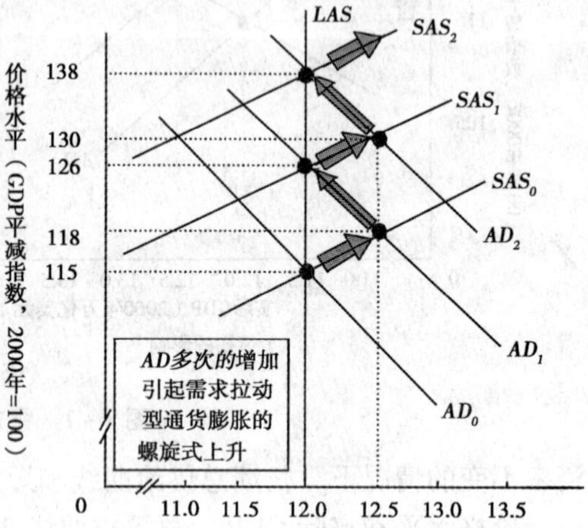

图9－2 需求拉动型通货膨胀的螺旋式上升

（一）总供给减少的最初影响

假设去年价格水平是115，且实际GDP是12万亿元。潜在GDP也是12万亿元。图9－3（a）说明了这种情况。总需求曲线是AD_0，短期总供给曲线是SAS_0，且长期总供给曲线是*LAS*。今年，假设世界石油生产者提高石油价格，该行为减少了短期总供给。短期总供给曲线向左移动到SAS_1。价格水平上升到122，并且实际GDP减少到11.5万亿元。经济处于低于充分就业的均衡，且存在衰退性缺口。

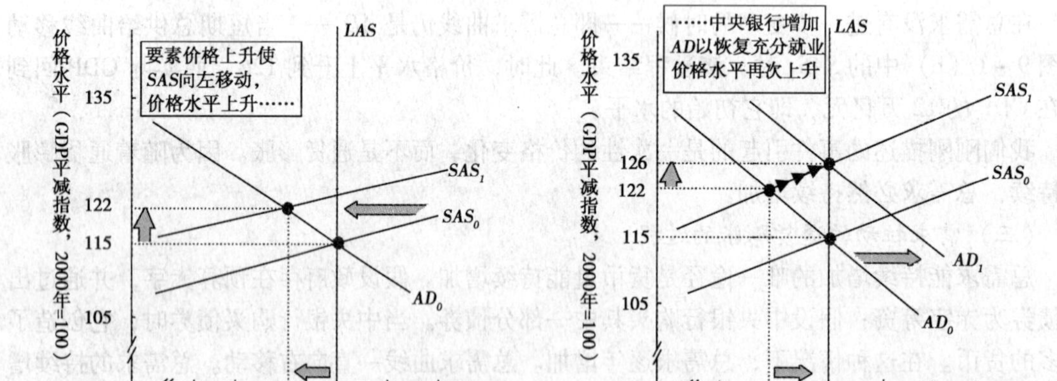

（a）最初的成本推动　　（b）中央银行的反应

图9－3 成本推动的价格水平上升

这件事件是一次性价格水平上升，它不是通货膨胀。事实上，供给冲击本身并不能引起通货膨胀。只有当货币量持久增加时，才能使一次性价格水平上升的一次性供给冲击转变成一个持续的通货膨胀的过程。

（二）总需求的反应

当实际 GDP 减少时，失业上升到其自然率之上。在这种情况下，往往有关于恢复充分就业的行为的呼声。假设中央银行降低利率并增加货币量，总需求增加。在图 9－3（b）中，总需求曲线向右移动到 AD_1，且恢复了充分就业，但价格水平进一步上升到 126。

（三）成本推动型通货膨胀的过程

石油生产者现在看到他们购买的每一件东西的价格都在上升。因此，欧佩克再次提高石油价格以恢复相对高的新价格。图 9－4 继续说明了这一情况。短期总供给曲线现在移动到 SAS_2。价格水平上升，而实际 GDP 减少。

价格水平进一步上升至 134，而实际 GDP 减少至 11.5 万亿元，失业增加到其自然率之上。如果中央银行的反应是再增加货币量，总需求增加且总需求曲线移动到 AD_2。价格水平上升到更高，到 138，并且充分就业得到恢复。结果是成本推动型通货膨胀的螺旋式上升。价格水平的上升与实际 GDP 的减少相结合被称为滞胀（Stagflation）。此时，中央银行处于两难境地。如果当欧佩克提高石油价格时，中央银行不作出任何反应，经济维持在低于充分就业的水平。如果中央银行为了恢复充分就业而增加货币量，它就引发了又一轮石油价格的上升，将引起货币供给进一步的增加。

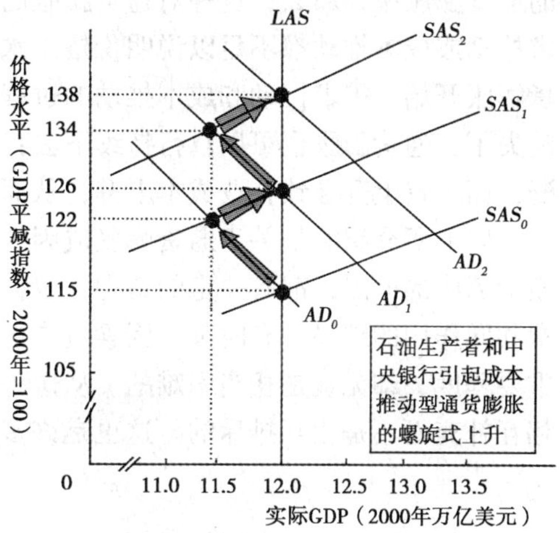

图 9－4 成本推动型通货膨胀的螺旋式上升

如果中央银行对每次石油价格上升的反应都增加货币供给，通货膨胀率将不断上升。但如果中央银行压制货币增长，经济仍处于低于充分就业的水平。

三、结构性通货膨胀

无论是货币主义还是凯恩斯主义，都认为通货膨胀是短期稳定政策问题：通货膨胀是商品和劳动市场超额需求，或货币市场超额供给的反映；而结构性通货膨胀（Structural Inflation）理论却试图把西方国家的长期通货膨胀趋向同结构性因素联系起来。①

这种理论有若干种版本，一般是假定经济活动可以分为两个部门：一个是“进步的”（如工业）部门，另一个则是“保守的”（如服务业）部门。假定工业部门和服务业部门生产率存在差别，假定服务业部门的生产率增长较慢，那么，整个经济的货币工资增长率保持一致就一定会导致服务业部门持续的成本压力。因为这个部门的厂商采用的是成本加成的定价规则，所以这种成本压力会在整个经济中引起成本推进的通货膨胀。因此，结构性通货膨胀隐含着两个部门供给价格的相对变化。相对于工业部门的供给价格来说，服务业部门的供给价格是上升的。简而言之，这种形式的通货膨胀是假定服务业部门的产品需求具有高收入弹性和低价格弹性。

实际上，这种对通货膨胀的结构性解释，不过是上述成本推动的通货膨胀理论（尤其

① 弗里希：《通货膨胀理论》，第 8 页，中译本，商务印书馆 1992 年版。

是工资推动论）的一个变种而已。

四、惯性、预期与通货膨胀

这两种关于通货膨胀的原因的解释，其重点不在于分析通货膨胀的产生原因，而是分析为何通货膨胀一旦形成就会持续下去。由于通货膨胀并非价格水平的一次性而是持续上涨，或者说，在大多数情况下，通货膨胀一旦开始，就似乎产生了“惯性”，原有的通货膨胀率有不断持续下去的趋势，这种情况又被称为“通货膨胀螺旋”。而至于这种“惯性”和“螺旋”产生的原因，主要源于经济中各行为主体的预期，如果经济中大多数人都预期到同样的通货膨胀率，那么，这种对通货膨胀的预期就会变成经济运行的现实。实际上，单纯用需求拉动或成本推动都不足以说明价格总水平的持续上涨。无论通货膨胀的原因如何，只要通货膨胀开始，需求拉动和成本推动的过程都将开始发挥作用。即使导致通货膨胀的初始原因消失了，通货膨胀也可以自行持续下去：当工人们预期物价会上涨时，他们就会要求增加工资，而工资上升导致企业成本上升，从而又导致更高的价格水平。

以上所介绍的是关于通货膨胀成因的主要理论。应该说，各种理论都从不同角度解释了通货膨胀的原因，都有一定的道理，也都有各自的经验证据。但是，通货膨胀往往是各种因素共同作用的结果。有时某一因素也许更重要，但要具体确定各种因素在引发通货膨胀时的重要程度，却无疑是相当困难的。从这种意义上而言，以上关于通货膨胀原因的各种理论是相互补充而不是相互排斥的。这也是许多经济学家的一致看法。

第三节　通货膨胀的经济影响

尽管有些经济学家认为温和的通货膨胀对经济有一定的促进作用，但从长期来看，通货膨胀一般都对经济有害。通货膨胀究竟有什么代价？或者说，它对经济会造成什么影响？这便是下文将要考察的重要问题。

在研究通货膨胀的经济影响时，首先应该区分完全预期到的通货膨胀与不完全预期到的或未预期到的通货膨胀，因为，两种不同的通货膨胀产生的后果是大不相同的。

一、完全预期到的通货膨胀对经济的影响

完全预期到的通货膨胀，显然是一种高度理想化的情况——此时一般价格水平以所有经济行为主体所预期的上涨率上涨，谁也不会感到意外。假设一国经济在一个较长的时期内经历了5%的通货膨胀率，且同时假定每个人都正确地预期到通货膨胀率将继续保持5%。在这种经济中，所有的合同都将在5%的预期通货膨胀率的基础上加以签订。

借贷双方都知道并一致认为，偿还一笔贷款时的货币价值低于贷款人贷出贷款时所放弃的货币价值。因此，名义利率必然要提高3%以抵消通货膨胀的影响。

在通货膨胀率较低的情况下，完全预期到的通货膨胀并不是一个大问题，因为它不会对人们的决策行为产生太大的影响。但是，随着通货膨胀率的上升，以下在较低通货膨胀率条件下不重要的成本都将变得重要起来。

(一) 皮鞋成本

皮鞋成本(Boot Leather Cost,又译为磨鞋底的成本)是一种高度形象化的说法,一般用来指通货膨胀使得人们不得不尽量减少其货币持有量而带来的成本,因为人们不得不更经常地到银行提取现金,更经常地到商店购物,这样会使其鞋底磨损更快。当然,更重要的成本显然是人们为了使持有的货币尽可能减少所必须牺牲的时间和方便。这些成本看来似乎微不足道,而且,当通货膨胀率非常低时的确也可以忽略。但是,通货膨胀率越高,这种成本就越重要,因为此时持有货币的机会成本就越高,从而越倾向于将收入转化成商品。在20世纪20年代的德国、匈牙利等国曾发生过月通货膨胀率超过50%的恶性通货膨胀。当时,工人们一旦领到工资,就立即冲进商店,以赶在货币贬值之前把它花掉。

(二) 菜单成本

菜单成本(Menu Cost)也是一种形象化的说法,即调整价格的成本。菜单成本包括印刷新清单和目录的成本、把它们送达中间商和顾客的成本、为新价格做广告的成本、进行新的价格决策的成本以及处理顾客对价格变动的怨言的成本。通货膨胀必然会增加企业的菜单成本,而且,通货膨胀率越高,这种成本就越重要。在超速通货膨胀期间,企业必须每天甚至每小时或更经常地变动价格,以便与经济中的所有其他物价保持一致。

(三) 对税收的扭曲

在很多国家,一些税收条款在制定时并没有考虑到通货膨胀的影响,而通货膨胀往往会使税收发生扭曲。比如按税法规定,储蓄收入按利息额的50%缴纳利息税,如果实际利率为4%,如果通货膨胀率为零,则名义利率也是4%,收益的50%纳税,则实际税后收益为2%;而如果年通货膨胀率为4%,则名义利率将为8%(4%+4%),但8%的50%(即4%)要纳税,则纳税后该投资者的实际税后利率是零。

(四) 资源配置的失误

在发生通货膨胀时,并不是所有商品的价格都按照同一比率变动,这样,相对价格就会发生变动,而市场经济正是靠相对价格来配置稀缺资源的:消费者通过比较各种商品的质量与价格决定购买什么。当通货膨胀扭曲了相对价格时,消费者的决策也被扭曲了,市场也就不能把稀缺的资源配置到最好用途中去。

(五) 交易成本的增加

通货膨胀增加了经济生活的不确定性,而且通货膨胀率越高,不确定性也就越大,因此,与没有通货膨胀或通货膨胀率较低的时期相比,更多的资源将不得不更多地用于对通货膨胀的预期方面。同时,也导致人们不愿签订长期合同,结果最终导致经济生活中的交易成本增加,进一步影响社会的产出水平。

二、未预期到的通货膨胀对经济的影响

上文所分析的是可预期到的通货膨胀对经济的影响。但是,当通货膨胀的发生出乎意料时(实际通货膨胀率与预期通货膨胀率不相等,即未预期到的通货膨胀),人们无法准确地作出预期并调整自己的经济行为,从而通货膨胀就要影响实际变量。下面我们详细分析未预期到的通货膨胀对经济的影响。

(一) 通货膨胀的再分配效应

在现实经济中,产出和价格水平是一起变动的,通货膨胀常常伴随着扩大的实际产出。

只有在较少的一些场合中，通货膨胀的发生伴随着实际产出的收缩。为了独立地考察价格变动对收入分配的影响，假定实际收入是固定的，然后去研究通货膨胀如何影响分得收入的所有者实际所得到的收入的大小。在分析之前，还要区分货币收入和实际收入。货币收入就是一个人所获得的货币数量；而实际收入则是一个消费者用他的货币收入所能买到的商品和服务的数量。

那么，通货膨胀的再分配效应是怎样的呢？

其一，通货膨胀不利于靠固定的货币收入维持生活的人。对于固定收入阶层来说，其收入是固定的货币数额，落后于上升的物价水平。其实际收入因通货膨胀而减少，他们的每一元收入的购买力将随价格水平的上升而下降。而且，由于他们的货币收入没有变化，他们的生活水平必然相应降低。

对于固定收入阶层，最为明显的就是那些领取救济金、退休金的人，工薪阶层、公务员以及靠福利和其他转移支付维持生活的人。他们在相当长时间内所获得的收入是不变的。特别是那些只获得少量救济金的老人，遇到这种经济灾难，更是苦不堪言。他们是通货膨胀的牺牲品。

相反，那些靠变动收入维持生活的人则会从通货膨胀中得益，这些人的货币收入会走在价格水平和生活费用上涨之前。例如，有强大工会支持的工人，他们的工资合同中签订有工资随生活费用的上涨而提高的条款。那些从利润中得到收入的企业主也能从通货膨胀中获利，如果产品价格比资源价格上升得快的话，则企业的收益将比它的成本增长得快。

其二，通货膨胀可以在债务人和债权人之间发生收入再分配的作用。对于债务人而言，价格的急剧上升往往对他们而言是一种意外收益。假定你买了一幢住宅，为此你向银行做抵押贷款，贷款额为50万元，按照贷款合同，贷款期限为20年，你需要每年向银行偿还的贷款额为5万元（贷款为固定利率），如果突然发生了年100%的通货膨胀，你的收入也跟着翻了一番，虽然你需要偿还的贷款，在名义上仍然是每年5万元，但你的贷款的实际价值却只有原来的一半，你只需要付出过去一半的劳动就可以支付这5万元了。这样，大规模通货膨胀使你的抵押贷款的实际价值减少了一半，从而在实际上增加了你的财富。但是，从另一方面看，作为债权人的银行却深受其害，它的财富（债权）大幅度缩水，因为你还给银行的钱的实际价值要比它原先借给你时要小得多。

在遇到这种未预期到的通货膨胀的情况下，那些持有固定利率的抵押贷款或长期债券的债权人的处境，和上文所谈的银行的处境完全一样，价格突然上涨会使它们变得比以前更穷；而会使那些债务人变得比以前更富。这构成了一种典型的财富再分配过程，而且是以一种既与才能无关，又与需要无关的方式任意在人们中重新分配财富。

总之，未预期到的物价变动在债务人和债权人之间再分配财富：通货膨胀以损害债权人（以银行为代表）为代价使债务人“致富”，因为这种通货膨胀减少了债务的实际价值；债务人可以用实际价值已经降低的钱来偿还贷款。但是，另一方面，如果出现未预期到的通货紧缩，则会使债权人（银行）以损害债务人为代价“致富”，因为债务的实际价值增加了。在这种情况下，债务人必须用实际价值上升的钱来偿还债务。

其三，通货膨胀对储蓄不利。随着价格上涨，存款的实际价值或购买力就会降低。那些口袋中有闲置货币和有银行存款的人将受到严重的打击。同样，像保证金、养老金以及其他固定价值的证券财产等，它们本来是作为防患未然和蓄资养老的，在通货膨胀中，其实际价值也会下降。

（二）通货膨胀的产出效应

上面的分析基于假定国民经济的实际产出是固定的。而实际上，国民经济的产出水平是随着价格水平的变化而变化的。下面考虑可能出现的三种情况。

第一种情况：随着通货膨胀出现，产出增加。这就是需求拉动的通货膨胀的刺激，促进产出水平的提高。许多经济学家长期以来坚持这样的看法，即认为温和的或爬行的需求拉动通货膨胀对产出和就业将有扩大的效应。假设总需求增加，经济复苏，就能造成一定程度的需求拉动的通货膨胀。在这种情况下，产品的价格会先于工资和其他资源的价格上涨，由此增加了企业的利润。利润的增加就会刺激企业扩大生产，从而产生减少失业，增加国民产出的效果。这种情况意味着通货膨胀的再分配后果会由更多的就业而增加产出所获得的收益所抵消。例如，对于一个失业工人来说，如果他只有在通货膨胀条件之下才能得到就业机会，显然，这受益于通货膨胀。

第二种情况：成本推动通货膨胀引致失业。这里讲的是由通货膨胀引起的产出和就业的下降。假定在原来的总需求水平下，经济实现了充分就业和物价稳定。如果发生成本推动通货膨胀，则原来总需求所能购买的实际产品的数量将会减少。也就是说，当成本推动的压力抬高物价水平时，既定的总需求只能在市场上支持一个较小的实际产出。所以，实际产出会下降，失业会上升。

第三种情况：超级通货膨胀导致经济崩溃。首先，随着价格持续上升，居民和企业会产生通货膨胀预期，即估计物价会再度升高。这样，人们就不会让自己的储蓄和现行的收入贬值，而宁愿在价格上升前把它花掉，从而产生过度的消费购买。这样，储蓄和投资都会减少，使经济增长率下降。其次，随着通货膨胀而来的生活费用的上升，劳动者会要求提高工资，不但会要求增加工资以抵消过去价格水平的上升，而且要求补偿下次工资谈判前可以预料到的通货膨胀带来的损失。于是企业增加生产和扩大就业的积极性就会逐渐丧失。再次，企业在通货膨胀上升时会力求增加存货，以便在稍后按高价出售以增加利润，这种通货膨胀预期除了会鼓励企业增加存货外，还可能鼓励企业增加新设备。然而，企业这些行为截止到无法筹集足够必要的资金时就会停止，银行会在适当时机拒绝继续为企业扩大信贷，银行利率也会上升，企业得到贷款会越来越难。企业被迫要减少存货，生产就会收缩。最后，当出现恶性通货膨胀时，情况会变得更糟。当人们完全丧失对货币的信心时，货币就不能再执行它作为交换手段和储藏手段的职能了。这时，任何一个有理智的人将不愿再花精力去从事财富的生产和正当的经营，而会把更多的精力用在如何尽快把钱花出去，或进行种种投机活动。等价交换的正常买卖、经济合同的签订和履行、经营单位的经济核算以及银行的结算和信贷活动等，都无法再实现，市场经济机制也无法再正常运行，并可能诱发大规模的经济混乱。

当然，如果通货膨胀经常出现，人们就有可能预见其发展趋势，并且市场也开始与之相适应，那么在市场名义利率中就有可能逐渐把对通货膨胀的补偿纳入进来。譬如说在某一经济中，起始状态时价格稳定，且利率为3%，如果人们预计价格将以每年9%的速度上涨，市场的名义利率就要按12%，而不是按3%支付。12%的名义利率正好反映了3%的实际利率再加上9%的通货膨胀溢价（即著名的费雪效应）。一旦在利率上进行了这样的调整，收入和财富就不会再发生较大规模的再分配了。实际上，这种针对长期通货膨胀进行的利率调整，在每一个经历过长期价格上涨的国家都曾经出现过。

在经历了长期的物价上涨后，一些国家也产生了一些重要的制度变迁，从而使得上述一些说法已不正确。比如，过去人们曾经以为通货膨胀会损害孤儿、寡妇以及退休金领取者的利益，但今天他们所得到的社会保障抚恤金已经根据消费价格被指数化了，所以与通货膨胀不再相关，因为他们所领取到的金额会随 CPI 的提高而自动增加。另外，有许多债务（如“浮动利率”抵押借款）的利率也按照规定随着市场利率上下浮动，这样，与过去没有这些制度时的情况相比，意外的通货膨胀给借款方带来的好处以及给贷款方带来的损害，都有所降低。所以，至少在理论上而言，如果通货膨胀可以预期，债权人（银行）和债务人可以在确定名义利率时加入通货膨胀因素，从而就可以避免未预期的通货膨胀的成本。但是，如果通货膨胀本身难以预期，困难就出现了。当平均通货膨胀率较高时，通货膨胀就会变得非常不确定，这样，通货膨胀就变得难以预期。

平均通货膨胀率低的国家（如 20 世纪后半期的德国），往往通货膨胀比较稳定；而平均通货膨胀率高的国家（如拉丁美洲的许多国家），其通货膨胀往往高度不稳定。世界上不存在一个高通货膨胀率，同时又是稳定的通货膨胀的例子。通货膨胀水平与可变性之间的这种关系实际上表明了通货膨胀还有另一种成本——如果一个国家实行高通货膨胀的货币政策，那么，它不仅要承受预期到的高通货膨胀的成本，而且还要承受与未预期到的通货膨胀相关的任意的财富再分配。

专栏　阿根廷的通货膨胀

在 20 世纪 80 年代的大部分时间里，阿根廷一直是一个典型的经济案例。当时阿根廷年通货膨胀率平均达到 450%，1990 年初之前的 12 个月，其通货膨胀率更升至 2000%。在这种情况下，经济活动的主要目的只是避免通货膨胀吞噬一切。作家 V. S. 奈保尔在访问阿根廷时，与一位具有远见卓识的阿根廷商人约格交谈，约格告诉奈保尔：

通货膨胀使人们终日战战兢兢。他们公司所在的产业只能给客户 4 天到 5 天的赊账。否则在这样的通货膨胀下，流动资本就全被扼杀。通货膨胀的另一个负面影响是人们不再关心生产力乃至技术，而所有进步的秘密全在于生产力。然而，在世界任何地方，生产力的年增长不可能超过 3% ~4%。而在阿根廷这样的通货膨胀下，只要人们知道应该在何时何地进行投资，一日之内他就可以赚取 10%（当然是名义回报），人们的流动资产比包括技术在内的长期目标更重要，尽管人们希望两者兼顾。

这是通货膨胀不可避免的恶果，即货币疾病。人们的钱分崩离析，就像癌症。人们得过且过，当通货膨胀率超过每天 1% 时人们别无选择。人们放弃计划只要可以支撑到周末就会感到满足。

人均而言，阿根廷比 1975 年贫穷 25%。真正的受害者是看不见的穷人、老人和年轻人。他们被赶出大型火车站——那些人是阿根廷生活中的游民和弃儿，像大海的浪花。

阿根廷的高通货膨胀终于出现一个充满希望的转机。1989 年，刚刚当选总统的卡洛斯·梅内姆宣布了通过财政和货币政策反通货膨胀的计划。此外，他还支持许多以市场为导向的经济改革，包括在 1991 年初任命由哈佛大学培养的经济学家多明戈·卡瓦洛为经济大臣。在 20 世纪 90 年代初期，通货膨胀已降为每年 30% 左右，实际 GDP 的增长达到每年 5%。

（斯蒂格利茨：《经济学》小品和案例，中国人民大学出版社 1998 年版）

（三）通货膨胀对经济增长的影响

除了对经济效率和再分配产生影响以外，通货膨胀还对长期经济增长有不可忽视的影响。

直到20世纪70年代，较高的通货膨胀率都一直伴随着较高的就业和产出水平。如果进一步对历史资料作详细分析，就会发现一个有趣的事实：产出和通货膨胀之间的正相关关系似乎只是暂时的。长期而言，通货膨胀与产出的增长之间存在着一种类似倒“U”形的关系。研究结果表明：低通货膨胀的国家经济增长最为强劲，而高通货膨胀或通货紧缩国家的增长趋势则较为缓慢。

不论通货膨胀对产出和效率的短期影响或长期影响如何，毫无疑问的一点是，当通货膨胀威胁来临时，中央银行总会作出反应。无论何时，只要通货膨胀威胁增加，中央银行就会采取有力措施来制止通货膨胀，如减少货币供应量的增长，提高利率进而抑制实际产出的增加，以及提高失业率等。事实上，中央银行遏制通货膨胀的努力，恰恰是导致很多国家经济陷入衰退的重要原因。所以，政策制定者的反应也必须看成是通货膨胀的一种成本，即政府的反通货膨胀措施往往会以降低GDP的增长和提高失业率为代价，有时代价还极其高昂。因此，急剧的或恶性的通货膨胀肯定会严重损害生产力，并会通过财富的再分配而殃及个人，而低通货膨胀对于生产力或实际产出几乎没有什么影响。但是，即使在通货膨胀的成本看似不大，中央银行也不会长期容忍高通货膨胀率，他们会采取各种手段，通过抑制产出增长和提高失业率来控制通货膨胀，这也构成了通货膨胀的另一个重要成本。

最后，在一个经济越来越趋于全球化和一体化的时代，通货膨胀还可能造成一国国际收支平衡的困难和经济增长率的下降。具体表现在：出口趋于下降，由于其出口产品在国际市场上价格更贵，出口企业因此不得不解雇工人；进口趋于上升，因为在本国国内市场上外国商品买得相对更便宜；本国较高的名义收入增加了对进口品的需求，并降低了出口，因为高涨的国内市场使制造商并不急于为自己的产品寻找国外销路；若价格持续上升，外国贸易商和投资者对于该国货币能否保持它当前的汇率将失去信心，于是还可能发生资本外流。

第四节　失业与通货膨胀的关系

在相当长的时期内，经济学家们都认为失业与通货膨胀之间有着非常密切的关系。在20世纪六七十年代所出版的经济学教科书中，一般都把表明失业与通货膨胀的密切关系的菲利普斯曲线作为对通货膨胀的主要解释。应该说，现代通货膨胀理论的发展，极大地受到了菲利普斯曲线模型演进的影响。

菲利普斯曲线与20世纪最优秀的一批经济学家的思想密切相关：从菲利普斯、萨缪尔森和索洛的菲利普斯曲线，到弗里德曼和费尔普斯的自然率假说，再到卢卡斯、萨金特和巴罗的理性预期理论。菲利普斯曲线的沿革可以划分为三个阶段。

第一阶段是菲利普斯等人根据通货膨胀率和失业率间存在稳定的、负相关关系的假定，提出和阐明菲利普斯曲线这一概念。第二阶段是“自然失业率”假说（由弗里德曼等人最早提出）占支配地位的阶段，该理论区分了短期菲利普斯曲线和长期菲利普斯曲线。第三阶段则是围绕理性预期学派对菲利普斯曲线的批评而展开的讨论。按照这种批评，通货膨胀和失业率之间并不存在有规则的交替关系。

一、菲利普斯曲线

1958 年，经济学家菲利普斯（A. W. Phillips）在英国《经济学》杂志上发表的《1861～1957 年英国失业和货币工资变动率之间的关系》一文中指出，失业率与货币工资变动率之间存在负相关关系。这实际上暗示了失业率与通货膨胀率之间的负相关关系——低失业率的年份往往有高通货膨胀率，而高失业率的年份往往有低通货膨胀率。

虽然菲利普斯的发现是根据英国的数据，但研究者很快把这个发现扩大到其他国家。在菲利普斯发表该文章两年之后，萨缪尔森和索洛根据美国的数据也发现了类似的关系。从此，很多经济学家都认为，失业和通货膨胀之间存在着负相关关系，这似乎为一国的宏观经济决策者提供了一个可供选择的菜单。在这个菜单上，有各种通货膨胀率和失业率的组合，其中，必然是高失业率与低通货膨胀率相对应，而低失业率与高通货膨胀率相对应。

接下来我们解释菲利普斯曲线，要区别两种时间框架，与总供给的两种时间框架相类似。

（一）短期菲利普斯曲线

短期菲利普斯曲线（Short－Run Phillips Curve，SRPC）表示在既定的预期通货膨胀率和自然失业率下，通货膨胀和失业之间的关系。图 9－5 显示了短期菲利普斯曲线 *SRPC*。在预期通货膨胀率为年 10% 和自然失业率为 6% 时，短期菲利普斯曲线通过 *A* 点。

总需求突然的增加降低了失业率并提高了通货膨胀率——沿着短期菲利普斯曲线向上移动到 *B* 点。总需求突然的减少增加了失业率而降低了通货膨胀率——沿着短期菲利普斯曲线向下移动到 C 点。

（二）长期菲利普斯曲线

长期菲利普斯曲线（Long－Run Phillips Curve，LRPC）表示当实际通货膨胀率等于预期通货膨胀率时，通货膨胀与失业之间的关系。图 9－6 中预期通货膨胀从年 10% 下降到年 6% 使短期菲利普斯曲线从 $SRPC_0$ 向下移动到 $SRPC_1$。长期菲利普斯曲线并不移动。新的短期菲利普斯曲线和长期菲利普斯曲线相交于新的预期通货膨胀率——D 点。

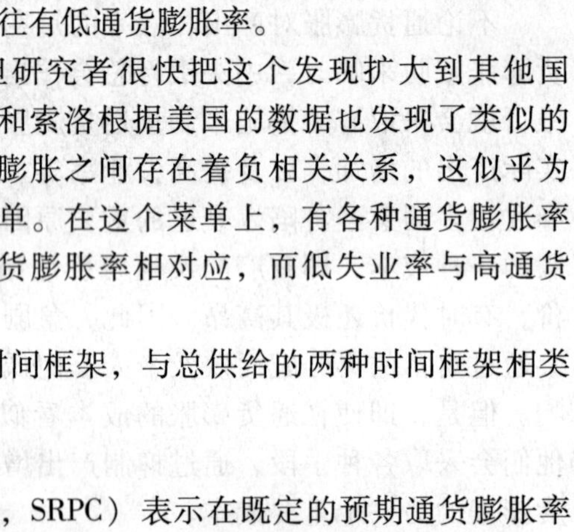

图 9－5　短期菲利普斯曲线

二、菲利普斯曲线的移动

在萨缪尔森和索洛把菲利普斯曲线引入宏观经济分析后不久，就开始有经济学家提出：决策者可以依赖菲利普斯曲线吗？通货膨胀与失业之间的组合是稳定的吗？

1968 年，弗里德曼在一篇著名的论文中指出，货币政策只能在短期内在菲利普斯曲线上钉住通货膨胀和失业的组合；另一位经济学家爱德蒙·费尔普斯（Edmund Phelps）也几乎在同时发表了一篇文章，否定了通货膨胀和失业之间存在长期的权衡取舍。

两人的结论均基于古典主义的货币中性原理，即货币增长只是同比例地改变所有物价与名义收入而已，而不会产生实际效应。特别是，货币增长并不影响决定失业率的那些因素，如工会的势力、效率工资或福利政策等方面。两人得出的结论是，没有什么理由可以认为在长期中通货膨胀率与失业率是相关的。

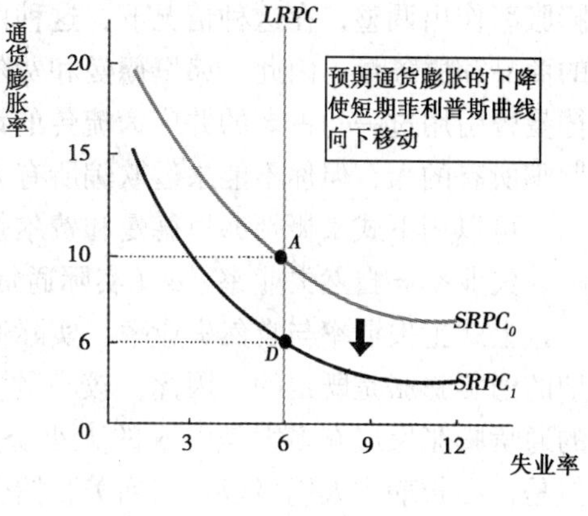

图 9－6 短期和长期菲利普斯曲线

弗里德曼和费尔普斯并没有否定通货膨胀和失业在短期中的负相关关系，但是，他们又认为在长期中决策者不能利用这种关系，即决策者可以在某一时期内实行扩张性货币政策来实现较低的失业率，但最终失业要回到其自然率上，而且，扩张性的货币政策只是引起了较高的通货膨胀率。

专栏 自然失业率与通货膨胀

由于某些难以避免的原因，经济中总存在着一定比率的失业人口。在经济的动态变化过程中，失业人口的存在是不可避免的。弗里德曼和费尔普斯用“自然”这个形容词来描述经济长期中趋近的失业率。但自然失业率并不一定是社会合意的失业率，它也不是一直保持不变的。例如，假设一个新成立的工会用它的市场势力使一些工人的实际工资提高到均衡水平之上，其结果就是由超额劳动供给，因此，就会产生较高的自然失业率。这种失业是“自然的”，并不因为它是适当的，而是因为它不受货币政策影响。较迅速的货币增长并没有减少工会的市场势力或失业水平，它只会引起更高的通货膨胀率。

虽然货币政策不能影响自然失业率，但其他政策却可以影响。为了减少自然失业率，决策者应该寻找改善劳动市场功能的政策。降低自然失业率的政策变动会使长期菲利普斯曲线向左移动。此外，由于较低的失业率意味着生产商品与服务的工人较多，在任何一种既定的物价水平，商品与服务的供给量也多了，而且长期总供给曲线将向右移动。这样，经济就可以在任何一种既定的货币增长率和通货膨胀率时获得较低的失业率和较高的产量。

（一）预期的影响

为了有助于解释通货膨胀与失业之间的短期与长期关系，弗里德曼和费尔普斯把一个新的变量引入到分析中：预期的通货膨胀。预期的通货膨胀可以衡量人们预期物价总水平会变动多少。预期的物价水平影响人们所形成的相对价格感觉以及他们所确定的工资与价格。因此，预期的通货膨胀是决定短期总供给曲线位置的一个因素。在短期中，美联储可以把预期的通货膨胀（以及短期总供给曲线）作为已经决定的。当货币供给改变时，总需求曲线移动，而且经济沿着既定的短期总供给曲线变动。因此，在短期中，货币变动引起产量、价格、失业和通货膨胀没有预期到的波动。

但是，美联储通过货币供给引起未预期到的通货膨胀的能力只在短期中存在。在长期中，人们可以预期到美联储选择引起多高的通货膨胀。因为感觉、工资和价格都将根据通货膨胀率作出调整，在这种情况下，这种由于货币供给变动而引起的总需求变动并不影响经济的商品和服务量。因此，弗里德曼和费尔普斯得出了长期中失业回到其自然率的结论。弗里德曼曾引用过一句古老的并广为流传的话："你可以永远欺骗一部分人，也可以在某一时期欺骗所有的人，但你不能永远欺骗所有人!"

可以用下式来概括弗里德曼和费尔普斯的分析：

失业率 = 自然失业率 − α（实际通货膨胀 − 预期通货膨胀）

上式把失业率与自然失业率、实际通货膨胀与预期通货膨胀联系起来了。在短期中，预期的通货膨胀是既定的。因此，较高的实际通货膨胀与较低失业相关（失业对于未预期到的通货膨胀反应有多大是由 α 的大小决定的，α 的大小又取决于短期总供给曲线的斜率）。但是，在长期中人们可以预期到美联储会引起多大的通货膨胀。因此，实际通货膨胀等于预期的通货膨胀，而且失业等于其自然率。上式意味着，并不存在稳定的短期菲利普斯曲线。每条短期菲利普斯曲线都反映了一种特定的预期通货膨胀率。只要预期的通货膨胀率变动，短期菲利普斯曲线就移动。因此，根据弗里德曼和费尔普斯的观点，把菲利普斯曲线作为可供决策者选择的菜单是危险的。假设决策者企图通过货币或财政政策扩大总需求来利用通货膨胀和失业之间的权衡取舍。在短期内，当通货膨胀率既定，失业下降到其自然率以下，而通货膨胀则上升到预期的通货膨胀以上。一段时期后，人们习惯了这种较高的通货膨胀率，就会相应调高其对通货膨胀的预期。当预期的通货膨胀上升后，通货膨胀与失业之间的短期权衡取舍就往上移动。失业水平相同但通货膨胀更高。

这样，弗里德曼和费尔普斯得出结论，决策者的确面临着通货膨胀和失业之间的权衡取舍，但是这种关系只是暂时存在的。如果决策者利用这种权衡取舍，这种关系就消失了。

弗里德曼和费尔普斯在 1968 年作了一个大胆的预言：如果决策者试图通过选择较高的通货膨胀以降低失业率来利用菲利普斯曲线，他们在减少失业上仅仅只能取得暂时的成功。或者说，无论通货膨胀率是多少，失业最终将回到其自然率上，以后若干年美国货币和财政决策者的实践在很大程度上证明了他们结论的正确性。

专栏　美国的菲利普斯曲线

图 9－7（a）是美国自 1961 年以来通货膨胀率和失业率的散点图。

我们可以利用图 9－7（b）中短期菲利普斯曲线的移动解释数据。在 20 世纪 60 年代期间，短期菲利普斯是 $SRPC_0$，自然失业率为 4.5%，并且预期通货膨胀是一年 2%（A 点）。20 世纪 70 年代初，短期菲利普斯曲线是 $SRPC_1$。自然失业率为 5%，并且预期通货膨胀率是一年 6%（B 点）。20 世纪 70 年代末，自然失业率上升到 8%（C 点），而短期菲利普斯曲线是 $SRPC_2$。在 1975 年以及 1981 年很短的时间里，预期通货膨胀率急剧上升为一年 9%（D 点），且短期菲利普斯曲线是 $SRPC_3$。在 20 世纪 80 年代和 90 年代期间，预期通货膨胀率和失业率下降，且短期菲利普斯曲线向左移动。到 20 世纪 90 年代初，它回到 $SRPC_1$。而到 20 世纪 90 年代中期，它再次回到 $SRPC_0$，并且一直保持到 21 世纪。

续

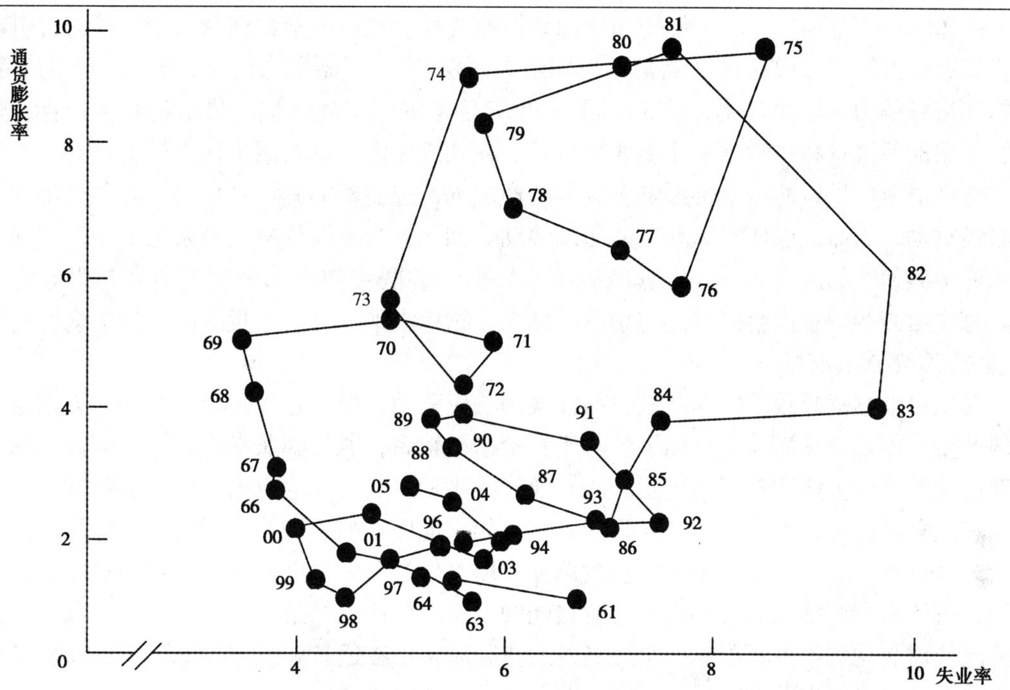

图 9－7（a）　美国菲利普斯曲线的时间序列

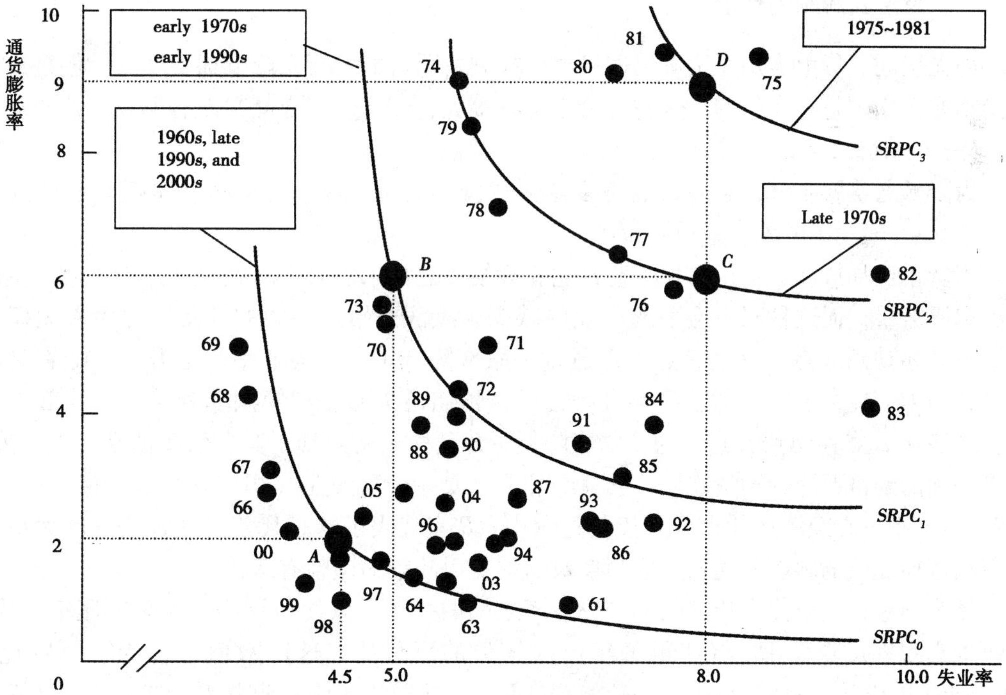

图 9－7（b）　美国短期菲利普斯曲线的移动

资料来源：迈克尔·帕金：《宏观经济学》，人民邮电出版社 2008 年版。

（二）总供给冲击

在20世纪70年代，一个使短期菲利普斯曲线移动的新因素，即总供给的冲击，引起了经济学家们的注意。1974年，石油输出国组织（OPCE）开始作为世界石油市场上的卡特尔发挥其市场势力以增加其成员国的利润。OPCE国家如沙特阿拉伯、科威特和伊拉克，限制它们开采的原油量和在世界市场上的销售量。在几年之内，供给减少使石油价格几乎上涨四倍。这种严重的供给冲击直接影响企业的生产成本，进而影响其产品价格，它使经济的总供给曲线移动，因此，也使得菲利普斯曲线移动。例如，当石油价格上升增加了生产汽油、轮胎和许多其他产品的成本时，它就减少了在任何一种既定物价水平时的商品与服务的供给量。总供给减少即总供给曲线向左移动的结果，物价水平上升，产量下降，造成众所周知的20世纪70年代的滞胀。

总供给的移动导致了短期菲利普斯曲线的响应移动。由于企业需要较少的工人来生产较少的产量，就业减少而失业增加了。由于物价水平较高，通货膨胀率也较高。因此，总供给移动引起较高的失业和较高的通货膨胀。通货膨胀和失业之间的权衡取舍向右移动。

在这种情况下，决策者显然面临着两难：如果他们紧缩总需求以对付通货膨胀，这样必然会进一步增加失业；而如果他们扩大总需求以对付失业，又必将进一步提高通货膨胀。或者说，决策者所面临的通货膨胀与失业之间的权衡取舍比总供给移动之前更为不利：在失业率为既定时，他们不得不忍受一个更高的通货膨胀率；在通货膨胀率为既定时，他们又不得不忍受一个更高的失业率；或者更高失业与更高通货膨胀的组合。

三、反通货膨胀的代价

毫无疑问，货币当局完全可以通过严格控制货币量的发行来降低通货膨胀，但是，反通货膨胀在短期内是有代价的。这一代价究竟有多大，经济学家之间并没有形成一致的意见。

（一）牺牲比率

为降低通货膨胀率，总会以经济衰退为代价。比如，货币当局必须实行紧缩性货币政策。图9-8表明了紧缩性货币政策的影响。

当货币当局放慢了货币增长率时，它就紧缩了总需求。总需求减少又减少了企业生产的商品和服务量，而这种减少会引起就业的减少。经济开始在图中的A点，并沿着短期菲利普斯曲线移动到B点，在这一点上，通货膨胀率降低了，而失业率却上升了。随着时间的推移，当人们懂得了物价的上升会较缓慢时，预期通货膨胀和短期菲利普斯曲线都向下移动。经济从B点移动到C点。通货膨胀降低了，而失业又回到了其自然率的水平上。因此，如果一国的经济要降低通货膨胀，它就必然要忍受一个高失业（相应就是低产量）的时期。在图9-8中，在经济从A点到C点的过程中，B点代表了这种代价。这种代价的大小取决于菲利普斯曲线的斜率和通货膨胀预期对新的货币政策的调整有多快。

经济学家通过研究通货膨胀率与失业率之间的关系，以便估计降低通货膨胀率的代价，即通货膨胀率每降低1%将使得每年产出损失的百分比，这一数值被称为“牺牲比率”(Sacrifice Ratio)。一般认为，这一数值要达到5，即通货膨胀率每降低1%，必须以每年产出下降5%为代价。

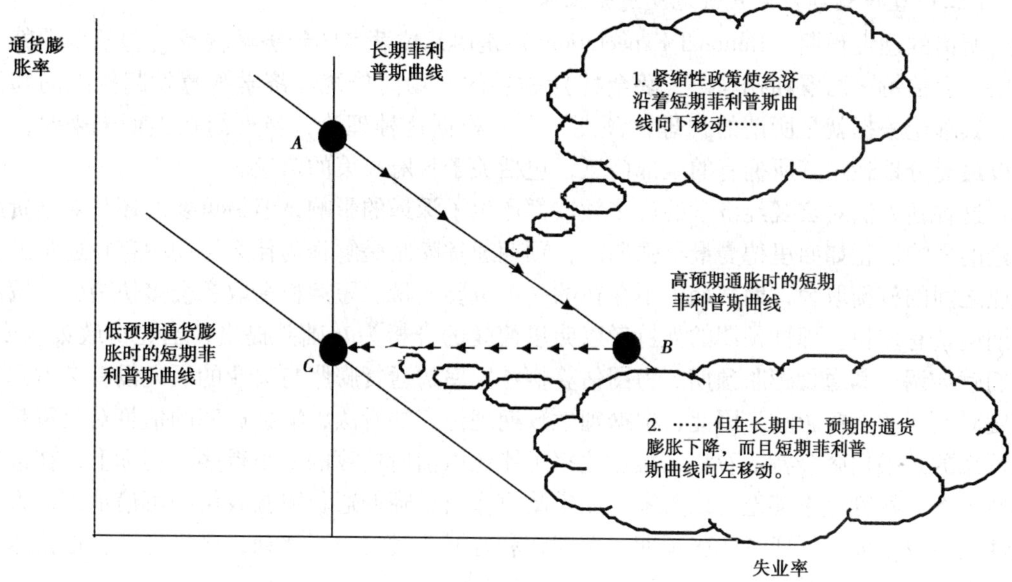

图 9－8 紧缩性货币政策、预期与菲利普斯曲线的移动

专栏 美国的反通货膨胀

20 世纪 70 年代末 80 年代初，美联储主席为反通货膨胀所付出的代价说明了菲利普斯曲线的存在。

20 世纪 70 年代，滞胀一直困扰着美国。1979 年夏，通货膨胀率高达 14%，失业率高达 6%，经济增长率不到 1.5%。在这种形势下，沃尔克被卡特任命为美联储主席。沃尔克上台后把自己的中心任务定为反通货膨胀。他把贴现率提高到 12%，货币量减少，但到 1980 年 2 月，通货膨胀率仍高达 14.9%。与此同时，失业率高达 10%。沃尔克顶住各方面压力，继续实施这种紧缩政策，终于在 1984 年使通货膨胀率降至 4%，开始了 20 世纪 80 年代的繁荣。

沃尔克反通货膨胀的最终胜利是以高失业为代价的。经济学家把通货膨胀率减少了 1% 的过程中每年国内生产总值减少的百分比称为牺牲率。国内生产总值减少必然引起失业加剧。这充分说明通货膨胀与失业之间在短期内存在交替关系，实现低通货膨胀在一定时期内以高失业为代价。

经济学家把牺牲率确定为 5%，即通货膨胀每年降低 1%，每年的国内生产总值减少 5%。沃尔克把 1980 年 10% 的通货膨胀率降低至 1984 年的 4%，按此推理，每年减少的国内生产总值应为 30%。实际上，国内生产总值的降低并没有这么严重。其原因在于沃尔克坚定不移的反通货膨胀决心使人们对通货膨胀的预期降低，从而菲力普斯曲线向下移动。这样，反通货膨胀的代价就小了。但代价仍然是有的，美国这一时期经历了自 20 世纪 30 年代以来最严重的衰退，失业率达到 10%。

反通货膨胀付出的代价证明了短期菲利普斯曲线的存在，也说明维持物价稳定的重要性。

梁小民：《西方经济学》，中央广播电视大学出版社 2003 年版。

（二）理性预期：无代价地反通货膨胀

所谓的理性预期（Rational Expectations）是由几位著名的经济学教授（包括罗伯特·卢卡斯、罗伯特·巴罗和托马斯·萨金特）领导的一场向传统经济学智慧发起挑战的知识革命。其理论根据就是所谓的"理性预期"——根据这种理论，当人们在预期未来时，人们可以最充分地运用其所拥有的全部信息，包括关于政府政策的信息。

这种新方法对宏观经济学的许多领域都产生了深远的影响，但最重要的还是对通货膨胀理论的影响。正如弗里德曼最早强调的，预期通货膨胀是解释为什么短期中存在通货膨胀与失业之间的权衡取舍，而长期中不存在的一个重要变量。短期权衡取舍会多快消失，取决于预期调整有多快。理性预期的支持者以弗里德曼的分析为基础并提出，当经济政策改变时，人们就会调整其通货膨胀预期。力图估算牺牲比率的通货膨胀与失业的研究没有考虑到政策制度对预期的直接影响。因此，根据理性预期理论家的看法，牺牲比率的估算对政策是非常不可靠的。根据萨金特的看法，牺牲比率可能比以前所估算的要小得多。实际上，在最极端的情况下，牺牲比率甚至可以为零。如果政府作出了降低通货膨胀政策的可信承诺，人们的理性就足以立即降低通货膨胀预期。短期菲利普斯曲线将向下移动，而且经济将很快达到低通货膨胀，并没有暂时高失业和低产量的代价。

第五节 治理通货膨胀的政策

由于通货膨胀会对经济造成种种不良影响，所以各国政府都想方设法来对付通货膨胀。在20世纪60年代和70年代初期，关于控制通货膨胀的最常见的政策建议是主张逐渐放慢货币供给量的增长率，或主张控制工资和价格。有些人把工资和价格看做是通货膨胀的主要起因，因而他们认为控制通货膨胀的主要武器是价格和收入政策。有些人则认为货币增长是通货膨胀的起因，因而把渐进的货币增长看作是最明显不过的良方。

在理论上，主要有两种不同的思路来对待通货膨胀。他们的分歧在于是否值得反击通货膨胀，及如何对付通货膨胀。为简单起见，我们可以把这些不同的观点分为货币主义者的观点、凯恩斯主义者以及新凯恩斯主义的观点。

一、货币主义者的思路

货币主义者强调通货膨胀的成本，特别是通货膨胀所引发的不确定性，以及通货膨胀税对经济所造成的扭曲。更重要的是，他们坚信长期菲利普斯曲线是垂直的。所以，将失业率降到自然失业率之下所得到的任何好处，都将只是暂时的。将失业率降到自然率之下的任何企图都要必须付出成本，而如果能从中得到任何好处的话，它也将是暂时的。

对于治理通货膨胀，货币主义者有一个非常简单的处方——单一规则。单一规则即中央银行只要使货币供给的增长维持一个固定比率即可，该比率必须能够保证价格水平在长期中保持稳定。如果实际产出以每年3%的速度增长，货币供给也按3%的速度增长，如果货币流通速度不变，那么价格水平就会稳定。如果实际产出每年增长3%，而技术的进步使货币流通速度每年增长1%，那么货币当局就应该保证货币供给的增长稳定在每年2%即可。

货币主义者坚信，在以上简单的规则下，将不可能产生通货膨胀。不管通货膨胀的原因如何，只要关紧货币发行的闸门，执行一贯的单一规则，就会扼制通货膨胀。用以下几句话可以概括货币主义者的主要思路：通货膨胀成本很高；菲利普斯曲线是垂直的；对付通货膨胀的最好的办法是控制货币供给。

二、对货币主义思路的批评

凯恩斯主义者和新凯恩斯主义者认为，货币主义夸大了通货膨胀的成本。由于现代经济已广泛采用指数化调整措施，故通货膨胀的成本不会很大。另一方面，由于货币主义者假设菲利普斯曲线是垂直的，从而低估了反击通货膨胀的成本。对于一个垂直的菲利普斯曲线，将不再存在权衡取舍关系，而反击通货膨胀也不会增加失业，因为不管政府做些什么，失业率总是被钉在自然失业率上。但凯恩斯主义者坚信，反击通货膨胀确实是有成本的。这种成本可以用失业的增长来衡量，因为至少在短期内，菲利普斯曲线不是垂直的。凯恩斯主义者还指出，反击通货膨胀产生的负担，主要由失业者承担，而不是由全社会的人们共同负担。由于失业者往往是非熟练工人，他们的收入微薄，由他们来承担如此重负，哪怕是暂时的，也非常困难。

针对货币主义者开出的反击通货膨胀的处方，凯恩斯主义者提出了三条主要的反对意见：第一，政府应该使用它能够支配的所有工具来反击通货膨胀，而不仅仅是用货币政策这一种。第二，政府不应该只依靠“单一规则”的货币政策（将货币供给量的增长固定在一个值上），这样做就是放弃斟酌使用的政策，也就是放弃了适应经济环境的变化而使用货币政策的能力。第三，货币的流通速度并不稳定，这就使得货币供给的固定增长政策对通货膨胀的作用变得难以确定。现在，几乎所有的曾经采用过这种简单政策的政府，都放弃了这种政策。

三、凯恩斯主义的政策处方

关于反击通货膨胀的政策，凯恩斯主义者的思路可分为两类：一类是试图让经济沿着菲利普斯曲线移动，另一类则试图使菲利普斯曲线本身移动。

（一）沿着菲利普斯曲线移动

这种处方主要是由传统凯恩斯主义者开出的。使经济沿着菲利普斯曲线向下移动需要降低总需求，使得总需求曲线向左移动。政府可以通过采取紧缩性的货币政策，通过降低支出水平或者通过增加税收以使消费支出下降来实现该目标。关于选择降低总需求的方法的思路是，通货膨胀之所以出现，是因为消费者、企业和政府对产出的需求之和超过了潜在的生产能力。这三种方法在效果上都试图降低一种或多种对产出的需求。对政府来说，困难的是决定谁应该少得，是那些从政府支出中获益的人（用降低政府支出的办法），是消费者（用增加税收降低税后收入的办法），还是生产者（由于投资水平的降低，降低了他们的收入）。

总需求的降低使得商品的需求与供给之间的缺口得以缩小，从而减轻了通货膨胀压力。但是，与此同时，也减少了对劳动的需求，从而产生更多的失业。而当失业水平增加时，增加工资的压力会减轻。所以，不管通货膨胀是需求拉动型还是成本推动型的，降低总需求总是一种反通货膨胀的有效工具。

（二）菲利普斯曲线本身的移动

这种处方主要是由新凯恩斯主义者开出的。其方法主要有以下四种：

第一，改变实际因素。移动总供给曲线的一个办法是，减少管制，如消除对航运、卡车、天然气价格的管制，能够通过竞争降低价格。这些降低的价格会在整个经济中产生良好的反响——那些使用卡车、天然气的行业，因投入下降而降低价格，而那些使用这些行业产品的部门，也就有能力使自己的价格降低①。但许多经济学家认为，产生供给效应所需要时间可能太长，以至于把供给政策作为控制短期通货膨胀的工具，并不合适。

第二，工资与物价的控制。对通货膨胀用法律的手段控制物价和工资的增长，或许是最直接的手段，但并不是最好的。政府经常会在战争时期采用控制工资和物价的政策。但大多数经济学家都反对限价的方法，因为它没有触及通货膨胀的深层原因，如对商品的超额需求。再有，这种控制是难以实施的，而且通常会导致不同程度的低效率。另外，通货膨胀是所有商品的价格一起上涨，而不是每个商品的价格分别上升，如果物价控制要持续相当长时间的话，它必须允许不同商品相对价格的变动。否则，低于均衡价格的那些商品就要发生短缺，而另一些商品则会出现过剩。

第三，道德劝说。另一种反通货膨胀的办法是政府不直接控制物价和工资，而是采用一种道德劝说的办法，这种方法试图劝说企业和工人不要涨价或涨工资。政府编制物价和工资的指导线，希望工人和企业能够遵守。政府还可以以不购买该企业的产品来威胁那些不听从劝告的企业。

第四，改变预期。道德劝说的办法之所以能够奏效，很大程度上是因为这种方法打破了人们对通货膨胀的心理预期。如果工会和企业坚信每个人都会屈从政府压力，他们就会愿意缓和自己对工资的要求和提价的要求。如果人们相信政府所采取的治理通货膨胀的任何行动都是成功的，这种预期本身就有助于消灭通货膨胀。政府的政策能够成功，在很大程度上源于人们相信它可以取得成功。相反，如果人们认为政策不可能奏效，那么，通货膨胀的预期就不可能被打破，通货膨胀就可能会持续下去。

如果人们的预期变化缓慢，在失业与通货膨胀之间就会存在一个交替关系，这种关系会持续相当长的时间。由于人们的预期变化缓慢，使得政府更容易在不引发较高通货膨胀的情况下降低失业。但是，一旦通货膨胀预期发展起来，要想停止通货膨胀就很难了，即使失业率很高，通货膨胀率也可能会很高。要想使通货膨胀降下来，就必须使高失业率维持相当长的时期。另一方面，如果人们的预期调整迅速，那么菲利普斯曲线就会接近垂直，即使在短期内也是这样。这会产生正反两方面的效果。如果个人对政府政策的改变作出迅速反应，很快修改他对未来通货膨胀的预期，那么通货膨胀会很快被制止住，反通货膨胀的成本也就非常小了，只需要政府制定合适的政策即可。从反的方面看，由于人们的预期改变迅速，把失业率下降到自然失业率之下的任何企图，都会很容易地引发通货膨胀螺旋。

第六节　通货紧缩

一、通货紧缩的涵义

通货紧缩（Deflation）是一个与通货膨胀对应的概念，描述的是一般物价水平持续下降

① 这一政策曾先后在美国卡特总统、里根总统以及英国的撒切尔夫人执政期间试验过，大多数经济学家也都赞同这一政策。

的经济现象。依据诺贝尔经济学奖得主保罗·萨缪尔森的表述，价格和成本正在普遍下降即是通货紧缩。在此要指出的是，通货紧缩不同于通货膨胀的缓解（Disinflation），后者是指通货膨胀率的显著下降，即物价指数由高通货膨胀向正常水平的回归。

对于通货紧缩的涵义，在国内外还没有统一的认识，从争论的情况来看，大体可以归纳为以下三种：第一种观点认为，通货紧缩是经济衰退的货币表现，因而必须具备三个基本特征：一是物价的普遍持续下降；二是货币供给量的连续下降；三是有效需求不足，经济全面衰退。这种观点被称为“三要素论”。第二种观点认为，通货紧缩是一种货币现象，表现为价格的持续下跌和货币供给量的连续下降，即所谓的“双要素论”。第三种观点认为，通货紧缩就是物价的全面持续下降，被称为“单要素论”。

从上面的介绍可以看出，尽管对通货紧缩的定义仍有争论，但对于物价的全面持续下降这一点却是共同的。一般来说，单要素论的观点对于判断通货紧缩发生及其治理更为科学一些。这是因为，通货紧缩作为通货膨胀的反现象，理应反映物价的变动态势，价格的全面、持续下降，表明单位货币所反映的商品价值在增加，是货币供给量相对不足的结果，也就是说，货币供给不足可能只是通货紧缩的原因之一。因此，双要素论的货币供给下降的界定，将会缩小通货紧缩的范围，而三要素论中的经济衰退，一般是通货紧缩发展到一定程度的结果，那么用经济衰退的出现来判断通货紧缩就太晚了。根据单要素论的观点，判断通货紧缩的标准只能是物价的全面持续下降，其他现象可以作为寻找成因，判断紧缩程度等的依据，但作为通货紧缩的构成要素是不妥的。

第二次世界大战之前，通货紧缩也就是总价格水平的下降与通货膨胀一样司空见惯。事实上，美国的消费价格指数在第二次世界大战前夕比 1920 年低 30%。第二次世界大战后，在所有国家，通货膨胀成了常态。但是，在 20 世纪 90 年代，当通货紧缩在日本再次出现并被证明很难逆转之后，包括美国在内的其他国家也开始担心它们会遇到类似问题。

二、未预期通货紧缩的效应

像未预期的通货膨胀一样，未预期的通货紧缩也有得益者和受害者，只不过方向相反。贷款者，也就是贷款的所有者，是得益一方；因为借款人归还给他们的贷款的实际价值增加了；而借款人变成了受害方，因为他们贷款的实际负担提高了。

在分析大萧条如何发生时，欧文·费雪认为通货紧缩对借款人和贷款人的影响使经济衰退更为恶化。通货紧缩实际上是把资源从借款人一方拿走重新分配给贷款人。费雪认为，借款人因为在通货紧缩中受到损失，所以一般会缺少资金。当债务负担上升后，他们通常会被迫大幅削减开支。对贷款人来说，当他们拥有的贷款的实际价值增加后，他们也不可能大幅增加开支。所以，费雪认为，通货紧缩的总效应减少了总需求，使经济衰退雪上加霜，所造成的恶性循化会导致通货紧缩进一步升级。通货紧缩造成的总需求减少效应就是所谓的负债通货紧缩（Debt Deflation），即由于通货紧缩造成未偿债务实际负担增加引起的总需求减少，这被认为在大萧条时期发挥了重要作用。

三、预期通货紧缩的效应

预期通货紧缩效应与预期通货膨胀效应正好相反：通货紧缩导致了名义利率水平降低和货币需求增加。然而，预期通货紧缩对名义利率影响有限。当实际利率为 4% 时，如果预期通货膨胀率为零，均衡名义利率则为4%。显然，如果预期通货膨胀率为-3%，也就是公众预期通货紧缩率为每年3%，则均衡名义利率将为1%。

但是，如果预期通货膨胀率为-5%，名义利率不会降低到-1%。因为没有人会按负的名义利率向外贷款。经济学家们认为名义利率存在着一个零底线（Zero Bound），也就是不可能低于零。

零底线限制了货币政策的有效性。假定经济出现衰退，产出低于潜在产出水平，失业率高于自然失业率水平。正常情况下，中央银行应该降低利率来增加总需求。如果名义利率已经为零，中央银行将无法再降低利率，那么继续增加基础货币，要么被存放在银行的金库中，要么被个人和企业以现金形式持有，而不会被支出（当通货膨胀率为负而名义利率为零时，持有现金可以获得正的实际利率）。

因为名义利率不可能低于零底线而无法使用货币政策的情形被称为流动性陷阱（Liquidity Trap）。当可贷资金需求大幅降低时，就会出现流动性陷阱现象。美国经济在20世纪30年代大部分时间遭遇过零底线。当公众预期通货紧缩发生的可能性比通货膨胀发生的可能性更大时就会出现这种情形。第二次世界大战后当通货膨胀成为世界范围内的常态时，零底线问题已经基本消失了。

到了20世纪90年代，日本发现自己遇到了零底线，也经历了持续的通货紧缩。日本的经验引起了其他国家的警觉，它们担心会遭遇同样的问题。在2001年和2002年，随着通货膨胀率降低到2%以下，美国也开始担心通货紧缩问题。

专栏　1998～2002年中国的通货紧缩

1998年到2002年间，中国经历了通货紧缩。零售物价指数RPI在1998年下降了2.28%，1999年则下降了3%，而2000年则下降了1.5%，2001年下降了0.8%，最后2002年下降了1.8%。我认为这是典型的通货紧缩现象。到了2003年，中国似乎走出了通货紧缩，因为2003年RPI下降了0.1%，即基本上没有通货紧缩也没有通货膨胀。同时，消费者物价指数CPI在2003年上升了1.2%，CPI出现了正向的变动。同年，国民生产总值增长率达到9.5%。

根据以上数据显示的宏观形势，我们对中国宏观经济及运行周期有了一些争论。一种观点是中国已经处在一种宏观调控所能达到的理想情形，因为中国的通货膨胀率很低，而经济增长速度却很高。在这种情况下，政府应该不干涉经济运行，让市场自主运行从而尽可能长时间地维持这种理想的状态。但另一种观点则认为，虽然宏观指标表现不错，但是如果仔细观察，我们可以发现有几点值得注意，而且如果对这些潜在因素不加控制，通货紧缩将会很快重返。其中一个重要的原因是2003年出现的很高的增长率主要是投资的急速增长所带来的。这一年，固定投资增长率为27.7%，并且主要集中在几个方面。其中，一个是房地产方面，投资增长率为29.9%；另一个是汽车制造业，投资增长率为69%。上述两个产业投资的急速增长带动了建设物资行业的投资。钢材投资增长了97%，水泥制造的投资则增长了121%。在这些投资没有完成建设时，它们是一种需求，而建成时，它们就变成了供应能力。而中国是不可能在短时间内能够消化如此多的生产能力的。2003

续

年的低通货膨胀率主要是由于除了少数几种产品的价格上升之外，其他的大多数产品的价格都是下降的。在构成零售物价指数的一篮子商品中，共有16类商品。而在这16类商品中，只有4类商品的价格是上升的，其余的12类商品的价格则是持续下降的。这4类商品中，一种是食品，如农产品，这是由于2003年糟糕的天气和前些年持续的产量下降。另一类价格上升的商品是黄金和珠宝，这是由于利率水平过低，只有1.8%，产生了对于黄金之类商品的投机性需求，从而导致其价格上升。第三类商品是书籍之类的印刷品，但这类商品的价格只有轻微的上升。最后一类商品是能源产品，这类产品价格上升是由前面提到的几个产业的急速增长所推动的。这几个产业都是高能耗产业，而同时国际能源价格也上升，所以结果就是中国国内能源价格上升。但是其他12类商品，其中大多数为制造业产品，到现在为止已经持续18个月价格下降。因此，在这种情况下，如果不对宏观经济进行干预，那么可以预见通货紧缩将很快重返。

林毅夫："中国经济从通货紧缩到通货膨胀"，搜狐财经，2005年7月14日。

本章主要术语

通货膨胀　通货紧缩　爬行的通货膨胀　温和的通货膨胀　奔腾的通货膨胀　恶性通货膨胀　需求拉动型通货膨胀　成本推动型通货膨胀　结构性通货膨胀　惯性　预期　完全预期到的通货膨胀　皮鞋成本　菜单成本　未预期到的通货膨胀　菲利普斯曲线　滞胀　牺牲比率

本章小结

保持物价水平稳定，是各国政府所追求的主要宏观经济政策目标之一。但是，物价水平不稳定却是自货币作为交换手段以来人类历史的重要特征之一。

通货膨胀即是指物价水平普遍而持续上涨。与通货膨胀相对应的是通货紧缩，即一般物价水平的持续下降。而一般物价水平既不上升也不下降时的状态，即为物价稳定。

一般物价水平用物价指数来衡量。物价指数是表明某些商品的价格从一个时期到下一时期变动程度的指数，是一个加权平均数，其一般公式为：

$$\text{物价指数} = \frac{\sum p_t q_t}{\sum p_0 q_t} \times 100\%$$

其中，p_0、p_t 是基期和本期的价格水平；q_t 是本期商品量。

按通货膨胀率的高低及其影响，可将通货膨胀分为四种类型：爬行的通货膨胀、温和的通货膨胀、奔腾的通货膨胀和恶性通货膨胀。此外，根据通货膨胀预期，可以将通货膨胀分为完全预期到的和未完全预期到的通货膨胀；根据其表现形式，可将通货膨胀分为公开的、隐蔽的和抑制的通货膨胀。

对通货膨胀原因的解释，随着西方各国在不同时期的不同的经济发展状况一直都在发生变化。最初的解释往往放在总需求方面，此即需求拉动的通货膨胀；随后有人注意到总供给方面，尤其是集中在劳动市场上，此即成本推动的通货膨胀；随后马上有人将注意力集中于货币供给增长率方面，这是典型的货币主义的解释；后来随着通货膨胀率的提高，重点则转移到对通货膨胀的预期和通货膨胀的惯性等方面。

尽管有经济学家认为温和的通货膨胀对经济有一定的促进作用，但从长期来看，通货膨胀一般都对经济有害。完全预期到的通货膨胀对经济的影响主要包括：皮鞋成本、菜单成本、对税收的扭曲、资源配置的失误以及交易成本的增加等；未预期到的通货膨胀对经济的影响主要表现为任意的财富再分配。此外，通货膨胀还对长期经济增长有不可忽视的影响。

在相当长的时期内，经济学家们都认为失业与通货膨胀之间有着非常密切的关系，现代通货膨胀理论的发展，受到菲利普斯曲线模型演进的极大影响。菲利普斯曲线与20世纪最优秀的一批经济学家的思想密切相关：从菲利普斯、萨缪尔森和索洛的菲利普斯曲线，到弗里德曼和费尔普斯的自然率假说，再到卢卡斯、萨金特和巴罗的理性预期理论。

货币当局完全可以通过严格控制货币量的发行来降低通货膨胀，但是，反通货膨胀在短期内是有代价的。这一代价究竟有多大，经济学家之间并没有形成一致的意见。

关于通货膨胀的治理政策，一直存在着激烈的争论，且不同时期的观点在逐渐演进。在20世纪60年代和70年代初期，最常见的政策建议，是主张逐渐放慢货币供给量的增长率，或主张控制工资和价格。而理性预期的一个重要后果是，政策之争的焦点已经不再是如何设法控制诸如关键的工资协定（如价格和收入的政策解决法）或货币供给量增长率（即货币主义的解决方案）之类的变量，而是把注意力转向了考虑制度上的不同安排是如何互相作用从而产生不同的通货膨胀率的。

未预期通货紧缩有利于贷款人而损害借款人。这可能导致负债的通货紧缩，会产生总需求收缩性效应。通货紧缩使得利率很可能遇到零底线。当发生这种情况时，经济就陷入流动性陷阱，货币政策不再发挥任何作用。

习 题

一、判断题

1. 需求拉动的通货膨胀是由于总需求的增加所引发的。

2. 扩张性的货币政策所引发的通货膨胀称为成本推动的通货膨胀。

3. 成本推动的通货膨胀会导致滞胀现象的出现。

4. 油价的一次性上升就会引发持续的通货膨胀。

5. 如果总需求的增加被人们准确地预期到了，那么，通货膨胀也就不会发生。

6. 预期的通货膨胀率的上升会引起交易成本的增加。

7. 短期菲利普斯曲线表明，如果通货膨胀率上升，而预期通货膨胀率不变，则失业率会下降。

8. 长期菲利普斯曲线表明，提高通货膨胀率能降低失业率。

9. 预期通货膨胀率的提高会引起短期菲利普斯曲线向上移动，长期菲利普斯曲线向右移动。

10. 已知在预期通货膨胀率等于零的时期，（名义）利率等于5%。如果预期的通货膨胀率上升为6%，则名义利率会上升到11%。

二、单选题

1. 在下面几种物价水平的先后顺序中，其中(　　)准确地代表了10%的通货膨胀率。

A. 100，100，100，100　　B. 100，110，110，110

C. 100，110，120，130　　D. 100，110，121，133.1

2. 一般在(　　)情况下会发生需求拉动的通货膨胀。

A. 总需求持续增加　　B. 总供给和总需求都持续降低

C. 政府增加购买支出　　D. 油价大幅度上涨

3. 下面(　　)选项会使总需求曲线每年都保持向右移动。

A. 一次性减税

B. 政府对产品和服务的购买的一次性增加

C. 通货膨胀

D. 货币供给的增加

4. 下面(　　)可能会引发成本推动的通货膨胀。

A. 货币工资率的提高　　B. 政府购买支出的增加

C. 货币供给的增加　　D. 原材料价格的下降

5. 就再分配效应而言，如果实际通货膨胀率低于预期通货膨胀率，则(　　)。

A. 债权人获利，而债务人受损；一部分工人获利，而雇主受损

B. 债务人获利，而债权人受损；一部分工人获利，而雇主受损

C. 债权人获利，而债务人受损；一部分雇主获利，而工人受损

D. 债务人获利，而债权人受损；一部分雇主获利，而工人受损

6. 下面关于理性预期的说法中，(　　)是不正确的。

A. 它运用一切可以获得的信息

B. 它是人们所能作出的最佳预测

C. 它总是正确的

D. 以上选项全不对

7. 对总需求增加的正确预期会引发对通货膨胀率的准确预期，最终导致短期总供给(　　)，实际GDP(　　)。

A. 增加，增加　　B. 降低，增加

C. 降低，不变　　D. 降低，降低

8. 如果总需求曲线向右移动的幅度小于预期的变动幅度，则(　　)。

A. 这个预期不可能是理性预期　　B. 实际GDP低于潜在的GDP水平

C. 实际利率低于预期的利率水平　　D. 实际工资率低于预期的工资水平

9. 下面(　　)选项不是较高的通货膨胀预期的成本。

A. 交易成本增加　　B. 失业率高于自然失业率

C. 不确定性增加　　D. 储蓄和投资的减少

10. 短期菲利普斯曲线说明了(　　)之间的关系。

A. 在短期内，物价水平和实际GDP

B. 在短期内，物价水平和失业率

C. 当预期通货膨胀率等于实际通货膨胀率时，通货膨胀和失业

D. 当预期通货膨胀率不变时，通货膨胀和失业

三、多选题

1. 按物价上涨的速度来划分通货膨胀可分为(　　)。

A. 爬行的通货膨胀　　B. 温和的通货膨胀

C. 奔腾的通货膨胀　　D. 恶性通货膨胀

E. 结构性通货膨胀

2. 假如经济发生了严重的通货膨胀，受害者将是(　　)。

A. 债权人　　B. 债务人

C. 雇主　　D. 领取固定工资者

E. 持现款的人

3. 下列(　　)因素可造成需求拉动型通货膨胀。

A. 过度扩张性的财政政策　　B. 过度扩张性的货币政策

C. 消费习惯突然的改变　　D. 农业的歉收

E. 劳动生产率的突然降低

4. 结构性通货膨胀的原因是(　　)。

A. 各经济部门生产率提高的快慢不同

B. 生产率提高慢的部门要求工资增长向生产率提高快的部门看齐

C. 生产率提高快的部门要求工资增长向生产率提高慢的部门看齐

D. 全社会工资增长速度超过生产率增长速度

5. 采用“冷火鸡”式治疗通货膨胀与渐进式的治疗有(　　)不同。

A. 失业率较大　　B. 失业率较小

C. 时间较短　　D. 时间较长

E. 失业率较高且时间较长

四、计算题

在下述情形中，请计算贷款的实际利率以及在预期通货膨胀中谁受益谁受损：

(1) 名义利率为8%，借款人和贷款人在贷款期内预期的通货膨胀率为5%，实际通货膨胀率为3%。

(2) 名义利率为6%，借款人和贷款人在贷款期内预期的通货膨胀率为4%，实际通货膨胀率为7%。

五、简答题

1. 需求拉动型通货膨胀与成本推动型通货膨胀的主要区别是什么？

2. 通货膨胀对经济有哪些影响？

3. 为什么说通货紧缩使得利率很可能遇到零底线？

4. 短期菲利普斯曲线和长期菲利普斯曲线的区别是什么？

六、分析题

货币的增加能引起总需求曲线向右移动，引发通货膨胀，但为什么增加政府支出却不会引发通货膨胀呢？

建议阅读材料

A. 加利·西林：《通货紧缩》，经济管理出版社1999年中文版。

第十章

开放条件下的宏观经济学

本章学习要求

1. 了解国际收支平衡表内容。
2. 了解国际收支失衡概念和国际收支差额种类。
3. 理解国际收支调节的弹性分析法。
4. 理解宏观经济政策搭配原理和运用。
5. 掌握 IS—LM—BP 模型的分析框架。
6. 掌握蒙代尔—弗莱明模型。

第一节 国 际 收 支

随着经济的全球化趋势，一国经济运行与国际经济环境之间的关系越来越密切。因此，开放条件下的宏观经济分析也因此显得更为重要，它可以看做封闭体系中宏观经济分析的拓展与补充。开放条件条件下，意味着一个国家能够同其他国家进行要素、商品及货币的交换，从而其宏观经济运行规律和封闭状态下有所不同。在本章中，我们将讨论在开放条件下宏观经济运行的规律。

一、国际收支

国际收支（International Payment）是一国或地区居民与外国居民在一定时期内（通常是一年）各项经济交易的货币价值总和。对于国际收支概念，应从以下几个方面理解。

第一，国际收支是一个流量的概念，反映的是一定时期内（通常是一年）的交易总和。国际收支与国际借贷不同，国际借贷是指一个国家在一定日期对外债权债务的综合情况，是一个存量概念。国际之间的债权债务在一定时期内必须进行清算和结算，此过程一定涉及国际间的货币收支问题，债权国要在收入货币后了结债权关系，而债务国要用支付货币来清偿债务，这就是国际收支问题。所以，国际收支是表示一个国家在一定时期内对外货币收支的综合情况，是一个流量概念。这两个概念是有区别的，但它们之间又是密切相关的，因为有了国际借贷，才会产生国际收支，国际借贷是国际收支的原因，国际收支是国际借贷的结果。

第二，国际收支反映的内容是以货币记录的交易。它是以经济交易为基础，即使有某些交易没有涉及货币收支，但也须折算成货币加以记录。经济交易可分为五类：

（1）金融资产与商品、服务之间的交换，如国际贸易中支付外汇获得外国商品、服务。

（2）商品与商品、商品与服务之间的交换，如双边贸易中的以货易货、以商品为报酬的服务输入。

（3）金融资产之间的交换，如国际证券筹资。

（4）无偿的商品服务转移，如国际实物捐赠、义务援助。

（5）无偿的金融资产转移，如国际捐款、赠款、银行存款形式的遗产继承等。

第三，国际收支记录的是一国居民与非居民之间的交易，而居民之间的交易属于国内交易。判断一项交易是否应属国际收支范围内，所依据的不是交易双方的国籍，而是依据交易双方是否有一方是该国居民。所谓居民，是指在一个经济体内居住一年以上的自然人和具有永久或长期利益的法人，具体包括政府、企业、个人和其他非营利团体。非居民则指短期（不超过一年）居住于经济体境内和居住于境外的自然人和法人。但各国家的外交使节、驻外军事人员、国际性机构等均是该国的非居民。例如，国际货币基金组织、世界银行等都不是某一国家的居民，而是任何国家的非居民。

二、国际收支平衡表

国际收支平衡表（International Balance of Payment Sheet），也称国际收支差额表，是系统记录一国或地区在一定时期内（一年、半年、一季或一月）以货币形式表示的所有国际经济活动收入与支出的统计报表。一国与别国发生的一切经济活动，不论是否涉及外汇收支都必须记入该国的国际收支平衡表中。各国编制国际收支平衡表的主要目的，是为了有利于全面了解本国的涉外经济关系，并以此进行经济分析、制定合理的对外经济政策。

（一）国际收支平衡表的主要内容

国际收支平衡表所包含的内容十分繁杂，各国又大都根据各自不同需要和具体情况来编制，因此，各国国际收支平衡表的内容、详略也有很大差异，但其主要项目还是基本一致的。大体上可分为三大类，即经常项目、资本和金融项目以及平衡项目。

1. 经常项目。经常项目是本国与外国交往中经常发生的国际收支项目，它反映了一国与他国之间真实资源的转移状况，在整个国际收支中占有主要地位，往往会影响和制约国际收支的其他项目。它包括货物项目、服务项目、收入项目和经常性转移项目四个子项目。

（1）货物项目。货物包括一般商品、用于加工的货物、货物修理、各种运输工具在港口购买的货物及非货币黄金。

（2）服务项目。服务项目是指一个国家对外提供服务或接受服务所发生的收支，又称为无形收支项目。它包括运输通讯收支、保险收支、旅游收支和其他服务收支。

目前，服务收支的重要性日趋突出，不少国家的服务收支在该国的国际收支中占有举足轻重的地位，有的甚至还超出了有形贸易收支。

（3）收入项目。收入包括居民与非居民之间的两大类交易：①职工报酬，即支付给非居民工人的工资、薪金和其他福利。②投资收入，包括居民因持有国外金融资产或承担对非居民负债而造成的收入或支出。投资收入包括直接投资收入、证券投资收入和其他形式的投资收入，其中其他形式的投资收入是指其他资本如贷款所产生的利息。

（4）经常转移项目。经常转移属于单方面转移的一类。单方面转移项目是指单方面、无对等的交易，即在国际间移动后并不产生归还或偿还问题的一些项目。单方面转移包括经常转移和资本转移，其中经常转移放在经常项目里，资本转移放在资本与金融项目的资本项目中。经常转移包括所有非资本转移的转移项目，即包括排除下面三项的所有转移：①固定资产所有权的资产转移；②同固定资产收买/放弃相联系的或以其为条件的资产转移；③债权人不索取回报而取消的债务。经常转移包括各级政府的转移（如政府间经常性国际合作，对收入和财产支付的经常性税收）和其他转移（如工人汇款）。

2. 资本和金融项目。资本与金融项目，它反映一国资产所有权在国际转移的状况，它包括资本项目和金融项目两大部分。

（1）资本项目。资本项目包括资本转移和非生产、非金融资产的收买和放弃。

（2）金融项目。金融项目包括了一国对外资产和负债所有权变更的所有交易。根据投资类型或功能分类，金融项目分为直接投资、证券投资、其他投资和储备资产四类。与经常项目不同，金融项目并不按借贷方总额来记录，而是按净额来记入相应的借方和贷方。

3. 错误与遗漏项目。错误与遗漏是一个人为设计的平衡项目，尽管它在某些国家不是最后一个项目，但却是作为余项在最后才计算的。出现错误与遗漏的原因有：

（1）资料来源不一。一国在编制国际收支平衡表时所汇集和应用的原始资料来自许多渠道，如海关统计、银行报告、企业报表等。

（2）资料不全。某些数字如商品走私、资金外逃、私自携带现钞出入境等这些也属于国际收支范畴，难以掌握。

（3）资料本身错漏。有关单位提供的统计数字也不是百分之百的准确无误，有的仅仅是估算数字。

因此，一般而言，一国经常项目加上资本与金融项目之后，借方与贷方间会有“缺口”，此时，国际收支平衡表上“错误与遗漏”项目的数字，就是该“缺口”数目，方向（正负号）相反。

（二）国际收支平衡表的编制原则

国际收支平衡表是按照复式记账法来编制的。复式记账法是国际会计的通行准则，其基本原理是：任何一笔交易发生，必然涉及借方和贷方两个方面，即有借必有贷，借贷必相等。因此，任何一笔交易都要以同一数额记两次，一次记在借方，一次记在贷方。凡是引起外汇收入或外汇供给的交易，即资产减少、负债增加都列入贷方，或称正号项目；凡是引起外汇支出或外汇需求的交易，即资产增加、负债减少，都列入借方，或称负号项目。

因为每一笔交易都同时记录在贷方和相应的借方，金额相等，因此，原则上国际收支平衡表全部项目的借方总额与贷方总额总是相等的，其净差额为零。但是，国际收支平衡表每一具体项目的借方和贷方（即收入和支出）却是经常不平衡的。收支相抵总是出现一定的差额，正号表示盈余，即顺差（Surplus），负号表示亏损，即逆差（Deficit）。各项收支差额的总和，便是国际收支总差额。

1. 凡属于下列情况均应记入贷方：

（1）向外国提供商品或服务（输出）。

（2）外国人提供的捐赠与援助。

（3）国内官方当局放弃国外资产或国外负债的增加。

（4）国内私人放弃外国资产或国外负债的增加。

2. 凡属下列情况均应记入借方：

（1）从外国获得的商品和服务（进口）。

（2）向外国政府或私人提供的援助、捐赠等。

（3）国内官方当局的国外资产的增加或国外负债的减少。

（4）国内私人的国外资产的增加或国外负债的减少。

三、国际收支失衡及调节

（一）国际收支的平衡与失衡

我们讨论的国际收支平衡概念与国际收支平衡表中的"平衡"概念是不同的。在国际收支平衡表中，经常项目与资本项目及平衡项目的借贷双方在账面上总是平衡的，这种平衡是会计意义上的概念。而这里所讲的"平衡"与"失衡"并非会计意义上的，而是指实际经济意义上的。国际经济交易反映到国际收支平衡表上有若干项目，各个项目都有各自的特点，按其交易的性质可分为自主性交易和补偿性交易。所谓自主性交易，是指个人或企业为某种自主性目的（比如追逐利润、追求市场、旅游、汇款赡养亲友等）而进行的交易，由于其自主性质，必然经常地出现差额；补偿性交易是为了弥补自主性交易差额或缺口而进行的各种交易活动，如分期付款、商业信用、动用官方储备等。有了这样的区别后，我们就能较准确地判断国际收支是平衡还是不平衡。

如果基于自主性交易就能维持平衡，则该国的国际收支是平衡的；如果自主性交易收支不能相抵，必须用补偿性交易来轧平，这样达到的平衡是形式上的平衡，被动的平衡，其实质就是国际收支不平衡。

（二）国际收支的几种差额

通过分析国际收支平衡表可以较好地了解一国国际收支情况。如前所述，国际收支平衡表是由经常项目、资本与金融项目和错误与遗漏项目所构成，每一项目下又分为若干小项目。国际收支平衡表的每个项目都有借方、贷方和差额三栏数字，分别反映一定时期内各项对外经济活动的发生额。虽然按照复式记账法记录国际收支，借贷双方总额总是相等的，但其中的某些项目或账户可能出现盈余或赤字，需由其他项目或账户的赤字或盈余来抵消，这就形成了不同的项目差额。按照人们的传统习惯和国际货币基金组织的做法，项目差额主要有以下四种：

1. 贸易收支差额。贸易收支差额（Trade Balance）是指一国进出口收支差额。尽管贸易项目仅仅是国际收支的一个组成部分，不能代表国际收支的整体，但是，对于某些国家来说，贸易收支在全部国际收支中所占比重相当大，以至于经常性地把贸易收支作为国际收支的近似代表。此外，贸易收支在国际收支中还有它的特殊重要性。商品的进出口情况综合反映了一国的产业结构、产品质量和劳动生产率状况，反映了该国产业的国际竞争能力。因此，即使对于资本项目比重相当大的发达国家，仍然非常重视贸易收支的差额。

2. 经常项目差额。经常项目差额（Current Account Balance）是反映包括贸易收支、服务收支、收入和经常性转移在内的收支的差额。虽然经常项目的收支也不能代表全部国际收支，但它综合反映了一个国家的进出口状况（包括服务贸易），而被各国广为使用，并被当作是制定国际收支政策和产业政策的重要依据。同时，国际经济协调组织也经常采用这一指标对成员国经济进行衡量，例如国际货币基金组织就特别重视各国经常项目的收支状况。

3. 资本和金融项目差额。资本和金融项目差额（Capital and Finance Balance）反映该项目下直接投资、证券投资和其他投资交易（包括贸易信贷、贷款和存款）及储备资产交易的差额（假设资本转移净额为零），它记录了世界其他国家对本国的投资净额或贷款/借款净额。

4. 综合项目差额或总差额。综合项目差额（Overall Balance）是指经常项目加上资本和金融项目中的资本转移、直接投资、证券投资、其他投资后的余额，也就是将国际收支项目中官方储备剔除后的余额。由于综合项目差额必然导致官方储备的反方向变动，可用它来衡量国际收支对一国储备带来的压力。这也是人们传统习惯和国际货币基金组织所认同的国际收支失衡的内涵。

专栏　中国国际收支平衡表（2009年）及其分析

表10-1　2009年中国国际收支平衡表　单位：亿美元

项　目	行次	差额	贷方	借方
一、经常项目	1	2971	14846	11874
A. 货物和服务	2	2201	13333	11132
a. 货物	3	2495	12038	9543
b. 服务	4	-294	1295	1589
1. 运输	5	-230	236	466
2. 旅游	6	-40	397	437
3. 通讯服务	7	0	12	12
4. 建筑服务	8	36	95	59
5. 保险服务	9	-97	16	113
6. 金融服务	10	-3	4	7
7. 计算机和信息服务	11	33	65	32
8. 专有权利使用费和特许费	12	-106	4	111
9. 咨询	13	52	186	134
10. 广告、宣传	14	4	23	20
11. 电影、音像	15	-2	1	3
12. 其他商业服务	16	59	247	188
13. 别处未提及的政府服务	17	1	9	8
B. 收益	18	433	1086	653
1. 职工报酬	19	72	92	21
2. 投资收益	20	361	994	632

续

项　　目	行次	差额	贷方	借方
C. 经常转移	21	337	426	89
1. 各级政府	22	-2	0	3
2. 其他部门	23	340	426	86
二、资本和金融项目	24	1448	7464	6016
A. 资本项目	25	40	42	2
B. 金融项目	26	1409	7422	6014
1. 直接投资	27	343	1142	799
1.1　我国在外直接投资	28	-439	42	481
1.2　外国在华直接投资	29	782	1100	318
2. 证券投资	30	387	981	594
2.1　资产	31	99	669	570
2.1.1　股本证券	32	-338	122	461
2.1.2　债务证券	33	437	547	110
2.1.2.1　（中）长期债券	34	370	479	110
2.1.2.2　货币市场工具	35	67	68	0
2.2　负债	36	288	312	24
2.2.1　股本证券	37	282	288	7
2.2.2　债务证券	38	6	23	17
2.2.2.1　（中）长期债券	39	6	23	17
2.2.2.2　货币市场工具	40	0	0	0
3. 其他投资	41	679	5299	4620
3.1　资产	42	94	1174	1080
3.1.1　贸易信贷	43	-544	0	544
长期	44	-38	0	38
短期	45	-506	0	506
3.1.2　贷款	46	130	450	320
长期	47	-315	0	315
短期	48	445	450	5
3.1.3　货币和存款	49	52	267	216
3.1.4　其他资产	50	456	457	1
长期	51	0	0	0
短期	52	456	457	1

续

项　目	行次	差额	贷方	借方
3.2　负债	53	585	4125	3540
3.2.1　贸易信贷	54	321	321	0
长期	55	22	22	0
短期	56	298	298	0
3.2.2　贷款	57	37	3222	3185
长期	58	-97	135	232
短期	59	134	3087	2953
3.2.3　货币和存款	60	116	456	340
3.2.4　其他负债	61	111	126	15
长期	62	110	110	0
短期	63	1	16	15
三、储备资产	64	-3984	0	3984
3.1　货币黄金	65	-49	0	49
3.2　特别提款权	66	-111	0	111
3.3　在基金组织的储备头寸	67	-4	0	4
3.4　外汇	68	-3821	0	3821
3.5　其他债权	69	0	0	0
四、净误差与遗漏	70	-435	0	435

1. 本表计数采用四舍五入原则。

2. 自本次起，国家外汇管理局按照国际惯例对储备资产记录方法进行了调整，即平衡表中只记录由于交易引起的储备资产变动，不包括汇率、价格等非交易因素引起的储备资产价值变动。

我国国家外汇管理局公布的2009年国际收支平衡表修订数据显示，2009年我国国际收支经常项目、资本和金融项目呈现“双顺差”。2009年，我国国际收支经常项目顺差2971亿美元，较2008年下降32%。其中，按照国际收支统计口径计算，货物项目顺差2495亿美元，服务项目逆差294亿美元，收益项目顺差433亿美元，经常转移顺差337亿美元。资本和金融项目顺差1448亿美元，较2008年上升6.64倍。其中，直接投资净流入343亿美元，证券投资净流入387亿美元，其他投资净流入679亿美元。我国国际储备资产因交易而增加3984亿美元。其中，外汇储备资产净增加3821亿美元（不含汇率、价格等非交易价值变动影响），特别提款权增加111亿美元，在基金组织的储备头寸增加4亿美元，货币黄金增加49亿美元。

5. 国际收支不平衡对经济的影响。国际收支是一国对外经济关系的综合反映。随着各国经济日趋国际化，对外经济与对内经济关系日益密切，相应的，国际收支不平衡对一国经济的影响范围越来越广，程度也越来越深。

持续的、大规模的国际收支逆差对一国经济的影响表现为以下几个方面：

第一，导致外汇储备大量流失。储备的流失意味着该国金融实力甚至整个国力的下降，损害该国在国际上的声誉。

第二，导致该国外汇短缺，造成该国货币贬值，本币的国际地位降低。这会削弱该国货币在国际上的地位；导致该国货币信用下降，国际资本大量外逃，引发货币危机。

第三，如果一国长期处于逆差状态，会使该国的偿债能力降低；如果陷入债务困境不能自拔，又会进一步影响本国的经济和金融实力，并失去在国际上的信誉。

第四，使该国获取外汇的能力减弱，影响该国发展生产所需的生产资料的进口，使国民经济增长受到抑制，进而影响该国的国内财政以及人民的充分就业。

但这并不是说，持续的、大规模的国际收支顺差是没有问题的。它也会给一国经济带来不利的影响，具体表现在：

首先，持续性顺差会使一国所持有的外汇增加，本国外汇市场供过于求，或者在国际金融市场上发生抢购本国货币的情况，这将导致本币升值，不利于本国商品的出口，对本国经济的增长产生不良影响。

其次，持续性顺差会导致一国通货膨胀压力加大。因为如果国际贸易出现顺差，那么就意味着国内大量商品被用于出口，可能导致国内市场商品供应短缺，带来通货膨胀的压力。另外，出口公司将会出售大量外汇兑换本币收购出口产品从而增加了国内市场货币投放量，带来通货膨胀的压力。如果资本项目出现顺差，大量的资本流入，该国政府就必须投放本国货币来购买这些外汇，从而也会增加该国的货币流通量，带来通货膨胀的压力。

另外，一国国际收支持续顺差容易引起国际摩擦，从而不利于国际经济关系的发展。这是因为一国国际收支出现顺差也就意味着世界其他一些国家因其顺差而国际收支出现逆差，从而影响这些逆差国家的经济发展。这样，逆差国家会施压给顺差国，希望顺差国调整国内政策，减少顺差，这就必然导致国际摩擦。现实世界中出现的大量的国家之间的贸易摩擦事件，其产生背景大都与国际收支不平衡有关。

可见，一国国际收支持续不平衡时，无论是顺差还是逆差，都会给该国经济带来危害，政府必须采取适当的调节政策，以使该国的国内经济和国际经济得到健康的发展。

专栏　希腊债务危机

2009 年 12 月 16 日晚间，国际评级机构标准普尔宣布，将希腊的长期主权信贷评级下调一档，从“A－”降为“BBB＋”。标准普尔同时警告说，如果希腊政府无法在短期内改善财政状况，有可能进一步降低希腊的主权信用评级。这已是希腊一周内第二次遭受信贷评级下调的打击。12 月 8 日，另一家评级机构——惠誉国际信用评级有限公司刚刚将希腊主权信用评级由“A－”降至“BBB＋”，并引发了希腊股市大跌和国际市场避险情绪大幅升温。另一评级机构穆迪也已将希腊列入观察名单，并有可能调降其信贷评级。2010 年 4 月 27 日，标准普尔下调希腊主权评级 3 个级距至“BB＋”级，为投机或垃圾级的最高级，并给予“消极的”前景展望。

希腊的长期主权信贷评级之所以会被下调，主要原因是其糟糕的财政赤字和超负荷的

续

外债。2008 年希腊财政赤字还仅是 GDP 的 7.7%，但 2009 年这一数字已飙升至 12.7%。与庞大财政赤字如影随形的是其对外负债。2008 年希腊债务余额为 GDP 的 99%，而至 2009 年，该数据上升至 113.4%。目前，希腊债务的绝对额为 2800 亿欧元，但其国民生产总值只有 2400 亿欧元。从数据上看，希腊实际已经“破产”。

希腊的债务危机根源何在？宏观失衡是一个重要因素。作为欧盟成员国中规模较小、较不富裕的国家，1999～2008 年间，希腊 GDP 年均增长率为 3.9%，显著高于欧盟平均水平。然而，希腊经济过度依赖消费，同一时期经济增长对消费依赖程度平均为 90.4%，导致外部逆差扩大，政府债台高筑。

2000～2008 年间，货物贸易逆差和服务贸易顺差占希腊 GDP 比例平均分别为 18.3% 和 5.5%。如果将资本收入、转移支付等其他项目考虑在内，希腊近年的经常性账户逆差占 GDP 的比例通常维持在 10% 以上。同时，政府债务不断积累，已经到了难以持续的地步。2009 年政府债务率达到 110%。这意味着，假定债务平均利率为 3%，希腊需要保证 GDP 增长率超过 3%，才能长期正常支付利息。

维持大比例的外部赤字和债务扩张，必然抬高外债占债务比例。2004～2009 年，希腊外债从 1220 亿欧元上升到 2230 欧元，占 GDP 的比率从 65% 上升到 93%。历史中大量的债务危机案例显示，过度外债比内债更容易导致违约和危机。

希腊债务危机不应忽视的另一个根源，是希腊在加入欧元区后，丧失了汇率和利率两大调节宏观失衡的基本手段。加入欧元区后，希腊凭借“借来信用”，得以获得廉价融资，但与本国经济基本面相适应的利率调节工具不再发挥作用，在客观上助长了过度借贷消费，导致危机的发生。

丧失汇率工具更使得希腊难以有效、主动地调节外部失衡。加入欧元区前，希腊外部失衡维持在比较可控的范围。20 世纪 90 年代，希腊贸易赤字增长，促使希腊本币德拉克马贬值调节。加入欧元区后，希腊贸易赤字率高达两位数，但欧元却因欧元区整体宏观经济强劲而显著升值，客观上加剧了希腊外部失衡。

丧失货币与利率工具的希腊，就像丧失免疫功能的人体一样，使其经济陷入危险境地。

第二节　国际收支调节理论

当国际收支出现不平衡时，各国政府都会采取一些调节措施。西方经济学者对国际收支调节的分析，按照历史顺序，主要的分析方法有弹性分析法、乘数分析法、吸收分析法和货币分析法等。这些分析方法各有侧重，为一国政府调节国际收支失衡提供了相应的理论依据。在这里，我们重点讲解其中的弹性分析法。

一、马歇尔—勒纳条件

弹性分析理论认为汇率变动会对一国的国际收支状况发生影响，一般说来，外汇汇率上浮（本币贬值）有利于出口，不利于进口；有利于劳务输出，不利于劳务输入；有利于资本流入，不利于资本流出，因此有利于改善国际收支状况。外汇汇率下降（本币升值）的情况则相反，一般会恶化国际收支。通过本币贬值方法来改善国际收支并非是无条件的，这一条件被称为“马歇尔—勒纳条件”。

它的推导过程如下：

不考虑资本流动等其他因素，假设外汇供求只由贸易收支决定，那么一国贸易收支的状况就代表一国的国际收支状况。以本币表示的经常项目差额即贸易收支余额可以表示为：$CA = P \cdot EX - eP_f \cdot I_M$。

其中，CA 表示贸易差额，P 表示国内价格总水平，EX 表示本国出口量，e 表示汇率（一直接标价法表示），P_f 表示外国价格总水平，IM 表示本国的进口量。汇率变动会改变本国出口商品和从外国进口商品的价格而影响进出口贸易数量，从而使贸易差额 CA 得以调整。假设国外价格不变，本币贬值时以本币表示的进口商品价格将上升，以本币表示的出口商品的价格虽然形式上不变，但换算成外币后的出口价格将下降。所以，本币贬值的直接效果是出口商品价格下降，进口商品价格上升。

一般而言，出口商品价格下降会增加出口量，进口商品价格上升会减少进口量，但是进出口商品量增减的幅度会由于不同商品的需求弹性不同而不同。如果出口商品的需求弹性大于1，出口商品数量的增长幅度大于出口商品的降价幅度，贸易收支就能够改善；如果出口商品的需求弹性小于1，出口商品量的增长幅度小于出口商品降价的幅度，贸易收支就不能改善；如果出口商品的需求弹性等于零（需求曲线垂直于横轴），那么不管价格如何下降，出口量都不能增加，出口商品降价反而会减少外汇收入，从而恶化国际收支状况。

当进口商品的需求弹性大于1时，进口数量减少的幅度大于进口商品价格上涨的幅度，进口支出将减少，从而有利于贸易收支的改善；当进口商品的需求弹性小于1时，则进口商品数量减少的幅度小于进口商品价格上涨的幅度，进口支出将增加，从而不利于贸易收支的改善。

综合进出口商品两方面需求弹性的情况，可以得到一国货币贬值能够改善一国国际收支状况的马歇尔—勒纳条件（Marshall - Lerner condition）：

$$|\eta_x + \eta_m| > 1$$

其中，η_x 为出口商品需求价格弹性，η_m 为进口商品需求价格弹性。因为 η_x、η_m 都为负值，所以取绝对值形式。

马歇尔—勒纳条件实际上是在国内外商品价格水平不变、进出口商品供给弹性无穷大的前提条件下，一国货币贬值能够改变国际贸易状况，从而改善国际收支状况的条件。

二、J 曲线效应

用货币贬值的方法来改善国际收支状况时，其效果具有时滞效应。所谓货币贬值的时滞效应是指当一国的货币当局采取本币贬值的措施时，相关实际部门贸易量的调整不会同步进行，调整需要一个过程。这是因为：第一，在贬值前已签订的贸易协议仍然必须按原来的数量和价格执行。贬值后，凡以外币定价的进口，折成本币后的支付将增加；凡以本币定价的出口，折成外币的收入将减少。于是，贸易余额趋向恶化。第二，即使在贬值后签订的贸易协议，出口增长仍然要受认识、决策、资源、生产周期等的影响。在进口方面，进口商有可能会认为现在的贬值是以后进一步贬值的前奏，从而加速订货。

由于以上原因，贬值之后有可能使贸易余额首先恶化。经过一段时间后，待出口供给和进口需求作了相应调整后，贸易余额才会慢慢改善。整个过程描述出来，成字母“J”形。因此，在马歇尔—勒纳条件成立情况下，贬值对贸易余额的时滞效应被称为J曲线效应（J－curve effect）（见图10－1）。

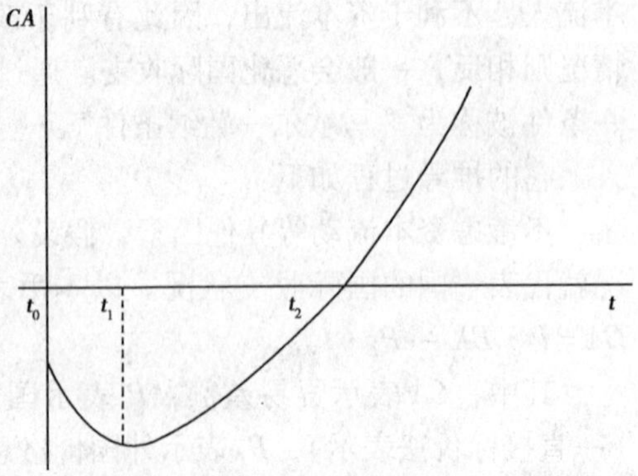

图10－1 J曲线效应

图10－1中，横轴代表时间，纵轴代表贸易差额。t_0表示汇率调整之前，反映出贸易差额为逆差。为了减少逆差，假设该国将本币贬值。由于存在时滞，贸易逆差会持续恶化，在t_1时达到最大。随着时间延续，进出口量开始调整，贸易差额逐渐减少，当到了t_2之后，贸易差额开始从逆差转向顺差。从整个变化过程看，贸易差额变化呈字母“J”形。

专栏 国际收支调节理论历史回顾

1752年，大卫·休谟提出的“价格—铸币流动机制”被认为是国际收支调节理论的开山鼻祖。之后的经济学家在不同的历史背景下先后提出了弹性分析、乘数分析、吸收分析以及货币分析这一系列的理论。

弹性分析法是由琼·罗宾逊（Robinson）在1927年提出，而由马歇尔（Marshall）发展起来的。弹性分析法的主要内涵是：通过货币贬值改善贸易收支的条件。但这种改善是要满足马歇尔—勒纳条件的，即进出口商品供给弹性之和的绝对值是否大于1。同时，这种调节存在时滞，即J曲线效应。弹性分析法存在的重要不足是将国际收支等同于贸易收支，没有考虑贬值对资本项目收支的影响；只考虑汇率变动通过对价格变动所引起的替代效应，忽视了收入效应对国际收支的影响。

国际收支的收入分析法，又称乘数分析法。它打破了经济处于充分就业的假设，如果考虑价格不变而收入可变假设条件下的国际收支调节，得出了不同情况下的外贸乘数，进而与弹性分析的思路相结合，对马歇尔—勒纳条件进行了修正，提出了哈伯格条件。哈伯格条件的基本精神是，进口支出是国民收入的函数，支出的变动通过乘数效应引起国民收入的变动，从而影响进口支出。

吸收分析法是1954年由西德尼·亚历山大在西方经济学界关于弹性论的激烈争论中系统提出来的，其理论基础是凯恩斯的收入支出决定理论。这一分析方法实际上就是凯恩斯的乘数理论与弹性论的结合。该理论认为国际收支盈余是因为吸收相对于收入不足，而国际赤字则是吸收相对于收入过多，由此得出了贬值能否改善国际收支取决于贬值能否使国民收入的变动相对于吸收水平而提高。

货币分析法于1962年由蒙代尔、约翰逊提出来。该理论与之前的最大不同之处在于它将国际收支看成是一种货币现象，将经常项目和资本项目结合起来考虑，同时考虑国际

续

资本流动。该理论的提出有其深刻的现实背景，即随着国际经济的发展，资本流动或金融资产贸易的重要性越来越明显，在国际收支的构成中，其重要性在某种意义上甚至已超过了经常项目。因此，自20世纪70年代起，国际收支调整的货币论成为国际收支理论中的主流。该理论的主要观点是：国际收支完全以货币失衡为基础，即如果人们希望持有的货币量与货币当局的货币供给量存在差异，就会产生国际收支失衡。具体说来，如果货币需求大于货币供给，这部分超额需求必须通过国外货币的流入来满足，国际收支出现盈余；反之则会出现国际收支的赤字。从货币分析的思路出发可得出一系列重要的经济结论：国际收支本质上只是一种货币现象；国际收支失衡可以通过国内货币政策来纠正；如果国内收入增加不被国内信贷的扩张所抵消，那么收入的增加就会扩大货币需求，改善国际收支；如果一价定理成立，那么中央银行必须在汇率与本国价格水平上作出政策选择。

第三节　外汇与汇率制度

一、外汇

外汇是国际汇兑的简称，它有动态和静态两种含义。动态的含义，是指把一国货币兑换成另一国货币，以清偿国际债权债务关系的一种专门性的经营活动，即国际结算活动；静态的含义，是指可以以外币表示的在国际结算中使用的各种支付手段或工具和各种对外债权，即等同于外汇资产。前者强调的是两种货币兑换的交易过程，后者强调的是国际结算的支付手段和工具。以下我们所指的“外汇”一词是指它的静态含义。

静态意义上的外汇又有广义和狭义之分。广义的静态外汇是指一切以外币表示的资产。在我国2008年8月修订后的《中华人民共和国外汇管理条例》中规定的外汇范围就是指广义的外汇，它包括：（1）外币现钞，包括纸币、铸币。（2）外币支付凭证或者支付工具，包括票据、银行存款凭证、银行卡等。（3）外币有价证券，包括债券、股票等。（4）特别提款权。（5）其他外汇资产。而狭义的静态外汇，是指以外币表示的可以用于国际结算的支付手段和资产，这也是人们通常意义上所称的外汇。

判断一种外币资产是否为外汇一般有三个标准：

（1）可偿性。外汇必须是在国外可以得到偿付的债权，被拒付的信用工具或有价证券不能视为外汇。

（2）可兑换性。外汇必须能够自由地兑换为其他外币资产。

（3）国际通用性。作为外汇的外币资产在国际经济交易中能被各国普遍接受和使用。

二、汇率

外汇汇率是不同货币之间兑换的比率或比价，也可理解为用一国货币表示的另一国货币的价格。如果把外汇看作是一种商品，汇率就是这种特殊商品的“特殊价格”。在国际汇兑中，不同的货币之间可以互相表示对方的价格，因此，汇率具有双向表示的特点。

由于汇率是两种货币的交换比价，在计算和使用汇率时，首先要确定是以本国货币还是以外国货币为标准。标准不同，汇率的计算方法就不同，而汇率变动对经济的影响也不同。一般而言，汇率的标价方法有两种，即直接标价法和间接标价法。

1. 直接标价法。它以外币为计算标准，本币为计算单位，也就是单位外币折合的本币数量，即单位外币的本币价格。这种标价法的特点是：外币数额固定不变，折合为本币的数额根据外国货币与本国货币币值的变化而变化。如果一定单位的外币折合为本币数额增加，即外币升值，本币贬值；反之，则外币贬值，本币升值。目前，世界上大多数国家（除英国、美国等少数国家外）都采用直接标价法。

2. 间接标价法。它以本币为计算标准，外币为计算单位，也就是单位本币折合的外币数量，即单位本币的外币价格。这种标价法的特点是：本币为数额固定不变，折合为外币的数额根据本币与外币币值的变化而变化。如果一定单位本币折合外币的数额增加，即本币升值，外币贬值；反之，则本币贬值，外币升值。最早实行间接标价法的国家是英国及其殖民地国家。第二次世界大战后，由于美国的经济实力迅速扩大，美元逐渐成为国际结算、国际储备的主要货币。为便于计价结算，从 1978 年 9 月 1 日开始，纽约外汇市场也改用间接标价法，即以美元为标准公布美元与其他货币之间的汇率，但是对英镑仍沿用直接标价法。

20 世纪 60 年代，欧洲货币市场迅速发展起来，国际金融市场间的外汇交易量迅猛增加，为便于国际进行外汇交易，银行间的报价普遍采用“美元标价法”，即以美元为标准来表示各国货币的价格，至今已成习惯。世界各金融中心的国际银行所公布的外汇牌价都是美元对其他主要货币的汇率，非美元货币之间的汇率则通过各自对美元的汇率套算，作为报价的基础。

在各种标价法下，数量固定不变的货币为基础货币，相当于直接标价法中的外币或间接标价法中的本币。数量不断变化的货币叫标价货币，即直接标价法中的本币或间接标价法中的外币。由于直接标价法下汇率涨跌的含义与间接标价法下汇率涨跌的含义正好相反，在引用某种货币的汇率和说明其汇率高低涨跌时，必须明确采用哪种标价法，以免混淆。在本书中，以下的分析采用直接标价法表示的汇率，汇率数额增加意味着本币贬值，汇率数额减少意味着本币升值。

三、汇率制度

汇率制度，是指一国货币当局对本国汇率水平的确定、汇率变动方式等问题所作的一系列安排或规定。从各国汇率制度的特点来看，汇率制度可以分为三大类。

从现有国家采取的汇率制度特点来看，可具体再细分为三种类型：

第一种为固定汇率制度（Fixed Exchange Rate System），是指现实汇率受平价的制约，只能围绕平价在小范围内上下波动的汇率制度。在这种汇率制度下，各国货币间保持固定比价，允许市场汇率围绕中心汇率（固定比价）上下自由波动，波动被限制在一定的幅度之内，而且政府有义务采取措施来维持所规定的波幅。它包括无独立法定货币的汇率安排和货币局制度两种。前者主要是指美元化制度，即国家完全放弃了自己的货币，直接使用美元，如拉美的巴拿马。后者是指在法律中明确规定本国货币与某一外国可兑换货币保持固定的交换率，并且对本国货币的发行作特殊限制以保证履行这一法定义务的汇率制度。实行这种制度的国家和地区，主要包括中国香港、阿根廷以及一些东欧国家。这两种汇率制度的共同特点是：汇率相对固定，但在无独立法定货币的汇率安排中，汇率对内绝对固定，对外浮动。在货币局制度下，汇率是完全固定的。

第二种为自由浮动汇率制（Floating Exchange Rate System），是指现实汇率不受平价的限制，随外汇市场供求状况变动而波动的汇率制度。在这种汇率制度下，各国货币间不再规定固定比价，汇率决定于外汇市场的供求，同样也不再规定市场汇率的波动幅度，因此，也就没有政府维持汇率波幅的义务。在这种汇率制度下，货币当局对汇率只是偶尔进行干预，但不加以控制，汇率完全浮动。自 19 世纪末金本位制在西方主要各国确定以来，一直到 1973 年，世界各国的汇率制度基本上属于固定汇率制。而 1973 年以后，世界主要工业国实行的是浮动汇率制，多数发展中国家则采取钉住汇率制。

第三种是中间汇率制（Intermediate Exchange Rate Regime）。这些汇率制度介于完全固定汇率和完全浮动汇率之间，因此，它们被统称为“中间汇率制”。自 20 世纪 80 年代以来，选择具有更加灵活性的汇率制度的国家（地区）不断增加，国际汇率制度呈现弹性化趋势。国际汇率制度打破了以往固定、浮动汇率制的两分法，出现了多样化的国际汇率制度的局面。中间汇率制包括管理浮动、爬行钉住、汇率目标区等。这些汇率制度的共性是：汇率都是在政府的控制下在一个或大或小的范围之内变化。

专栏　中间汇率制度种类

中间汇率制度包括的类型比较多，其中最主要的有管理浮动制度、爬行钉住制和汇率目标区制度。

管理浮动制度（Managed Floating System）。管理浮动又称“肮脏浮动”（Dirty Floating System）。管理浮动意味着对外汇市场进行一定的干预以减少汇率的波动。管理浮动制的特征是对汇率波动进行某种干预，但如何干预由货币当局自由决定。换句话说，货币当局不宣布干预的指导方针或是干预的标准，也没有平价汇率或宣布目标水平，也不公布汇率波动的界限。

爬行钉住制（Crawling Pegs System）。爬行钉住制是指汇率可以作经常的、小幅度调整的固定汇率制。这一汇率制有两大特征：其一，该国负有维持某种平价的义务；其二，这一平价可以进行经常的、小幅度的调整（例如调整 2% ~3%）。爬行钉住制在 20 世纪 60 年代以后引起了国际社会的广泛重视。自那时起，一些国家相继采用了这一制度，例如，智利（1965 ~ 1970 年，1973 ~ 1979 年）、韩国（1968 ~ 1972 年）、秘鲁（1976 ~ 1977 年，1978 年至今）等。

汇率目标区制度（Target Zone System）有广义、狭义区分。广义汇率目标区，泛指将汇率波动限制在中心汇率附近一定区域内的汇率制度。狭义汇率目标区，特指 20 世纪 80 年代初美国学者威廉姆森提出的以限制汇率波动幅度为核心，包括中心汇率及变动幅度的确定方法、维系目标区的国内外政策协调等内容的国际货币体系设想。

第四节 开放条件下宏观经济目标和政策工具

一、内部均衡与外部均衡的关系

在开放经济下，一国的宏观经济目标主要有充分就业、物价稳定、经济增长和国际收支平衡。当一国经济达到充分就业、物价稳定与经济增长时，称之为内部均衡（Internal Balance）。当一国经济达到国际收支平衡时，称之为外部均衡（External Balance）。因此，在开放经济条件下，政府对经济进行调控的目标就是同时实现内部均衡和外部均衡。

英国经济学家詹姆斯·米德（J. Meade）于1951年在其名著《国际收支》中最早提出了固定汇率制下的内外均衡冲突问题。他指出，在汇率固定不变时，政府只能运用影响社会总需求的政策来调节内外均衡，这将会导致一国内部均衡和外部均衡之间的冲突，这种情况被称为米德冲突（Meade′s conflict）。这样，在开放经济运行的特定区间，便会出现内外均衡难以兼顾的情况（见表10－2）。

表10－2 固定汇率制下的内外均衡的矛盾

	内部经济状况	外部经济状况
1	经济衰退，失业增加	国际收支逆差
2	经济衰退，失业增加	国际收支顺差
3	通货膨胀	国际收支逆差
4	通货膨胀	国际收支顺差

（一）内外均衡的一致

所谓内外均衡的一致，是指当某一均衡目标的实现会同时使另一均衡目标得到改善。例如，当一国经济衰退，失业增加，且国际收支出现顺差时，为实现内部均衡，政府通常采取扩张性财政或货币政策以增加社会总需求。国民收入的增加，又会通过边际进口倾向的作用导致进口相应增加，在出口保持不变时，将会带来经常账户顺差的减少，从而使原来的国际收支顺差状况得到改变而趋于平衡。在这种情况下，实施扩张性政策在促进内部均衡的同时，也会使外部状况得以改善。再例如，当一国出现通货膨胀且国际收支为逆差时，政府可以采取削减社会总需求的措施，这会使进口相应减少，在出口保持不变时，经常账户逆差将会减少，进而改善了国际收支逆差状况，使之趋向平衡。这样，政府在采取紧缩性政策实现内部均衡的同时，对外部均衡也产生积极影响。表10－3中的第2和第3种情况即为上面所分析的内外均衡的一致。

表10－3 财政政策与货币政策的搭配

	经济状况	财政政策	货币政策
1	失业/国际收支逆差	扩张	紧缩
2	通货膨胀/国际收支逆差	紧缩	紧缩
3	通货膨胀/国际收支顺差	紧缩	扩张
4	失业/国际收支顺差	扩张	扩张

（二）内外均衡的冲突

内外均衡的冲突，是指某一均衡目标的实现会同时使另一均衡目标受到干扰和破坏。例如，当一国经济出现衰退，失业增加，且国际收支为逆差时，政府为实现内部均衡，通常会采取增加社会总需求的措施进行调控，国民收入增加会通过边际进口倾向的作用使进口相应增加，在出口保持不变的情况下，使经常账户的逆差增加，这会使国际收支逆差更加恶化。这表明，政府在通过调节社会总需求实现内部均衡时，会使外部经济状况距离均衡目标更远，即此时内外均衡存在着冲突。再例如，当一国出现通货膨胀且国际收支为顺差时，政府可以采取削减社会总需求的措施，这会使进口相应减少，在出口保持不变时，经常账户顺差将会增加，从而使国际收支更加不平衡。表 10－3 中第 1、第 4 两种情况就意味着内外均衡的冲突。

内外均衡冲突反映出开放经济的复杂性。在一个开放的国家中，不仅要考虑影响自身稳定（物价稳定、充分就业等）的各种因素，还要考虑影响外部均衡的各种因素。因此，在实施宏观调节政策时，不仅要考虑该政策对内部均衡可能产生的影响，还要考虑到对外部均衡的影响。在内外均衡冲突情况下，单纯运用调节社会总需求这一封闭经济的政策工具是不足以同时实现内外均衡目标的，开放经济的调控需要有新的政策工具及对政策工具有新的运用方式。

二、开放条件下宏观经济政策工具

开放条件下宏观经济调控仍然主要是通过对社会总需求进行调节而实现的，故称为“需求管理”。对总需求的调节又可从需求总量和结构两个方面来进行，进而可将宏观经济政策分为两种类型，即支出增减政策和支出转换政策。

（一）支出增减政策

支出增减政策（Expenditure－changing Policies），是指通过支出水平的变动来调节社会总需求水平的政策。它包括财政政策与货币政策。关于财政政策与货币政策如何对社会总需求水平进行调节进而调节内部均衡的分析，我们在前面章节中已详细阐述。支出增减政策对外部均衡的影响主要是通过边际进口倾向影响进口以及通过利率影响资本流动的途径来实现的。

（二）支出转换政策

支出转换政策（Expenditure－switching Policies），是指通过支出方向的变动来调节社会需求的内部结构、调节总需求内部外国商品和服务与本国商品和服务的结构比例的政策。支出转换政策主要包括汇率政策与直接管制政策。

汇率政策是指通过确定汇率制度与汇率水平来对经济产生影响的政策。在宏观调控中，汇率政策的主要问题是确定合理的汇率水平。汇率政策对社会总需求的转换机制在于：通过汇率贬值使本国产品在国际商品市场上变得相对便宜，外国产品在国内市场上变得相对昂贵。在一定条件下，这将诱发本国居民将支出从外国产品转向本国商品，实现进口替代，从而减少进口需求；同时不刺激外国居民减少对其国内产品的需求，扩大对贬值国出口商品的支出，增加贬值国的出口。由此可见，贬值的汇率政策会增加净出口，实现外部均衡；反之，本币的升值减少净出口。同时，汇率政策在增加或减少净出口的基础上，会增加或减少社会总需求，对社会需求总量产生影响。

应当注意的是，汇率政策本身并不完全是一个独立的政策，它依靠其他政策工具对汇率水平进行管理，而且汇率政策的效力受诸多因素影响。

直接管制政策是指政府对经济交易实施的直接行政控制，主要包括贸易管制（如关税、进出口配额和许可证等）和金融管制（如外汇兑换管制、汇率管制和资本管制等）。直接管制政策是通过改变各种商品的相对可获得性来改变贸易和资本的流向，进而达到支出转换的目的。直接管制政策的利弊都很突出。一方面，它具有立竿见影、灵活易行的特点，可以针对不同情况而迅速收到效果；另一方面，它不可避免地使市场发生扭曲，导致资源配置的低效率，引起黑市交易和走私等非法活动，而且还容易引起其他国家的报复。

（三）其他政策工具

开放经济下的政策工具除调节社会总需求的工具外，还有调节社会总供给的工具和融资政策等，它们的作用机制有所不同。

调节社会总供给的工具，一般又可称为结构政策，包括产业政策和科技政策等，旨在改善一国的经济结构和产业结构，提高商品质量，降低生产成本，增强社会产品的供给能力。供给政策的特点是长期性，在短期内难以有显著的效果。但它可从根本上提高一国的经济实力与科技水平，从而为实现内外均衡创造条件。

融资政策是指在短期内利用资金融通的方式弥补国际收支出现的超额赤字以实现经济稳定的一种政策。融资政策包括官方储备的使用和国际信贷的使用，从一国宏观角度看，它主要表现为国际储备政策。对外部均衡调控的首要问题就是“融资还是调整”，因为如果国际收支偏离外部均衡标准是临时性、短期的冲击引起的，那么可以用融资方法弥补以避免调整的痛苦；如果是国内经济原因等中长期因素所导致的国际收支偏离外部均衡标准，那么就必须运用其他政策进行调整。可见，融资政策与调节社会总需求的支出政策之间是有一定的互补性与替代性的。

三、开放条件下宏观经济政策工具搭配原理

既然开放经济下的政策目标包括了内部均衡和外部均衡两部分，那么仍像封闭条件下一样单纯运用控制社会需求总量的政策进行调控会造成内外均衡之间的冲突。自20世纪50年代以来，“丁伯根原则”和政策指派的“有效市场分类原则”等理论的出现发展了开放经济的政策调控理论。下面对开放经济下政策调控的基本原理加以介绍。

（一）丁伯根原则

丁伯根原则（Tinbregen's Rule）的基本含义是：一国可以运用的独立的政策工具数目至少要与所要实现的经济政策目标数目相等。这就是说，要达到一个经济目标，至少需要一种独立的政策工具。由此推论，要达到 N 个独立的经济目标，至少需要使用 N 种独立的有效政策工具。在政策工具与经济目标之间的关系中，经济目标可被看作为未知数的解，政策工具可以被看作为已知参数，只要未知数（经济目标）与参数（政策工具）之间有函数的关系存在，就可以建立起众多未知数与众多参数之间函数关系的联立方程式。只要独立的方程式数目等于未知数的数目，则联立方程式有唯一解存在。只要将已知的参数值代入，即可求得未知数的解值。在可调整的固定汇率制下，一国可以调整汇率水平，这样，一国需要实现的经济政策目标是内部均衡和外部均衡，可以运用的独立有效的政策工具有支出增减政策和支出转换政策，根据丁伯根原则，就可以运用上述两种工具来同时实现内外均衡目标。此

外，即便在固定汇率制下，只要将支出增减政策中的财政政策和货币政策看作是两个独立的政策工具，就可以运用这两个独立的工具来实现内外均衡目标。由此解决了固定汇率制下政策工具短缺的问题。

丁伯根原则指出了应运用 N 种独立的工具进行配合来实现 N 个独立的政策目标，这一结论对于经济政策理论具有深远意义。丁伯根原则对目标的实现过程具有如下特点：一是假定各种政策工具可以供决策当局集中控制，从而通过各种工具的紧密配合实现政策目标；二是没有明确指出每种工具有无必要在调控中侧重于某一目标的实现。这两个特点与实际情况不尽符合或者不能满足实际调控需要。

（二）政策指派与“有效市场分类原则”

蒙代尔于1968年提出了关于政策指派的“有效市场分类原则”，弥补了丁伯根原则的不足。蒙代尔对于政策调控的研究是基于这样一个出发点：在许多情况下，不同政策工具实际上掌握在不同的决策者手中，如果决策者并不能紧密协调这些政策而是独立地进行决策的话，就不能达到最佳的政策效果。他的结论是，如果每一工具都被合理地指派给一个目标，并且在该目标偏离其最佳水平时按规则进行调控，则分散决策仍有可能得到最佳调控效果。

关于政策工具的指派原则（Mundell Assignment Rule），蒙代尔提出了“有效市场分类原则”。其含义是：应将每一种政策工具指派给其最具相对影响力的目标，即在影响此政策目标上具有相对优势。如果在指派问题上出现错误，则经济会产生不稳定而离均衡点越来越远。这一原则实质上是比较优势原理在政策指派中的运用。

根据这一原则，蒙代尔区分了财政政策、货币政策影响内外均衡上的不同效果，提出财政政策与货币政策都分别对内部均衡和外部均衡具有影响力。财政政策一般通过商品市场的调节对就业与物价进行调控，且通过经常账户对国际收支产生影响；货币政策一般通过对商品市场和货币市场的调节对就业与物价进行调控，且通过经常账户和资本与金融账户对国际收支产生影响。

当国内宏观经济和国际收支都处于失衡状态时，应采取扩张性财政政策来解决经济衰退问题，扩大预算，同时应采取紧缩性货币政策来解决国际收支问题。在两种政策搭配下，内部均衡和外部均衡将会同时实现。

如果政策指派方式相反，即以财政政策解决外部均衡问题，以货币政策解决内部均衡问题，结果会发现，这种政策搭配会使经济偏离均衡状态越来越远。例如，当国内经济处于通货膨胀、国际收支处于顺差时，如果实施紧缩性货币政策解决通货膨胀，那么在通货膨胀消除的同时则会使顺差加重。而再以扩张性财政政策解决顺差问题时，又会加剧通货膨胀，如此反复的话，会使这种不均衡状态更加恶化。

我们可以将财政政策与货币政策搭配的具体方式以表的形式列出（见表10－3）。

蒙代尔的政策指派原则与丁伯根原则一起确定了开放经济下政策调控的基本思想，即针对内外均衡目标，确定不同政策工具的指派对象，并且尽可能地进行协调以同时实现内外均衡。一般来说，我们将这一政策间的指派与协调称为“政策搭配”。

（三）斯旺的支出增减政策与支出转换政策的搭配

斯旺提出的支出政策与汇率政策的搭配可以用图10－2说明。这里假定没有国际资本流动，即外部均衡就是经常账户平衡，价格水平保持不变。

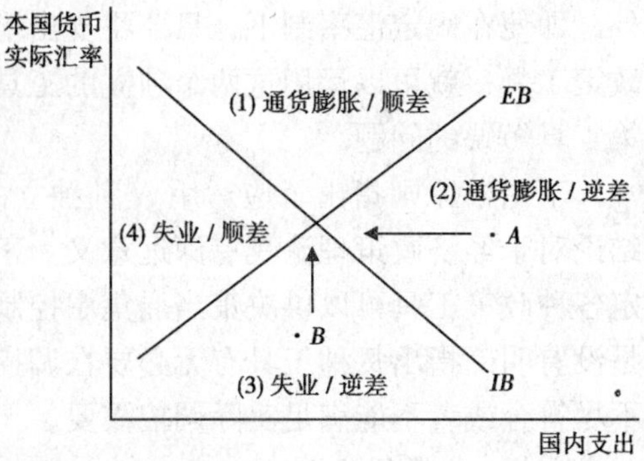

图 10－2 支出增减政策与支出转换政策的搭配

图 10－2 中横轴表示国内支出（消费、支出、政府开支），政府的支出增减政策可以明显影响国内支出总水平，国内总支出增加表示需求扩张性政策，国内总支出减少表示需求紧缩性政策。纵轴表示本国货币的实际汇率（直接标价法），汇率上升表示本币贬值，汇率下降表示本币升值。

EB 曲线是外部均衡线，线上所有的点代表处于外部均衡的实际汇率与国内支出的组合。*EB* 曲线向右上方倾斜，斜率为正，因为国内支出的增加将带来进口增加，这样需使汇率升高（本币贬值），以减少进口，增加出口，维持外部均衡。*EB* 曲线的右下方表示国际收支逆差状态。这是因为，与同等国际收支水平所对应的 *EB* 曲线上的点相比，右下方点的汇率水平要低，即本币相对升值，国际收支将出现逆差；同理，位于 *EB* 曲线左上方的点则处于国际收支顺差状态。

IB 曲线是内部均衡线，在此线上所有的点都代表处于内部均衡的实际汇率与国内支出的组合。*IB* 曲线向右下方倾斜，斜率为负，因为汇率下降（本币升值）将减少出口，增加进口，维护内部均衡就必须增加国内支出。在 *IB* 曲线的右上方代表经济中出现通货膨胀。这是因为对于既定的汇率，右上方的点的国内支出大于维护内部均衡所需的国内支出；同理，在 *IB* 曲线左下方的点代表经济中存在失业。

在图 10－2 中，只有在 *EB* 曲线与 *IB* 曲线的交点处，一国经济才同时达到了内外均衡。这样就可以划分出如下 4 个区域：

区域（1）——国内通货膨胀与国际收支顺差并存；

区域（2）——国内通货膨胀与国际收支逆差并存；

区域（3）——国内失业与国际收支逆差并存；

区域（4）——国内失业与国际收支顺差并存。

当经济处于内外失衡状态时，可以搭配使用支出增减政策和支出转换政策，使经济恢复到交点。例如，*A* 点处于区域（2），即国内通货膨胀与国际收支逆差并存，通过采取支出紧缩性政策削减国内支出，压缩总需求，抵制通货膨胀；通过支出转换政策（本币贬值）改善国际收支逆差，*A* 点便向交点方向靠近，实现内外均衡。同理，在 *B* 点上，失业和国际收支逆差并存，可以采用支出扩张性政策治理国内失业，采取支出转换政策（本币贬值）改善国际收支，使 *B* 点向交点方向靠近，实现内外均衡。各种政策配合情况见表 10－4。

表 10－4 支出增减政策与支出转换政策的搭配

区 间	经济状况	支出增减政策	支出转换政策
(1)	通货膨胀/国际收支顺差	紧缩	升值
(2)	通货膨胀/国际收支逆差	紧缩	贬值
(3)	失业/国际收支逆差	扩张	贬值
(4)	失业/国际收支顺差	扩张	升值

财政政策与货币政策搭配，以及支出增减型政策与支出转换型政策的搭配，仅仅是政策搭配的两个范例。在实际应用中的情形比理论上的论述要更复杂得多。在决定政策取向时，不仅要考虑本国经济的需要，还要顾及外国可能作出的反应，这时政策工具的数目可能超过两个，政策搭配的任务要复杂得多。

第五节　*IS—LM—BP* 模型

在前面章节中，我们探讨了财政政策和货币政策，但基本上分析的是在封闭条件下的情形。在本节中，我们将分析扩展到开放条件下。分析开放条件下的宏观经济政策最常用的模型是自 20 世纪 60 年代提出的蒙代尔—弗莱明模型。这一模型是在 *IS—LM* 模型中引入国际收支，形成开放经济中的 *IS—LM—BP* 模型。我们先简单论述蒙代尔—弗莱明模型，即开放经济下的 *IS—LM—BP* 模型之后，然后再利用这一模型对开放经济下货币政策和财政政策的效果进行分析。

一、*IS—LM—BP* 模型

在前面章节中，我们介绍了 *IS—LM* 模型，这个模型描述的是在产品市场和货币市场同时实现平衡时的情形，基本上属于封闭条件下的分析。我们在 *IS—LM* 模型基础上引入国际收支因素可以转变为开放条件下的 *IS—LM—BP* 模型，该模型可以描述产品市场、货币市场和国际收支同时达到均衡的情形。

（一）开放条件下的 *IS*、*LM*、*BP* 曲线

1. 开放条件下的 *IS* 曲线及其移动。我们知道，*IS* 曲线可以描述产品市场供求均衡时国民收入和利率之间的对应关系。与封闭条件不同的情形是，在开放条件下，对一国产品的总需求是由私人消费、私人投资、政府支出、商品净出口四部分构成的。

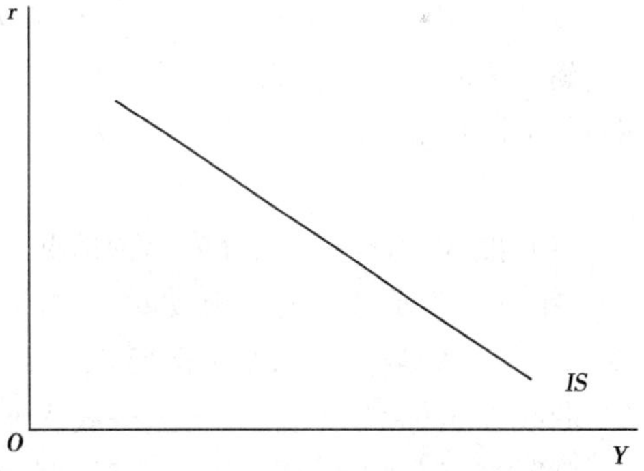

图 10－3　开放条件下的 *IS* 曲线

我们可用图 10－3 来表示开放条件下的 *IS* 曲线。从图中，我们看到开放条件下的 *IS* 曲线与封闭条件下的 *IS* 曲线相似，也是一条向右下方倾斜的曲线，反映出利率与国民收入呈反方向变动关系。这表示当利率下降时，投资需求将增加，从而总需求水平也增加了，为维持产品市场平衡，必须提高国民收入水平。

开放条件下的 *IS* 曲线与封闭条件下的 *IS* 曲线的不同之处主要表现在：

第一，*IS* 曲线的斜率大小不仅受边际消费倾向、税率的影响，还受到边际进口倾向的影响。边际进口倾向越小，*IS* 曲线斜率的绝对值越小，*IS* 曲线越平坦。

第二，导致 *IS* 曲线移动的因素，除了国内需求因素（包括自发消费、自发投资、政府购买、定量税、转移支付）等之外，还包括国外因素（主要指自主性贸易余额）。当自主性贸易余额增加时（包括出口增加、自发进口需求减少等），*IS* 曲线也会向右平移。

2. 开放条件下的 LM 曲线及其移动。开放经济下的 LM 曲线与封闭条件下的曲线形状是相同的，是一条呈右上方倾斜的曲线（见图 10－4）。

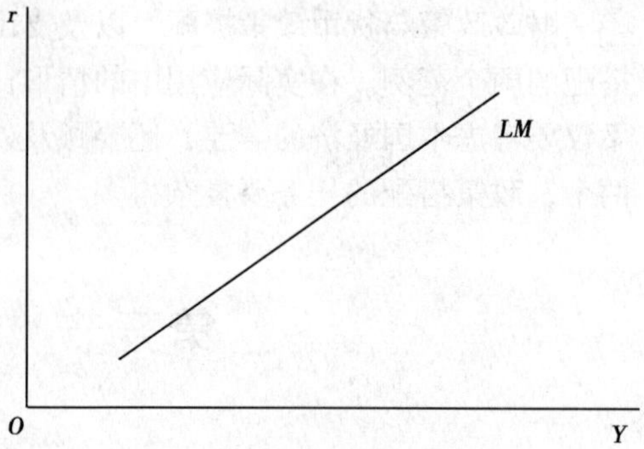

图 10－4 开放经济的 LM 曲线

不同之处在于开放条件下，影响 LM 曲线移动的因素更为复杂。外汇市场的变化也会影响本国的货币供给。这一点在固定汇率制度下表现更为突出，即当本国外汇市场本币供给大于本币需求时，货币当局为了防止本币贬值，往往会在外汇市场进行干预操作，即投放外币买入本币，这种方式与公开市场业务中卖出债券的效果很相似，都会减少本国货币供给量。这种情况会导致 LM 曲线左移。同理，当本国外汇市场本币供给小于本币需求时，为防止本币升值，货币当局会抛出本币买入外币，这会增加本国货币供给量，这种情况会导致 LM 曲线右移。

3. 开放条件下的 BP 曲线及其移动。开放经济的 BP 曲线反映国际收支平衡时利率与国民收入的对应关系。我们将净出口和净资本流出的差额称为国际收支差额，用 BP 表示：

$$BP = T - F$$

其中，T 为贸易差额，即净出口，F 为净资本流出。

当国际收支平衡时，国际收支差额应等于 0，即 $BP = 0$。当 BP 大于 0 时，表示国际收支是顺差；反之，国际收支是逆差。

国际收支差额可具体表示为：

$$BP = T - F = (X - M) - F = X(e) - M(Y) - F(r, r^*)$$

在该式中，e 为实际汇率（直接标价法），r 和 r^* 分别为本国和外国的利率水平。利率对净资本流出的影响大小取决于资金流动对利率的反应程度，即资金流动的利率弹性。

BP 曲线的形状可以分为三种情况：

第一，当资金完全不流动时，国际收支平衡意味着经常账户的平衡。BP 曲线是一条垂直的直线，即当汇率水平 e 既定时，存在着与之对应的能使经常账户平衡的收入水平 Y_0，BP 曲线在坐标空间内就是与这一收入水平垂直的直线。这意味着，利率的任何变化，不会引起资本的流动，因而也不会引起国际收支的改变。相应的，BP 曲线将固定在能使经常账户平衡的收入水平上。当汇率贬值时，将会促进出口增加，为了保持国际收支平衡，国民收入必须也相应增加来促进进口的增加，因此 BP 曲线将会向右移动。

第二，当资金完全流动时，资金流动情况决定了国际收支平衡与否。假定该国利率水平与世界利率水平一致时，该国国际收支处于平衡状态，资金的流动可以弥补任何形式的经常账户收支不平衡。此时，BP 曲线是一条水平线，汇率的贬值将对之没有影响。

第三，当资金不可完全流动时，资本与金融账户、经常账户对国际收支都有影响。此时 BP 曲线是一条斜率为正的曲线。这是因为在汇率水平既定情况下，收入增加、进口增加，将引起经常账户逆差。为了保持国际收支平衡，需要提高利率以吸引资金流入进行弥补。因此，在国际收支平衡条件下，收入与利率水平呈同方向变动。资本对利率变动越敏感，即资本流动性越大，这一曲线就越平缓。这是因为较小的利率增加就能吸引更多的资金流入，从而使国际收支恢复平衡。汇率的贬值同样将使之右移。

图 10－5 反映了三种情形的 *BP* 曲线：

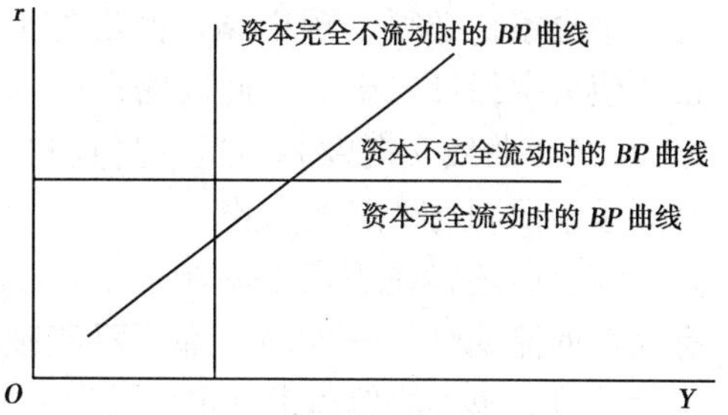

图 10－5　*BP* 曲线的三种形状

（二）*IS—LM—BP* 模型

我们将 *IS* 曲线、*LM* 曲线和 *BP* 曲线放在同一个坐标系中，三者共同的交点可以反映出产品市场、货币市场和国际收支同时实现平衡的情形（见图 10－6）。

在图中，*IS* 曲线、*LM* 曲线和 *BP* 曲线相交于 *E* 点，表示经济内外同时达到均衡。交点反映了产品市场、货币市场和国际收支同时实现平衡的利率水平和国民收入水平。

利用 *IS—LM—BP* 模型可以比较方便地分析开放条件下宏观经济政策效果。

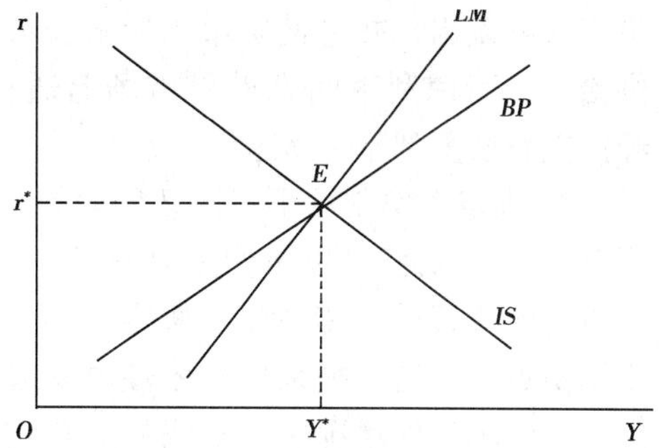

图 10－6　*IS—LM—BP* 模型

二、资本完全流动下的 *IS—LM—BP* 模型——蒙代尔—弗莱明模型

蒙代尔—弗莱明模型（Mundell－Flemming Model，简称 *M－F* 模型）是以资本具有完全流动性为假设前提的开放经济模型，它是一类特殊的 *IS—LM—BP* 模型，其特殊性表现在 *BP* 曲线由于资本的完全流动性而成为一条水平线。这个模型可以非常清楚地阐释在资本具有高度流动性情况下政策如何发挥作用的。

由于在现实世界中，不同国家使用的汇率制度是不相同的，有的采取固定汇率制度，有的则采取浮动汇率制度。而汇率制度的不同，在很大程度上会影响到宏观经济政策的实施效果。所以，可以按照不同汇率制度来具体分析。

（一）固定汇率制度下宏观经济政策效果分析

在资本具有完全流动性的情况下，利率的微小变动都会引发资本的无限量流动。在这种假定条件下，该国利率均与世界均衡利率水平保持一致。该国的国际收支平衡线是一条固定在世界均衡利率水平上的水平线。

1. 固定汇率制度下货币政策效果分析。假设一国货币当局采取扩张性货币政策使利率下降，很快该国投资者为了获得更高的利率而将其资金转出该国。结果由于巨额资本流出，该国的国际收支出现大量逆差，本国人购买他国大量的金融资产会造成该国货币面临巨大的贬值压力。在固定汇率制度下，该国中央银行有责任干预外汇市场以保持汇率稳定。因此，中央银行将在外汇市场上抛售外币，买进本币，结果使该国货币供应量减少，抵消了最初扩张性政策的影响，最终国内利率恢复到最初水平（见图 10－7）。

图 10－7 说明，假设经济的初始状态处于 *E* 点，这时国内利率水平 *r* 与国际均衡利率 r^* 水平一致，国际收支达到平衡，即 $BP=0$。资本具有完全流动性，所以 *BP* 曲线为一条水平线。现在假定中央银行执行扩张性货币政策 *LM* 曲线右移到 *LM′*，经济处于 *E′*，但在 *E′* 点由于利率水平较低，导致资本大量外流，产生国际收支逆差，这样对国内货币产生贬值压

力，中央银行必须干预市场，抛出外汇，收回本币，使汇率保持固定。与此同时，国内货币供给减少，*LM'*曲线又向左移。这一过程将一直继续，直到重新回到均衡点 *E* 为止。

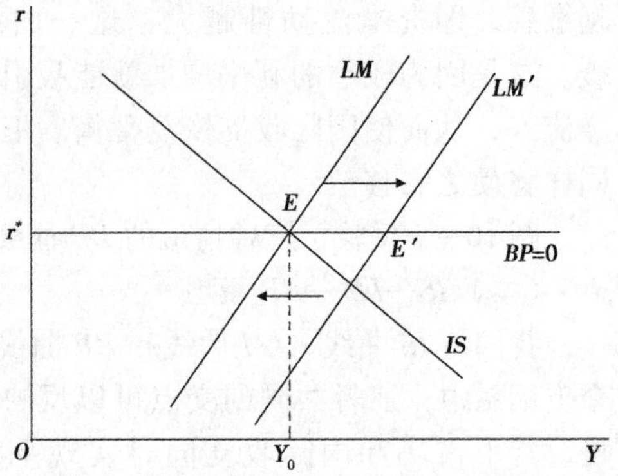

图 10-7 固定汇率制度下货币政策效果分析

综上所述，在固定汇率制度下，如果资本具有完全的流动性，任何国家都不可能独立地执行货币政策，不可能偏离世界市场通行的利率水平。任何独立执行货币政策的企图都将引起资本的大量流入或流出，并迫使货币当局增加或减少货币供给，从而使利率回到世界市场上通行的水平，经济重新恢复到原来状态。

2. 固定汇率制度下财政政策效果分析。（见图 10-8）。我们可以再使用 *IS—LM—BP* 模型来分析财政政策的作用效果。假定一国经济最初处于均衡点 *E*，当该国采取扩张性财政政策时，在货币供给不变的情况下，扩张的财政政策会使 *IS* 曲线右移至 *IS'*，经济达到了点 *E'*，利率 *r* 与国民收入 *Y* 都有所增加。这时利率高于国际均衡水平 r^*，吸引大量国际资本流入本国，造成巨额国际收支顺差，本币汇率面临升值的压力。为保持固定汇率，中央银行必须在外汇市场上买进外汇，抛出本币。结果，本国货币供给增加 *LM* 曲线发生右移。这一过程将一直持续到经济达到新的均衡点 *E''*，使利率恢复到原来的水平，国际收支恢复平衡为止。但这时收入进一步增加，由 *Y'* 上升到了 *Y''*。这说明在固定汇率和资本完全流动情况下，财政政策是有效的。

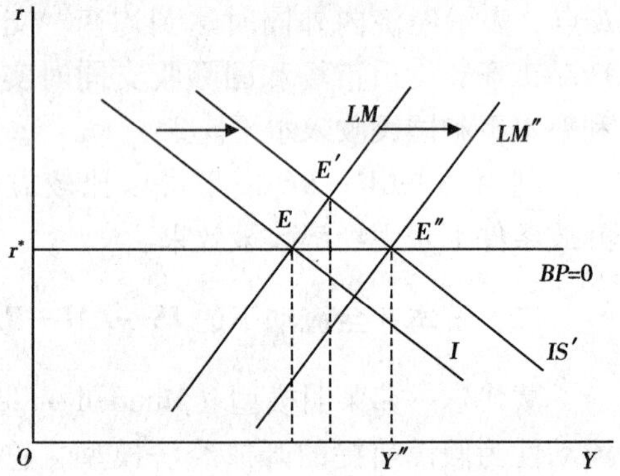

图 10-8 固定汇率制度下财政政策效果分析

由上述分析可见，在固定汇率制度下，如果资本具有完全流动性，则一国不可能执行独立的货币政策。任何扩张或紧缩货币供给的企图都将被巨额资本的迅速流动及央行保持固定汇率的努力而抵消。而财政政策则会收到意想不到的效果，由于上述相同原因而使国际收支恢复均衡，但对国民收入的影响却进一步扩大了。

3. 浮动汇率制度下宏观经济政策效果分析。

（1）浮动汇率制度下的财政政策的效果分析。浮动汇率下财政政策在刺激国内经济作用方面，与固定汇率下的效果明显不同。在此用图 10-9 来说明。

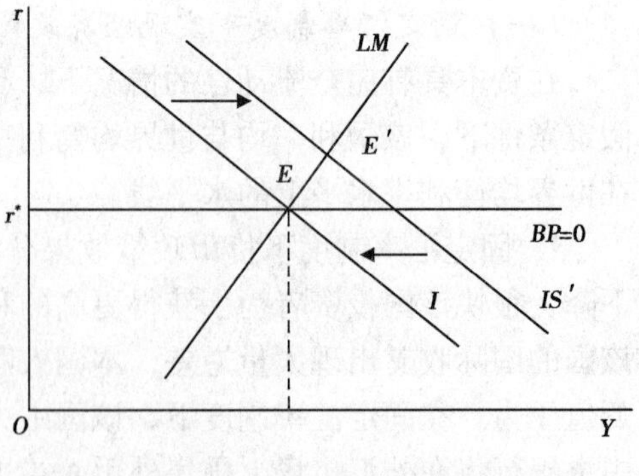

图 10-9 浮动汇率制下的财政政策效果分析

在图 10-9 中，政府采取扩张性财政政策，如减税或增加政府开支，会导 *IS* 致曲线右移，从原来的位置移到 *IS'* 处，国内经济均衡点也由 *E* 移至了 *E'* 点。此时，需求扩张，产量提高，对货币的需求也因此增加，并导致利率上升。国内利率上升会造成资本大量流入国内，国际收支出现顺差。反映在外汇市场上，对本币的需求超过了本币的供给。由于汇率可以自由浮动，本币将升值。本币升值后，本国出口受到抑制，但进口增加，*IS* 曲线将往回移动，直到净进口的增加抵消国际收支顺差为止。这意味着汇率的自由浮动机制对扩张性财政政策产生了一个完全的挤出效应，致使财政政策达不到降低失业、提高收入水平的目的。

上述分析表明，在浮动汇率制度下，如果资本具有完全的流动性，通过财政政策刺激总需求，不会实现影响均衡产量或均衡收入的目的。

(2) 浮动汇率制度下的货币政策的效果分析。浮动汇率制下货币政策的作用与固定汇率制下的作用存在本质区别。在图 10－10 中，最初均衡点为 *E* 点，对应的国民收入水平为 *Y*。假定货币当局采取扩张性货币政策，导致货币供给量增加，在价格不变情况下，实际货币供给增加。实际货币供给增加使 *LM* 曲线向右移动。因货币供给增加，利率下降，这会刺激国内投资，提高国民收入水平，所以国内均衡点移至 *E′* 点，国民收入水平为 *Y″*。在 *E′* 点，由于国内利率低于国际均衡水平，导致大量资本流出，国际收支出现逆差，于是本国货币贬值。本币贬值后，本国出口增加，进口减少，于是 *IS* 曲线向右移动至 *IS′*，直至国际收支恢复平衡为止。最终均衡点移至 *E″* 点，在这一点，国内收入水平提高到 *Y″*，利率与国际均衡利率相等。结果，扩张性货币政策导致了产量、就业的提高和汇率的上升。

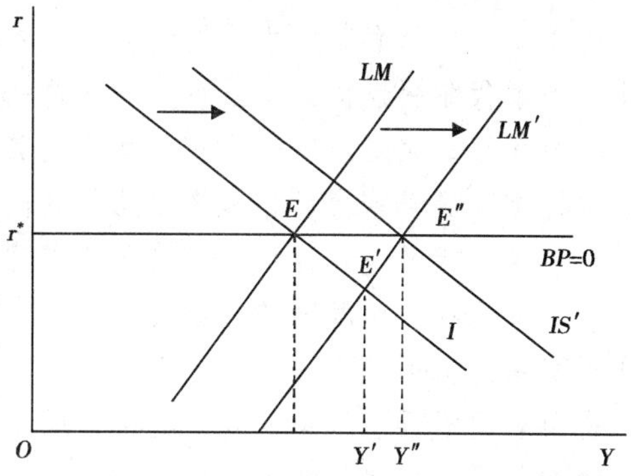

图 10－10　浮动汇率制下货币政策效果分析

如果实行紧缩性货币政策，则结果正相反。短期内，紧缩性货币政策会提高利率，降低国民收入水平，并导致资本大量流入，国际收支出现顺差。于是本币升值，净进口增加，*IS* 曲线左移，直到国际收支恢复平衡，达到更低收入水平的均衡点。

专栏　诺贝尔经济学奖获得者罗伯特·蒙代尔的主要贡献

美国哥伦比亚大学加拿大籍教授罗伯特·蒙代尔是 1999 年诺贝尔经济学奖获得者，其主要贡献是对不同汇率体制下的货币与财政政策以及对最佳货币区域的分析。

蒙代尔在一篇开拓性的文章“Capital Mobility and Stabilization Policyunder Fixd and Flexible Exchange Rates”中阐述了开放经济条件下货币和财政政策的短期效应。这篇文章的分析是简练的，但其结论是深远和有影响力的。蒙代尔将外贸和资本流动引进封闭条件下的 *IS—LM* 模型，分析得出稳定政策的效果是与国际资本的流动程度紧密相连的。而且，他论证了汇率制度的重要性，即在浮动汇率下，货币政策效果明显，财政政策软弱无力。而在固定汇率下，结果与此相反。蒙代尔—弗莱明模型的结论也可以概括为：在固定汇率和资本完全流动条件下，一国无法实行独立的货币政策，或者说单独的货币政策基本上是无效的。

续

蒙代尔早在20世纪60年代初就提出了在当时被视为“激进的”最佳货币区域分析理论。他分析了在一定区域内取消货币主权而使用统一货币的利与弊，进而对实行统一货币表示肯定。蒙代尔在其论文“A Theory of Optimum Cu rency Areas”中简要阐述了共同货币的优势，如降低了贸易中货币结算的交易成本，消除了相关价格的不确定性。同时，他也详细分析了共同货币的劣势，最大的不足在于：当需求的改变或遇到其他不对称冲击，要求某一特定地区的实际工资下降时，很难保持充分就业。蒙代尔强调了劳动力高度流动性的重要性，只有劳动力高度流动性，才能弥补以上不足。

蒙代尔将最优货币区定义成这样一系列地区：当其中一个地区面对不对称冲击时，劳动力迁移的偏好足以确保充分就业。其他学者在其研究的基础上扩展了其理论，加入了其他标准，像资本流动、地区专业和共同的税收交易体系。可以说，蒙代尔最初提出的问题引起了一代又一代经济学家的研究兴趣。

从现在的角度来看，蒙代尔的思想是具有超前性的。随着经济金融全球化的发展，由于资本的流动性提高，暂时固定却可调整的汇率制度已变得更加脆弱。蒙代尔文章讨论的货币联盟或浮动汇率制度在经济金融全球化的今天，一国必择其一。蒙代尔的分析更是与欧洲货币联盟密切相关，许多学者已采用他的最佳货币区域理论分析欧洲货币联盟的优势和劣势。

蒙代尔的研究并没有停留在蒙代尔—弗莱明模型的短期分析上。在他的几篇有重要意义的文章中，货币的动态变化是其研究的核心主题，他强调了商品和资本市场调整速度的不同。后来，蒙代尔的这个观点被多恩布什用以分析调节汇率过程中出现的暂时超调现象。第二次世界大战后，对国际收支不平衡的研究均是根据静态的模型，强调实际经济因素和外贸的变化。蒙代尔建立了动态的模型来分析持续较长时间的国际收支不平衡是如何产生并消失的。当国际收支出现不平衡时，私人部门持有货币也会发生变化，同时经济也将作相应调整。例如，在固定汇率下，当资本流动不畅时，扩张性货币政策将降低利率和提高国内需求，随后国际收支赤字将引起资本外流，降低需求，直至国际收支再次平衡。这个方法也就是现在被许多研究人员采用的国际收支的货币分析方法。这种方法被看作开放条件下分析稳定政策长期方法的开始。

蒙代尔的动态分析可以被看作国际宏观经济学的分水岭。他根据存量和流量出清的不同，以及当经济趋向长期均衡时对存量和流量的相互作用的分析，引进了意义深远的动态分析方法。

专栏 “三元悖论”

早在20世纪60年代初期，蒙代尔与弗莱明通过其经典蒙代尔—弗莱明模型（$M-F$模型），为不同汇率制度下的政策效果评价提供了一个非常有用的分析框架。该模型的一个重要结论是：对于开放经济体而言，在资本高度流动的情况下，如果采取固定汇率制度安排，则货币政策是无效的；如果采取浮动汇率制度安排，则货币政策是有效的。

续

在这个模型的基础上，克鲁格曼在其文《永恒三角形》中进一步提出了所谓“三元悖论”，也称为“三元冲突”理论（Trilemma），也称为“三元悖论”，或称为“克鲁格曼不相容三角”（the Eternal Triangle）。它是指在汇率的稳定性、资本的完全流动性和本国货币政策的独立性之间存在着难以调和的矛盾。克鲁格曼认为，“三中择二”是国际经济体系内在的“三元悖论”的体现。

对1997~1998年的东南亚金融危机，克鲁格曼的第一代金融危机理论作出了自己的解释。新兴市场经济国家财政赤字的货币化使得本币供应量增加，投资者在本币贬值和资本账户开放的情况下，用本币购买外汇来规避风险，央行将以固定汇率用外汇购买本币。在货币投机发生时，央行只能通过不断地投放外汇以维持固定汇率，最终导致货币当局无法提供足够的储备而引发固定汇率崩溃。这种解释也说明，要保证货币政策独立性和资本账户开放，固定汇率难以维持。

三角抉择的实例详见表10-5。

表10-5　货币政策的三角形抉择与实例

选定的目标	放弃的目标	例证
稳定汇率，货币政策自主权	金融开放（严格限制资本流动）	布雷顿森林体系（1944~1973年）
货币政策自主权，金融开放	汇率稳定	美国、日本自1973年起，英国自1992年起
稳定汇率，金融开放	货币政策自主权	欧洲货币体系（1979~1998年），EMU

资料来源：转引自雅克·阿达：《经济全球化》，中央编译出版社2000年版，第122页。

本章主要术语

国际收支　国际收支平衡表　国际收支失衡　弹性分析法　马歇尔—勒纳条件
J曲线效应　内部均衡　外部均衡　米德冲突　丁伯根原则　政策指派
斯旺图形　*IS—LM—BP*模型　蒙代尔—弗莱明模型

本章小结

国际收支是一国居民与外国居民在一定时期内各项经济交易的货币价值总和。它是一个流量的概念。

国际收支平衡表是系统记录一国在一定时期内所有国际经济活动收入与支出的统计报表。国际收支平衡表的内容大体上可分为三大类，即经常项目、资本和金融项目以及平衡项目。

国际收支平衡是指实际经济意义上的平衡。如果基于自主性交易就能维持的平衡，则该国的国际收支是平衡的，如果自主性交易收支不能相抵，必须用补偿性交易来轧平，这样达到的平衡是形式上的平衡、被动的平衡，其实质就是国际收支的不平衡。国际收支差额包括贸易收支差额、经常项目差额、资本和金融项目差额和综合项目差额或总差额。

弹性分析理论认为汇率变动会对一国的国际收支状况发生影响，当出口商品需求价格弹性与进口商品需求价格弹性之和的绝对值大于1时，通过本币贬值可以改善国际收支。这一条件称为"马歇尔—勒纳条件"。用货币贬值的方法来改善国际收支状况时，其效果具有时滞效应，由于贸易差额变化呈字母"J"形，因而被称为J曲线效应。

在开放经济下，一国的宏观经济目标主要有充分就业、物价稳定、经济增长和国际收支平衡。当一国经济达到充分就业、物价稳定与经济增长时，称之为内部均衡；当一国经济达到国际收支平衡时，称之为外部均衡。内外均衡有一致性，也有冲突性。

开放经济下的政策配合理论主要有丁伯根原则、政策指派和斯旺图形等理论。丁伯根原则指出应运用*N*种独立工具进行配合来实现*N*个独立的政策目标。蒙代尔的政策指派是指如果每个工具被合理地指派一个目标，则在分散决策情况下仍有可能得到最佳调控目标。政策指派理论提出以货币政策实现外部均衡目标，以财政政策实现内部均衡目标。斯旺图形表示出在不同经济状况下，运用支出增减政策和支出转换政策的合理搭配可以达到理想的调控效果。

开放经济的*BP*曲线反映国际收支平衡时利率与国民收入的对应关系。当资金完全不流动时，*BP*曲线是一条垂直的直线；当资金完全流动时，*BP*曲线是一条水平线；当资金不可完全流动时，*BP*曲线是一条斜率为正的曲线。

*IS*曲线、*LM*曲线和*BP*曲线相交于同一点，表示经济内外同时达到均衡。交点反映了产品市场、货币市场和国际收支同时实现平衡的利率水平和国民收入水平。

蒙代尔—弗莱明是以资本具有完全流动性为假设前提的开放经济模型，它是一类特殊的*IS—LM—BP*模型。当一国资本完全流动并采取固定汇率制度情况下，实施货币政策无效，而实施财政政策有效；当一国资本完全流动并采取浮动汇率制度情况下，结果是相反的，即财政政策有效而货币政策无效。

习　题

一、判断题

1. 国际收支是一国居民与外国居民在一定时期内各项经济交易的货币价值总和。它是一个存量的概念。

2. J曲线效应理论认为，当本国货币贬值之后，有可能使贸易余额首先恶化。经过一段时间后，待出口供给和进口需求进行了相应调整后，贸易余额才会慢慢改善。

3. 在一国国际收支平衡表中，因为每一笔交易都同时记录在贷方和相应的借方，金额相等，所以，这也反映出该国的国际收支是平衡的。

4. 马歇尔—勒纳条件认为，一国货币贬值能够改善一国国际收支状况，需具备的条件是：出口商品需求价格弹性和进口商品需求价格弹性之和绝对值小于1。

5. 当一国经济达到充分就业、物价稳定与经济增长时，称之为内部均衡；当一国经济达到国际收支平衡时，称之为外部均衡。

二、单选题

1. 国际收支平衡表中，记入贷方的是(　　)。

A. 对外资产的净增加　　B. 对外负债净增加

C. 官方储备的增加　　D. 出口贸易的增加

2. 马歇尔—勒纳条件可用来判断(　　)。

A. 货币贬值程度　　B. 国际收支状况

C. 货币贬值对国际收支影响程度　　D. 利率变动对国际收支影响程度

3. 如果汇率采取直接标价法，那么一定单位的外币折合为本币数额增加，表示(　　)。

A. 外币贬值，本币升值　　B. 外币和本币均升值

C. 外币和本币均贬值　　D. 外币升值，本币贬值

4. 根据蒙代尔的“有效市场分类原则”，当国内宏观经济和国际收支都处于失衡状态时，应采取(　　)，以同时实现内部均衡和外部均衡。

A. 扩张性财政政策　扩张性货币政策　　B. 扩张性财政政策　紧缩性货币政策

C. 紧缩性财政政策　扩张性货币政策　　D. 紧缩性财政政策　紧缩性货币政策

5. 根据斯旺的支出增减政策与支出转换政策的搭配理论，为了实现宏观经济的外部均衡，当汇率上升（本币贬值）时，(　　)。

A. 政府支出应该减少　　B. 私人投资应该增加

C. 政府应该实行紧缩性的货币政策　　D. 利息率应该上升

6. 在斯旺的支出增减政策与支出转换政策的搭配图中，在内部均衡线和外部均衡线的右侧的某一点上，(　　)。

A. 有通货膨胀和国际收支顺差　　B. 有通货膨胀和国际收支逆差

C. 有失业和国际收支顺差　　D. 有失业和国际收支逆差

7. 开放条件下，*IS* 曲线的斜率还受到边际进口倾向的影响。边际进口倾向越小，(　　)。

A. *IS* 曲线斜率的绝对值越小，*IS* 曲线越平坦

B. *IS* 曲线斜率的绝对值越大，*IS* 曲线越平坦

C. *IS* 曲线斜率的绝对值越小，*IS* 曲线越陡峭

D. *IS* 曲线斜率的绝对值越大，*IS* 曲线越陡峭

8. 在资本不完全自由流动情况下，*BP* 曲线是一条(　　)。

A. 水平线　　B. 垂直线

C. 向右上方倾斜的曲线　　D. 向右下方倾斜的曲线

9. 根据 M—F 模型，固定汇率制度下，(　　)对产出水平的效果十分明显。

A. 货币政策　　B. 财政政策

C. 汇率政策　　D. 收入政策

10. 根据 M—F 模型，在浮动汇率制度下，如果资本具有完全的流动性，(　　)。

A. 财政政策和货币政策均有效　　B. 财政政策和货币政策均无效

C. 财政政策有效，货币政策无效　　D. 财政政策无效，货币政策有效

三、多选题

1. 国际收支平衡表一般包括三大类项目，即(　　)。

A. 经常项目　　B. 资本和金融项目

C. 平衡项目　　D. 货币供给量

2. 在国际收支平衡表中，应记入贷方的情形有(　　)。

A. 向外国提供商品或服务（输出）

B. 外国人提供的捐赠与援助

C. 国内官方当局放弃国外资产或国外负债的增加

D. 向外国政府或私人提供的援助、捐赠等

3. 下列属于支出增减政策的有(　　)。

A. 财政政策　　B. 货币政策

C. 汇率政策　　D. 直接管制政策

4. 直接管制政策包括(　　)。

A. 关税　　B. 进出口配额

C. 资本管制　　D. 汇率管制

5. 根据*M—F*模型，在浮动汇率制度下，当国际资本完全流动时，扩张性的货币政策，会导致(　　)。

A. 利率下降　　B. 大量资本流出

C. 本币贬值　　D. 国民收入增加

四、简答题

1. 国际收支失衡是否与国际收支平衡表的“平衡”概念相矛盾？国际收支失衡具体有哪些种类？

2. 什么是弹性分析法？J曲线效应说明什么问题？

3. 什么是内部均衡？什么是外部均衡？两者有什么关系？

4. 蒙代尔的政策指派理论与丁伯根原则相比，有什么优点？

5. 蒙代尔—弗莱明模型有哪些主要观点？

建议阅读资料

1. 周晴：《三元悖论原则：理论与实证研究》，中国金融出版社2008年版。

2. 蒙代尔：《蒙代尔经济学文集》，中国金融出版社2003年版。

3. 詹姆士·米德，宋承先译：《国际收支（国际经济政策理论第一卷）》，商务印书馆1990年版。

4. 丁伯根：《经济政策：原理与设计》，商务印书馆1988年版。

第十一章

当代西方经济学主要流派

本章学习要求

1. 了解新古典综合学派、后凯恩斯主义和新凯恩斯主义的学术背景、主要理论观点和政策主张。
2. 了解现代货币主义、理性预期学派和供给学派的学术背景、主要观点和政策主张。
3. 了解新制度经济学和公共选择学派的学术背景、基本假设、方法论和主要理论。

在前十章中，我们讨论了宏观经济学的主要理论和政策建议。其中，有些问题经济学家们已经达成了共识，还有些问题经济学家们的意见并不一致。在本书行将结束时，简单介绍一下当代经济学的主要流派，这有助于加深理解经济学的共识和分歧。

在西方经济学界，当代经济学一般是指凯恩斯的《就业、利息和货币通论》出版后，特别是最近40年以来在西方经济学界具有重大影响的那些经济理论和经济学说。其中，有些经济学家对某些重大经济问题，持有基本相同的立场、观点和政策主张，还有些经济学家只围绕着某个先驱者或理论领袖的思想开展特定的研究，这就形成了不同的经济学派别，并推动了经济学百家争鸣和学术繁荣。当前，比较有影响的学派有：新古典综合派、后凯恩斯主义（新剑桥学派）、新凯恩斯主义、供给学派、现代货币主义学派（芝加哥学派）、新古典宏观经济学（理性预期学派）、新制度经济学、公共选择学派（新政治经济学）、奥地利学派、伦敦学派、弗莱堡学派、演化经济学、激进经济学、行为经济学、西方马克思经济学等。

按照各个学派对国家和市场作用的认识，可以把它们区分为国家干预主义和自由主义两大学派或思潮。其中，国家干预主义学派认为，市场机制会失灵，主张政府干预经济；经济自由主义学派则认为，市场机制是有效的，反对政府干预经济。在经济自由主义学派中，又有宏观学派和微观学派。本章拟对这两大学派中的一些主要流派进行介绍。

第一节　国家干预主义思潮

国家干预主义的主要特点是，反对自由放任，主张政府干预和调控经济活动。其最初形式是欧洲封建社会晚期的重商主义，而现代形式则是以《就业、利息和货币通论》为基础的凯恩斯主义。20世纪30年代，资本主义世界爆发了史无前例的经济危机和大萧条。1933年，美国总统罗斯福推行“新政”，开现代国家干预经济之先河。1936年，凯恩斯出版《就业、利息和货币通论》，系统地论述了国家干预的理论和政策。此后，西方经济学家围绕着《就业、利息和货币通论》进行拓展性研究，形成了新古典综合派、后凯恩斯主义（新剑桥学派）、新凯恩斯主义等学派，推动了国家干预主义的发展。

一、新古典综合派

新古典综合派，始称主流凯恩斯主义，是20世纪50年代在美国兴起的一个凯恩斯主义学派。其主要标志是萨缪尔森1948年出版的具有里程碑意义的教科书《经济学》。该学派继承、创新和发展了凯恩斯理论，在西方经济学界长期居于主流和正统地位。

（一）主要代表人物

该学派的主要代表人物是英国经济学家约翰·理查德·希克斯，美国经济学家阿尔文·汉森、保罗·萨缪尔森、詹姆士·托宾、罗伯特·索洛、弗兰克·莫迪利阿尼和阿瑟·奥肯等。

凯恩斯出版《就业、利息和货币通论》后，许多经济学家通过各种方式解读、宣传和推广凯恩斯理论。其中，希克斯用三个方程式和*IS—LM*模型概括了凯恩斯的理论，说明了《就业、利息和货币通论》与新古典经济学之间的联系。他的模型被认为是沟通一般均衡理论与通行的商业周期理论的重要环节，是将凯恩斯理论和新古典经济学综合起来的最初尝试。

汉森根据新古典经济学的可贷资金学说推导出了*IS*曲线。莫迪利阿尼也对*IS—LM*模型进行了扩展和解释，并且提出了*MM*定理。托宾则提出了两基金分离原理，即*CAPM*理论的雏形，并且拓展了货币需求理论。

索洛提出了*AK*增长理论，以及以*AK*模型为基础的内生增长理论。他不太信服理性预期，也不相信“无加速通货膨胀的失业率”（NAIRU）。效率工资理论就是索洛最先提出来的。

1948年，萨缪尔森出版了具有里程碑意义的教科书《经济学》，把以马歇尔为代表的新古典经济学和以凯恩斯为代表的宏观经济理论综合起来，奠定了新古典综合理论的基础。在萨缪尔森看来，只要运用凯恩斯的财政政策和货币政策使得经济实现充分就业，新古典经济学就可以恢复原有的地位。

（二）主要理论

新古典综合学派的重要贡献是把以马歇尔为代表的新古典经济学和以凯恩斯为代表的宏观经济理论综合起来，实现了经济学发展史上的第三次大综合。其主要理论创新有：

1. 混合经济体制。萨缪尔森认为，当代资本主义经济是一种“混合经济体制”。该体制的主要特征是：（1）国家机构和私人机构共同对经济实行控制，但国家的调节和控制更为重要。（2）在混合经济中，生产什么、如何生产和为谁生产等问题，是由垄断和竞争并存的市场经济制度决定的。

萨缪尔森进而认为，在混合经济中，凯恩斯的理论对解释宏观经济是有效的，新古典经济理论对解释微观经济是有效的。因此，这两种理论完全可以结合起来。例如，可以把凯恩斯主张的政府干预机制与新古典经济学主张的市场调节机制结合起来，也可以把凯恩斯强调的财政政策与新古典强调的货币政策结合起来，还可以把凯恩斯强调的短期分析与新古典经济学所强调的长期分析结合起来，等等。

2. 失业与通货膨胀理论。在凯恩斯理论中，通货膨胀缘于有效需求膨胀，失业则缘于有效需求不足。因此，通货膨胀和失业不可能同时存在。沿着这个思路，英国经济学家菲利普斯考察了英国 1861 ~ 1957 年间失业率和货币工资变动率的数据，发现了货币工资增长率和失业率之间存在着替代关系。萨缪尔森和索洛用通货膨胀率替代工资增长率，得到了表示失业和物价关系的菲利普斯曲线：当失业率较高时，通货膨胀率就较低；而失业率较低时，通货膨胀率就较高。菲利普斯曲线经过萨缪尔森和索洛修正后，立即成为 20 世纪 60 年代的标准版本，并被纳入新古典综合理论体系，用以解释通货膨胀。同时，该曲线所揭示的通货膨胀率和失业率之间的权衡关系，也为政府制定经济政策提供了理论依据，从而迅速成为西方宏观经济政策分析的基石。

3. 经济周期理论。凯恩斯的经济理论从经济本身的不确定性和有效需求不足出发，解释了短期经济为何波动，但没有说明这种波动的性质。其“乘数论”解释了投资增长会带来国民收入的成倍增长，但该理论没有注意到收入的变动又会引起投资的变动这一后果。

针对上述不足，汉森和萨缪尔森提出了“乘数—加速数”原理，并用以解释经济周期。该理论认为，投资、收入和消费相互影响，相互调节。通过加速数，上升的收入和消费会引致新的投资；通过乘数，投资又使收入进一步增长。如果政府支出不变，只靠经济力量自身的调节，就会形成经济周期。如果政府能改变其支出，也就是采取适当的政策刺激投资，就有可能克服或缓解经济萧条。

4. 经济增长理论。凯恩斯重点关注的是短期经济波动，没有提出完整的长期增长理论。针对这个问题，新古典综合学派提出了经济增长理论，使凯恩斯的理论长期化、动态化，并用以解释第二次世界大战后资本主义国家的经济增长。其中，影响较大的增长模型有：哈罗德—多马模型、索洛—斯旺模型和 *AK* 模型等。

其中，哈罗德—多马模型以凯恩斯的产品市场均衡为基础，分析了均衡增长的条件。该模型指出，如果资本—产出比率不变，当经济均衡增长时，投资必须等于储蓄。在储蓄可以顺利转化为投资的条件下，社会储蓄率是决定经济增长的关键。索洛—斯旺模型和 *AK* 模型，则进一步讨论了长期增长的源泉和条件，并提出了促进增长的政策建议。

（三）政策主张

在 20 世纪 50 年代，新古典综合学派提出了“补偿性”财政政策；在 60 年代和 70 年代，又分别提出了“增长性”政策和消除滞胀的政策。

在 20 世纪 50 年代前期，美国经济增长放缓。在 50 年代后期和 1960 年，美国经济再次出现增长缓慢（即所谓的“艾森豪威尔停滞”）。为了刺激经济增长，托宾、奥肯等新古典综合学派经济学家提出了“增长性的财政货币政策”主张，即只要实际国民生产总值低于潜在的国民生产总值，即使是在经济回升时期，也要通过赤字财政政策人为地刺激总需求，使实际的国民生产总值达到潜在的国民生产总值，实现充分就业，促进经济增长。其具体政策建议包括：减税，尤其是降低个人所得税；通过投资税优惠政策刺激投资；扩大赤字财政支出；协调各国货币政策，减少国际的资本流动，等等。

20 世纪 70 年代，针对美国出现的停滞和通货膨胀并存的现象，新古典综合派提出了多样化的政策方案。例如，在宏观政策方面，主张用“松”的财政政策和“紧”的货币政策相配合，或是用“松”的货币政策和“紧”的财政政策相配合。同时，主张宏观经济政策微观化，即政府针对个别市场和个别部门的具体情况因地制宜地确定不同的经济政策。

（四）面临的挑战

自20世纪70年代以来，新古典综合派面临着严重挑战。主要是：

1. 如何解释和解决“滞胀”问题。按照标准的菲利普斯曲线，失业与通货膨胀是不可能同时存在的。然而，从20世纪70年代开始，美国等西方主要国家中却普遍地出现了“滞胀”。新古典综合学派既给不出合理的解释，也提不出有效的政策建议。尽管该学派后来提出了“松紧搭配”的宏观经济政策和微观化的宏观经济政策，但只是对传统政策的修补，其解释力远不如现代货币学派和供给学派的政策建议。

2. 如何解释和解决劳动生产率增长缓慢问题。凯恩斯理论本质上是一种短期理论，对于解释经济波动是有效的，但对于长期经济增长关注不够。索洛的新古典增长模型，研究了经济均衡增长问题，但仅仅把劳动生产率视为一个由技术进步决定的外生变量。该学派的其他理论，也没有满意地解释劳动生产率为何增长缓慢，以及如何促进劳动生产率提高。

3. 如何解释和解决资本积累不足问题。在凯恩斯的短期分析中，如果储蓄不能转化投资，储蓄增加会导致有效需求不足和失业。然而，从长期来看，资本积累确实是促进经济增长的重要源泉。目前，在英美等国，储蓄率一般较低，出现了资本积累不足，劳动生产率提高和经济增长缓慢等问题。如何从理论上解释和解决资本积累不足问题，也困扰着新古典综合派理论。

4. 如何应对其他学派的诘难。对于新古典综合派的理论观点和政策主张，不管是凯恩斯阵营内部还是外部，都有一些人持反对意见。在凯恩斯阵营内部，英国的凯恩斯主义者罗宾逊夫人早在20世纪50年代就指责新古典综合派忽视了凯恩斯理论体系对收入分配、经济不稳定和预期不确定性、历史观等的强调，因而新古典综合派是“冒牌的凯恩斯主义”。在凯恩斯阵营外部，货币主义对新古典学派发动了猛烈的攻击，尤其集中于经济经验计量基础上的（财政）政策有效性问题。萨缪尔森的智慧在于及时认识和接受了这些批评意见，并从各种反对意见中吸收了有益成分。萨缪尔森在《经济学》第八版中用主流经济学代替了新古典综合派一词，以广泛吸收能够为己所用的研究成果。因此，尽管受到许多诘难，新古典综合派迄今在西方经济学界仍然处于主流地位，其理论观点和政策主张继续影响着学界和政府。

二、后凯恩斯主义（新剑桥学派）

后凯恩斯主义，又称新剑桥学派，是20世纪五六十年代在英国兴起的一个凯恩斯主义学派。该学派自称是凯恩斯的嫡传，在如何理解凯恩斯革命的精髓方面，同美国主流凯恩斯主义进行了长期争论，史称“两个剑桥之争”。

（一）主要代表人物

该学派的主要代表人物有英国剑桥大学的教授琼·罗宾逊、卡尔多、斯拉法和帕内西蒂等。

琼·罗宾逊早年是凯恩斯的学生，毕业后在剑桥大学与凯恩斯共事，深受凯恩斯的影响。其学术专著《就业理论引论》、《资本积累论》、《经济增长的理论》和《经济学异端》

等，被认为是发展了凯恩斯理论。她与约翰·伊特韦尔合写的《现代经济学导论》，则被认为是按照新剑桥学派观点系统阐述经济问题的一本入门书。

斯拉法是意大利裔英国经济学家。其专著《用商品生产商品》，被认为是发展了李嘉图—马克思价值理论，并对后凯恩斯主义经济理论的发展起了决定性的作用。卡尔多和帕内西蒂，研究了收入分配、福利和经济增长等问题，丰富了后凯恩斯主义经济增长理论。

（二）对凯恩斯主义的解读

后凯恩斯主义认为，新古典综合派没有读懂甚至歪曲了凯恩斯理论。他们提出的解读如下：

1. 凯恩斯经济理论的核心。后凯恩斯主义认为，新古典综合学派把国民收入等于消费加投资视为凯恩斯理论的核心，是对凯恩斯经济理论的歪曲。实际上，凯恩斯经济学的核心是关于社会哲学的理论。后凯恩斯主义主要有两个观点：（1）凯恩斯认为社会财富的分配不均是资本主义的最大弊病，应当对这种分配不均进行必要的干预。凯恩斯不赞成传统理论中财富分配不均有益的观点，认为财富分配不公会导致有效需求不足和经济危机。如果社会分配趋向均等，需求不足和经济危机就可以避免。这是凯恩斯对社会经济总的看法或社会哲学。（2）凯恩斯对食利者阶层持否定态度。他指出，食利者阶层不劳而获，是寄生虫，对社会发展不利，应当随着资本主义发展，资本供应增长，被逐步消灭。人人都参加劳动的社会，才是文明的。后凯恩斯主义断言，新古典综合派经济学根本没有关注这个问题，是“冒牌的凯恩斯主义”。

专栏　两个剑桥之争

美国麻省的剑桥（哈佛大学、麻省理工学院）和英国的剑桥（剑桥大学）是当代凯恩斯主义的两个大本营。但是，主导这两个大本营的理论——新古典综合派和后凯恩斯主义（新剑桥学派）却存在着深刻的意见分歧，并爆发了一场持续十年的论战。

在这场论战中，作为挑战者的英国后凯恩斯主义认为美国的凯恩斯主义——新古典综合派是“冒牌的凯恩斯主义”。他们强调凯恩斯在社会哲学上的论述，突出制度—历史因素分析方法，在经济理论、政策目标、政策主张上均提出了与新古典综合学派不同的见解，并对马克思主义给予了认真的研究和肯定，成为西方经济学中的左派。罗宾逊认为，传统的理论学派“由于拒绝向马克思学习而显得极其愚蠢”。

2. 凯恩斯方法论中的“历史观”和宏观分析方法。后凯恩斯主义认为，凯恩斯在方法论方面有两个特点：一是把社会经济的发展当作一个历史过程来研究，认为时间是不可逆转的，未来有不确定性。人们的行为依赖于无法克服的无知，因而不可避免会遭遇错误，而这种错误又不可能轻松地、毫无代价地被清除。新古典综合派忽视并歪曲了凯恩斯的“历史观”，从已经过时的古典经济学中去找均衡分析的方法，是从凯恩斯倒退回马歇尔。二是凯恩斯的宏观经济分析方法，使之与传统经济学区别开来，成为一个独特的理论体系。而新古典综合派却把它和微观经济学糅合在一起，实质上破坏了凯恩斯理论的统一性和革命性，是要回到新古典的微观市场经济学去，这也是对凯恩斯主义的背叛和歪曲。后凯恩斯主义认为，如果凯恩斯宏观经济学需要一个“微观经济学”基础的话，那也只能是凯恩斯未表现出极大兴趣的“价值和分配”理论，绝不是把古典经济学的生产要素供给函数和市场均衡分析的东西硬凑到凯恩主义中去。

（三）主要理论

后凯恩斯主义在同美国凯恩斯主义学派的论战中，提出并发展了以下理论观点：

1. 收入分配理论。后凯恩斯主义认为，社会收入分配问题是十分重要的。凯恩斯在《就业、利息和货币通论》中并没有对此展开讨论，也为新古典综合派所忽略。在后凯恩斯主义看来，分配理论不过是价值论的引申，因此应当从对价值的探讨中研究分配理论。

斯拉法在《用商品生产商品》中提出：（1）收入相对份额的大小，取决于利润率水平、而利润率水平是与生产中一定的物质技术条件联系在一起的。（2）收入分配形成的结局具有客观的、物质的基础，它不仅和历史上形成的财产占有制度有关，而且和劳工市场的历史条件有关。工资收入者的货币工资率取决于外部条件，如一国历史上形成的工资水平、国内劳资双方议价力量的对比等。利润是资本占有者凭借财产占有权而取得的非劳动收入。工资和利润之间的分配取决于劳工集团和资本集团各自的谈判权力，因而是不公平的，不合理的。（3）新古典综合派接受新古典经济学中的边际生产力分配理论，认为工资由劳动的边际生产力决定，利息由资本的边际生产力决定，是一种循环推理。后凯恩斯主义认为，正确的做法是回到新古典经济学以前的理论中去，也就是回到李嘉图理论中去。

2. 经济增长理论。后凯恩斯主义的经济增长理论是在哈罗德—多马模型的基础上发展起来的，是对凯恩斯经济理论进行长期化和动态化的结果。主要成果体现在罗宾逊、卡尔多和帕西内蒂的三个经济增长模型上。这三个增长模型虽然有所不同，但都是根据凯恩斯的投资—储蓄分析，得出了利润占国民收入的比例随经济的增长而增长，随资本家消费倾向的上升而上升的结论。

后凯恩斯主义认为，利润在国民收入中的比重取决于两个因素：资本家的边际储蓄倾向和投资率。在投资率（积累率）不变的情况下，资本家的边际储蓄倾向越低，其边际消费倾向越高，那么国民收入的分配就越有利于资本家的消费；在资本家的边际储蓄倾向不变的情况下，投资率越高，国民收入的分配越有利于资本家的利润增加。因此，无论怎样考察，国民收入的分配都将随着经济发展更有利于资本家。

后凯恩斯主义的经济增长理论说明，资本主义的国民经济越增长，利润和工资的分配比例就越失调，工人的处境就越困难。所以，资本主义经济发展有利于资本家，不利于工人，因而现实经济生活中必然出现富裕中的贫困。

3. “滞胀”理论。后凯恩斯主义反对只根据货币供应的增加或集体议价的工资提高来解释通货膨胀的原因。他们认为，通货膨胀是由厂商控制其产品价格的能力来决定，或者是由于各阶层为自己的收入提高相互争夺的结果，即所谓“市场操纵”理论。

后凯恩斯主义从区分不同类型的产品或市场入手来解释通货膨胀发生的原因，进而说明为什么会出现“停滞膨胀”。他们首先把经济分为三个部门：初级部门为工业活动提供必不可少的基本供给品（食物、燃料和基本原料）；第二级部门将原料加工为成品以供投资或消费之用；第三级部门则提供辅助其他部门的各种服务。通货膨胀的根源在于初级部门和制造业部门（第二级部门）这两个部门生产增长之间所存在的比例失调的现象。

通货膨胀一方面限制工业活动的发展，减少了对劳动力的需求；另一方面又使得低收入家庭更加贫困，他们不得不增加劳动力的供给。所以，通货膨胀不仅减少了就业机会，还增加了劳动力的供给，使通货膨胀与失业并存，形成了经济中的滞胀局面。后凯恩斯主义认为，正是20世纪70年代初级产品的价格，尤其是石油价格的上升，才引起了这种类型的通货膨胀。

（四）政策主张

后凯恩斯主义根据其收入分配理论，提出了以社会政策为基本内容的政策主张。其主要特征有二：一是把改进资本主义社会的收入分配制度放在“医治”资本主义社会“病症”的首要地位；二是主要依靠社会政策来改变收入分配制度。其主要政策可以分为以下两类：

1. 短期调节政策。它主要包括：通过合理的税收制度来改变现存的分配不均的状况，比如实行累进的所得税制；给予低收入家庭以适当的补助，以扩大他们的消费需求；减少政府开支，以此来发展民用服务、环境保护和初级产品生产的部门的生产条件；提高失业者的文化技术水平，以使他们能有更多的就业机会；制定适合经济增长的、逐步消灭赤字的财政政策；实施进口管制，促进出口，从而为本国的工作者提供更多的就业机会。

2. 长期调节政策主要是实行没收性的遗产税和赠送税。这种税制只给寡妇、孤儿留下适当的终身财产所有权，其他财产一律以税收的形式交给国家。国家通过征收遗产税和赠送税，一方面可以消灭食利阶层，最终达到消灭私有财产的目的，另一方面可以用这些收入实现社会公共目标，如发展各种社会福利事业，或者拿去购买公司股票，以便把大公司的股权逐步转移到国家手中。

三、新凯恩斯主义

新凯恩斯主义是20世纪80年代在美国兴起的一个凯恩斯主义学派，是相对于原凯恩斯主义而言的，也是对70年代兴起的理性预期学派的回应。

（一）主要代表人物

该学派的主要代表人物有：哈佛大学的格里高利·曼昆和拉里·萨默斯，麻省理工学院的奥利维尔·布兰查德和朱利奥·罗泰姆伯格，哥伦比亚大学的埃德蒙·费尔普斯，伯克利加州大学的乔治·阿克洛夫、珍妮特·耶伦和戴维·罗默，斯坦福大学的约瑟夫·斯蒂格利茨，威斯康星大学的马克·格特勒，普林斯顿大学的本·伯南克等人。格里高利·曼昆和戴维·罗默主编的《新凯恩斯主义经济学》两卷本，是新凯恩斯主义的代表性论文集，斯蒂格利茨的《经济学》教科书则被认为体现了该学派的思想。

（二）理论背景

新凯恩斯主义形成的理论背景是：

首先，原凯恩斯主义缺乏微观基础，不讨论劳动市场，假定名义工资刚性，但没有给予解释。新古典综合派试图综合新古典的微观经济学和改良后的宏观经济学理论，但只是在形式上机械地结合起来，没有真正解决问题。

其次，理性预期学派提出了一个附加预期的短期总供给曲线，为宏观经济学找到了一个微观基础，但其关于市场出清的假设并不现实。

最后，新凯恩斯主义从理性预期学派中得到启迪，用工资粘性和价格粘性取代原凯恩斯主义的价格刚性；同时，他们又用工资粘性、价格粘性和非市场出清取代理性预期学派的工资、价格伸缩性和市场出清。这样，他们就在接受理性预期假设和最大化假设的基础上，将粘性理论、市场非出清和宏观层次上的产量、就业等问题结合起来，创立了有微观基础的凯恩斯宏观经济学，是原凯恩斯主义的复兴。

专栏　现代主流经济学中的海水派与淡水派

主张国家干预的新凯恩斯主义学派实际上是一个观点极为不同的群体。对这个学派作出过突出贡献的经济学家大都在接近东西海岸的大学里工作，例如曼昆和萨默斯在哈佛大学，布兰查德和费希尔在麻省理工学院，阿克洛夫、耶伦和戴维·罗默在加州大学伯克利分校，伯南克和鲍尔在普林斯顿大学，斯蒂格利茨、霍尔、泰勒在斯坦福大学。所以，有人将他们归于海水派经济学家。

值得注意的是，极力反对国家干预的新古典宏观经济学家大多与接近"淡水"的学术机构相联系。如卢卡斯在芝加哥大学，普雷斯科特在卡内基—梅隆大学（1971~1980年）和明尼苏达大学（1980~1998年），基德兰德在卡内基—梅隆大学，罗伯特·巴罗、查尔斯·普洛瑟等人则与罗彻斯特大学有过联系（工作、读书或做访问学者）。因此，新古典宏观经济学属于淡水派经济学家。

资料来源：布赖恩·斯诺登、霍华德·文、彼得·温纳齐克：《现代宏观经济学指南》，商务印书馆1998年版，第347页。

（三）主要假设

1. 最大化假设和理性预期假设，即假定消费者追求效用最大化，厂商追求利润最大化和新古典宏观经济学的理性预期假定。它吸收了理性预期学派的观点，不同于原凯恩斯主义。

2. 非市场出清假设，即假定在出现需求冲击或供给冲击时，工资和价格都不能迅速地调整到使市场出清的状态。这一假设与理性学派不同，与原凯恩斯主义也有重大区别：一是原凯恩斯主义的市场非出清是基于名义工资刚性假定，即由于货币幻觉的存在，工人只反对名义工资下降，但不反对名义工资不变时的物价上升；而新凯恩斯主义则假定价格和工资不是不能调整，而是调整得十分缓慢，所用的时间相当长。二是新凯恩斯主义的市场非出清模型增加了两个凯恩斯主义者忽略的最大化原则和理性预期假定。

3. 工资粘性、价格粘性假设，即工资和价格是能调整的，但速度很慢。这个假设既不同于原凯恩斯主义的"刚性"假设，也不同于理性学派的"完全伸缩性"假设。

（四）基本特征

新凯恩斯主义有两个显著特征：

1. 坚持货币非中性，否认古典经济学的二分法。古典经济学认为，货币只能影响名义变量，如价格、工资、GDP等，不会影响实际变量，如就业、产出等，因而货币是中性的。这种货币变动与实际变量无关性的理论被叫做"货币中性"。新凯恩斯主义认为，货币供给量变化不仅会影响价格水平，而且也会影响产出和就业量等实际变量，因而货币是非中性的。

2. 坚持市场是不完全的，即市场是非出清的。理性预期学派认为，厂商是"价格接受者"，工资和价格都有伸缩性，因而市场是出清的。新凯恩斯主义则认为：（1）市场是不完全竞争的，有某种程度的垄断因素。厂商可以按加成法定价，而不是完全的价格接受者。（2）厂商与雇工的信息是不对称的，由此导致了工资和价格具有粘性。所以，市场不能连续出清。

（五）主要理论

新凯恩斯主义的主要理论观点有：

1. 粘性价格理论。价格粘性，是指价格不能随总需求的变动而迅速调整。当价格有粘性时，市场不能出清，市场机制无效或失灵。价格粘性有名义价格粘性和实际价格粘性两种类型。

名义价格粘性，是指名义价格不能随着需求的变动而相应变化。新凯恩斯主义用菜单成本论和交错调整价格论，解释名义价格粘性。菜单成本论认为，厂商调整价格是需要花费成本的。当厂商考虑到菜单成本而不愿意随着市场变化同步调整价格时，名义价格粘性就出现了。交错调整价格论认为，当市场需求变化时，并不是所有的厂商同步调整价格，而是有早有迟，出现交错定价。这也会导致价格粘性。

实际价格粘性，是指各类产品之间的相对价格有粘性。新凯恩斯主义给出的解释是：（1）厂商信誉论。消费者从长期的交易实践中发现，价格高的商品一般质量较高，因而偏好于买贵的商品。那些打算长期经营的厂商，为了长远利益，非常重视自己的信誉，一般不轻易降价。（2）需求非对称性论。该理论认为，价格变动时，消费者对降价和提价的反应不同，导致需求有非对称性：价格提高时，需求减少的幅度大于价格下降时需求增加的幅度。由此导致厂商不轻易降价。（3）投入产出表理论。该理论认为，鉴于投入产出关系的复杂性，厂商一般只根据直接供给要素的厂商所提供的信息来调整价格。因为需求变化对单个产品价格的影响在错综复杂的投入产出联系中传递十分缓慢，所以需求波动对要素价格变动的影响也非常缓慢。（4）寡头市场和价格粘性论。该理论认为，寡头市场中的限制性价格形成了一种行业壁垒，会阻止新厂商进入。这样，寡头厂商就可以凭借其市场力量制定高于其边际成本的价格。在经济衰退时，寡头厂商不愿降价；在经济景气时，又不愿提价。由此形成价格粘性。

2. 粘性工资理论（劳动市场理论）。新凯恩斯主义用工资粘性理论解释劳动市场失灵和失业。工资粘性是指工资不能随劳动需求的变动而迅速调整，工资上升易，下降难。新凯恩斯主义学派在分析工资粘性时区分了名义工资粘性和实际工资粘性。

名义工资粘性，是指名义工资不能随着名义总需求的变动而变化。新凯恩斯主义用下述理论解释名义工资粘性：（1）交错调整工资论。该理论认为，劳资双方通过雇佣合同调整工资，而经济中的工资合同并不是在同一时点上签订的。所以，在一定时期内，整个社会经济会形成一个交替调整工资的序列。这就使工资总水平具有了粘性。（2）长期劳动合同论。该理论认为，劳动合同一般时间较长。在合同期内，工资不能随物价的变动而调整，由此形成了工资粘性。

实际工资粘性，是指实际工资不能随着劳动供求的变动而变动，导致劳动工资机制失灵。新凯恩斯主义用隐含合同和效率工资来解释实际工资粘性。

隐含合同，是指风险中性的厂商与风险厌恶的工人之间存在的某种稳定收入的非正式协议。按照这种协议，厂商按平均边际产品收益支付工资。边际产品收益上升时，工人受损；在边际产品收益下降时，工人又可以受益。这样，实际工资必然出现粘性，并导致失业。

效率工资，是指厂商向工人支付的高于市场出清水平且相对稳定的工资。效率工资理论认为，给工人支付比市场出清工资更高的工资，劳动总成本可能最小，厂商能够获得更多的利润。由于效率工资较高并相对稳定，这就使得实际工资有了粘性，并导致工资机制失灵。

3. 信贷配给理论。信贷配给，是指银行基于风险与利润的考虑，主要通过配给的方式达成信贷交易。具体有两种表现：(1) 在对借款人信用评级基础上，一部分申请人可以得到贷款，而另一部分则被拒绝，即使后者愿意支付更高的利率也得不到贷款。(2) 借款申请人的借款要求只能得到部分满足。

新凯恩斯主义认为，在现代市场经济中，金融机构之所以采用信贷配给办法，一是因为贷款利率较低，资金需求往往大于资金供给，完全依靠利率调节不能实现市场均衡；二是由于信息不对称，借款人存在着道德风险，完全依靠利率机制并不能实现自身利益最大化。

在实际操作中，信贷配给制有两个特点：一是信贷配给有周期性，即在繁荣阶段，银行相信借方有还贷能力，贷款增加。在萧条时期，银行会认为借方还贷能力不足，借贷减少。二是信贷配给量一般会配合当局的货币政策，因而强化了货币政策效果。

(六) 政策主张

在经济政策主张方面，新凯恩斯主义在财政政策上基本遵循原凯恩斯学派的政策主张，无根本创新之处。而在价格政策、人力政策和货币政策方面，他们的主张具有一定的独到之处。

1. 在价格政策方面，新凯恩斯主义主张：抑制价格粘性，使价格较有弹性，以恢复失灵的市场机制，稳定总产量。新凯恩斯主义对价格粘性有多种解释，因此提出对策的角度也有差异。

2. 在就业政策方面，新凯恩斯主义的着眼点是增加工资弹性，减少失业。具体包括两点：一是主张政府的就业政策应该更多地考虑长期失业者的利益，为他们提供更多的就业机会。二是主张国家应当干预工资合同，应用货币政策使工资更具有弹性，以提高就业率。

3. 在货币与信贷政策方面，新凯恩斯主义一是主张实施干预经济波动的政策，二是主张干预信贷市场，利用贷款补贴或贷款担保等手段降低市场利率，使那些有社会效益的项目能获得货款。

专栏　现代经济学中对新凯恩斯主义的批评

(1) 新凯恩斯主义学派的宏观经济学缺乏经验研究，应设法将各种思想融合起来以形成一个可以被检验的宏观经济计量模型。

(2) 新凯恩斯主义的理论虽然优美，但关联性不大，难以融合成一个可以被检验的新凯恩斯主义模型。

(3) 新凯恩斯主义提出的菜单成本理论可能仅适用于单个企业层次，难以在宏观层面上产生重大影响。

(4) 新凯恩斯主义接受新古典宏观经济学的理性预期假说有些牵强附会。

对新凯恩斯主义的批评还包括它对 *IS—LM* 模型的继承等问题。

资料来源：布赖恩·斯诺登、霍华德·文、彼得·温纳齐克：《现代宏观经济学指南》，商务印书馆1998年版，第395~398页。

第二节　经济自由主义思潮

经济自由主义的主要特点是，提倡自由竞争市场机制，反对政府干预经济。其理论渊源是斯密在《国富论》中提出的“看不见的手”原理，而其现代形式则是同凯恩斯主义对立的新自由主义。20 世纪 30 年代，凯恩斯的国家干预主义取代了经济自由主义而居于统治地位。到了 20 世纪 70 年代，凯恩斯主义面临着“滞胀”的严峻挑战，新经济自由主义思潮乘机兴起。其中，主要有现代货币主义、理性预期学派和供给学派等。它们的共同信念是：私有产权是一切经济活动的前提，特别是市场经济中一切活动的前提；交换和市场的自发运行有充分的效率；自由贸易是最好的外贸政策；反对政府对经济的过多干预。

一、现代货币主义

现代货币主义，又称货币学派或芝加哥学派，是 20 世纪 50 年代在美国兴起的一个非凯恩斯主义学派。该学派有两个重要特征：一是认为通货膨胀是一种货币现象；二是认为凯恩斯主义在通货膨胀领域内已经失败，应有新的理论取而代之。这也是判断是否属于货币学派的标志。

（一）主要代表人物

该学派的主要代表人物是芝加哥大学的米尔顿·弗里德曼。此外，还有美国的哈帕格、布伦纳、安得森，英国的罗宾斯、沃尔特斯、莱德勒和帕金，奥地利的赫尔姆特·弗里希等人。

现代货币主义主要进行经济计量和实证研究，自称“货币主义革命”，刚兴起时是作为凯恩斯主义的对立面出现的，其影响并不大。1965 年，越南战争升级，美国通货膨胀加剧，货币主义开始受到重视。1974～1975 年，美国经济出现滞胀，凯恩斯主义受到挑战，货币主义得到重大发展。1979 年，撒切尔夫人任英国首相，曾实行过“货币主义”。目前，货币主义的风头已过。

（二）基本理论

现代货币主义有两个理论基础：新货币数量论和自然率假说。

1. 新货币数量论。新货币数量论是对传统货币数量论的发展。在传统的货币数量论中，比较有影响的理论有“费雪方程式”或“交易方程式”，“剑桥方程式”或“货币需求方程式”，以及凯恩斯的货币需求方程。

弗里德曼认为，凯恩斯的货币需求方程比旧的货币数量论有进步，但仍然有不足：一是凯恩斯只强调利率和收入对货币需求的影响，忽视了其他因素；二是凯恩斯只把财富区分为货币和债券，过于简单化了。针对这两个问题，他提出了自己的货币需求函数：$\frac{M_d}{P}=f(y;w;r_b,r_e,r_p;u)$

其中，M_d 代表名义货币量，$\frac{M_d}{P}$则代表实际货币需求量；P 代表一般物价水平；r_b 代表市场债券利率；r_e 代表预期的股票收益率；r_p 代表价格的预期变动率；w 代表非人力资财富与人力财富的比例；y 代表持久收入；u 代表影响货币需求的其他因素，如主观偏好、风俗等。上述因素可以概括为四类：

第一，y，即总财富，或持久收入。货币需求与财富成正比例。随着收入增加，人们对货币的需求也会增加。

第二，w，即非人力财富与人力财富的比例。人力财富是指人们挣钱的能力；非人力财富是指货币、股票、债券、资本品、不动产等。两者可以转化，但人力财富转化为非人力财富比较困难。所以，工薪阶层对货币的需求更大些。

第三，r_b，r_e，r_p，即非人力财富的预期报酬率，与货币的需求按相反的方向变化。

第四，u，即其他因素，如偏好、风俗、资本品的转手量等。

在弗里德曼看来，上述哪个因素起多大作用，需要进行实证分析。

2. 自然率假说。弗里德曼在质疑传统的菲利普斯曲线时，提出了“自然失业率”假说，试图解释通货膨胀与失业之间的关系。

自然失业率是指实现了充分就业时仍然存在的失业率，包括摩擦性失业和结构性失业。在自然失业率水平上，既不存在通货膨胀，也不存在通货紧缩。

从劳动市场结构角度看，自然失业率取决于经济中的实际因素：（1）劳动力市场的完善程度与信息通畅程度（如对失业者的职业培训和就业指导情况，劳动力的流动程度）。（2）劳动力人口的构成及其变化（妇女、青年、外来人口等的比例及其变化）。（3）劳动者的能力与获取工作的意愿程度。（4）最低工资法与社会保障等因素。（5）失业的回滞：当实际失业率很高的情况下，可能会使自然失业率上升。

3. 附加预期的菲利普斯曲线。弗里德曼根据自然率理论，提出了附加预期的菲利普斯曲线。其基本观点是，在短期内，货币供给增加会使物价上升。由于工人和厂商的“错觉”，即只看到自己的价格上升，而没有看到所有的价格都已经上升，就会增加劳动供给和产出，从而使失业率下降。失业率和通货膨胀之间有替代关系。但是，在长期内，工人和厂商都会发现，其他厂商的价格也上升了。相对而言，自己的价格和工资并没有提高，因而劳动供给和产量都会恢复到原来的水平，失业率并没有降低，但物价却上升了。因此，失业率与通货膨胀之间没有替代关系，菲利普斯曲线是一条位于自然率水平上的垂线。弗里德曼由此得到结论，在短期内，菲利普斯曲线斜率为负，货币政策有效，但在长期内，需求增加只会引起物价上升，并没有产出效应，因而货币政策是无效的。

（三）主要学术观点

根据新货币数量论和自然率假说，货币主义形成了以下几个理论观点：

1. 货币供给对名义收入变动具有决定性作用。弗里德曼认为，货币供给是由货币当局的政策决定的，与影响货币需求的因素无关。新货币数量论可以简化为 $M=\frac{1}{v}\cdot py$。其中，py 为名义 GDP。弗里德曼认为：在短期内，v 可能轻微变动；而在长期内，v 稳定不变。所以，货币供给量的变动，必然会影响到名义收入的变动。

2. 在短期内，货币供给量增加，会影响实际变量，如就业、总产出等。因为，根据自然率，在短期内，通货膨胀率和失业率之间有替代关系，前者上升，后者必然下降。另外，根据新货币数量论，货币流通速度在短期内会有轻微变动，所以，就业和实际产出也会有所变动。

3. 在长期内，货币供给量增加，会影响物价和工资等名义变量，但不会影响就业量和实际产出等。因为，在长期内，货币流通速度稳定不变，货币供给量增加只会导致物价上升。换言之，通货膨胀是一种货币现象。

4. 私人经济具有自身内在的稳定性，政策干预破坏了市场机制，反而会导致宏观经济失衡。

（四）政策主张

1. 否定凯恩斯的财政政策。弗里德曼认为，在长期内，凯恩斯的财政政策是无效的，应当予以否定。其根据有两个：一是扩张性的财政政策有“挤出效应”。在政府增加支出的同时，私人的投资会相应减少，前者的效果会被后者抵消。二是过度的政府支出会导致通货膨胀，损害经济健康运行。

2. 反对“斟酌使用的货币政策”。其根据是货币政策从出台到产生效果需要一个相当长的过程。在此过程中，经济情况有可能发生和人们原先预料的相反变化。比方说，经济衰退时中央银行扩大货币供给，但未到这一政策效果完全发挥出来时，经济就已转入繁荣，物价已开始较快地上升，则原来扩张性货币政策不是反衰退，却为加剧通货膨胀起了火上浇油的作用。这种现象叫“时滞”，是导致货币政策失效的原因。

3. 力主单一规则的货币政策。弗里德曼认为，资本主义经济本身有稳定发展的能力。货币的作用是提供一个良好的环境。为此，最好的选择是货币当局科学地控制货币供给量，稳定物价。弗里德曼提出，在没有通货膨胀的情况下，按平均国民收入的增长率再加上人口增长率来规定并公开宣布一个长期不变的货币增长率，是货币政策唯一的最佳选择。货币主义的这一以货币供给量作为货币政策的唯一控制指标，而排除利率、信贷流量、准备金等因素的政策建议被称为单一的政策规则。

4. “负所得税”方案。弗里德曼认为，政府直接向失业者和低收入人群提供福利补助不是个好办法。替代办法是实施“负所得税”方案。负所得税的基本思想可用以下公式表达：$S=N-t\times I$。其中，S 是纳税人从政府领取的补贴（缴纳的负所得税），N 是基本生活费用，t 是所得税的税率，I 是纳税人的收入。

专栏　弗里德曼的自我评价

弗里德曼是在底特律的一个停车场从一名记者口中得知自己获得了诺贝尔经济学奖的。记者问道：“您是否认为这是您事业的顶峰？”他回答：“我更关心的是我的后继者在50年后怎么看我的专业工作，而不是那七个碰巧担任诺贝尔奖评审委员会的瑞典人对我的评判。”当然，弗里德曼的这番话并非要贬低诺贝尔奖评审委员会的工作，而是他认为，对于科学家而言，最重要的是自己的工作对科学的长期影响。

资料来源：布赖恩·斯诺登、霍华德·文、彼得·温纳齐克：《现代宏观经济学指南》，商务印书馆1998年版，第208页。

二、理性预期学派（新古典宏观经济学）

理性预期学派是20世纪70年代在美国兴起的另一个非凯恩斯主义学派。它有两个突出特征：一是理性预期，二是古典传统（市场出清）。

进入20世纪80年代后，理性预期学派有了重大发展，原来的称谓已经不能完全体现其学术特征，于是改称为“新古典宏观经济学”。在学术界，一般把货币主义、供给学派和理性预期学派统称为“新古典宏观经济学”。前面已经介绍了货币主义，后面还要介绍供给学派，这里仅介绍理性预期学派。

（一）主要代表人物

理性预期学派的代表人物可以分为两代：第一代的主要代表人物是芝加哥大学的小罗伯特·卢卡斯。他是弗里德曼的继承者。早在20世纪60年代，卢卡斯就试图把凯恩斯关于劳动市场的观点与古典的方法结合起来，修补被凯恩斯主义所忽视的信息问题。当两者发生矛盾时，他站到了古典经济学一边。在这一过程中，卢卡斯将理性预期思想引入宏观经济学分析，创立了理性预期学派，成为货币主义的一个分支。

除了卢卡斯外，托马斯·萨金特和尼卡·华莱士以及明福尔德等，也是第一代的重要代表人物。他们侧重研究货币经济周期理论。

第二代侧重研究实际周期理论，其主要代表人物有罗伯特·巴罗、爱德华·普雷斯科特和基德兰德等。其中，巴罗是最主要的代表人物，被认为是新古典传统的继承者，经济保守主义的主要代表。

（二）基本假设

新古典宏观经济学有四个基本假设：

1. 最大化假设。新古典宏观经济学认为，宏观经济学分析的经济总量都是个体经济行为的结果。微观经济学的基本假设是个人利益最大化。所以，宏观经济学也必须将理性人利益最大化作为自己的基本假设。这是宏观经济学的微观基础。

2. 理性预期。预期，是指经济当事人对经济变量（如价格、利率、工资、收入等）未来变动方向和变动幅度的一种事先估计（预测）。预期支配着人们的选择和行动，联系着经济事物的现在和未来；联系着微观经济与宏观经济。所以，预期在经济决策和经济运行中非常重要。

在卢卡斯之前，很多经济学家就已经注意到了预期的意义并运用于经济分析。例如，舒尔茨、丁伯根和里奇等人提出了静态预期假设，即把以前的经济变量直接等同于现期的变量；梅兹勒提出了外推型预期思想，即根据上期预期的变动幅度形成现在的预期；卡甘、弗里德曼、内洛夫、费尔普斯等先后提出了适应性预期模型，即根据上一期预期的误差修正现在的预期。理性预期学派认为，上述各种预期只根据以前的信息预期，而没有把当前可利用的全部信息考虑起来，因而是非理性的。他们用理性预期取代上述非理性预期。

所谓理性预期，是指在有效利用一切信息的前提下，对经济变量作出的在长期中平均说来最为正确的，而又与所使用的经济理论和经济模型一致的预期。这个命题有三重含义：(1) 作出经济决策的主体是有理性的。就是说，人们预测时会犯错误，但不会永远犯错误；一个人的预测可能会犯错误，但不可能所有的人都犯错误。(2) 经济主体在作出预测时力图获取所有信息。(3) 经济主体不会发生系统性错误，也就是，在长期内不会发生预期错误。

3. 市场出清假设。市场出清假设就是假定价格、工资等有伸缩性，市场机制有效，产品市场和劳动市场都能随着供求关系的变化及时进行调整，并迅速达到均衡状态。这个假设同古典经济学是一致的。

4. 自然率假说，同弗里德曼的自然率是一个概念。

（三）主要理论

理性预期学派在宏观经济理论方面的特色是注重对经济波动的解释。其中，卢卡斯等人提出的货币周期理论和普雷斯科特等人提出的实际经济周期理论，学术影响较大。

1. 货币周期理论。卢卡斯用货币供给量的随机变化来解释经济周期，被称为货币周期理论。他对经济波动的解释是：当出现货币干扰时，如货币供给量意外增加，一般价格水平会随着总需求的增加而上升，但是各种商品的相对价格不变。由于存在着信息传播障碍或噪音，单个生产者误以为自己产品的价格上升只是他所在市场的孤立现象，从而对他的产品需求作出错误的预测。当价格上升的幅度超过其预期时，他就会增加雇用，扩大生产。如果所有的生产者都这样做，整个社会的就业和产量就会扩大，宏观经济向上运行（扩张）。相反，当实际价格低于其预期价格时，生产者作出减少就业和产量的反应，宏观经济就向下运行（收缩）。

卢卡斯从模型中得出的结论是：如果货币和价格的变化没有被人们预期到，产出和通货膨胀之间就有替代性。预期到的货币和价格变化，对实际变量没有影响，因而旨在稳定经济的货币政策是无效的。在长期内，人们的预期是理性的，不会犯系统性的错误，因而货币是“超中性”的。

2. 实际经济周期理论。第二代新古典宏观经济学家侧重从供给方面解释经济周期，被称为实际经济周期理论。该理论认为，市场机制本身是完善的，在长期或短期中都可以自发地使经济实现充分就业的均衡。经济周期源于经济体系之外的一些实际因素的冲击，这种冲击被称为“外部冲击”。引起这种冲击的是一些实实在在的因素。市场经济无法预测这些因素的变动与出现，也无法自发地、迅速地作出反应，所以经济中必然发生周期性波动。这些冲击经济的因素不是在经济体系内部产生的，因而与市场机制无关。

根据引起冲击的因素，实际经济周期理论把外部冲击分为“供给冲击”和“需求冲击”两种类型。根据冲击引起的后果，他们又把外部冲击分为引起经济繁荣的“正冲击”（或称“有利冲击”）和导致经济衰退的“负冲击”（或称“不利冲击”）。技术进步是典型的正冲击，这种冲击刺激了投资需求和经济增长。20 世纪 70 年代的石油危机，则是典型的负冲击，“9·11”之类的事件也可以归入负冲击。造成外部冲击的因素很多，但其中最重要的当属技术进步。这种冲击约占外部冲击的 2/3 以上。需要提及的是，在实际经济周期理论中，政府宏观经济政策也被认为是一个外部冲击因素。

实际经济周期理论主要用技术进步来解释经济周期。该理论认为，当经济正常运行时，如果出现了重大的技术突破（如网络的出现），就会引起对新技术的投资迅速增加，这就带动了整个经济迅速发展，引起经济繁荣。由技术进步引起的繁荣，不是对经济长期趋势的背离，而是经济能力本身的提高。但是，新技术突破不会连续不断地出现。当一次新技术突破引起的投资过热过去之后，经济又趋于平静。这种平静状态也不是低于原有的长期趋势，而是一种新的长期趋势。实际经济周期理论的结论是，长期经济增长中的波动是正常的，并非源于市场机制的不完善。

3. 理性预期模型。卢卡斯将理性预期因素引入宏观经济分析，建立了一个新古典模型，或理性预期均衡模型。该模型的基本思想是：货币供给中可预测的部分对就业和产量及经济中的其他变量没有影响；只有没有预测到的货币供给变动才会影响实际变量。因此，不管货币当局采取权衡性的货币政策，还是采取规则性的货币政策，只要能被公众事先预知，便不可能影响实际变量，只会引起物价上涨。因此，公开的政策是无效的，进而凯恩斯的需求管理政策是无效的。人们意料之外的政策会引起总需求变化，导致产出和就业增加。但是，这样的政策会造成经济波动，是有害的，不可取的。

（四）政策主张

在理性预期学派看来，既然政策是无效的，也就没有必要提出政策建议。事实上，他们也没有提出明确的政策主张。如果把反对政府干预也看作是政策主张的话，他们的政策主张就是坚决反对凯恩斯的宏观需求管理政策，主张自由放任。

专栏 2004年诺贝尔经济学奖获得者爱德华·普雷斯科特

爱德华·普雷斯科特1940年出生在美国纽约，他从小就是个害羞不合群的孩子，梦想着长大后成为一名造火箭的科学家。他大学本科学的是数学，随后成为一名大学老师。2004年他与挪威经济学家芬恩·基德兰德一同被瑞典皇家科学院授予诺贝尔经济学奖，此时他在美国亚利桑那州立大学任教。

普雷斯科特1967年获得卡内基—梅隆大学经济学博士学位。普雷斯科特的研究领域为宏观经济学、一般均衡理论与应用、收入差别与计量经济学。他长期致力于经济周期分析。他的研究成果改变了人们对经济周期原因的看法，但是更重要的是，他的研究成果为拓宽经济周期研究提供了基础。普雷斯科特至今发表了大量的学术文章，涉及经济周期和经济增长、计量经济学、一般均衡理论、货币、方法论和经济政策。普雷斯科特执教阅历丰富，他先后在明尼苏达大学、芝加哥大学、西北大学、卡内基·梅隆大学等著名学府任教。现在他除了是亚利桑那州立大学教授外，还担任美国明尼阿波利斯联邦储备银行的研究员。他还曾担任经济动态与控制协会主席、高级经济理论协会主席、《经济理论》主编。值得一提的是，普雷斯科特教授长期关注中国问题，目前他正致力于中国经济史的研究。

亚利桑那州立大学凯瑞商学院副院长、华裔经济学家贝克伟说："普雷斯科特是一名极为聪明的人，但在科研上，他可以说是以最朴实、最笨的方法做学问。"贝克伟是和普雷斯科特在同一所大学工作的华裔教授，在他眼里，普雷斯科特不是高高在上的诺贝尔奖获得者，而是一名再普通不过的学者。也许正因为如此，贝克伟认为普雷斯科特获奖是迟早的事。

三、供给学派

供给学派是20世纪70年代在美国兴起的一个经济学流派。该学派强调经济的供给方面，认为需求会自动适应供给的变化，因而得名。

第二次世界大战后，凯恩斯主义占据了经济学的统治地位，西方国家普遍依据凯恩斯的理论制定政策，对经济进行需求管理，并取得了一定成效，凯恩斯主义盛极一时。但是，到了20世纪70年代，西方经济中出现了"滞胀"。有些经济学家开始质疑凯恩斯主义，并研究替代的理论和政策。供给学派就是在这样的背景下兴起的。

（一）主要代表人物

该学派的先驱者是加拿大籍、美国哥伦比亚大学教授蒙代尔。其他重要人物有拉弗、万尼斯基、肯普、罗伯茨、费尔德斯坦、埃文斯等。他们利用《华尔街日报》广泛宣传自己的观点。肯普（当时的国会议员）则在国会内外宣扬减税的好处。

万尼斯基的专著《世界运转方式》被认为是供给学派的第一部理论著作；吉尔德的专著《财富与贫困》则被誉为是供给经济学的第一流分析。20 世纪 70 年代末，供给学派在美国经济学界已成为独树一帜的学派。

在学派形成过程中，费尔德斯坦、埃文斯的观点比较温和，持折衷论。西方经济学界称他们为温和派，称拉弗、万尼斯基、肯普等为激进派。但后者自称是正统的供给学派，西方各界也把后者作为供给学派的代表。

（二）主要理论观点

供给学派并没有建立起完整的理论体系和政策观点，只是在解释“滞胀”和对策主张方面有些共同的看法。

1. 重新肯定萨伊定律。供给学派认为，萨伊定律即“供给自行创造需求”是真理。因为供给是需求的唯一可靠的源泉，没有供给就没有需求；没有出售产品的收入，也就没有可以用来购买商品的支出。因此，促进经济增长的着眼点，是刺激国民收入核算方程式中的生产（供给），而不是凯恩斯所说的需求。在他们看来，只要遵循萨伊定律，增加供给，通货膨胀与失业并发症就会自动消失。

2. 拉弗曲线。供给学派用著名的“拉弗曲线”来说明税收与税率之间的函数关系（见图 11－1）。

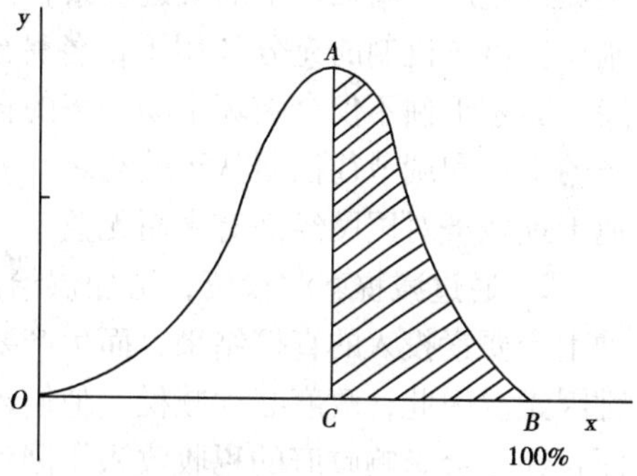

图 11－1　拉弗曲线

图 11－1 中，x 轴表示税率，y 轴表示税收。当税率为零时，税收亦为零。随着税率升高，税收逐渐增加。税率升至 A，税收 Y 最大，C 为最优税率。税率超过 C，由于高税率阻碍经济主体经营活动，使税收基础缩小，税收因而减少。税率升至 100%，税收将因无人愿意从事经济活动而降为零。拉弗称 ACB 为税制的“禁区”。

拉弗、万尼斯基、肯普等坚信美国税制已进入禁区，并且高税率正在挫伤人们的劳动热情，阻碍个人和企业储蓄与投资。这就必然导致生产率增长缓慢、生产呆滞，出现商品供给不足、物价上涨。这时，再加上人为地扩大需求，通货膨胀势必加剧。通货膨胀又使储蓄和投资进一步萎缩，生产更加呆滞，还使纳税人升进高税率等级，而实际收入并未增加，纳税负担因而更重。因此，唯有大幅度减税，特别是降低边际税率，才能促进生产增长，并抑制通货膨胀。

专栏　拉弗曲线

20 世纪 30 年代大萧条后，凯恩斯主义开始在西方国家流行，其需求管理政策被西方不少国家长期奉为“国策”。但是，到了 70 年代，服用凯恩斯主义药方的国家却纷纷得了相同的后遗症——“滞胀”，即经济停滞与通货膨胀并存。如何医治“滞胀”这个恶疾，便成为现代西方经济学家研究的重点。这时，南加利福尼亚商学院教授阿瑟·拉弗提出了“拉弗曲线”理论。拉弗曲线并不是严肃的经济学家精心研究的结果，而是拉弗 1974

续

年为了说服当时福特总统的白宫助理切尼，使其明白只有通过减税才能让美国摆脱“滞胀”的困境，即兴在华盛顿一家餐馆的餐巾纸上画的一条抛物线。这就是著名的“拉弗曲线”，又被戏称为“餐桌曲线”。这个理论得到同来赴宴的《华尔街日报》副主编、综合经济分析公司总经理贾德·万尼斯基极大的赞赏。他利用记者身份在报纸上大肆宣传，很快“减税主张”便博得社会各界的认同，最终被里根政府所采纳，从此其影响遍及欧美大陆。

（三）政策主张

1. 力主市场经济，反对政府干预。供给学派认为，企业家的创业精神和自由经营活动，是促进生产、增加供给的关键因素，而自由竞争的市场经济是企业家施展才能的最佳经济体制。在市场机制的充分作用下，各种经济变量都能自动趋于均衡，保证经济长期地稳定发展。国家干预不仅会破坏市场经济的自动调节机制，而且会削弱供给能力。特别是政府对经济的干预和调节往往服从于政党之间的争斗，会对供给造成持久性的破坏。因此，政府过多地干预经济对国民经济有害而无益。

2. 通过减税刺激投资，增加供给。供给学派认为，供给能自动创造需求，但供给是各种生产要素投入的直接结果，而生产要素的投入则取决于各种刺激。其中，边际税率又是关键因素。因此，政府必须减税。他们还特别指出，减税不仅能扩大储蓄与投资，增加供给，而且还不会影响政府的税收收入。因为减税虽然降低了税率，但却可以扩大课税基数，使财政收入增加。

3. 重视智力资本，反对过多社会福利。供给学派认为，一国实际收入的增长，取决于其有形资本与智力资本的积累，也取决于其劳动力的质量与努力程度。资本，特别是智力资本是人类福利的源泉。因此，政府应当鼓励人们进行智力投资。相反，过多的福利会削弱人们储蓄和投资的积极性，压抑积累智力资本的动力，滋长依赖心理，不利于增加投资，也不利于扩大就业和经济增长。同时，过多的福利扩大了政府的社会性支出而排挤了私人的生产性支出，不利于消除赤字，也不利于生产增长。因此，必须削减过多的社会福利。

4. 主张控制货币供给量，反对通货膨胀。供给学派主张增加生产，扩大供给，因而他们的货币金融理论特别强调货币金融对于供给因素的影响；又因他们将减税作为主要武器，因而十分注重货币金融与财政政策的关系和相互作用。他们从提高供给能力的角度出发，力主稳定货币，反对通货膨胀。

（四）影响

1981 年，里根总统宣誓就职，宣称要摒弃需求管理的思想，采用供给学派的理论。1987 年，里根总统开始按照供给学派的减税主张，实施号称“第二次美国革命”的《一九八六年税制改革法案》。其中，最大的特点是大幅度降低税率：个人最高税率从过去的 50% 降低到 28%；公司和企业最高税率从过去的 46% 降低到 31%。同时，为了避免“偷税漏税”，减少或取消了许多减税优惠。这次税制改革，使美国的经济结构乃至消费、储蓄、借贷、投资行为模式等，均为之改观，而且在西方发达国家中引起了连锁反应，从而对整个世界经济产生了冲击。但是，美国经济并没有像预期的那样顺利发展，大部分目标也未能实现。计划实施后不久，美国经济就陷入了第二次世界大战后最严重的一次经济危机。此后又连年出现巨额财政赤字。20 世纪 90 年代以后，供给经济学派的影响已日渐式微。

第三节 “新自由主义”经济学

前面两节讨论的是宏观经济学流派。本节要讨论两个侧重微观的经济学流派：新制度经济学和公共选择学派。从它们对国家和市场作用的认识来看，这两个学派也属于经济自由主义思潮。在西方经济学界，一般把它们归为“新自由主义”经济学。

一、新制度经济学

新制度经济学是 20 世纪 70 年代在美国兴起的一个自由主义经济学流派。其源头是科斯 1937 年发表的《企业的性质》。新制度经济学家利用新古典的分析方法，研究制度的构成和运行，论证制度在经济发展和经济生活中的地位和作用，创新和发展了新古典经济学，学术影响不断扩大。现在已经有人把它与微观经济学和宏观经济学并列为经济学的三大基础。

（一）主要代表人物

该学派的主要代表人物是芝加哥大学教授罗纳德·科斯，1991 年的诺贝尔经济学奖获得者。科斯的代表作只有两篇，分别是 1937 年发表的《企业的性质》和 1960 年发表的《社会成本问题》。科斯的著述虽然较少，但影响却非常巨大。环绕着科斯的思想，有些经济学家研究产权和交易费用问题，形成了新制度经济学；有些经济学家和法学家研究法律问题，形成了经济分析法学。科斯一人在两个学科中开创了两个学派，实属罕见。

除了科斯以外，威廉姆森、阿尔奇安、德姆塞茨、诺斯和张五常等人，也是新制度经济学的重要代表人物。其中，阿尔奇安和德姆塞茨合作研究产权问题，丰富了科斯在《社会成本问题》中开创的产权理论。张五常重点关注合约的形式，提出了“佃农理论”，并用合约形式来解释企业内部结构，奠定了“契约经济学”的基础。威廉姆森则以交易费用为主要线索，着重研究企业组织与市场制度的异同，以及在何种情况下互相替代，并更为详细地探讨了企业与市场之间的多种过渡形态，写出了颇有影响的《市场与科层组织》和《资本主义的经济制度》等著作，这些成就让他荣膺 2009 年诺贝尔经济学奖。诺斯教授早年是攻读西方经济史的，他将科斯的理论引入了对经济史的分析之中。他用产权结构的变化和交易费用的下降来解释制度变迁及其带来的经济发展，对经济史作了极有说服力的解释，创建了新经济史学派，并获得了 1993 年诺贝尔经济学奖。科斯的理论还引发了代理理论的研究，在这方面，詹森、麦克林和法玛都颇有建树。

专栏 科斯其人

罗纳德·科斯教授是经济学界的传奇人物。他一生著述不多，总共只写了三四十篇论文，但其中的两篇使他获得了 1991 年的诺贝尔经济学奖。第一篇是在他 25 岁时构思并写就，27 岁时发表的，题为“企业的性质”；第二篇是时隔 23 年后写成的，题为“社会成本问题”。这两篇论文共有字数 4 万余。若按字数算，科斯教授的诺贝尔经济学奖的每字

续

含金量也许是最高的。不过，当科斯教授获得诺贝尔奖时，他已是80岁高龄。在他的学术生涯的早期，他的理论贡献并不为大多数经济学家所认识和承认。可以想见，他是一个坐了多年冷板凳的人。对此，科斯教授在他的“领奖演说”结束时恢谐地说到：“一个学者必须承认，如果他说的是错的，立刻会有人指出来，至于如果他对了，他会指望最终看到人们接受他，——只要他活得足够地长。”

尽管科斯教授本人的著述较少，但影响巨大。他的论文不仅具有经济学理论的真知灼见，创造性地提出了新的概念和方法，更重要的是充满了想象力。他对经济学的贡献，与其说是告诉了人们某些结论，不如说是激发了其他人的灵感。在他之后，一大批经济学家和法学家起而追随，在经济学界形成了新制度经济学运动，在法学界则诞生了经济分析法学。可以说，科斯教授一人在两个学科中开创了两个流派。

资料来源：盛洪：《科斯教授和他的新制度经济学》。

（二）基本假设

新制度经济学采用了主流经济学的方法，以经济人的效用最大化作为基本假设，同时又对这个假设进行了修正和扩展。

1. 经济人的目标函数。新制度经济学承认个人的目标函数是效用最大化，但关于效用的内涵，他们进行了拓宽，把诸如利他主义、意识形态等非财富目标纳入了效用函数。他们尤其看重利他主义动机在制度变迁过程中的重要作用。

2. 有限理性。新制度经济学认为，人的理性是有限的。这是因为，市场环境过于复杂，有太多的不确定性，信息不完全，而且信息也不对称。同时，人的知识、预见力和技能及时间等，都是有限的。在这些约束下，人们不可能在签约阶段就能考虑到所有的可能性并制订相应的调整方案。为降低交易过程中的不确定性，需要通过设立制度来协调不完全契约引起的冲突。因此，在有限理性假定下，制度分析不仅是必要的，而且是至关重要的。

3. 机会主义行为倾向。在有限理性的假定下，经济主体的行为必然存在着机会主义倾向。也就是说，人在追求自身利益时会采用非常微妙和隐蔽的手段，用说谎、欺骗、毁约等手段来实现自己的目标。因此，需要设计各种制度和安排来约束人的行为，抑制机会主义倾向。

（三）主要理论

由科斯及其追随者创立的新制度经济学理论体系，内容非常丰富，思想极其深刻，其中，最主要的理论观点有四个。

1. 交易费用理论。交易费用是新制度经济学最基本的概念。该思想是科斯在1937年的论文《企业的性质》中首先提出来的。科斯认为，交易是人与人之间的交互行动（Transaction）；交易费用就是这种交互行动所引起的成本。这些费用具体包括度量、界定和保障产权的费用，发现交易对象和交易价格的费用，讨价还价、订立合同的费用，督促严格履行契约条款的费用等。

在较为狭窄的意义上，交易费用是特指达成契约和保证契约执行的费用。人的经济利益不仅要从与自然界打交道中获得，而且通过人与人之间的合作实现。合作的具体方式是通过谈判达成契约。谈判和缔约是要付出成本的，而且合约有不同的形式，其效果也不完全相同。因此，当合约的效果相同时，应当采取交易费用较低的合约形式。

科斯的原创性贡献，使经济学从零交易费用的新古典世界走向正交易费用的现实世界，从而获得了对现实世界较强的解释力。经过威廉姆森等人的发挥和传播，交易费用理论如今已经成为新制度经济学中极富扩张力的理论框架。引入交易费用进行各种经济学的分析是新制度经济学对经济学理论的一个重要贡献。目前，正交易费用及其相关假定已经构成了可能替代新古典环境的新制度环境，正在影响许多经济学家的思维和信念。

2. 产权理论。产权理论是新制度经济学的另一重要组成部分。新制度经济学家认为，产权是一个社会所强制实施的选择一种经济商品的使用的权利。其本质是一种社会关系，是规定人们相互行为关系的一种规则，并且是社会的基础性规则。在鲁宾逊一个人的世界里，是不需要产权的。只有在人类社会中，人们才需要界定产权，保护产权。

产权是一束权利，具体包括所有权、使用权、收益权、处置权等。当一种交易在市场中出现时，就发生了两束权利之间的交换。产权影响商品的交换价值，这是新制度经济学的一个基本观点。

产权制度是一种基础性的经济制度。它不仅独立地影响经济效率，而且也是市场制度和其他许多制度安排的基础。阿尔奇安和德姆塞茨指出，人们若要合作，首先要弄清他们各自都有什么资源。弄清这个问题的前提，就是要界定产权。因为产权界定与否以及如何界定，直接关系着人们的成本和收益。而对成本和收益的计算，是人们进行经济决策的基础。当某种资源没有明确的产权归属的时候，对这一资源加以利用，就会产生外部性（正的或负的）问题。而产权制度的界定和保护，就可以将成本或收益的外部效应内部化。毫无疑问，这一转变增加了经济当事人有效运用资源的动力，从而提高了经济效率。

然而，并不是在任何情况下，界定产权都是一件有利可图的事情。因为界定产权本身也是有成本的。如果界定产权的费用高于它所带来的利益时，人们宁可不建立产权制度。产权制度从无到有，从根本上说，是由于情况发生了变化，使得产权制度的建立变得值得了。这种变化，或者是出现了某种新的技术或形式，使得界定产权和达成合约的费用降低了，或者是产权制度带来的利益增加了。

总之，产权是一套激励与约束机制，其基本功能是影响和激励行为。一个社会的经济绩效如何，最终取决于产权安排对个人行为所提供的激励。

3. 企业理论。科斯最先探讨了企业的性质和起源。他认为，市场机制是一种配置资源的手段，企业也是一种配置资源的手段，二者是可以相互替代的。在科斯看来，市场机制的运行是有成本的，通过形成一个组织，并允许某个权威（企业家）来支配资源，就能节约某些市场运行成本。交易费用的节省是企业产生、存在以及替代市场机制的唯一动力。而企业与市场的边界在哪里呢？科斯认为，由于企业管理也是有费用的，企业规模不可能无限扩大，其限度在于：利用企业方式组织交易的边际成本等于通过市场交易的边际成本。

阿尔奇安和德姆塞茨给出的解释是：有一些生产活动具有团队性质，适合于采取企业的形式。但在团队生产中，不可避免地会出现偷懒，因而需要有人来监督。但问题是，谁来当监督者呢？一个解决办法是，让监督者享有企业的剩余索要权，即扣除付给各种要素的报酬后的剩余部分。这样，监督者就有了监督其他要素所有者的行为、消除偷懒行为的动力。为了便于监督，这个监督者必须在企业这一合约集合中享有特殊的、处于中心的位置，并且因为这一位置也存在着较大的风险（由于市场波动等原因），所以适宜由能够承担风险的人（一般是物质资产所有者）来担当监督者。这就是通常所说的“古典企业模型”。

威廉姆森则用资产专用性来解释企业的性质和起源。他说，所谓资产专用性，是指资源在用于特定用途以后，很难再移作他用的性质。随着资产专用性的增强，缔约后违约的风险就会加大。其中，资产所有者有可能受到对方的讹诈，被要求以较低的价格继续提供服务。同样，专用资产服务的购买者，也有可能受到对方不继续提供服务的要挟。为了规避这些风险，就需要采取企业形式。在威廉姆森这里，资产专用性是企业存在的重要原因。

张五常用合约关系来解释企业的性质。他指出，企业在本质上是一种合约关系。企业内部的合约关系与产品市场中的合约关系本质上是一样的。如果有区别的话，只是合约的形式有所不同：是采取产品买卖合约、分包合约、租赁合约，还是工资合约。一个消费者既可以从企业家手中购买完整的产品，也可以租赁这个企业为自己生产所需的同样产品，还可以分别购买每个工人的服务，为自己生产这个产品的所有零部件，然后再把它们组装起来。但是由于存在着交易费用，不同合约形式的效果是不同的。张五常认为，有三个原因使得人们要选择企业的合约形式：（1）由于许多产品是由多种零部件构成的，分别就零部件进行谈判的成本显然要高于就一个完整成品进行谈判的成本。（2）一般消费者对零部件的功能知之甚少，而更多地了解产成品的性能。（3）对要素所有者的表现的考核存在着困难，必须采取某些替代的考核方式，如按时间来衡量要素所有者的贡献。

4. 制度变迁理论。制度变迁理论是新制度经济学的一个重要内容。其代表人物是诺斯。他强调，技术的革新固然为经济增长注入了活力，但人们如果没有制度创新和制度变迁的冲动，并通过一系列制度（包括产权制度、法律制度等）构建把技术创新的成果巩固下来，那么人类社会长期经济增长和社会发展是不可设想的。总之，诺斯认为，在决定一个国家经济增长和社会发展方面，制度具有决定性的作用。

制度变迁的原因之一是相对节约交易费用，即降低制度成本，提高制度效益。所以，制度变迁可以理解为一种收益更高的制度对另一种收益较低的制度的替代过程。制度变迁理论涉及制度变迁的原因或制度的起源问题、制度变迁的动力、制度变迁的过程、制度变迁的形式、制度移植、路径依赖等。产权理论、国家理论和意识形态理论构成了制度变迁理论的三块基石。

二、公共选择学派

公共选择学派，又称“公共选择”、“集体选择”、“公共选择经济学”、“新政治经济学”、“政治的经济学”或“政治的经济理论”，是20世纪60年代末70年代初在美国兴起的一个自由主义经济学流派。该学派用新古典经济学的分析框架和分析方法，研究习惯上由政治理论家研究的问题。目前，公共选择年会大约有16个国家的300名学者参加。

（一）主要代表人物

公共选择学派的重要代表人物是詹姆士·麦吉尔·布坎南，戈登·塔洛克、曼瑟·奥尔森、肯尼思·阿罗等。

早在20世纪60年代初，布坎南等人就主张恢复政治经济学的研究，提倡在经济研究上回到古典学派，重视对规则和制度的分析，努力把政治因素纳入经济分析之中。1962年，布坎南与塔洛克合著的《同意的计算》，为现代公共选择理论奠定了理论基础。1969年，他们在弗吉尼亚工艺学院创建了“公共选择研究中心”，并出版了《公共选择》杂志，促进了公共选择理论的发展，同时使公共选择理论传播到欧洲和日本。1986 年，布坎南因在公共选择理论研究方面的重大贡献获得诺贝尔经济学奖。布坎南现为乔治·梅森大学教授。

戈登·塔洛克也是公共选择理论的主要创始人。他关于寻租理论的开创性论文，激发了大量的理论研究和实证研究。他长期服务于《公共选择》杂志，为公共选择理论学派的形成和发展作出了杰出贡献。1998 年，塔洛克荣获美国经济协会“杰出会员奖”。

曼瑟·奥尔森在《集体行动的逻辑》、《国家兴衰探源》和《权力与繁荣》等三部著作中，将政治学中的权力和经济学中的繁荣两个议题有机地结合起来，并取得了开创性成果，形成了政治经济学的一个重要分支。学界普遍认为，如果奥尔森健在，其《集体行动的逻辑》很有可能使他获得诺贝尔经济学奖。

（二）公共选择方法或公共选择思路

布坎南认为，公共选择学派所使用的经济学方法有三个特征：方法论上的个人主义、经济人行为的理性原则与政治作为交换过程的特点。这三个要素被称为研究政治问题的公共选择方法或公共选择思路。

1. 方法论上的个人主义。布坎南认为，无论是在集体活动还是在私人活动、市场过程还是政治过程中，也不管决策的过程与结构多么复杂，个人总是最终的决策者、选择者与行动者。因此，公共选择始终把个人作为分析的基本单位，把社会存在看作是个人之间的相互作用。在他们看来，应当根据个人来解释社会和政治，而不是根据社会和政治来解释个人。布坎南曾经把公共选择理论看作是“政治过程的个人主义理论”。

2. 经济人行为的理性原则。布坎南认为，政府是由人组成的，政府的行为规则也是由人制定的，政府的行为同样需要人去选择，而这些人都不可避免地带有经济人的特征。他们不可能因为出任议员或政府官员就改变了自己的本性；不可能在私人或经济领域中是利己主义者，而在公共或政治领域中就变成了利他主义者。因此，没有理由认为，政府是超凡至圣的机器，也没有理由认为政府总是代表公共利益的。政府也会犯错误，也会为了政府组成成员的特殊利益而损害选民的利益。同样，政治活动中的投票人、纳税人、受益人也都遵循经济人规则行事，其本性也没有发生变化。所以，公共选择学者始终假定：有代表性的或者普遍的个人在参与市场活动和政治活动时，都是以同样的普遍价格尺度为基础而行动的。

3. 政治的交换过程性质。布坎南认为，民主政治活动中的个人活动也具有交换的性质。在有组织的产品或服务市场上，人们通过平等自愿地交换，双方都可以从中获益。政治活动也是这样，两个以上的人通过合作，完成某些共同的目标对双方也都有好处。所以，人们在政治过程中达成协议、协调冲突、制定规则，都是建立在自愿基础之上的，因而类似于市场中的交换。因此，在政治市场中，重要的命题并不是国家、团体和党派，而是这些团体之间与组成这些团体的个体之间，出于自利的动机而进行的一系列交易过程；有效的政策结果并不产生于某个政治领袖或神秘人物的头脑，而是产生于团体之间或组成团体的个体之间相互讨价还价、妥协与调整的政治过程。

（三）主要理论

公共选择理论是研究集体决策的科学，其主要理论有：

1. 投票规则。公共选择学派研究人们的集体选择行为。集体选择的重要机制是投票，而投票必须遵循事先选择的程序和规则。这些规则大体上有以下几种。

一致同意规则。在一致同意规则下，一项议案只有经过全体投票人一致赞同或没有任何人提出反对，才能获得通过。其特点是一票否决制。这种规则可以满足每个投票人的偏好，不会损害任何人的利益，因而符合帕累托条件，是有效率的。但是，这种规则非常复杂、费时、昂贵，很容易引起成员之间的冲突、威胁和恫吓，有可能鼓励人们隐瞒自己的真实偏好，采取策略行为等。所以，除非集体成员比较少，或关系重大的场合——如安理会常任理事国对决议的表决，一致同意规则在现实中很少使用。它更多的是以一种效率标准而非决策规则而存在。

多数投票规则。多数投票规则是少数服从多数的规则。这里说的多数，可以是简单多数，也可以是比例多数。多数投票规则可以反映多数人的偏好，满足多数人的愿望，但决策结果只照顾了多数人的利益，忽视甚至损害了少数人的利益，没有实现帕累托效率。

按照多数票选择，还有可能出现投票悖论现象。例如，假定有三个投票者——里根、布什、克林顿对 ABC 三个议案进行表决。假定里根的个人偏好是 A > B > C，布什的个人偏好是 B > C > A，克林顿的个人偏好是 C > A > B。如果在 A 和 B 之间进行选择，那么肯定是 A 获胜；如果在 B 与 C 之间选择，则肯定是 B 获胜；如果在 C 与 A 之间选择，则肯定是 C 获胜。由此形成投票循环，最终没有一个方案获得通过。这一现象最早由法国人孔多塞（Marquis de Coudorcet）在 18 世纪 80 年代发现，所以又称为“孔多塞效应”。肯尼思·阿罗利用数学进行了证明，叫阿罗不可能性定理。

不可能性定理。阿罗认为，在非独裁的情况下，任何一个体系，若要将人们对三个或三个以上的选择作出一项集体抉择，不存在任何加总社会个体成员偏好的方法。其结论是：如果我们排除效用人际比较的可能性，各种各样的个人偏好次序都有定义，那么把个人偏好综合成为表达社会偏好的最理想方法，要么是强加的，要么是独裁性的。不可能存在一种能够把个人对 N 种备选方案的偏好次序转换成社会的偏好次序，并且能够准确表达社会全体成员的各种各样的个人偏好的社会选择机制。这就是阿罗不可能性定理，又称“阿罗悖论”。

2. 利益集团理论。在公共选择理论中，利益集团是指一个持有共同态度、向社会其他集团提出要求的个人的、有组织的实体。要形成一个利益集团，必须具备三个要素：一是有一个有组织的集团；二是集团成员具有共同的利益或目标；三是他们为了共同目标向政府机构提出要求或施加压力。

奥尔森在《集体行动的逻辑》中指出，有理性的、寻求自身利益的个人不会采取行动来实现他们共同的或集团的利益。在解释利益集团为何确实存在并发挥力量这一问题时，奥尔森强调小团体规模、不同个体利益的不对称性、激励和制裁的作用。他还把利益集团区分为相容性的利益集团与排他性的利益集团两种类型。相容性的利益集团所追求的利益目标是集团整体利益的扩大，同时集团中的个人利益的获得不以损害集团其他人的利益为代价。而在排他性的利益集团中集体的收益总量是固定的，这时某个个人利益的获得必然会影响到集团其他人的利益。

索尔兹伯里等人提出了政治企业家理论。他们把利益集团的组织者视为“政治企业家”。这种政治企业家一方面愿意为集体行动提供必要的成本，另一方面则期望从集体行动中获得好处。集团能够向其成员提供三类利益：一是物质利益，二是目的性利益，三是参与利益。索尔兹伯里认为大集团可以通过搭配不同利益的方式诱导集团成员采取行动。政治企业家不但可以从集体行动中获得物质利益，而且可以从中获得非物质利益（包括成就感、名声、荣誉等），这是政治企业家组织集体行动的动力所在。

利益集团通过两个途径影响政府的决策：一是向有关方面提供资金，游说和拉选票；二是操纵选举，选出能代表自己利益的人出任公职。

3. 寻租理论。塔洛克创立的寻租理论目前已经成为现代经济学的一个重要分支。在塔洛克看来，寻租完全是一种“非生产性的寻利活动”。其目的是争取或维护垄断地位，获得高额垄断利润。寻租活动的具体形式可以是合法的，如向政府争取优惠政策；也可以是非法的，如行贿受贿或走私贩毒等。

在经济分析中，租金是指垄断厂商获取的垄断利润。垄断利润在许多情况下是由政府特许经营造成的。所以，寻租同政府的管制行为有关。政府管制有可能导致“无意”设租和“被动”设租，甚至“主动”设租。所以，寻租同政府行为密切相关。

寻租是有成本的。对于单个寻租者来说，寻租成本的上限是其获得垄断地位后取得的经济利润。但是，当许多寻租者同时寻租时，它们之间就会出现竞争，寻租的代价就可能很大。并且，随着竞争激烈程度的加剧，这种代价也会大幅度增加。布坎南认为，寻租造成的社会成本包括：（1）保持垄断地位的支出。（2）政府部门对这类支出作出反应的努力。（3）寻租行为所引起的第三方的各种扭曲行为。

此外，成功的寻租者缺乏激励去改进技术、提高产品质量、降低成本，从而降低了经济效率；寻租严重冲击收入分配结构，造成社会财富分配极大不公，挫伤生产者的积极性，并破坏公平的原则和价值观念。寻租行为的最大受益者往往是设租的官僚，而寻租人只能与官僚分租才能得到租金，这导致了政府官员的腐败。消除或减少寻租，是政治学和经济学的重要课题。

专栏　倒霉的塔洛克和幸运的寻租理论

塔洛克最初发现寻租问题，是由于拜读了莱本斯坦发表在《美国经济评论》上的一篇讨论X—非效率的论文《配置效率与X—效率》（1966年）。那篇论文对“哈伯格三角形”提出了质疑。但是，那篇论文真正吸引塔洛克的不是它的结论和讨论问题的方法，而是它提出的问题。这个问题促使塔洛克从此开始注意垄断的社会成本问题。不久，他完成了那篇实际上奠定了寻租理论基础的论文《关税、垄断和偷窃的福利成本》。但是，论文被《美国经济评论》的编辑退了回来，理由是论文的观点“不被评审人所重视”。后来，论文又被《南部经济杂志》编辑退回来，理由是执行主编认为塔洛克误解了哈伯格论文的实质。1967年7月，论文在影响相对较小的《西部经济杂志》上发表。可能是由于这家杂志发行量太小，致使论文的观点在学术界传播得极其缓慢。后来，应《阅读材料》（一家发行量很大的学生读物）编辑的请求，经过修订的论文又在该刊转载一次。所以，在很长的时间内，许多低年级学生都知道塔洛克的观点，但一般经济学教授却对它一无所知。

4. 政党（政治家）理论。政党（政治家）和选民是政治市场上的供给者和需求者。在公共选择理论中，政党是指通过合法方式在大选中获得政权、组成政府的人的联合体，政治家是他所在的那个政党的领袖或代表（议员、总统或首相等）。政治家与他所代表的政党有相同的动机和行为方式。

公共选择理论认为，政治家或政党也是理性人。他们从事政治活动的目标是政治支持最大化，其具体表现是选票最大化。作为执政党，其目标是再次当选，连选连任；作为在野党，其目标是在选举中击败执政党而夺取政权。

政党的选择有许多不确定性：它不知道自己的选择能获得多少人支持，也不知道对手的纲领和政策有多大的政治支持率。所以，政党必须在许多方面同不确定性作斗争。

政党在决策时一般遵循多数原则，即其决策能让多数人受益，从而换取他们的支持。

在两党竞争模型中，如果选民的偏好是单峰的，为了获得中间选民的支持，各个政党都会揣摩中间投票人的偏好，提出类似的政策。因此，不论哪个政党上台，政策都不会有太大的变化，因而社会的政治比较稳定。如果选民的偏好是双峰的，两个政党一般都不会轻易改变自己的政策立场。因此，不同的政党上台，其政策就会有明显的不同。这样的社会中，政局往往不稳定，社会也容易出现动乱。

5. 官僚理论。政府是由各个部门的官员组成的。同政治家一样，官员也是政治市场上的供给者，其职能是向选民和利益集团提供公共商品。

官员的动机和目标是预算最大化。公共选择学派认为，官员的效用函数包括薪金、机构和职员的规模、社会名望、额外收入、权力和地位。这一切都取决于机构规模和预算。所以，这必然导致政府机构膨胀，预算过大，官员滥用公共权力，浪费社会资源，增加人民的负担。

6. 政府失灵理论。政府失灵是指政府干预经济不当，未能有效克服市场失灵，却阻碍和限制了市场功能的正常发挥，未能有效配置社会资源。其具体表现是：（1）公共政策未达到预期目标。（2）公共政策虽达到了预期目标但成本高昂。（3）公共政策达到了预期目标，却引发了负面效应。

导致政府失灵的原因有很多，其中主要的是：（1）内部性，即政府部门及其官员偏好于追求自身的组织目标或自身利益，而不是公共利益或社会福利。这种内在效应或内部（在）性，会像外部性导致市场失灵那样，导致政府失灵。（2）信息不完全。政府决策需要信息。但在政治市场上，信息同样是稀缺的，而且极不对称。政府处理信息的能力也非常有限。在这样的情况下，政府制定的公共政策就有可能失误，导致政府失灵。（3）难以预期私有部门对政府计划的反应。政府干预的具体对象是私人部门或公众。政府出台一项政策后，私人部门和公众如何反应，政府很难预期。这样，政府就不能相应调整政策，从而导致政策失效。

为了校正政府失灵，公共选择理论提出两条改革思路：市场化改革和宪政改革。（1）市场化改革的目标是通过把经济市场的竞争机制引入政治市场来提高政府的运行效率。具体包括：明晰和界定诸如公有地、公海、公共资源等公共物品的产权，以此消除在这些公共物品使用上的“免费乘车”和掠夺性消费。在公共部门之间引入竞争机制，重构政府官员的激励机制，按照市场经济原则来组织公共物品的生产。重新设计公共物品的偏好显示机制，使投票人尽可能真实地显示其偏好。（2）宪政改革的目标是通过建立一套经济和政治活动的宪法规则来对政府权力施加宪法约束，通过改革决策规则来改善政治。重点是制定公共决策所需要的规则和程序，保障政策方案更合理，减少或避免决策失误。

7. 宪政经济学。公共选择理论的宪法学说有两个基本点：规则决定论和契约论。

（1）规则决定论。规则决定论的基本主张是决策规则决定决策效果，决策规则重于决策效果。一项决策的好坏不取决于政策建议和决策行动，而取决于决策的规则和规则下的决策过程。一项集体决策，只要规则是公平的，结果就是公平的；只要规则是有效率的，结果就是有效率的。规则是否公平或有效率，则取决于规则的制定过程。只要制定规则的过程实现了一致同意，规则就是公平的，就是有效率的。

规则对公平的决定作用在于非规则的影响因素较少。布坎南认为，决定分配结果的因素有选择、努力、运气、出身等。只要选择是自由的，个人就应自负其责，因而无所谓公平问题。运气对于个人来说，完全是偶然的，也不会破坏公平原则。努力与分配的关系是"按劳付酬"，个人凭自己的努力得到的收益是正义的。只有出身会造成不平等，每个人的天赋是有差别的。在作出选择之前，在运气光临经济赌博以前，在开始努力以前，人们首先是带着天赋进入比赛的。但可以通过公共政策，缩小出身所造成的（起点上的）差别，减少不公平。纠正出身造成的不公平要依靠规则，保证有天赋差别的个人之间在机会上的均等。这种以公平为目的的规则也应建立在一致同意的基础上。一个规则公平与否，不取决于它本身的状况，而取决于当事人是否认可。

规则对决策的决定作用来自其本身的约束功能。决策规则约束个人在集体中的行为，个人是在给定的规则程序下，根据自己对约束条件的理解，选择能给自己带来最大效用的行动方案。在经济中，制度可以规范人的交易行为，使交易的结果趋向高效率。

（2）契约论。公共选择理论的宪法学说认为，宪法改革不可避免，立宪改革的原则是契约论，建立或修改规则的标准是一致同意，政府必须保护每一个人不受掠夺，这是一致同意规则的要求。修改规则的前提是当事各方的一致同意，至少应使用最优多数规则，以增加决策时所需的赞成票比例，尽量不用过半数规则。制度改革的最后检验在于受影响各方之间的同意。这样才能达到非零和的结果，实现帕累托最优。

本章主要术语

国家干预主义　经济自由主义　新古典综合派　混合经济体制　后凯恩斯主义　新凯恩斯主义　供给学派　拉弗曲线　新制度经济学　公共选择　政府失灵

本章小结

凯恩斯的《就业、利息和货币通论》出版后，西方经济学界出现了许多不同的经济学派别。按照各个学派对国家和市场作用的认识，可以把它们区分为国家干预主义和经济自由主义两个大的学派或思潮。

国家干预主义的主要特点是，反对自由放任，主张政府干预和调控经济活动。其主要形式是以《就业、利息和货币通论》为基础的凯恩斯主义。新古典综合派、后凯恩斯主义（新剑桥学派）和新凯恩斯主义等，是当代三个影响较大的国家干预主义学派。

新古典综合派是20世纪50年代在美国兴起的一个凯恩斯主义学派。其主要代表人物是萨缪尔森。该学派把以马歇尔为代表的新古典经济学和以凯恩斯为代表的宏观经济理论综合起来，实现了经济学发展史上的第三次大综合。该学派坚持凯恩斯的基本理论，主张政府干预经济，在西方经济学界长期居于主流和正统地位。

后凯恩斯主义或新剑桥学派，是20世纪五六十年代在英国兴起的一个凯恩斯主义学派。

其主要代表人物是英国剑桥大学的琼·罗宾逊。该学派认为凯恩斯理论的核心内容是收入分配问题，主张通过改革分配制度来调节收入分配不均问题，并把改革分配制度放在“医治”资本主义社会“病症”的首要地位。

新凯恩斯主义是20世纪80年代在美国出现的一个凯恩斯主义学派。其主要代表人物是曼昆、斯蒂格利茨、费尔普斯等。该学派吸收理性预期假设，用粘性假设替代凯恩斯的刚性假设，发展了凯恩斯理论。在政策主张方面，除了继续坚持凯恩斯的需求管理政策外，在价格政策、人力政策和货币政策等方面，也提出了一些独到见解。

经济自由主义的主要特点是提倡自由竞争市场机制，反对政府干预经济。其理论渊源是斯密在《国富论》中提出的“看不见的手”原理，其现代形式则是同凯恩斯主义对立的新自由主义。现代货币主义、理性预期学派、供给学派、新制度经济学、公共选择学派等，是其中比较有影响的几个学派。

现代货币主义是20世纪50年代在美国兴起的一个自由主义经济学派。其主要代表是芝加哥大学的米尔顿·弗里德曼。该学派有两个重要特征：一是认为通货膨胀是一种货币现象；二是认为凯恩斯主义干预政策无效。他们否定凯恩斯主义的宏观需求管理政策，力主单一规则的货币政策。

理性预期学派是20世纪70年代在美国兴起的一个自由主义经济学派。其主要代表人物是小罗伯特·卢卡斯和罗伯特·巴罗。该学派有两个突出特征：一是理性预期，二是古典传统（市场出清）。他们反对凯恩斯的宏观需求管理政策，主张让市场自行调节。

供给学派是20世纪70年代在美国兴起的一个自由主义经济学流派。其主要代表人物是蒙代尔、拉弗、万尼斯基、肯普等。该学派重新肯定萨伊定律，主张通过大幅度减税，增加供给，以消除失业和通货膨胀。

新制度经济学是20世纪70年代在美国兴起的一个自由主义经济学派。其学术领袖是芝加哥大学教授罗纳德·科斯。该学派用新古典的分析方法，研究制度的构成和运行，论证制度在经济发展和经济生活中的地位和作用，创新和发展了现代微观经济学。其主要理论包括：交易费用理论、产权理论、企业（公司）理论和制度变迁理论。现在已经有人把新制度经济学与微观经济学和宏观经济学并列为经济学的三大基础。

公共选择学派是20世纪60年代末70年代初在美国兴起的一个自由主义经济学流派。其学术领袖是布坎南，塔洛克、奥尔森、阿罗等是重要代表人物。该学派用新古典经济学的分析框架和分析方法，研究习惯上由政治理论家研究的问题。其主要理论成果有：投票规则、利益集团理论、寻租理论、政党理论、官僚理论、政府失灵理论、宪政理论。该学派主张通过市场化改革和宪政改革，校正政府失灵，提高政府效率。

习 题

1. 国家干预主义思潮的主要特点是什么？
2. 新古典综合派的主要理论观点有哪些？
3. 简述后凯恩斯主义的主要经济理论，并分析“两个剑桥”之间的分歧。
4. 新凯恩斯主义有哪些创新？其主要理论观点是什么？
5. 经济自由主义思潮的主要特点是什么？
6. 现代货币主义的主要理论观点有哪些？

7. 试述现代货币主义的政策主张。
8. 什么叫理性预期？新古典宏观经济学有哪些主要理论观点？
9. 供给学派的主要理论观点和政策主张是什么？
10. 新制度经济学有哪些理论创新？
11. 简述公共选择学派的方法论特点。
12. 公共选择学派有哪些主要理论观点？

建议阅读资料

1. 吴易风：《当代西方经济学流派与思潮》，首都经济贸易大学出版社2005年版。
2. 廖运凤：《现代西方经济学主要流派》，知识产权出版社2009年版。

参 考 文 献

1. 保罗·克鲁格曼、罗宾·韦尔斯：《宏观经济学》，中国人民大学出版社 2009 年中文版。

2. 丁伯根：《经济政策：原理与设计》，商务印书馆 1988 年中文版。

3. 多恩布什、费希尔、斯塔兹：《宏观经济学》，中国人民大学出版社 2000 年中文版。

4. 范家骧、王志伟：《宏观经济学》，东北财经大学出版社 2003 年版。

5. 高鸿业：《西方经济学（宏观部分）》，中国人民大学出版社 2007 年版。

6. 胡代光：《西方经济学说的演变及其影响》，北京大学出版社 1998 年版。

7. 梁小民：《西方经济学》，中央广播电视大学出版社 2003 年版。

8. 廖运凤：《现代西方经济学主要流派》，知识产权出版社 2009 年版。

9. 罗伯特·霍尔、约翰·泰勒：《宏观经济学》，中国人民大学出版社 2000 年中文版。

10. 迈克尔·帕金：《宏观经济学》，人民邮电出版社 2008 年版。

11. 蒙代尔：《蒙代尔经济学文集》，中国金融出版社 2003 年中文版。

12. 斯蒂芬·D. 威廉森：《宏观经济学》，中国人民大学出版社 2010 年版。

13. 宋承先：《现代西方经济学（宏观经济学）》，复旦大学出版社 1997 年版。

14. 威廉·布雷特、罗杰·L. 兰塞姆：《经济学家的学术思想》，中国人民大学出版社、北京大学出版社 2004 年中文版。

15. 吴易风：《当代西方经济学流派与思潮》，首都经济贸易大学出版社 2005 年版。

16. 小罗伯特·B. 埃克伦德、罗伯特·F. 赫伯特：《经济理论和方法史》，中国人民大学出版社 2001 年中文版。

17. 詹姆士·米德：《国际收支（国际经济政策理论第一卷）》，商务印书馆 1990 年中文版。

18. E. K. 亨特：《经济思想史——一种批判性视角》，上海财经大学出版社 2007 年中文版。

19. N. 格里高利·曼昆：《宏观经济学》，中国人民大学出版社 2000 年中文版。

20. R. 格伦·哈伯德、安东尼·P. 奥布赖恩：《经济学（宏观）》，机械工业出版社 2007 年中文版。

21. Robert H. Frank, Ben S. Bernanke：《宏观经济学原理》，清华大学出版社 2004 年中文版。

后　记

本教材是《微观经济学》（高扬主编，中国财政经济出版社2009年出版）的姊妹篇，由北京工商大学经济学院经济学系集体创作。本教材从最初大纲讨论、风格体例的确定，到分工编写、初稿的讨论修改及定稿等，都凝结了全系同仁尤其是各位参编教师的辛勤劳动和智慧。

本教材的作者都来自教学科研一线，他们的共同特点是：均为经济学博士，有扎实的理论功底和丰富的教学经验，年轻有思想，严谨而又有创新精神。这些教师肩负着北京工商大学经济学的教学和研究任务，对学校的发展具有明显的“溢出效应”：既为全校所有的经济管理类专业提供扎实的基础专业知识，也为应用经济学的科学研究提供强大的理论支撑。

本书以周清杰、高扬和徐振宇于2007年在机械工业出版社出版的《宏观经济学》为蓝本，融合近3年来国内外宏观经济发生的一些重大变化，并根据国内普通财经类院校本科教学的实际情况修改、润色而成。在编写分工时，主要考虑了各位老师的专长，充分发挥各自的优势。本教材的具体分工是：第一章至第三章由周清杰编写；第四章由高扬、周清杰编写；第五章由高扬、徐秋慧编写；第六章由高扬、徐丹丹编写；第七章由高扬编写；第八章由徐振宇编写；第九章由徐振宇、张宏艳编写；第十章由高扬编写；第十一章由周清杰、徐秋慧编写。周清杰负责全书的最后统稿。

在教材的编写过程中，经济学院的杨德勇院长、李宝仁书记、郭馨梅副院长均给予了最大限度的理解和帮助；经济学系的廖运凤教授、冯中越教授、严旭阳教授及其他同仁在诸多方面提供了建设性意见，在此一并致谢。

正如参考文献和书中的注释所示，在本书的编写中，我们参阅了国内外众多经济学家的著作、论文和教材，并从中汲取了大量的智慧。在此，谨向这些学者致敬，感谢他们创作出那么多富有见地的优秀作品。

“一切创新皆有风险”，但前进的脚步是通过创新来实现的。在某种意义上，“没有创新就是更大的风险”。因此，我们将这本教材献给大家，希望获得支持和鼓励，也希望获得读者的批评和指正，使教材逐渐成熟和完善。

您的任何建议均可以发送电子邮件至：zhouqj@ th. btbu. edu. cn，我们将聆听高见。

编　者

2011年1月